大崛起

中国经济的增长与转型

赵燕菁 著

中国人民大学出版社
·北京·

图书在版编目（CIP）数据

大崛起：中国经济的增长与转型/赵燕菁著． --北京：中国人民大学出版社，2023.1
ISBN 978-7-300-30970-5

Ⅰ.①大… Ⅱ.①赵… Ⅲ.①中国经济—经济发展—研究 Ⅳ.①F124

中国版本图书馆 CIP 数据核字（2022）第 166396 号

大崛起
中国经济的增长与转型
赵燕菁　著
Da Jueqi

出版发行	中国人民大学出版社
社　　址	北京中关村大街 31 号　　邮政编码　100080
电　　话	010－62511242（总编室）　010－62511770（质管部）
	010－82501766（邮购部）　010－62514148（门市部）
	010－62515195（发行公司）010－62515275（盗版举报）
网　　址	http://www.crup.com.cn
经　　销	新华书店
印　　刷	北京联兴盛业印刷股份有限公司
开　　本	890 mm×1240 mm　1/32　　版　次　2023 年 1 月第 1 版
印　　张	13.75　插页 2　　　　　　　印　次　2023 年 12 月第 9 次印刷
字　　数	306 000　　　　　　　　　　定　价　118.00 元

版权所有　　侵权必究　　印装差错　　负责调换

献给我的妈妈王淑筠，因为您，我们拥有了一个世界上最幸福的家！

自　序

学术的圣杯

在最终确定这个书名之前，我一直很纠结。新冠肺炎疫情大流行和全球化解体，使中国以往看似势不可当的迅猛增长，在2021年下半年戛然而止。增长乏力的乌云猛然笼罩中国经济。但最后我还是决定采用《大崛起：中国经济的增长与转型》这个书名。倒不是为了吸引眼球，而是基于两点：第一是现实。从历史发展的角度来看，即使中国的经济停留在现在的刻度上，其空前的规模也足以配得上"大崛起"一词。第二是信念。我相信，一旦进入增长循环，中国的崛起就不会停止。和美国崛起过程中反复出现的大萧条类似，中国现在的困难不过是"大崛起"路上的顿号，而不是句号。

过去四十余年，中国经济的增长超出了包括改革开放谋划者在内的所有人的预料。"反常"的自然现象往往会带来自然科学的进步甚至革命，经济上的"反常"也是如此。中国的经济增长是人类数百年财富大爆炸的一部分，对中国"大崛起"的解释，必然成为全球学者（不仅是经济学家）竞相追逐的"圣杯"。正如卢卡斯在谈到增长问题时所说的："这类问题所涉及的人类福利是如此惊人：一旦你开始思考这类问题，就很难再思考其他问题。"

迄今为止,对中国经济增长的解释大多被装在"改革"和"开放"两个概念黑箱里①。其隐含的意思就是,中国的增长不过是从计划经济转向市场经济的必然结果,没什么特别之处。加入WTO后,中国不过是在更大尺度上复制日本和"亚洲四小龙"的成功而已。但这个解释却无法说明为什么那些比中国更早推行市场经济、更早加入WTO的国家没有取得和中国相同的经济绩效。于是,有人又开始猜测中国的"大崛起"只不过是"历史的偶然"②。似是而非的答案给人们一种错觉,似乎增长不过是些常识③。我们既说不清中国的增长是否可持续,也看不到中国的增长未来可能面对的机会和风险。学术圈内很少有人意识到,对中国增长的解释很可能就是破解增长密码的一块关键拼图。

从城市规划到经济学

在出版过程中,编辑曾问我:"是什么促使您思考和写作,并形成了本书?"其实,这也是很多同行问过我的问题,大家都很好奇我是如何走上学术道路的。这个问题使我意识到,对这个问题的回答,可以为读者提供本书各章节的写作背景。私以为,学习任何学科,最好的办法就是追溯这门学科演变的历史。同

---

① 类似于新古典经济增长理论中的"技术进步""全要素增长"这类概念黑箱。

② 例如微信公众号文章《孙立平洪亮对谈录之六:中国的改革开放也许是一个偶然》。

③ 张五常最早注意到这个问题。在很多人都质疑中国的增长时,他问道:"中国到底做对了什么?"但他以及其他学者就此给出的答案和解释,包括"县域竞争",以及"财政联邦制""晋升锦标"等,其实都是需要解释的变量。

自 序

样,阅读一本书也要先了解这本书写作的历史场景。

回到1984年,作为一个建筑系的工科毕业生,我根本不会想到自己竟会在中国经济增长问题上走得如此之远。现在回过头来看,本书不过是整个中国增长"大潮"中的"漂浮物"——中国的城市在发展过程中不断出现问题,而我不断试图回答,结果就形成了本书。我最早接触经济问题,是1987年参加国家科委与美国西方中心的合作项目"中国的城市化道路研究"。现在回想起来,大学毕业没多久就可以参加如此高规格的研究项目真是非常幸运。研究成果在今天看来其实相当一般①,但通过这个项目,我认识了很多杰出的中美经济学者②。为了项目写作,我开始涉猎发展经济学,其中令我印象最深刻的是刘易斯的"二元经济"模型③,以及库茨涅茨和钱纳里的国家模型。

没有世界级的实践,就不会有世界级的学术。这段时间对我影响最大的就是深圳这一世界城市建设史上的奇迹。无论是城市空间结构还是经济增长动力,深圳都突破了规划学科常识,它将中国的城市规划学一举推到世界城市规划学科的最前沿。深圳早期的重要规划大多是由周干峙院士④领衔的中国城市规划设计研究院(中规院)编制的。作为中规院的一员,我有幸深度参与了深圳高速增长的整个过程。于我而言,这一近距离观察的经历是一笔无比宝贵的人生财富,因为深圳发展模式后来成为中国其他城市的主要模板。也是在这一阶段,我开始大量阅读张五常、周

---

① 原因无他,中国当时的城市化水平即使在发展中国家群体中也属于垫底,关于中国城市化的研究水平自然也不会有多高。
② 老一辈如陈吉元、周一星,年轻的如胡必亮。
③ "劳动力无限供给"也正是当时中国经济最主要的特征之一。
④ 当时中国城市规划设计研究院的院长,后任建设部副部长。

其仁、林毅夫等学者关于制度和增长的文章。我之后几乎所有的研究，都会反复回到深圳这一真实的参照系①。

我真正开始形成自己学术ID（identity document），得益于三段交叉的经历。一是到英国攻读博士，二是担任厦门市规划局局长，三是到厦门大学任教。前两段经历都超过十年，第三段经历从2015年加入厦门大学到现在，三段经历加起来跨越了25年。

第一段经历始于1997年。我自费注册了英国卡迪夫大学（Cardiff University）在职（part-time）博士生。2002年，由中国城市规划设计研究院赞助转为全日制（full-time）博士生。到2009年论文答辩通过，时间长达12年。之所以用了这么长时间，是因为我实际上写了两篇论文。在2004年回国前，导师就已经同意我提交博士论文的第一稿。同年，我到厦门规划局任职后，就不断根据新的发现对论文进行改写，到2009年再提交时，它已经是一篇题为《政府在城市化过程中的市场角色》②的新论文了。虽然我注册攻读的是城市与区域规划（CPLAN）博士，但非常幸运的是，指导我的老师是英国规划领域在产权制度方向上数一数二的教授克里斯托弗·韦伯斯特（Christopher Webster）③。超长的博士经历带来的一个额外好处，就是迫使我一直

---

① 相关研究参见拙著《超越地平线：城市概念规划的探索与实践》（中国建筑工业出版社，2019年）。

② ZHAO Y J. The Market Role of Local Government in Urbanization (in China). Cardiff University, 2009

③ 克里斯托弗·韦伯斯特教授曾任卡迪夫大学建筑与规划学院院长，后来任香港大学建筑学院院长。

保持高强度的学术阅读，并对实践案例保持理论敏感①。

"置身事内"②

而我后来转向"土地财政"③，则缘于我的第二段经历——进入政府部门工作。经由研究机构和政府之间的"旋转门"转换职业的学者很多，但真正能"置身事内"的其实并不多。这是因为，政府是一个高度分工的组织，真正能俯瞰组织全局的只有少数几个关键部门。所处的位置，决定了对组织的理解深度和观察广度。对我而言，有两点非常幸运：第一，进入的是地方规划局；第二，在规划局局长的位置上工作长达11年。在进入政府部门之前，我也认为规划局只不过是政府众多部门中的一个，但之后的一件事情改变了我的这一认知。

2005年，我到厦门市规划局工作后的几个月，正好赶上厦门市新的市委书记到任。他第一次调研时，轻车简从，只带了四个部门的一把手——发改委主任、财政局局长、土地局局长和规划局局长。这位书记说，只要这四个部门没问题，一个项目大体上就行得通。这件事使我有一种预感，那就是规划局在地方政府中的作用，可能远比我以前以为的要重要。后来的工作经历也完全证实了我的这个预感。在一种由"土地财政"驱动的经济里，

---

① 事实上，我的学术方向在整个读博期间一直在变化，最后提交的论文和我入学时的计划已截然不同。幸运的是，我的导师给了我几乎不可思议的研究自由度。

② 这一标题借用了兰小欢先生的畅销书《置身事内》。

③ 笔者认为，"土地金融"或许是一个比"土地财政"更接近土地收益本质的描述，后文有详细阐述。但为了便于大家理解，书中仍用"土地财政"。引号表明笔者对此概念有自己的看法。

地方规划局①的角色并不是人们通常认为的左右城市发展的"方向盘",而是驱动城市增长的"发动机"!规划局局长就处在能够最直接地观察城市发展的位置上,而我在这个位置上工作了足足11年!

城市规划工作千头万绪,从新城开发到旧城改造,从建筑风貌到道路管线……天上地下无所不包。但什么是规划管理的核心?这位书记告诉我,规划局要替市里把握好两条"高压线":一条是容积率,另一条是土地用途。这位书记是财政学博士,担任过财政局局长,对城市运营有着过人的直觉。他提出的这两点,一下子就抓住了"土地财政"的核心。他还要求我提交上会的规划必须有粗略的投入产出分析。由此一来,规划就从传统的工程落地,转化为项目发起②。在此之前,我所认为的城市规划是一个典型的理工学科——大量的工程加少量的经济地理。正是在规划局工作的这段时间,我把对城市规划的研究拓展到了经济领域。这并非仅仅因为我对经济学有特殊的偏好,更是由于规划审批恰巧处于"土地财政"的C位,城市规划在不自觉的情况下处于"土地财政"大辩论的暴风眼③。本书中的一些章节(如第二章、第三章)就是在这样的背景下形成的④。

---

① 请注意,我所说的地方不是省一级,更不是中央一级,而是市(县)一级。这是由于中国的土地规划审批权("两证一书")落在这一层级的地方政府手中,这就决定了地方规划局才是规划权力的重心所在。

② 而与规划局相比,发改委的工作更多的是对项目进行汇总。

③ 但真正参与这场大辩论的规划师和经济学家的数量却完全不成比例,后者远多于前者。

④ 虽然我努力对"土地财政"保持中立的观点,但由于当时舆论被经济学主流观点所裹挟,整个社会几乎一边倒地批评"土地财政",而当时身为规划局局长的我似乎自然就站到了为"土地财政"辩护的一边。

"置身事外"

从中国经济的增长中分离出诱致增长"突变"的基因的想法,在我写博士论文时就形成了。但系统的理论构建,则始于2015年进入厦门大学。朱崇实校长治下的厦门大学,乃是中国最自由的学府之一,没有论资排辈,没有论文发表压力,师生拥有最大的学术自由度。重新"置身事外"拉开了我与政府的距离,使我能站在更客观的角度反观在政府部门工作时形成的一系列基于直觉的推断。国内围绕"土地财政"展开的大辩论使我意识到,如果不能在经济学的底层解决分歧,不能将直觉经验一般化,对中国经济增长的解释就无法令人信服。

我对新古典经济学的怀疑,源于早年阅读科斯、杨小凯等人的文章。在英国读博期间接触到的哈耶克对新古典经济学的批判和布劳格对经济学思想史的溯源,则进一步推动了我对经济学底层问题的思考。进入厦门大学工作后,我主要做了两项工作:微观方面,把根据博士论文附录改写的一篇论文《基于科斯定理的价格理论修正》拓展为本书第十四章;宏观方面,在会计恒等式的基础上,提出两阶段增长模型(本书第十五章)。

第一项工作以"阿尔钦规则"为基础,将竞争分为"供不应求"和"供过于求"两种情形,用"熊彼特竞争"(最优生产者和次优生产者之间的竞争)和"维克瑞竞争"(最优消费者和次优消费者之间的竞争)取代马歇尔的基于"供给—需求均衡"的完全竞争——从而完全抛弃了瓦尔拉斯构建的"一般均衡"体系。在生产函数部分①，通过追求剩余最大化，将会计恒等式引入生产者行为分析，使得垄断竞争、规模经济、信息不对称等无法与完全竞争兼容的现象得到描述和解释；在消费函数部分，用"效用"和"预算"的交集将凯恩斯的消费函数引入消费者行为分析②。在此基础上，通过引入"哈耶克竞争"（种类竞争），将马歇尔构建的"规模—价格"和迪克西特与斯蒂格利茨构建的"规模—多样性"（D-S模型）两个二维模型改造为"规模—价格—种类"三维模型③。

第二项工作则主要是借助会计恒等式重建增长理论。在厦门市规划局工作期间，当时的市委书记按照"四大平衡"（就地平衡、紧张平衡、积极平衡、综合平衡）的原则，通过合理举债、借鸡生蛋、滚动发展，实现投入产出平衡的发展模式给我留下深刻的印象。从那时开始，以财政为基础发展出一套城市经济理论的念头，就一直萦绕在我的脑海中。在经济学和管理学的各个分支学科中，与实践紧密结合的会计学是少数几个没有受到新古典一般均衡理论"污染"的学术分支之一。从资产负债表到各种会计规则，从资本周期的波动到货币潮汐的涨落，会计报表里隐藏着经济增长的真实逻辑。从真实的财务账簿中，我们可以直观地观察到国家、城市、企业乃至家庭的经济演变。而所有这些演变

---

① 用马克思剩余价值理论取代新古典的资本—劳动范式。
② 其中的一个重要突破，就是用"消费人"取代"自然人"，从而破解了"效用—偏好"人际比较和加总的难题。
③ 在哈耶克竞争中，"规模—价格—种类"三者中的任意一个变量，都是由其他两个变量共同决定的。按照"竞争价格理论"，所有价格（包含地租、利息）都是由竞争而不是均衡决定的。而与此相比，所谓的完全竞争（perfect competition）和一般均衡（general equilibrium）既不能用于描述现实，也不具有作为基准（benchmark）的理论价值。

的合成效果，就是真实的经济增长。通过会计这个"临床"窗口，我们可以观察政策"处方"对经济的"疗效"，从而帮助经济学走出自创的"元宇宙"（metaverse）。

理论的贫困

对中国经济增长的解释不可避免地会涉及增长理论，因此有必要对宏观经济学的进展做一个简要的回顾。1982年，新古典增长理论的奠基者之一索洛写道："我相信有迹象表明（增长理论）正在以一种有计划的方式变得活跃起来，至少是以其熟悉的形式。如今在经济理论领域工作的任何人都从骨子里知道，一个好主意可以改变任何学科，经济增长理论是一个可以改变有抱负的理论家的领域。"[①] 但自那以后，经济学理论的发展却举步维艰。尽管一个又一个经济学家因提出宏观经济理论获得诺贝尔奖，但经济学在解释真实的经济增长方面却乏善可陈。

另一位诺贝尔奖获得者——经济学家罗默在《宏观经济学的困境》（The Trouble with Macroeconomics，2016）一文中，将宏观经济理论比作只有当"巨魔、小鬼和以太（物理学家假想的物质）"存在时才解释得通的物理学。罗默批判道，宏观经济学像一门30年止步不前的科学，其阐释现实的能力非但没有进步，反而退化了。在我看来，除了是因为经济学理论本身存在巨大的盲区，同时也是由于过去30年，宏观经济增长模式本身发生了

[①] 冰雪财经. 关于新古典增长理论的方法论评析.（2022-01-07）[2022-06-22]. https://baijiahao.baidu.com/s?id=1721281589813212596&wfr=spider&for=pc.

巨大的变化①。两者的叠加，使宏观经济研究出现了罗默所说的"退化"。

宏观经济学需要的不是更多的模型和参数，而是重新回到常识。现代经济学在解释增长方面之所以踟蹰不前，乃是由于其底层假设与真实世界是严重脱节的。自马歇尔开创新古典主义以来，现代经济学就进入了经济学家构造的"完全竞争——一般均衡"的"元宇宙"。在这个世界里，经济学家设计了一组自洽的经济运行规则来玩经济游戏，然后将这个人造的"元宇宙"作为参照系（benchmark）来度量真实世界的经济运行。真实世界与"元宇宙"的差异，被描述为真实经济偏离理想经济的扭曲值。经济政策的目标，就是通过消除真实经济与理想经济之间的"偏差"，实现经济的"潜在"增长。

表面上看，现代经济学很像是现代医学，通过对比"健康人"的各项指标来定义一个真实的人是否"有病"，一旦发现症状，即通过医疗干预使"病人"恢复"健康"。但二者实际上完全不同，医学对"健康"的定义是根据对真实的健康人的观测归纳出来的，经济学的"元宇宙"则完全是经济学家杜撰出来的。虽然经济学家在自创的游戏里也模拟了真实世界的"将帅兵，车马炮"，但由于规则是自创的，所以一开始这个游戏就注定与现实相距甚远。只有对经济学这个底层隐藏的缺陷（bug）加以修复，并从真实世界里提炼出增长模型，才可能增进我们对经济增长机理的理解。

增长理论面临的困境，使我们有理由怀疑，现代经济学（在

---

① 主要是布雷顿森林体系解体带来的货币制度巨变。

大学里被教授们普遍接受和讲授的新古典范式）在其底层出了问题①。我们只有忘掉已经深入现代经济学"骨髓"的"元宇宙"，才能为增长理论找到一个新的原点②。只有找到这个正确的原点，才能将新古典经济学中那些真正伟大的洞见，从"元宇宙"中平移到真实世界。而这个原点，就是真实的财务账簿。

范式转变

从新古典的"供给—需求"范式转向会计学的"资产—负债"范式，是增长理论的一场革命。熊彼特早就意识到会计学的重要性。他敏锐地指出，只有通过会计实践的历史检索，才能构建起有效的经济理论。③

为了构造新的范式，首先，将经济定义为商业模式的集合。其次，用第十五章所提出的生产函数（$R-C=S$）作为所有商业模式的基本结构。再次，借鉴马克思的剩余价值公式将成本区分为固定成本和可变成本的洞见，将收入和剩余两项也分别展开为资本性收入—运营性收入、资本性剩余—运营性剩余。前者对应的是固定成本，后者对应的是可变成本。最后，将"收入、成本

---

① 所谓底层，在微观上，是价格理论；在宏观上，则是货币理论。在这两个方面，经济学都饱受批评。但问题是，这些批评都是局部性的，比如交易成本理论对价格机制的挑战，现代货币理论（MMT）对货币理论的挑战……却一直没有出现能替代新古典理论的竞争性范式。而只要新的范式没有出现，人们就不会放弃新古典理论。

② 如果原点不变，现在所有对增长理论的批评就都只能在新古典理论的坐标系里展开。

③ 雅各布·索尔. 账簿与权力. 北京：中信出版社，2020.

和剩余"（$R-C=S$）分为两个独立的公式①，用来表示每一个商业模式的两个阶段：资本型增长（$R_0-C_0=S_0$）和运营型增长（$R_i-C_i=S_i$）②。相较于索洛的增长模型，两阶段增长模型打开了增长机制的黑箱，使得所谓的"技术进步"从解释变量变为被解释变量。

由于两阶段增长模型中的两个等式与会计学里的资产负债表和利润表完全对应，抽象的增长问题就可以转变为具体的财务问题。把增长理论建立在会计理论的基础上，我们不仅可以直观地理解经济的增长，还可以提前预判经济的衰退。两阶段增长模型以及财务报表，同样可以用来解释并分析城市的增长或收缩③。

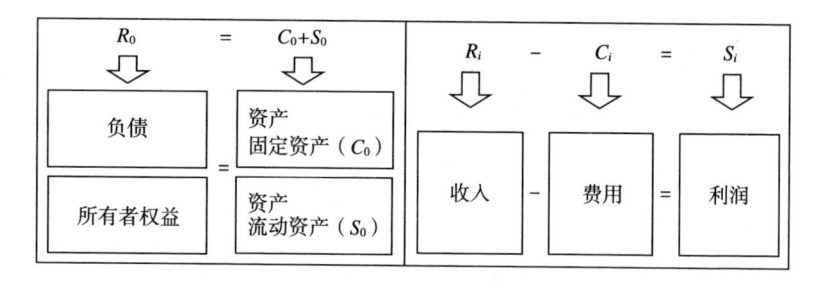

两阶段增长与财务报表的对应关系

按照两阶段增长模型，增长可以被简单区分为传统增长和现代增长——前者是依赖过去的剩余实现资本积累；后者则是依赖

---

① 前者是量，后者是流，量纲不同，为了保证可加性，把等式拆成两个部分。
② 由于每个商业模式的两个阶段都是分别可相加的，通过将所有商业模式各项加总，就可以描述宏观经济增长。
③ 此外，在两阶段增长模型中，城市化和工业化必定是共生的，不存在"工业化带动城市化"。

未来收益的贴现完成资本积累。资本贴现公式 $R_0 = kS_i$ 就是现代增长的基石。这个公式将"资本—信用"置于现代增长的核心，解释了资本市场为什么既是现代增长的原动力，同时也是引发现代经济问题（危机、周期、贫富、失业……）的根源。

在传统的增长理论中，货币是无关紧要的[①]。在第十五章，货币作为资本贴现和劳动分工必不可少的工具，在经济增长中扮演着关键的角色，货币数量也因此成为影响经济增长的一个关键变量。为了解决货币供给不足的难题，人类创造了两种完全不同的货币，货币也因此被分为传统货币和现代货币——前者建立在实物基础之上；后者则建立在信用基础之上。两者在本质上的区别，决定了会对经济增长产生完全不同的效果。新的货币解释为宏观问题的研究提供了微观基础，将价格、竞争、制度、增长这些看似独立的经济学分支统一到一个互为支撑的框架内。

为了将政府纳入增长分析，还必须给政府"分配"一个确定的经济角色。本书第一章原来是我在地方政府部门工作期间，根据对地方政府行为的直接观察所写的一篇文章。在这一章里，我将城市定义为公共产品的集合，政府则是提供公共产品的"企业"。将政府还原为"企业"后，所有分析企业的模型，包括资产负债表，也就可用于分析政府；将城市还原为"公共产品"后，就知道地方政府是一个"平台企业"——通过提供每一项经济活动必不可少的重资产（水电、道桥、学校等），使其他市场主体（企业和居民）得以轻资产运行，公共产品因此成为增长的核心要素。

[①] 经济学甚至可以完全不出现货币就能解释增长。

政府与其他市场主体（企业和居民）的关系如同"棋盘"和"棋子"的关系，两者共同构成了我们称之为"市场"的制度。在给定规则的条件下，可以假定"棋盘"和"棋子"是无关的，我们也因此习惯于离开"棋盘"来研究"棋子"；而一旦规则是可以改变的，"棋子"的表现就会与"棋盘"的改变密不可分。对城市和政府市场角色本质的发现，否定了传统经济学认为政府是由于"市场失灵"而不得已保留下来的"制度阑尾"的谬误，将政府的市场角色重新置于整个经济增长的核心。

结构与阅读

本书原打算按照理论在先，从微观到宏观的次序编排各个章节，但后来还是决定按照思想形成的真实脉络，从"置身事内"的观察开始，到"置身事外"的一般化结束。主要是因为这个次序更符合本书的形成过程。如果把本书的内容视作一棵"树"，第一篇就是"叶"，从对与城市关系最密切的"土地财政"的讨论开始，本书直接指向最前沿的实际问题①；第二篇、第三篇则相当于两个"枝"，前一"枝"分析中国经济何以面临转型，后一"枝"则把转型问题拓展到全球化；第四篇则是本书的"干"，应用新的"坐标系"重新解释中国在增长过程中遇到的财富分配问题；第五篇则是本书的"根"，扎入经济分析的底层土壤，将中国伟大的增长一般化为可以解释所有增长的理论②。

熟悉增长问题的专业人士，可以按照章节逆序阅读；只想了

---

① "前沿"本身就意味着仍处于摸索状态。
② 对纯理论问题没有兴趣的读者可以直接略过。

解这一热点话题的非经济学专业读者,则可以按顺序(或随机)阅读,甚至无须读完所有章节。本书的各章节,均来自历年发表的文章或写给有关部门的政策建议。为了检验写作时所做的分析和判断,书中的数据没有做更新。本书在每章开始都有一个简单的导读,介绍该章的写作背景和目的,以方便读者更快地理解文章的写作背景和讨论要点。

  增长理论是经济学中历史最悠久的一个学术分支。但本书没有对所有的增长理论进行系统性综述,这并不意味着本书无视那些伟大先驱在这一领域的贡献,而是预设本书的读者都已熟悉他们的理论,从而使本书能在有限的篇幅里专注于原创思想的阐述。需要指出的是,尽管围绕增长问题的讨论不可避免地会涉及经济学的理论架构和研究范式,但本书的目的并不是修订现有的经济学教科书,更不是要颠覆整个经济学,而是要将经济学改造为能解释中国增长的工具。若能因此为增长理论增添一两个新的注脚,那将是本书意外之得。

  是为序。

目　录

第一篇　增　长

第一章　城市的制度原型 /2

引言 /3

什么是城市 /4

政府的"企业本质" /16

重新思考城市问题 /20

结语 /24

第二章　"土地财政"的历史与逻辑 /27

引言 /28

"土地财政"之"功" /28

"土地财政"的问题与风险 /41

"土地财政"的升级与退出 /46

结语 /57

附录 /59

第三章 伟大的制度创新 /61

引言 /62

土地价值的制度来源 /62

城市化与土地融资制度 /67

"土地财政"的效率 /70

租金捕获与土地产权制度 /72

征地制度与社会秩序 /75

美国的"土地财政" /77

土地融资与资本市场 /80

土地金融与货币创造 /83

土地金融与债务危机 /85

结语 /88

第二篇 转 型

第四章 城市化转型
——从高速度到高质量 /92

引言 /93

增长的阶段与转型 /93

传统增长与现代增长 /100

城市化、土地金融与地方政府 /104

城市化转型对策建议 /111

结语 /113

附录 /115

第五章 化危为机
——危机增长的独特机会 /119

引言 /120

常态增长与危机增长 /120

流动性危机导致经济危机 /122

从常态货币转为危机货币 /125

基础性战略资产项目的发现与策划 /128

功能货币的边界 /131

化危为机的危机增长 /135

结语 /137

第三篇 全球博弈

第六章 资本与劳动的两难 /140

引言 /141

增长模式转变 /141

货币与全球化 /145

全球阶级分化 /148

百年变局 /152

战略选择 /155

结语 /159

第七章 中美博弈的关键战场 /161

引言 /162

货币与资本市场 /162

中美资本市场的差别 /163

贸易战中,美国的真正目标 /167

特朗普的盲区与中国的主场 /171

中美贸易战的主角 /172

中国的核心竞争力 /174

如何给地方政府增信 /175

地方政府债务化解 /178

结语 /179

第八章　大国博弈的货币视角 /181

引言 /182

古代中国缺乏货币吗？/182

货币数量影响资本利息吗？/185

为什么中国利息长期高于其他经济？/188

纸币就是信用货币吗？/190

货币供给不足怎样解决？/192

货币增发可以降低利率吗？/195

中国货币超发了吗？/199

房地产可以降低市场利率吗？/201

房地产摧毁了实体经济吗？/203

房地产经济可以帮助中国打赢贸易战吗？/207

为什么选择房地产市场？/210

结语 /213

第九章　资本竞争的最优贴现倍数 /215

引言 /216

信用与贴现倍数 /216

信用结构分层假说 /220

资本市场竞争 /222

管理贴现倍数 /229

回到"双轨制" /236

结语 /240

附录 /241

第四篇　财富分配

第十章　资本市场再设计 /248

引言 /249

制度设计 /251

重新定位各市场角色 /262

转换路径及情景模拟 /263

结语 /264

第十一章　乡村振兴
　　　　——从输血到造血 /267

引言 /268

问题溯源 /268

理论重构 /271

制度方向 /276

振兴举措 /282

结语 /287

第十二章　平台经济
　　　　——从盯住垄断到盯住产权 /290

引言 /291

"企业群落"及其结构 /292

互联网平台的价值之源 /296

初始资源的权属 /298

平台企业的制度演进 /299

平台企业公众化 /302

结语 /305

第十三章　房地产税
——尊重探索，慎重推进 /307

引言 /308

房地产税试点的"利" /308

推进房地产税要注意的问题 /312

结语 /320

第五篇　理　论

第十四章　范式转变
——从均衡到竞争 /324

引言 /325

范式的转变 /327

竞争的规则 /335

哈耶克竞争 /345

应用和拓展 /356

结语 /359

第十五章　双螺旋模型
——现代增长与信用货币 /360

引言 /361

增长：从传统到现代 /361

货币：从实物到信用 /367

货币与增长 /383

结语 /396

参考文献 /398

致　谢 /411

Part I

第一篇

增 长

第一章
城市的制度原型*

新古典经济学在研究城市问题时之所以"不好用",就在于在其臆造的"元宇宙"中,无法给具有规模经济特征的产品定价,而公共产品的最大特征就在于集体消费带来的规模经济。本章提出了一个关键的命题:城市是一系列公共产品和服务的集合。

按照这个命题,就可以绕过"外部性"这类在现实中根本无法观测的概念,使城市分析从原来的"细胞"水平上升到"基因"水平。在这个框架里,家庭、企业都是公共产品的消费者,城市政府则是生产和提供这些公共产品的"企业"。第十四章提出的研究范式,可以有效处理垄断竞争和规模经济分析,从而有效解决公共产品的定价难题。2017年,本章所依据的论文因提出"城市的本质是公共产品和服务的集合"的论断入选中国城市规划学会会刊《城市规划》选出的"40年40篇影响中国城乡规划进程学术论文"。

---

* 本章主要观点源自2008年发表于《城市发展研究》(第4期)、题为《城市的制度原型》的论文。该论文的初稿形成于"2008年城市发展与规划国际论坛"上的一则演讲《灾后恢复与产权重建》。2008年10月,论文主要观点在中国人民大学主办的"转型期城市规划与公共政策国际研讨会"上以《城市的本质:探索空间的制度"原型"》为题进行了介绍。本章是在上述工作基础上完成的。感谢中央组织部、四川省委组织部提供机会,使笔者得以在2008年几次重要的灾后重建领导培训班上介绍本章的部分观点。也感谢仇保兴先生、叶裕民教授,及论坛、研讨会参与者的评论。其他相关研究参见:赵燕菁. 制度设计与经济增长. 政府管理评论,2017(01):108−121。

第一章 城市的制度原型

引言

城市化已经成为我们这个时代最显著的经济现象之一。尽管研究城市的数学工具越来越高深，但就对城市的基本认识而言，其浅薄程度依然令人惊讶。[①] 正如芒福德所说：

> 人类用了 5 000 多年的时间，才对城市的本质和演变过程形成了一个局部的认识，也许要用更长的时间才能完全弄清它那些尚未被认识的潜在特性。

也正是因为对城市的理解停留在非常原始的阶段，同一个世纪前（甚至更早）的城市研究相比，城市科学并没有出现革命性的进步。尽管现代空间分析越来越抽象，使用越来越多的数学工具，但离城市发展的实践却越来越远。这就提醒我们，要想重建规范的城市研究，并使其成为一个可以指导实践的学科，就不能局限于修补数学模型，而必须从思考最原始的城市秩序开始。早在 20 世纪 60 年代，芒福德就意识到了这一点，他指出：

> 我们需要构想一种新的秩序，这种秩序须能包括社会组织的、个人的，最后包括人类的全部功能和任务。只有构想出这样一种新秩序，我们才能为城市找到一种新的形式。[②]

[①] 事实上，尽管大部分所谓的"学术定义"借用了一些"专用术语"来描述城市，但其结论与一般"非专业"人士的直觉并没有本质上的差异。

[②] 芒福德. 城市发展史：起源、演变和前景. 倪文彦，宋俊岭，译. 北京：中国建筑工业出版社，1989.

这种秩序就是城市的制度。在传统空间经济学理论中，制度一直是可有可无。几乎所有空间分析模型，都将制度假设为无影响（或至少对不同空间秩序的影响是无差异的）。本章试图从制度经济学的角度，提出一个城市的制度原型，从而将制度分析引入城市空间分析。这个原始模型的起点，是从回答"什么是城市？"这个最基本的问题开始。本章将力图证明，制度是城市发展内在的"隐秩序"（hide order）①，是城市生长的 DNA。城市兴亡过程中的"物竞天择"，在很大程度上取决于制度的优劣。从某种意义上来讲，城市间的竞争乃是不同城市制度间的竞争。地理位置上的优劣，并非传统理论认为的那样，是决定城市成长和消亡的主要原因。城市规划中的"制度设计"，是远比"空间设计"更加重要的学术领域——尽管在这一领域中，目前的城市规划几乎是一片空白。

什么是城市

传统的城市定义

在维基词典中，根据古德奥（Goodall，1987）的研究，城市被定义为"一个相对较大的永久定居点"②。

在《不列颠简明百科全书》第二卷中，城市被定义为："一

---

① 霍兰. 隐秩序：适应性造就复杂性. 周晓牧，韩晖，译. 上海：上海科技教育出版社，2000.
② 原文为：A city is relatively large and permanent settlement。但紧接着，维基词典就澄清说"还没有一个一致的定义区分城和镇"。

个相对永久性的高度组合起来的人口集中的地方，比城镇和村庄规模大，也更重要。"拉泽尔在《大城市的地理位置》中给出的城市定义为："城市是占据一定地区，地处若干交通线的永久性的人类集居区。"日本著名城市地理学家山鹿诚次给出的定义稍微复杂，但实际上也大同小异："城市是一个巨大的人口集团密集地域，它以第二、第三产业为主并与之相依存。"

社会学虽然同地理学有着巨大的学科差异，但在关于城市的认知水平上却惊人地相似。沃思等在《城市社会学》中写道："工业、商业、信贷的集中地。对于社会学家来说，城市是当地那些共同风俗、情感、传统的集合。"传统经济学对城市的认识，其雷同性也令人感到意外。奥沙利文在《城市经济学》中认为："对于经济学家来说，如果一个地理区域内在相对小的面积里居住了大量的人，那么它就是城区。换句话说，城区就是一个具有相对较高人口密度的区域。"①

柴尔德（Childe，1950）试图用 10 个一般的特征，描述历史上最初的城市，其中第一个就是"超过正常水平的人口密度和规模"②，连维基词典都认为这个描述性（descriptive）的分类不适用于所有的城市。事实上，不仅是柴尔德的定义，迄今为止几乎所有的城市定义都是描述性的。

芒福德在《城市是什么？》（What Is a City）一文中提出："城市是一个集合体，涵盖了地理学意义上的神经丛、经济组织、

---

① 奥沙利文. 城市经济学. 4 版. 苏晓燕，等译. 北京：中信出版社，2003.

② CHILDE V G. The Urban Revolution. Town Planning Review，1950，21（01）：3—19.

制度进程、社会活动剧场以及艺术象征等各项功能。城市不仅培育出艺术,其本身也是艺术,不仅创造了剧院,自己就是剧院。正是在城市中,人们表演各种活动并获得关注,人、事、团体通过不断的斗争与合作,达到更高的契合点。"

芒福德"社会戏剧"(social drama)的比喻虽然很形象,却非一个规范的城市定义。这个定义无助于划分城市和乡村、古代城市和现代城市,无助于解释城市的衰落和兴起,无助于理解和选择城市的空间结构。"剧场"(human theatre)的隐喻看似与其他定义有所不同,实际上都只是描述了城市活动的表象。①

雅各布斯(Jacobs, 1969)在《城市经济》一书中针对建筑产生后才出现城市的传统观点,提出城市的出现先于建筑。为了解释这一观点,她设想了一个相邻狩猎部落(neighboring hunting groups)从交易狩猎用的黑曜石(用来制作锐利石器)开始,带来人口增加,随后又发现了谷物种植并最终定居下来的故事,来描述城市的起源。② 尽管她的故事很吸引人,但对解释城市的出现同样没有什么帮助。同其他理论一样,雅各布斯仍然隐含地将人口数量上的聚集作为城市形成的主要判定条件。她认为只要解释了人口数量的增加,也就解释了城市的产生。但她的故事仍然没有告诉我们城和乡的界限是什么。

在实践中,由于没有规范的定义,城市仍然只能按照规模特

---

① 至于其他学者,为了与众不同,往往把城市定义得更加玄奥,几乎无法成为可靠分析的基础。法国著名的城市地理学家什梅尔就说:"城市既是一个景观、一片经济空间、一种人口密度,也是一个生活中心和劳动中心,更具体点说,也可能是一种气氛、一种特征或者一个灵魂。"这与其说是城市的文化角度定义,倒不如说更接近玄学。

② JACOBS J. The Economy of Cities. New York: Random House Inc., 1969.

征来界定。美国人口普查局规定：聚居 2 500 人以上的区域为城市（应该包括小城镇），2 500 人以下者为村庄。中国规定，人口在 100 万以上的城市为特大城市，拥有 50 万～100 万人口的为大城市，拥有 20 万～50 万人口的为中等城市，拥有 10 万～20 万人口的为小城市。①

可以看出，在几乎所有学科里，城市的定义都主要体现在与农村地区的物理密度和产业差异上。②

这类基于直观感觉得出的定义，也许反映了城市的某些特征，却对理解城市的内在成长机制没有任何帮助。城市是不同于"乡村"的一种概念，并没有一种定义能准确说清楚这些"不同"是什么。正像维基词典所承认的那样："尽管城镇的形成有很长的历史，但关于古代的定居点是否被认定为城市仍然有不同的意见。""没有足够的证据宣称在那些条件下，世界历史上诞生了第一批城市。"以规模为基准的定义，使我们很难在"大的村庄"和"小的城市"之间得出明确的界限。

之所以无法界定城市生成的条件，乃是因为我们根本就没有一个正确的城市定义。

于是，在杜能、克里斯泰勒、韦伯、阿隆索和其他一些经济地理学家的经典模型中，城市干脆直接被假定为一种现状，交通

---

① 由于城市规模门槛定义不同，城市人口在不同的国家具有完全不同的含义。那些基于国家间城市化水平比较的实证研究，因此成为没有多少学术意义的工作。

② 虽然在研究方法和结论上马克思主义经典作家同传统学者往往大相径庭，但对城市的定义却非常相似，马克思提出，城市本身表明了人口、生产工具、资本、享乐和需求的集中；而在乡村里所看到的却是完全相反的情况：孤立和分散。物质劳动和精神劳动的最大的一次分工，就是城市和乡村的分离。

成本成为空间分析的单一因素。这样，地理学家们就可以绕过城市的产生，直接研究城市的结构。这些研究尽管在逻辑结构和几何形式上很美，但对城市现实的解释却非常原始甚至简陋。由于无法解释城市演变的真实原因，这些抽象的理论，逐渐变得越来越脱离真实的世界，使得现代空间分析在很大程度上演变为学术试管里的数学游戏。①

经济学的城市定义

在社会学科里，经济学最接近科学的规范研究。奥弗莱厄（O'Flaherty，2005）在解释人口最初为何要在空间上集中时认为，城市只有当其好处足以抵消其坏处时，才可能持续存在。②而城市带来的最大好处，就是报酬递增和规模经济（increasing returns to scale and economies of scale）。所谓报酬递增和规模经济，就是当经济规模扩大时，"产出增长大于支出增长"。

奥弗莱厄用一个假想的例子来解释这个概念。这个例子来自最古老的建城理由——"军事防御"。在这个例子里，投入可以是任何一种用于防卫的物品（比如，城墙），产出则是所防卫区域内每一件物品的价值。假设所防卫的区域是方形的，并且区域内每公顷具有相同的防卫价值，于是可以用公式来表述：

---

① 诺贝尔奖得主克鲁格曼的空间经济模型，代表了当代城市经济模型的最高成就。但当他谈到《空间经济学：城市、区域与国际贸易》（2005）一书中最基本的假设 CES 函数时，连他也认为："我们意识到这会让我们的分析有些不切实际，有时'不变替代弹性函数的游戏'（Games You Can Play with CES Functions）似乎更像本书的书名。"

② O'FLAHERTY B. City Economics. Cambridge Massachusetts：Harvard University Press，2005.

(1) $O = s^2$，其中 O 是产出（防卫的面积），s 表示一侧城墙的长度，这个公式表示产出同边长的平方成正比，而投入取决于城墙的周长。(2) $I = 4s$，I 代表投入的数量。这个公式意味着投入同城墙的周长成正比。将公式（2）代入公式（1），得到递增的报酬（increasing return）。(3) $O = I^2/16$，这个公式表明两倍的投入可以获得四倍的产出。同样，结合公式（2）和公式（1）可以得到公式（4）：$I = 4O^{1/2}$，这个公式意味着同样的产出增加，只需较少的投入增加。于是，奥弗莱厄得出结论："这样，城市防御被匪帮劫掠具有的经济性，就成为解释人们聚集到一起生活的一个原因……"

奥弗莱厄提出了一个非常有启发性的洞见。他试图从生产一侧（提供城墙的成本—收益），而不是从消费一侧（居民交通成本节省）解释城市的起源。[①] 这一基于报酬递增和规模经济的模型，与主流的新古典经济学价格理论完全不兼容。[②]

按照奥弗莱厄的模型，由于存在规模经济，城市将会不断扩张，直到所有的人都被一座城的城墙所包围。但在现实中，城市不是越大越好，而是同时存在许多规模不一、功能不同、相互竞争的城市。换句话说，这个模型不能告诉我们城市的边界——同新古典的其他模型一样，这个模型没法收敛，因而不能实现稳定

[①] 但这个故事同真实的城市一点都不一样。在现实中，城市基础设施（如城墙）的投入一般是一次性的，规模经济不是通过不断扩大基础设施（城墙）供给实现的，而是通过相对稳定的基础设施（城墙内）服务的人口不断增加而获得的。

[②] 就这个例子本身而言，围合面积的增长快于周长的增长纯属数学上的巧合。如果围合面积增长所带来收益的增长慢于周长增长所带来成本的增长，这个故事中的游戏也就崩溃了。

的均衡。这使得城市问题很难借助主流经济学工具进行规范研究。①

同传统的空间经济学模型一样，奥弗莱厄并没有解释在此过程中谁获得递增的报酬、谁具有规模经济。在这个没有演员的剧本里，似乎有一个抽象的"城市"在自我运行，并自动获得所有城市规模经济带来的好处。②尽管如此，这个模型已经很接近奥尔森所提出的"流窜－常驻的匪帮"（roving-settling bandit）的政府模型。作为制度经济学最主要的先行者之一，奥尔森提出了政府形成的原理。奥尔森（Olson，1993）指出：

> 在无政府状态下，"流窜的匪帮"所进行的非协调一致的竞争性偷盗，摧毁了投资和生产的积极性，无论是大众还是匪帮都不会有更多的资源。如果其中一个匪徒能成为一名独裁者，那么对大众和匪帮双方都会更好些——只要他属于一个"常驻的匪帮"，即以各种税收的形式垄断偷盗物品并使其合法化。一名地位稳固的独裁者对他的地盘有切身的利益，使得他会提供和平秩序和其他提高生产力的公共物品。③

---

① 一个显而易见的后果就是，在大学本科经济学教材中，空间作为经济分析的对象几乎完全消失了。

② 这种研究态度，在经济学中普遍存在。科斯（Coase，1998）就曾批评说："这是一种对真实世界中所发生的具体事件的轻蔑态度，但是它却已成为经济学家们的习惯，且他们自己也并未察觉到有什么不妥。主流经济学在理论上所取得的成功以及在理论上的主导地位掩盖了它的不足之处，因为主流经济学向来重理论而轻事实。"

③ OLSON M. Directorship, Democracy, and Development. American Political Science Review, 1993, 87 (03): 567－576.

奥尔森认为，诸如"和平"这样的公共产品（如城墙）是垄断的竞争者（常驻的匪帮）出于自私的目的强加给居民的。而居民通过纳税获得保护，进而与常驻的匪帮分享"和平秩序"带来的巨大好处。这就意味着，公共产品不是自发（spontaneously）生成的（比如人口的自发集聚带来规模效应），而是由出于自私目的的特定生产者带有目的性地提供的。公共产品的消费者（比如企业和城市居民），必须以某种方式（被迫或自愿）为享用的公共产品和服务付费。

奥尔森的政府理论否定了"和平秩序是因自愿的协议而出现"的传统"常识"。在传统的城市理论中，自发的秩序（spontaneous order）是城市形成的基本假设。无论是杜能（Thunen, 1826）—阿隆索（Alonso, 1964）—克鲁格曼（Krugman, 1999）的空间理论，还是霍特林（Hotelling, 1929）—帕兰德（Palander, 1935）—胡佛（Hoover, 1937）的市场区位理论，乃至斯坦（Stine, 1962）的集市理论，大都隐含地假设了空间要素（企业、居民）根据交通成本最低的原则自发地集聚（或分散）。而奥尔森的理论则表明，最优的区位不是自发形成的，而是"区位"生产者根据市场公共产品"投入—产出"利益最大化的原则，有意识地选择的结果。① 交通成本只是生产者按照利润最大化的原则选择要素（包括区位）时所要考虑的因素之一。

---

① 例如，以防卫为目的的城堡可能选在高山、隘口，以贸易为目的的城市可能选在区域中心或出海口。随着公共产品的不同、技术的进步，最优区位也在发生变化。

制度角度的城市定义

奥尔森的政府理论是一个伟大的突破。在公共产品供给的抽象故事里，第一次有了具体的情节（交易）和明确的角色（生产者和消费者）。尽管奥尔森没有直接提出城市的定义，但他的政府理论在很大程度上也可以应用于对城市形成的解释。如果我们将"城市"视作一组公共产品（安全、教育、交通、绿化……）的集合，实际上也就从制度的角度给出了城市的定义：城市是一组通过空间途径赢利的公共产品和服务。[①]

根据这个定义，有没有商业化的公共产品交易是划分城市与乡村的分水岭。城市的起源在于：第一，存在公共服务；第二，这些公共服务是以空间交易（如税收）的方式来提供的。符合这两个要件的空间地域，我们就定义为城市；反之，则属于农村。

新定义使我们可以清晰地明确城乡的制度分界：不论定居点或贸易点规模多大，只要没有公共产品交易，这种居民点也仅仅是自给自足的"人口堆积"，并不能构成一个"城市"；反之，只要有人出售公共产品，哪怕没有一个买主，也可以构成一个原始的"城市"。由于这个城市特征是从制度角度定义的，因此，我

[①] 或者按照规划师的习惯，将城市定义为"公共产品和服务赖以交易的空间"。需要指出的是，这里所谓的"公共产品"除了交易对空间的特殊依赖外，与普通产品并没有本质上的不同。按照萨缪尔森（Samuelson，1954）在《公共支出的纯理论》中的定义，纯粹的公共产品或劳务是这样的产品或劳务，即每个人消费这种产品或劳务不会导致别人对该产品或劳务的消费减少。其特征是：效用的不可分割性、消费的非竞争性和受益的非排他性。但如果我们引入空间因素，公共产品的这几个特征就消失了。正是传统经济学中空间因素的缺失，导致了公共产品这一虚假概念。本章之所以继续使用公共产品和服务的概念，只是为了照顾长期形成的学术习惯。

们可以称之为城市的"制度原型"——一种理论上最纯粹的城市原始形态。

这个定义为城市的诞生指定了一个清晰的制度起点：从流动到定居，不是城市的起点；从狩猎到农耕，不是城市的起点；从周期性的集市到永久的市场，也不是城市的起点——城市的起点，是通过交易的方式提供公共产品的空间。找到这个空间，也就找到了世界上第一个城市。这个定义同时也将自发形成的"聚落"和"集市"排除在"城市"之外，尽管这些自发的人口集聚和活动区位可能恰巧与未来的"城市"重合。[①] 但在一个政府收费并提供相应的服务之前，不论人口和活动规模多大，其都不能被称作一个"城市"。

居民或企业定居一个城市并支付相关费用，就意味着购买了一组公共产品的集合。这些公共产品可以是最原始的防卫设施（城墙），也可以是更为复杂的司法、治安，以及更现代化的消防、卫生、供水、供电、道路、学校……公共产品的提供者可以是单一的主体，比如城邦君主，也可以是多个不同主体的组合，特别是在一个规模较大的现代城市中，公共产品和服务往往是多层次的——比如中央政府提供国防、地方政府提供道路、小区物业提供物业服务。城市内部同时也会有许多"次城市"，比如不同的"学区"，提供独立服务的居住区、开发区等。这些区域居民或企业享受的服务水平不同，支付的费用也不同。相应地，居

---

① 正如芒福德（Mumford，1961）所指出的那样，"远在我们如今可以称之为城市的任何形式都还没有产生的时代，城市的某些功能就已经在产生和发挥作用了，城市的某些目的可能已经以某些方式在实现，城市后来的场地有些可能已经一度被占用"。

民或企业可以同一个单一的主体交易（如计划经济），也可以分别与不同的公共产品提供者交易（缴交不同的税费给不同层级的"政府"）。

同其他产品和服务的提供不同，被称作"城市"的公共产品，是通过空间手段进行交易的。由于提供城市基础设施（道路、给排水、电力、电信等）和公共服务（消防、治安、学校等）的成本大多是服务半径的函数，且具有报酬递增的特点（使用的人越多，平均成本越低），为了获得较高的效益，同样的基础设施要服务尽可能多的人口。①

正如温茨巴奇、迈尔斯和坎农所指出的那样："公共服务也只在那些空间拥挤的区域提供。我们不能在人口平均分布的土地上经营下水管道。虽然在今天的社会人们几乎不会相信城市形成的一个原因是提供防御和安全保障，但这的确是一个事实。当人们聚居在一起时，维持安全秩序在理论上成为可能。"②

这就意味着，传统城市定义中的高密度人口，并不是城乡差别的内在本质，而是提高公共服务效率的条件，是不同公共服务提供水平差异的外在表征。③换句话说，高密度只是城市公共服务投入－产出效率和城市竞争的自然结果，而非城市形成的

---

① 这就解释了为何大多数城市都具有规模大、密度高的人口特征——不只是因为公共产品和服务的消费者（居民或企业）为节省交通成本，自发地向区位较好的空间集聚（这是几乎所有空间经济模型的基本假设），同时也是因为公共产品和服务的提供者（政府）是按照效益最大化的原则来提供高水平的产品和服务。只有在单位面积内维持足够的消费密度，公共产品和服务的提供者才能分摊成本，压低价格，并在城市竞争中胜出。

② 温茨巴奇，迈尔斯，坎农.现代不动产.任淮秀，等译.北京：中国人民大学出版社，2001.

③ 比如，低密度的别墅区比高密度的城中村更"城市化"。

原因。

"空间"在区别城市型公共服务与非城市型公共服务时，起着关键的作用。提供公共产品并不自动构成"城市"，只有在特定区域内提供公共产品并依托空间区域收费时，才构成"城市"。收费的桥梁或高速公路，可以构成一组公共服务，但并不必然构成一个城市。但如果桥梁的使用者和收费模式是限定在某一个区域的——比如不是收取过桥费，而是对特定区域的居民收取养路费，同时将非特定区域内的居民予以排除，这个特定的区域就是理论上的"城市"。① 同样，收费的学校和园林不构成"城市"，通过对限定区域征税并对纳税人免费开放公园和学校，才构成"城市"。换句话说，"城市"由那些通过空间收费比其他方式效率更高的公共服务所构成。②

空间的边界（如小区和政府行政辖区）意味着对应的交易和权利（或者产权），城市的不同组织在其法定边界内从事公共产品的交易。不同组织对空间的争夺，可以视作对征税权的争夺。③

公共产品的提供者可以是私人（例如国君），也可以是政府或其他垄断组织，还可以是集体自治组织（例如小区）。不同的供给模式在"市场"上竞争，好的模式胜出，差的模式出局，从而构成连续不断的制度创新、演化和进步。

---

① 类似的例子还有热力、燃气、教育等的提供方式。比如，一家一户的供热（炉子）不构成"城市"，但如果在一个片区内集中供热，统一收费，则构成"城市"。
② 当然，也有定义（如萨缪尔森的定义）将可以排他的服务，如收费的桥梁或学校，剔除出公共产品的范围。
③ 这类似于公司之间的兼并重组。而不同空间组织之间的战争，乃是一种极端的竞争方式，使得战胜者获得产权。由于这种非市场的行为往往以破坏原有产权交易为代价，因此制度代价（特别是对远期合约）会非常巨大。

大崛起

政府的"企业本质"

城市的制度原型如同老式照片的"显影剂","曝光"了城市"黑箱"中隐藏着的利益主体及其相互关系,从而显露出"制度"在公共产品交易中的关键作用。其中特别重要的,就是公共产品的提供者——政府。

政府的角色,从其诞生之日起就备受争议。在不同的理论中,"合理的"政府角色不同。在城市的制度原型里,政府的角色非常简单,那就是基于空间的公共产品的提供者。换句话说,政府乃是以空间(行政边界)为基础提供公共产品的"企业"。普通企业的模式千差万别。同样,政府的模式也各不相同。政府在其辖区内的法定权力,类似于企业的一组产权。①

"城市"是各种"政府"服务的叠加和组合。一个城市居民,可以在享受中央政府服务的同时,享受地方政府和小区"政府"的服务。②

---

① 现实中,不同政府的"产权束"是不同的。有的政府拥有广泛的"产权",如独裁或威权政府;有的政府只有有限的"产权"——只能在法定范围内行使权力,重要的决定必须获得授权。同普通企业一样,政府可以是私有的,如世袭的封建国家,也可以是公众自组织的;可以自己经营,也可以雇用职业"城市经理"或经理集团来经营。不同政府模式相互竞争。"政府"既可以是为整个国家(相当于一个超级"城市")提供国防安全的中央政府,也可以是为本地区提供公共安全的地方政府。如果从广义来说,还可以是仅局限于为封闭小区提供安保服务的物业管理公司(如果把小区看作一个"次城市"的话)。

② 政府可以综合性地提供一揽子服务(如城市政府),也可以提供专门化的服务(如设立学校为学区居民提供教育服务或设立供热公司为小区居民提供热力服务)。"政府"之间可以有隶属关系(如中央政府和地方政府),也可以没有隶属关系(如街道居委会和业主委员会);可以是合约关系(如某些城市由私人公共交通公司提供交通服务),也可以是合资关系(如某些城市由公私合作的水务集团提供用水服务)。

第一章 城市的制度原型

政府的"企业本质",为城市制度研究提供了全新的视角,使我们得以像研究企业那样研究政府的"合理行为",发现政府的"合理需求"。接下来,自然的问题就是:企业的本质是什么?为什么我们需要企业?这正是科斯72年前提出,但迄今仍然困扰经济学的著名论题。

在《企业的性质》一文中,科斯(Coase,1937)说:"企业的显著特征就是作为价格机制的替代物。"[①] 在科斯看来,企业内部的"命令"和"允许某个权威(一个'企业家')来支配资源",无非是"一系列的契约被一个契约替代了",其目的是减少组织生产过程中的交易成本:"通过契约,生产要素为获得一定的报酬,同意在一定的限度内服从企业家的指挥,契约的本质在于它限定了企业家的权力范围。只有在限定的范围内,他才能指挥其他生产要素。"

张五常在科斯的基础上,进一步提出企业的本质就是契约。张五常(Chueng,1983)指出,企业是以要素市场上的契约替代了产品市场上的契约。按照张五常的观点,企业的规模变得不再重要,甚至根本无法说明企业"最优的规模"。张五常干脆认为"我们无法确切知道企业是什么",使得他得出结论:"'企业'一词只是对在不同于普通产品市场的契约安排下组织活动的一种方式的速写式描述。"[②] 很多经济学家,包括科斯本人,都表示不敢苟同张五常的结论,但他们都没有提出足以驳倒张五常结论的理由。

---

① COASE R H. The Nature of Firm. Economica,1937,4(16):386-405.
② CHUENG N S. The Contractual Nature of the Firm. Journal of Law and Economics,1983,XXXVI(April).

企业的真正本质，既不是市场对计划的替代，也不是要素市场上的契约代替产品市场上的契约，而是企业所依凭的商业模式。所谓"商业模式"或"盈利模式"，是指：由企业家精心设计的，能够将潜在市场需求转化为以可赢利的方式提供产品的一种投入产出机制。

商业模式是企业的核心价值。只要拥有商业模式，一个人也可以构成"企业"。企业的核心价值，就在于创造利润。市场上有很多需求，但只有通过合适的商业模式，才能转化为有效需求。而在许多可赢利的商业模式中，能存活下来的模式就是能够创造利润的模式。寻找最优的收费方式，乃是企业家工作的核心。街道卫生需要打扫，但是如何向路人收费？互联网可以满足人们的信息沟通需求，但如何向网民收费？良好的交通需要更好的道路来保障，但如何向车辆收费？居民对信息的传播和娱乐有广泛的需求，但如何向电视观众或广播听众收费？……在现实中，这样的例子比比皆是。企业家的任务，就是创造一种要素组织方式，将这种潜在的需求转化为真正的利润。

电视和互联网需求巨大，但向使用者收费困难。于是企业家创造了一种收费模式——广告。通过广告，电视和互联网的经营者可以间接向消费者收费，消费者通过被迫观看广告享受免费的服务，广告商则购买"收视率"或"点击率"。互联网交易可以极大地降低成本，但存在信任问题——购买者担心付钱后收到的产品与描述不一致或干脆收不到产品；生产者则担心产品发出后货款被拖欠或者干脆收不到。这时，企业家发明了一种机制——第三方支付平台：货款由第三方保管，购买者确认收货、双方交易完成后，货款才汇给生产者；而第三方获得一定比例的服务费。

不仅是谷歌、阿里巴巴这样的互联网公司,其他成功的企业,如麦当劳、沃尔玛、迪士尼等本身也都代表着成功的商业模式。

可以说商业模式无处不在,只要有企业,必有其商业模式。反过来,只要有合适的商业模式,哪怕契约的双方只是两个人(例如,养蜂人和果园主),也可以形成两家分别只由一个人组成的企业。这就意味着,企业的特征并非团队生产(Alchian & Demsetz, 1972),而是其商业模式。降低合作生产的交易成本,避免交易中的欺诈和投机行为,只是商业模式设计的目标,而非设立企业的必要条件。商业模式是企业的基因。企业成长的快慢、竞争力的大小,都取决于企业选择的商业模式。企业家最主要的贡献不是对企业的日常管理,而是发现潜在需求,并设计出能够将这些需求转化为以可赢利的方式提供产品的商业模式。

将商业模式作为企业的本质,彻底改变了企业研究的方向和重心,也为公共产品的供给提供了新的研究视角。

所谓公共产品,并非可以免费使用的产品,而是必须通过空间方式收费的产品。公共产品有供给和需求,也有供给者和消费者。公共产品供给者和消费者之间的产权交易,就是城市组织最基本的制度"原型"。城市不是消费者自发形成的,而是由公共产品(比如防卫)的供给者发明、创造的(如城墙),它通过吸引大量的消费者(居民)来摊薄固定成本(如城墙),获得递增的报酬。

城市政府同企业家一样,其核心工作就是发现并设计最优的公共产品提供模式。[①] 公共产品(比如消防、路灯、治安)由于

---

① 具体的形式体现在不同的公共产品和各式各样的收费模式上[如税收以及诸如建设-运营-转让(BOT)等基础设施建设模式]。

通常无法以排他的方式提供给付费的消费者,因此,必须以向特定空间使用者收费的方式提供。①

合理的空间收费型商业模式,可以大幅减少增值外溢,提高收费效率,避开给每一项公共产品单独定价的困难,从而使许多看似无法定价的公共产品实现有效的供给。

必须强调,所谓"公共服务"并非一定全部要由狭义的政府来提供。由公共集资(纳税)供养的现代政府,只不过是诸多可以提供公共服务的主体中的一种。②比如,城市用水既可以由政府通过征税的办法提供,也可以由私人上市公司以收取水费的方式提供;城市交通也是如此,既可以由政府提供并通过税收转移获得补贴,也可以由民营公司以售票的方式直接提供。"城市"只是一个可以加载各种"公共服务"的空间平台。

重新思考城市问题

城市的制度原型还有助于我们重新思考经典的城市问题。

长期以来,空间经济的规范分析,无论是地理学还是经济学,都基于德国的研究传统[杜能(Thunen,1826)—克里斯泰勒(Christaller,1933)—廖士(Losch,1940)]。这个传统的一个主要特征,就是只研究城市的消费者(居民和企业)的行为,或干脆隐含地假设城市是由消费者在无形的手(交通成本)的影

---

① 例如,免费的公园会使周边的不动产升值,好的学校也会使特定学区物业升值,同样,优良的治安、整洁的环境都可以体现为不动产的升值,因此,城市政府最常用的商业模式就是针对不动产征税,从而间接地将对公共产品的投资收回来。

② 而在历史上的多数时代,政府都是"私营"的。

响下自发形成的。由于缺少城市的主角——公共服务的提供者，传统的空间经济分析就像没有演员的剧本一样，无法完整地描述城市的演进。尽管这些分析使用了高度精巧的数学分析工具，但就像科斯（Coase，1998）批评的那样，经济地理学家们"仅用一组工具思考问题，而对论题漠不关心"。后来的霍特林（Hotelling，1929）—帕兰德（Palander，1935）的模型、韦伯（Weber，1909）的工业区位理论，乃至斯坦（Stine，1962）的集市模型，都继承了这一传统。①

这些传统的理论，正如克鲁格曼（Krugman，1999）所批评的，根本无法解释城市的诞生和成长。

克鲁格曼（Krugman，1999）认为，这主要是由于传统的经济学缺少处理报酬递增和规模经济的工具。于是，他转而采用基于迪克西特和斯蒂格利茨（Dixit & Stiglitz，1977）提出的一个垄断竞争模型（CES function，不变替代弹性函数）。尽管藤田昌久、克鲁格曼和维纳布尔斯（Fujita, Krugman & Venables，1999）的研究高度技术化，克鲁格曼甚至因此获得了2008年诺贝尔经济学奖，但由于城市的生产者（政府）缺位，提出"推力—拉力"模型的克鲁格曼并没有比其前辈走得更远。这些完全没有考虑制度因素的空间动力学模型，就像科斯（Coase，1998）所讥讽的"没有身体，也可以研究血液循环"的其他经济学模型一样，既无法解释城市的诞生和成长，也无法用于解决城市规划面临的实际问题。

---

① 由于大部分空间模型没有考虑制度因素，因此，这些模型更像是一些物理学模型，而非社会学模型。人被抽象为空间上的质点，在不同的"力"的作用下，在空间上移动。

城市的制度原型第一次将城市的生产者引入空间经济规范分析——城市乃是由供求双方（政府、开发商和居民、企业）根据各自利益最大化原则交易的结果，从而直截了当地解决了城市研究的难题。

根据城市的制度原型，城市及其体系的形成可以视作"自然"、"制度"和"交通"三个过程空间效果的叠加：

1. 想象一个均质无差异的空间。自然、气候、土壤、区位的不同，使得空间的拓扑形态产生变化，塌陷成不同的"自然洼地"。① 要素（主要是人口）为了降低成本，向这些"洼地"汇聚，但这些"洼地"还不能算是"城市"。

2. 随着城市生产者在特定的空间提供公共服务（比如防卫），空间上相应地会形成"制度洼地"。这时，真正的城市开始产生。为了降低成本，城市的"生产者"往往会选择"自然洼地"以增加"制度洼地"的深度。城市基础设施的提供，则进一步增加了特定区域相对于周边竞争区域的深度。城市对要素的吸引力（洼地的深度），取决于两个"洼地"的叠加效果。

3. 城市的出现又会通过交通的"成本效应"使周边地区出现新的"皱褶"和"塌陷"，从而为次一级的城市形成新的"洼地"。②

---

① "自然洼地"的深度，并非由"自然"决定，而是取决于当时所拥有的技术。比如，当交通技术进步时，运输成本降低，原来具有交通地理优势的区位相对其他区位的优势（洼地深度）就会减少。轮船技术的进步会使原来铁路枢纽的重要性下降，甚至使其被港口枢纽取而代之。同样，农业技术的进步、水资源利用技术的进步，都会强化或弱化某些区位的相对优势。

② 德国传统的经济地理学只描述了城市形成过程中的最后一步。经济地理学研究的是关于城市体系的理论，描述的是城市与周边地区的关系，而非城市本身。

同时，城市的制度原型也有助于我们解决诸如"城市化度量和比较"这类理论难题。城市化水平指标主要用于比较不同城市或不同历史阶段城市的发展水平，是研究城市问题的基本工具。但由于"城市人口"定义的不同（如是否包含暂住人口），城市化的比较研究缺少可靠的基础。现有学者的注意力大多集中在各国统计口径的差异上，却忽略了城市化在质量上的差异。不同国家的城市居民谁更"城市化"？一国的市民同另一国的农民谁更"城市化"？城市的制度原型，使得我们对城市化的研究不再局限于城乡的比例关系，而是可以进一步对城市之间的差异进行比较。城市化水平取决于购买公共服务的多少——比如，某国的农民在境外也可以获得本国政府提供的安全服务，甚至超过另一国的市民，那么就意味着这个农民更"城市化"。同样，某个城市的市民所享受的公共服务，如果超过另一个城市的市民所享受的公共服务，这就意味着该城市市民的城市化水平要高于另一个城市的市民。一个城市的城市化水平，是全体市民"城市化水平"的加总（赵燕菁，2000）。①

---

① 惠誉公司的吴伟科博士在与笔者的讨论中提出，将城市定义为一组公共服务最大的问题就是将传统概念中的"乡村"地域也纳入了"城市"范围，比如国防作为一种"公共服务"，就同时涵盖了包括乡村和城市在内的全部国土。在这个定义下，乡村只不过是一类城市化水平较低的"城市"。这很容易导致与传统城乡概念相混淆。因此，他建议将一部分广义的公共服务（如国防、法律）排除在"城市"之外，从而使狭义的"城乡"概念与传统的"城乡"概念可以相互对应。由于同样是基于"公共服务"来定义"城市"，吴伟科的建议实际上同本章建议采用的定义是等价的。他的建议虽然同传统习惯对应得更好，但由于必须加入主观选择（判定哪一类服务是"城市的"公共服务），缺少了作为一个"原型"的美感。对于最原始的定义而言，周延越简单、需要人为干涉的条件越少越好。

"城市生产者"的引入,意味着空间理论研究范式的全部转变。①

按照城市的制度原型,空间不再是简单的"城"与"乡"两极,而是由不同公共服务水平组成的连续谱系。城市化的过程,就是一个城市(更准确地说是公共服务水平)从谱系的低端向谱系的高端移动的过程。②

结语

任何理论,本质上都是帮助思考的工具。每个定义都有其学科特定的用途。③ 一个城市定义"好不好",关键是看其是否有助于解释某一类城市现象。某一理论自身并不能证明自己比其他理论更"科学"。同样,从制度角度来定义城市,并不是因为这个

---

① 为了对公共产品进行规范研究,近年来,笔者发展了一种非新古典的价格模型(赵燕菁,2007,2009)。按照这种模型,市场被分为两种状态:供不应求和供过于求。当市场供不应求时,竞争发生在消费者之间;当市场供过于求时,竞争发生在生产者之间。市场规模的扩大,不是简单地导致价格下降,而是在达到一定程度后分裂出新的替代产品。这种模型解决了新古典增长理论无法处理的在垄断竞争条件下规模经济和报酬递增无法收敛的问题。按照这种模型,规模经济不会导致城市无限扩张;达到一定规模后,不同的需求偏好将导致城市功能在空间上分解(新城市产生或城市内部空间专业化)。

② 因此,纯粹基于人口数量比较纽约和北京的城市规模大小,就没有什么学术意义,因为这本质上是在比较不同的东西。同样,我们说纽约的地价高于南宁的地价也是没有意义的,因为两个地价所包含的公共服务存在巨大差异。当我们对不同城市进行指标比较时,不应孤立地进行比较,而应同时考虑公共服务"质量"和"水平"的差异(不同的公共产品集合)。唯有如此,才可以使城市比较研究立足于可靠的基础。

③ 例如,对"人"这个概念来讲,生物学、心理学、社会学、人类学等各有不同的定义。不同的概念网络组成了不同的理论。不同的理论如同不同的工具。就像剪刀不一定比锤子更"先进"一样,人类发明不同的工具,为的是解决不同的问题。

第一章　城市的制度原型

定义比其他定义更"正确"，而是因为其提供了一个新的理论视角，可以把制度纳入城市问题研究的核心。

中国正经历着世界城市发展史上前所未有的高速增长。这就不可避免地使中国城市成为城市理论研究的焦点。近年来，理论界提出了许多富有创意的观点。但这些孤立的思想火花，却犹如堆积在一起的砖瓦，无法构成一座内部结构相互支撑的理论大厦。零散的观点、即兴式的批判，不仅无助于学科的成长，也无助于展开有效的争论。这很像当年科斯（Coase，1998）对旧制度经济学的批评：

> 旧制度经济学的代表康芒斯、米切尔等都是一些充满大智慧的人，但是，他们却是反理论的。他们留给后人的是一堆毫无理论价值的实际材料，很少有什么东西能被继承下来。

寻求城市制度原型的目的，就是试图从最原初、最简化的概念开始，构筑一个完整的城市理论框架，从而将商业模式和企业制度引入城市研究的视野。

1998年，科斯在《美国经济评论》上发表了一篇题为《新制度经济学》的文章。在那篇文章里，科斯写道：

> 经济学家常引以为豪的是：达尔文之所以能创建进化论，主要是由于他阅读了斯密、马尔萨斯等人的著作。但若把达尔文以来的生物学和斯密以来的经济学做一个对比的话，生物学已经相当成熟。今天，生物学家已经详细掌握了

生命体的复杂器官、组织结构。我相信有那么一天，在经济学领域也会取得同样的成就！①

今天城市科学的水平就像早期生物学，我们只知道城市的表象结构（细胞质、细胞核），却不知道其形成和发展的原因（DNA、基因）。将城市抽象为最原始的制度原型，就如同生物学中发现的双螺旋结构。依托这个原型，我们可以将自然、技术、历史、文化因素逐渐还原进去，从而理解城市中复杂的因果关系，解析现有产权制度的缺陷，并通过制度设计（政策），剔除原来"制度"中的缺损基因，设计新的健康基因（商业模式），从而将城市研究提高到一种前所未有的水平。

---

① COASE R H. The New Institutional Economics. American Economic Review, 1998, 88 (02): 72-74.

第二章
"土地财政"的历史与逻辑*

本章的目的在于扭转"土地财政"争论困局。在此之前国内对"土地财政"的研究几乎呈一边倒的批评态度，但在现实中，与地方政府土地收入大幅提升相伴随的却是中国城市化水平的快速提高以及经济的高速增长。本章一改将土地收入视作财政的观点，指出土地收入的本质是金融。这一观点在后来被扩展为两阶段增长模型（见本书理论部分），现代增长理论第一次将"原始资本的积累模式从过去剩余向未来收益贴现的转变"，从众多的增长要素中识别出来，相当于在"基因"水平上发现了诱发增长的"突变"。自此，从金融—资本—货币视角思考"土地财政"，才开始逐渐被主流经济学和政策制定者所理解。尽管过去了许多年，本章的核心观点依然屹立不倒。[①]

---

* 本章原文曾以《城市化、信用与土地财政》为题，于2013年5月14日发表在中国宏观经济信息网（http://www.macrochina.com.cn/info.shtml）。简化版以《重新研判"土地财政"》为题，刊发于《第一财经日报》（2013-05-13）。王建先生、仇保兴先生、周其仁先生、华生先生和吴伟科先生曾与笔者进行讨论并提出重要修改意见。特别是周其仁先生进行了不少批注（见脚注），并到厦门与笔者彻夜长谈。许多朋友也提出了很多有益的批评和意见，在此一并致谢。笔者本人对其中的观点负责。原文内容曾刊载于《城市发展研究》2014年第1期 第1页至第13页。

① 与本章相关的系列讨论参见：邵芳卿.放弃土地财政就是自毁长城.国土资源导刊，2010，7（09）：55-56；赵燕菁.再为土地财政说几句话：与马光远博士商榷.第一财经日报，2010-12-10.

引言

改革就是一系列选择。但哪个选择真正改变了历史,当时并不一定清楚。"土地财政"就是如此。从诞生到形成,它并没有一项完整的设计。甚至"土地财政"这一概念,也是后来才提出来的。但正是这个来路不清、没人负责甚至没有严格定义的"土地财政",前所未有地改变了中国城市的面貌,甚至成为全球经济成功与问题的根源。

"土地财政"这一模式是否可持续?是改进,还是必须全盘放弃?此乃十分重大的抉择。但由于"土地财政"被"房价""腐败""泡沫"等敏感的社会话题所绑架,摒弃"土地财政"几乎成为学术界和舆论界一边倒的共识。本应客观、专业的学术讨论,演变成了指责"土地财政"的竞赛。

好的"学术",不在于告诉人们众所周知的"常识",而在于能解释众所不解的"反常"。"土地财政"之所以抗风而立、批而不倒,就在于有着不为学术界所知的内在逻辑。本章试图以"信用"为主线,重新评价"土地财政"的功过,思考完全抛弃"土地财政"可能带来的风险,探讨改进"土地财政"的可行路径。

"土地财政"之"功"

信用:城市化的催化剂

城市出现了几千年,有兴有衰,为何到了近代却突然出现了不可逆转的"城市化"?绝大多数研究都认为城市化是工业化的结果。这一表面化的解释妨碍了我们对城市化深层次原因的

第二章 "土地财政"的历史与逻辑

认识。

上一章我们讲到了城市的本质。城市的特征，就是能提供农村所没有的公共服务。①

公共服务是城市土地价值的唯一来源。城市不动产的价值，说到底，就是其所处区位公共服务的投影。无论城墙还是道路，或是引水工程，公共服务都需要大规模的一次性投资（fixed cost）。在传统经济中，一次性投资的获得主要是通过过去剩余的积累。这就极大地限制了大型公共基础设施的建设。基础设施巨大的一次性投资，成为制约城市发展的主要障碍。

突破性的进步，来自近代信用体系的创新。通过信用制度，未来收益可以贴现到当前，使资本的形成方式得以摆脱对过去积累的依赖，转向预期收益。信用制度为大规模、长周期的基础设施投资提供了可能。② 技术进步和信用制度的结合共同启动了城市化和工业化③，使后两者成为伴生的经济现象。

---

① 周其仁曾对此批注道："那（城市）又因何而起？集聚带来分工深化、收入提升，是城市的经济本源，也是密集的公共服务的起源。"但在笔者看来，集聚不过是公共产品规模经济的结果，而非原因。农村只要有公共服务，就是城市，但因为分散地区提供公共服务的成本太高，竞争不过人口密集的城市。

② 现代理论倾向于用技术进步解释经济增长。事实上，研发活动伴随人类历史数千年，但只有在信用制度出现后才独立出来，成为一种关键的因素，这说明没有信用制度和原始资本，技术创新不过是一次又一次的昙花一现，研发更不可能成为一种独立存在的生产方式。其实，如果把基础设施也视作一种产品，城市化本身就可以看作工业化的一部分——用工业的方法生产基础设施。这也部分地回答了著名的"李约瑟之问"："为什么在公元前3世纪到15世纪之间，中国文明在把人类自然知识运用于人的实际需要方面比西方文明有效得多？为什么现代科学……是在地中海和大西洋沿岸发展起来，而不是在中国或亚洲其他任何地方得到发展？"

③ 正是由于现代金融和技术创新同时为工业化与城市化提供了原始资本，两者才得以相继启动。因此，工业化与城市化是共生关系，而非因果关系。

只有资本才能为资本做抵押。①

信用制度的关键是如何获得"初始信用"。工业化和城市化的启动,都必须跨越原始资本的临界门槛。一旦原始资本(基础设施)积累完成,就会带来持续性税收。这些税收可以再抵押,再投资,自我循环,加速积累。

城市化模式的选择,说到底就是资本积累模式的选择。不同的原始资本积累模式,决定了不同的城市化模式。历史表明,完全靠内部积累很难跨越最低的原始资本门槛。强行积累,则可能引发大规模社会动乱。②

因此,早期资本主义的原始资本积累,在很大程度上是靠外部掠夺完成的。几乎每个发达国家,都可以追溯其城市化早期阶段的"原罪"。

传统中国社会关系是典型的差序格局③,民间信用在很大程度上局限于熟人社会,因此只能是小规模和短周期的。近代中国的大门被打开后,中国不仅没有完成自身的原始资本积累,反而成为列强积累原始资本的来源地。1949年后,中国重获完整的税收主权,但像资本主义国家那样依靠掠夺实现原始资本积累的外部环境已不复存在。中国选择了计划经济模式(赵燕菁,1999,2000)。

---

① 周其仁注意到:"这里'资源、资产、收入、资本'之间的关系,没有以费雪的为基础。"

② 例如,秦朝投资长城、驰道、阿房宫,隋朝投资大运河、东都(洛阳),都触发了全国性的动荡。

③ "差序格局"一词是费孝通先生提出的。费先生认为中国传统社会的人际格局,如同水面上泛开的涟漪一般,由自己延伸开去,信任程度逐层递减。参见:费孝通. 乡土中国. 北京:三联书店,1985。

所谓"计划经济",本质上是通过自我输血,强行完成原始资本积累的一种模式。在计划经济条件下,经济被分为农业和工业两大类,国家通过工农业产品的剪刀差,不断将农业部门的积累转移到工业部门。依靠这种办法,中国建立起初步的工业基础,却再也没有力量完成城市化的积累。超强的积累窒息了中国经济,使生产和消费无法实现有效的循环。改革开放前,中国的城市化水平在百分之十几到百分之二十几之间。①

中国城市化的"最初的信用"

中国城市化模式的大突破,始于 20 世纪 80 年代后期。当时,依靠农业部门为中国的工业化提供积累的模式已难以为继。深圳、厦门等经济特区仿效香港②,尝试通过出让城市土地使用权,为基础设施建设融资③。从此,深圳开创了一条以土地为信用基础,积累

---

① 从历史上看,春秋末期中国的人口总数为 3 200 万人,城市人口为 509 万人,城市化水平已经达到 15.9%,参见:赵冈. 中国历史上的城市人口. 食货月刊复刊,1983,13(3/4);北宋城市化率为 20.1%,南宋城市化率为 22.4%。梁庚尧估算,南宋大部分城市人口比例可能在百分之三至百分之十四之间,参见:梁庚尧. 南宋城市的发展(上). 食货月刊,1981,10(10):4-27。吴松弟的估算数字为 12%左右,参见:吴松弟. 中国人口史:第三卷:辽宋金元时期. 上海:复旦大学出版社,2000。而 1978 年改革开放前,中国的城市化水平仅为 17.9%,基本处于同一数量级。

② 对此,周其仁认为:"学习香港的过程中情况有所变化:港岛没有征农民土地的问题;九龙、新界也有所不同。我们这里是一个半拉子市场:一手征、一手'卖'(批租)。农村没醒来,没问题,一旦醒来明白了,冲突就普遍了。"笔者在后面会提到,英国在殖民地将所有土地先据为己有。拥有强征权是英国殖民地城市化速度快于其他国家殖民地的重要原因。

③ 1986 年,深圳改变了原有的无偿划拨模式,逐步形成了国有土地流转市场。1987 年 12 月 1 日,深圳首次公开拍卖了一个面积为 8 588m² 的地块,敲响了 1949 年以来国有土地拍卖的"第一槌"。第二年,宪法修正案在第 10 条中加入"土地的使用权可以依照法律的规定转让",城市土地使用权的流转获得了宪法依据(张千帆,2012)。

城市化原始资本的独特道路。这就是后来广受诟病的"土地财政"。

1994年的分税制改革,极大地压缩了地方政府的税收分成比例,却将当时规模还很小的土地收入划给了地方政府,奠定了地方政府走向"土地财政"的制度基础。

随着1998年住房制度改革("城市股票上市")和2003年土地招拍挂(即招标、拍卖、挂牌由卖方决定市场)等一系列制度创新,"土地财政"不断完善。税收分成大减的地方政府不仅没有衰落,反而迅速暴富。急剧膨胀的"土地财政"帮助政府以前所未有的速度积累原始资本。城市基础设施建设不仅逐步还清欠账,甚至还有部分超前(高铁、机场、行政中心)。成百上千的城市,日新月异地崛起。无论是城市化速度还是城市化规模,都超过了改革之初最大胆的想象。从人类历史的角度观察,这样的高速增长,只能用惊叹来描述。

的确,没有"土地财政",今天中国经济的很多问题不会出现,但同样,也不会有今天中国城市的高速发展。中国城市化伟大成就背后的重要原因,就是创造性地发展出一套将土地作为信用基础的制度——"土地财政"。可以说,没有这一伟大的制度创新,中国特色的城市化道路就是一句空话。

为何中国能走这条路?这是因为计划经济所建立的城市土地国有化和农村土地集体化为政府垄断土地一级市场创造了条件。[1]

---

[1] 1956年,三大改造运动开始,政府通过赎买收购了资本主义工商业拥有的土地所有权,并通过人民公社化运动将农民个人土地转变为集体土地。这形成了国有为主、集体与私有土地并存的格局,城市超过90%的土地为国家所有。1975年宪法第5条正式规定:中华人民共和国的生产资料所有制现阶段主要有两种:社会主义全民所有制和社会主义劳动群众集体所有制。1982年宪法第10条重申:城市的土地属于国家所有。

"土地财政"的作用,就是利用市场机制,将这笔隐匿的财富转化为启动中国城市化的巨大资本(朱云汉,2012)。①

美国的"土地财政"

"土地财政"并非中国专利。

从美国建国至 1862 年的近百年间,美国联邦政府依靠的也是"土地财政"。同土地私有化的旧大陆不同,殖民者几乎无偿地从原住民手中夺得大片土地。当时,联邦法律规定,创始 13 个州的新拓展地和新加入州的境内土地,都由联邦政府所有、管理和支配。② 公共土地收入和关税,构成了联邦收入最主要的部

---

① 改革开放前后的政策,看似相互对立,实则前后连贯。"不能用改革开放后的历史时期,否定改革开放前的历史时期"(习近平在新进中央委员会的委员、候补委员学习贯彻党的十八大精神研讨班开班式上的讲话. 新华网,2013—01—05.)。台湾大学政治系教授朱云汉于 2012 年 9 月 28 日在题为《中国大陆兴起与全球秩序重组》的讲座中指出:中国完成了一场相当彻底的社会主义革命,因为它把私有财产权,尤其是最重要的土地资本集体化,不是国有就是集体所有。而在这庞大的集体资产中,大部分是国有资产,是中国后来 30 年快速发展的资本。其他很多国家没有走这条历史道路,就很难有这个历史条件。这是前人留给后来政府的一笔巨额财富。具体参见:朱云汉. 高思在云:中国兴起与全球秩序重组. 北京:中国人民大学出版社,2015。

② 直到今天,联邦政府仍是美国绝对的"头号地主"。联邦政府拥有的土地面积高达 2.63 亿公顷,约占全部国土面积的 30%。联邦政府拥有 82% 的内华达州、68% 的阿拉斯加州、64% 的犹他州、63% 的爱达荷州、61% 的加利福尼亚州以及将近一半的怀俄明州和俄勒冈州。这些联邦土地不仅由联邦政府全权管理,而且也因其联邦所有权而享受征税豁免权。在国有土地方面能和美国一比的是加拿大。据统计,加拿大 41% 的土地为联邦所有,48% 为各省所有;两者相加,高达 89% 的土地是属于政府的"皇家土地"(crown land),仅剩下 11% 为私人所有。参见:张千帆. 城市土地"国家所有"的困惑与消解. 中国法学,2012(03):178—190。

分。土地出售收入占联邦政府收入的比重最高达到48%。①

对比中国"土地财政",就可以想象当年美国的"土地财政"规模有多大②:2012年,中国国税收入为11万亿元,48%就相当于5万亿元,而2012年"土地财政"收入实际不到2.7万亿元。中国的"土地财政",即便从20世纪90年代初算起,也不过近30年。而美国从建国伊始,直到1862年《宅地法》(Home Stead Act)规定土地免费转让给新移民,前后持续近百年。1862年后,联邦政府的"土地财政"才逐渐被地方政府的财产税所代替。③

---

① 关于美国"土地财政"的规模,学界有不同的观点。王克强、刘红梅、张璇认为"早期美国的土地财政收入占总财政收入的比重较高,达到了60%多,后来呈现缓慢下降的态势。进入21世纪,美国的土地财政收入占总财政收入的比重为30%不到,并且变化不大",具体参见:王克强,刘红梅,张璇. 美国土地财政收入发展演化规律研究. 财政研究, 2011(02):4。希巴德(Hibbard, 1924)整理1820年7月至1842年9月联邦政府土地拍卖收入情况后得出结论:政府总计收到9535.1万美元,占整个联邦总收入的11%,其中1835年的土地拍卖收入超过当年关税收入。

② 即使按10%计算,考虑到联邦政府以赠予形式注入市场的土地,这也是一笔巨大的财富。比如,联邦政府规定新州必须将其境内1/36的公共土地用于学校建设和其他小额赠予。对每个镇的学校土地捐赠起初为8.1公顷,到1850年加利福尼亚州加入联邦时扩展为16.2公顷。联邦政府还对各州建立州立大学和农业院校有专门的土地赠予规定。联邦政府对道路、运河、铁路、疏浚和提升航运水道,以及灌溉项目的赠予,是其土地捐赠中的最大支出项。通常,一条铁路建设的全部原始成本可以通过销售土地来弥补,有些铁路通过销售土地几乎可收回其全部支出(骆祖春,赵奉军,2012)。而中国的土地收入看似较高,但其中近40%是征地拆迁的成本。

③ 有人或许认为中央政府的土地收益和地方政府的"土地财政"不能混为一谈。但在笔者看来,"土地财政"的本质,就是将土地收益用于公共服务。地方政府和中央政府的差异,仅仅是提供的公共产品种类不同(比如前者可能是自来水,后者可能是国防)。除此之外,没有本质差异。

第二章 "土地财政"的历史与逻辑

"土地财政"的本质是融资而非收益

在土地私有的条件下，公共服务的任何改进，都要先以不动产升值的方式转移给土地所有者。政府需要通过税收体系，才能将这些外溢的收益收回。税收财政的效率几乎完全依赖于与纳税人的博弈。制度损耗带来的利益漏失极高。而在土地公有制的条件下，公共服务的任何改进，都会外溢到国有土地上。政府无须经由曲折的税收，就可以直接从土地升值中收回公共服务带来的好处。[①]

相对于"征税"的方式，通过"所出售土地的升值"来回收公共服务投入的效率是如此之高，以至于城市政府不仅可以为基础设施建设融资，甚至还可以以补贴的方式为能够带来持续性税收的项目融资。[②]

计划经济遗留下来的这一独特制度，使土地成为中国地方政府巨大且不断增值的信用来源。不同于西方国家抵押税收发行市政债券的做法，中国土地收入的本质，就是通过出售土地未来的增值（70年），为城市公共服务的一次性投资融资。中国城市政

[①] 需要指出的是，美国联邦政府的"土地财政"与中国地方政府的"土地财政"不完全相同。这不仅是因为"初始地权"的获得不同（美国靠的是对北美印第安人的屠杀和掠夺，中国则是通过计划经济的制度设计）；还因为美国早期土地所有者是联邦政府，所出售的土地并非附带公共服务的城市土地，因而也不能算是严格意义上的资本——直到1862年《宅地法》颁布，土地和地方政府提供的公共服务结合并带来持续性税收，不动产才成为真正意义上的资本。而在中国，土地一开始就和地方政府公共服务结合在一起，政府收入被用来改善公共服务。这使得土地不断升值，并成为极佳的投资品。

[②] 周其仁认为这个结论成立是有条件的："如果只有一个类似新加坡那样的政府，而不是中国五级政府的'政府'，此论成立。现在的问题是，一个聪明的人做对一件事，就鼓励10个愚蠢的人做错10件事。抵消效果越积越大。"

府出售土地的本质,就是直接销售未来的公共服务。如果把城市政府视作一个企业,那么西方国家城市是通过发行债券来融资,中国城市则是通过发行"城市股票"来融资。

因此,在中国,居民购买城市的不动产,相当于购买城市的"股票"。① 这就解释了为什么中国住宅有如此高的收益率——因为中国住宅的本质就是资本品,除了居住,还可以分红②——不仅可分享现在公共服务带来的租值,还可以分享未来新增服务带来的租值!因此,中国的房价和外国的房价是很不同的两个概念——前者本身就附带公共服务,后者则需另外购买公共服务。

在这个意义上,"土地财政"这个概念存在根本性的误导——土地收入是融资收入(股票),而不是财政收入(税收)。在城市政府的资产负债表上,土地收益属于"负债",税收则属于"收益"。"土地金融"或许是一个比"土地财政"更接近土地收益本质的描述。

对"土地财政"的认识,有助于解释困惑经济学家的一个"反常"——为何中国经济高速增长,而股票市场却长期低迷不振?如果你把不同城市的房价视作该"城市公司"的股价,你就会发现中国"城市公司"股票市场的增长速度和中国经济的增长速度十分一致,一点也不反常。③ 由于土地市场的融资效率远高于股票市场,因此,很多产业都会借助地方政府招商,以类似搭

---

① 这就是中国城市的积累效率远高于土地私有化国家的重要原因。也正是依靠这一做法,中国得以一举完成工业化和城市化两个进程的原始资本积累。

② 当然,居住和分红从流动性等金融性质方面来看并不完全相同,但就融资功能而言,本质是一样的。

③ 通过免交税的方式分红。

售（tie-in sale）的方式变相通过土地市场融资。①

"土地财政"相对税收财政的效率差异，虽然很难直接观察，但我们仍然可以通过一些数据间接比较。

近年来，中国 M2 持续高速增长，但并未引发经济学家所预期的超级通货膨胀。② 一个重要的原因，就是 M2 的规模是有实际需求支撑的。现在有一种流行的做法，就是拿 M2 和 GDP 做比较。2012 年，M2 余额为 97.42 万亿元，GDP 约 51 万亿元，M2 与 GDP 的比值达 190%。有人认为，M2 与 GDP 的比值逐年高企，说明资金效率和金融机构的效率较低。更有人担心通货膨胀回归和房价反弹。

但实践表明，M2 和 GDP 并不存在严格的对应关系。1996 年是个分水岭。从这一年开始，在中国 M2 超过了 GDP，但此后却长期保持低通货膨胀，甚至局部时期还出现通货紧缩。而改革开放后几次大的通货膨胀都出现在此之前。这是因为，合意的货币发行规模，取决于货币背后的信用而非 GDP 本身。如果说税收财政信用与 GDP 存在正相关关系，"土地财政"提供的信用与 GDP 的这种相关性就可能相较于同样 GDP 的税收财政成倍放大。

布雷顿森林体系瓦解后，曾经以黄金为"锚"的世界大部分货币处于"漂流"状态。美元通过与大宗商品，特别是石油挂

---

① 中国大量企业是在土地市场而不是在股票或债券市场完成融资的。例如，很多初始投资高、回报周期长的产业，往往要搭配一些"商业"或"住宅"作为平衡用地。更多的是政府拍卖项目周边的土地，然后用获得的收入对企业进行补贴。

② 通过抵押或直接出让"平衡用地"，是地方政府基础设施建设融资和招商引资的主要手段。这也间接反驳了那些认为"土地财政"抑制了实体经济的指责。

钩，重新找到了"锚"，使得美元可以通过大宗商品涨价，消化货币超发带来的通货膨胀压力。欧元试图以碳交易为基准，为欧元找到"锚"，但迄今仍未成功。日元则基本上以美元为"锚"，它必须不断大规模囤积美元，其货币超发，只能依靠美元升值消化。[①]

而"土地财政"却给了人民币一个"锚"。土地成为货币基准，为中国的货币自主提供了基石。2013年，美联储宣布要逐步退出"量化宽松"，新兴市场国家立刻出现资本外流、货币贬值、汇率波动，而人民币的汇率却屹立不动。这说明人民币已脱离美元来定价，找到自己内生的"锚"。这个"锚"就是不动产：不动产升值，货币发行应随之上升，否则就会出现通货紧缩；货币增加，而不动产贬值，则必然出现通货膨胀。也就是说，货币超发须借由不动产升值来吸收，否则，过剩的流动性就会导致通货膨胀。

1998年的住房制度改革虽然没有使GDP增加，却使"城市股票"得以正式"上市流通"，全社会的信用需求急速扩大。[②] 之所以没有发生通货膨胀，乃是因为房价上升导致全社会信用规模膨胀的速度比货币更快。[③]

[①] 对此，周其仁评论道："关键是房地产价是不是'价'。或更广义地说，资产之价要如何看？美国也是管货币而不看股市之价，只看CPI。但实际上货币一流通，就会对所有价格有影响。资产之价是收益，但今年的收益就是明年的'成本'。明白这一点很重要。"

[②] 同日本一样，囤积的大量美元是人民币信用的另一个来源。美元升值，人民币就可以多发。如果人民币贬值，不动产就必须升值，否则，就会导致通货膨胀。因此，在美元贬值的背景下，打压房价，就是打压人民币。房价下跌，必定导致通货膨胀，其后果可能远比我们大多数人想象的巨大、复杂。

[③] 周其仁评论这种观点为"有见地的观察"。

第二章　"土地财政"的历史与逻辑

中国和平崛起的重要基础

西方国家经济崛起的历史表明,效率较低的税收财政无法完全满足城市化启动阶段对原始资本的需求。为避开国内政治压力,外部殖民扩张、侵略便成为大多数发达国家快速完成资本积累的捷径。

这就是为什么在中国模式出现之前的西方模式必然带来扩张和征服,新崛起的国家一定会和已经崛起的国家发生碰撞和冲突。如果不能从发展模式上给出令人信服的解释,仅仅靠反复声称和平愿望,很难使其他国家相信中国的崛起会是一个例外。①

有人认为,全球化时代的跨国贸易和投资可以帮助发展中国家选择非武力征服的外部积累模式。尽管这一理论来自西方国家,但它们自己并不真的相信这一点,否则就无法解释它们为何仍然处心积虑地对中国的投资和贸易进行围堵。的确,二战后,一些孤立经济体在特殊的政治条件下,依靠国际贸易和投资完成了原始资本的积累。但这并不意味着中国这样的大型经济体也可以复制这样的发展模式。

清末和民国时期的开放历史表明,市场开放对交易双方的好

---

① 对此,周其仁评论道:"美国没有吧?至少美帝国主义与老帝国主义有点区别。"笔者认为这在很大程度上也是由于美国土地收入对财政的支持。美国的殖民虽然要远少于其他列强,但却以更快的速度崛起,并成功地完成了与英国世界霸权的和平交替。事实上,几乎所有独立后的"英联邦"成员国都或多或少地继承了国有土地制度。例如,澳大利亚政府可以通过两种方式获得(名词为 acquisition)土地:和私人土地所有者达成协议,或在所有者不同意的情况下强制征收,而强制征收有时也被称为"收回"(名词为 resumption),也就是代表国家的"国王"可以出于某种目的"收回"先前授予的部分土地。这笔制度遗产,为城市化资本积累创造了条件,也解释了为何英国那些非原住民的殖民地独立后大都能比原住民殖民地更快地完成城市化。

处并不像"比较优势"理论认为的那样是无条件的。国际投资和贸易既可帮助中国企业在全球"攻城略地",也方便了国际资本的经济殖民,利弊得失依赖双方的资本实力——自由贸易只对资本更廉价的一方有利。为何发达国家经济长期作为更有竞争力的一方?一个重要的原因,就是其凭借完善的"税收—金融"体制可以以很高的效率融资,从而获得全球竞争优势。因此,通常条件下,最卖力推动全球化的,往往也是资本最雄厚的国家。

但中国的"土地财政"打破了这一规则①,在短短十几年的时间内,创造了比西方国家更廉价的资本。中国产品风靡全球,中国出人意料地成为可与西方国家比肩的资本强国。

反倾销历来是发达国家对付其他发达国家的经济工具,现在却被用来对付中国这样的发展中国家;以前从来都是城市化发展快的国家出现资本短缺,完成城市化的国家出现资本剩余,现在却反过来了,是中国向发达国家输出资本。②在这些"反经济常识"的现象背后,实际上都有赖于"土地财政"融资模式的超高效率。

中国之所以能"和平崛起",原因恰恰离不开"土地财政"这种融资模式,这使得中国不必借由外部征服,就可以获得原始资本积累所必需的"初始信用"。高效率的资本生成,缓解了原始资本积累阶段的信用饥渴,确保了中国经济成为开放的和在全球化中获利的一方。因此,即使处于发展水平较低的城市化初始

---

① 周其仁对此批注道:"和平扩张也不会?再看20年才知道。"笔者想,关键要看下一个20年中国是否仍然能够找到内生的资本积累模式。

② 周其仁对此批注道:"其实中央政府更依靠税收财政,地方政府更多的是靠土地财政。"

阶段，中国也比其他任何国家更希望维持现有国际经济秩序，更有动力推动经济全球化。"土地财政"的成功，确保了"和平崛起"成为中国模式的内置选项。

"土地财政"的问题与风险

"土地财政"的问题

同任何发展模式一样，"土地财政"虽给中国经济带来诸多好处，但也引发了许多问题。这些问题不解决好，很可能会给整个经济带来巨大的系统性风险。[①] 其后果，不会小于税收财政带来的"大萧条""金融风暴""主权债务危机"。

第一，"土地财政"必定使得不动产变成投资品。

"土地财政"的本质是融资，这就决定了土地乃至为土地定价的住宅必定是投资品。买汽车公司股票的人，并不一定是因为没有汽车。同样，买商品房（"城市股票"）的人，也并非一定因为没有住房。只要存在"土地市场"，不动产就不可避免地会是一种投资品。无论怎样打压住房市场，只要不动产的收益和流动性高于股票、黄金、储蓄、外汇等常规的资本贮存形态，资金就会持续流入住房市场。

第二，拉大贫富差距。

"土地财政"不仅给地方政府带来巨大财富，同时也给企业和个人快速积累财富提供了通道。靠投资不动产在一代人之内完

[①] 著名发展经济学家、诺贝尔经济学奖获得者刘易斯（Lewis, 1978）就发现，城市人口每年增长率超过3%的国家大多资本短缺，需要向城市人口增长率低于3%的国家借贷。

成数代人都不敢想的巨额财富积累,成为过去十余年的注脚。但与此同时,没有机会投资城市不动产的居民与早期投资城市不动产的居民的贫富差距迅速拉开。房价上涨越快,贫富差距越大。房地产如同股票,会自动分配社会增量财富。正是这一功能,阻碍了不同社会阶层的上下流动。

第三,占用大量资源。

如果说中国经济"不协调、不平衡、不可持续",房地产市场首当其冲。同已经证券化的股票不同,以不动产为信用基础的融资模式,会超出实际需求制造大量只有信用价值而没有真实消费需求的"鬼楼"甚至"鬼城"。为了生产这些信用,需要占用大量土地,消耗掉本应用于其他发展项目的宝贵资源。资本市场就像水库,可以极大地提高水资源的配置效率,灌溉更多的农田。但是,如果水库的规模过大并因此而淹没了能真正带来产出的农田,水库就会变为一项负资产。

第四,带来金融风险。

既然"土地财政"的本质是融资,就不可避免地存在金融风险。股票市场上所有可能出现的风险,也都会在房地产市场上出现。2012年全国土地出让合同价款为2.69万亿元,虽然低于2011年的3.15万亿元,与2010年的2.7万亿元基本持平,但这并不意味着土地融资在全资本市场上比重的降低。

截至2012年年底,全国84个重点城市处于抵押状态的土地面积为34.87万公顷,抵押贷款总额为5.95万亿元,同比分别增长了15.7%和23.2%。全年抵押土地面积净增4.72万公顷,抵押贷款净增1.12万亿元,在数额上远超减少的土地出售收入。这些土地抵押品的价值,实际上都是参考房地产市场的价格来定的。打压房价或许对坐拥高首付的银行住房贷款产生不了多少威胁,但对高达6万亿元、以土地为信用的抵押贷款却影响巨大。①

土地已经成为很多企业,特别是地方政府信用的基础。一旦房价暴跌,如此规模的抵押资产贬值将导致难以想象的金融海啸。广泛的破产不仅会摧毁地方政府的信用,而且会使几乎所有市场主体的资产负债表剧烈收缩,从而席卷每一个经济角落,规模之大会使中央财政无力拯救。

贸然放弃"土地财政"的巨大风险

鉴于"土地财政"带来的一系列严重问题,很多人几乎一边倒地要求抛弃"土地财政"。谈论抛弃很容易,但如何找到替代的融资模式?一个简单的答案,就是仿效发达国家,转向税收财政。

当年美国从"土地财政"切换到"税收财政",靠的是联邦政府放弃土地收益的同时,地方政府开征财产税。中国的情况是,土地在地方,税收在中央。如果仿效美国,中央政府就必须大规模让税给地方政府。2012年,中央税收刚刚超过11万亿元,要想靠让税弥补近3万亿元的土地收入和占地方财政收入16.6%的1万亿元的房地产相关税收,几乎是不可能的(更不要说还有近6万亿元的土地抵押融资)。

那么,能否靠加税弥补放弃"土地财政"造成的损失?在中国,"土地财政"的本质是"融资",其替代者必定是另一种对等的信用。而要把税收变为足以匹敌土地的另一种信用基础,就必须突破一个重要的技术屏障——以间接税为主的税收体制。中国

---

① 周其仁对此批注道:"正确。"

的税负水平并不低，其增速远超 GDP。2012 年完成税收收入 11 万亿元，同比增长了 11.2%。在此基础上，继续大规模加税的基础根本不存在。

《福布斯》杂志根据边际税率，曾连续两次将中国列为"税负痛苦指数全球第二"。但在现实中，中国居民的税负痛感远低于发达国家。这是为什么？不是因为税收低，而是因为以间接税为主体的缴税方式。

数据显示，2011 年，我国全部税收收入中来自流转税的收入占比达 70% 以上，而来自所得税和其他税种的收入合计占比不足 30%。来自各类企业缴纳的税收收入占比更是高达 92.06%，而来自居民缴纳的税收收入占比只有 7.94%。如果再减去由企业代扣代缴的个人所得税，个人纳税创造的税收收入不过占 2%。2012 年个税起征点上调后，2013 年个人直缴的比例更低。这就是税收高速增长，居民税负痛感却不敏感的重要原因。

任何一种改革，如果想成功，前提都是纳税人的负担不能恶化。如果按照某些专家的建议，通过直接增加财产税等新的地方税种来补偿土地收入损失，可能会引发社会骚乱。这种非帕累托改进，对任何执政者而言，都是巨大的风险。

1862 年，美国的税改取消联邦土地收入，改征地方财产税，纳税人从联邦政府处获得财产，然后向地方政府缴税，总的负担没变，收入在不同政府间转移。但在中国这样的税收结构下，就算中央政府真的下决心减税，也不过是减少了企业的负担，减税的好处并不能直接进入居民个人账户。因此，对居民个人而言，增加财产税就是增加净支出。这样的改革方案，在一开始就注定会失败。

有人也许会质疑，如果不对个人征税，难道应该让中国企业继续忍受如此高的税负？我们可以用另一个问题回答这个问题：为什么中国边际税率如此之高，全球投资还是蜂拥进入中国？答案是："土地财政"。借助土地巨大的融资能力，地方政府可以执行无人能敌的税收减免和地价补贴政策。其补贴规模之大，甚至使得如此高的税负都变得微不足道。① 也正是由于地方政府提供的补贴额度远超税负的增长额度，中国企业才得以保持相对于国外竞争对手的优势。

同样的道理，中央政府之所以可以保持如此高的税收增长，很大程度上有赖于地方政府更高的土地收入。如果没有"土地财政"的补贴，企业根本无法承受如此沉重的税负，中央政府的高税率也就不可持续。在这个意义上，可以说高房价以及相关的高地价，为具有高度竞争力的中国制造、持续多年超低定价的中国产品提供了支撑。

深层次的权利、权力问题

直接税多一点还是间接税多一点，并不是哪种税收模式更有效率、更公平这么简单的问题。不同税收模式间，也不是简单的数量替换。如果增加直接税，政府就必须让渡权力。②

---

① 退一步讲，即使最后政府如愿开征了直接税，也不足以完成原始资本的积累。西方国家崛起的历史表明，税收财政无法为城市化积累足够的资本。如果西方国家当初能够通过税收筹集到和中国"土地财政"接近的资本，可能就不会有血腥的殖民征服和世界大战了。

② 间接税下的政府补贴看上去并不是对所有企业普惠，但对龙头企业的补贴实际上也会外溢到下游企业。另外，基础设施的改进，也可惠及所有企业。

历史上,直接税的征收比间接税的征收要艰难得多。发达经济体为了建立起以直接税为基础的政府信用,无不经历了漫长痛苦的社会动荡。这是因为,即使税额相等,不同的税制给居民带来的"税痛"也会大不相同。

英国个税源于小威廉·皮特时代的1798年"三部课征捐",几度兴废,直到1874年威廉·格拉斯顿任首相,才在英国税制中固定下来,其间长达近80年。德国从1808年开始,历经80余年,到1891年颁布所得税法,个税制才正式建立。美国在1861年南北战争爆发后开征所得税,1872年废止。总统塔夫脱再提个税开征,被最高法院宣布违宪。直到1913年宪法第16条修正案通过,个税才得到确认。其间也长达数十年。

在所有税种中,个人所得税最能引起纳税人的"税痛"。"无代表,不纳税"(no taxation without representation)。

中国之所以能以高效率应对各种危机和竞争,很重要的一个原因,就是"土地财政"支持着以间接税为主的税制,这使得政治决策无须经由西方式的决策程序。由于地方政府间的竞争,企业可以通过"用脚投票"来迫使政府提升效率、降低税负。

如果必须经由西式程序决定预算使用,哪怕税收财政可以实现不亚于"土地财政"的收入,对企业的大规模补贴也很难实现。可以预见,一旦取消"土地财政",中国企业的国际竞争力将受到极大的影响。

"土地财政"的升级与退出

有区别,才能有政策

没有一成不变的城市化模式。"土地财政"也是如此,不论它以前多成功，都不能保证其适用于所有发展阶段。"土地财政"只是专门用来解决城市化启动阶段原始信用不足问题的一种特殊制度。随着原始资本积累的完成，"土地财政"也必然会逐渐退出，并转变为更可持续的增长模式。

指出开征直接税的风险，并非否定直接税的作用，而是要发挥不同模式在不同阶段的优势。当城市化进入新的发展阶段，就要及时布局不同模式间的转换。在这个意义上，放弃"土地财政"绝不是简单的财政改革，而是一场剧烈的社会改革。如果这场改革发生在城市化完成之后，可能是再一次的制度升级；而如果发生在城市化完成之前，很可能会导致巨大的社会风险。模式的过渡，没有简单的切换路径可循，必须经过复杂的制度设计并花费几代人的时间。在还没有找到替代方案之前就轻率抛弃"土地财政"，是不明智的。

正确的改革策略应当是：积小改为大改。把巨大的利益调整，分解到数十年的城市化进程中。要使每一次改革的对象只占整个社会成员的很小部分。随着城市化水平的提高，逐渐演变为直接税与间接税并重，乃至以直接税为主的模式。成功的转换，是"无痛"的转换。时间越长，对象越分散，社会承受力就越强，改革也就越容易成功。切忌城市化还不彻底就急于进入教科书式的改革。

具体做法是，在空间和时间上，把城市分为已完成城市化原始资本积累的存量部分和还没有完成的增量部分。在不同的部分，区分不同的利益主体，分别制定政策，分阶段逐步过渡到更加可持续的税收模式：

（1）对企事业单位和商业机构，可率先征收财产税。

（2）对永久产权（如侨房、公房等），可以开征财产税。

（3）对小产权房、城中村，可以结合确权同时开征财产税。

（4）对有期限的房地产物业，70年到期后开征财产税的同时转为永久产权[①]。

（5）在老城区新增住宅用地拍卖时就规定要缴纳财产税。

（6）可以缩短老城区及附近新出让项目的期限，如从70年减少到20年或30年，到期后，开征财产税。

（7）所有已经有完整产权的物业，需以公共利益为目的才可以强制拆迁，物业均按市场价进行补偿。

（8）愿意自行改建的，在容积率不变且不恶化相邻权的条件下，允许自我更新。

（9）愿意采取集体改造的，自行与开发商谈条件。个别政府鼓励的项目（如危旧房改造），可以以容积率增大等方式予以奖励。[②]

财产税可以有不同的名目，直接对应相关的公共服务。[③] 通过区别不同的政策对象，按照不同的阶段，将完成城市化的地区渐进式地过渡到可持续的"税收财政"，同时，建立与之相对应的、以监督财税收支为目的的社区组织。[④]

[①] 周其仁对此批注道："对！为什么不直接以此立论？"这是因为，我们其实并没有看清我们要离开的地方（"土地财政"），也不知道离开后要去哪儿、可行的路径是什么。

[②] 由于产权是分别到期的，涉及的利益也是分别出现的。

[③] 周其仁对此批注道："这几点甚为重要。作者的长项所在。"

[④] 比如，小区物业费对应小区物业服务，学区物业费对应学校教育升级，社区物业费对应环卫、路灯等公共服务，地方政府物业费对应消防、治安、交通等公共服务。

城市新区部分则应维持高效率的"土地财政"积累模式。但维持并不意味着无须改变。其中，最要紧的，就是尽快将不动产分为投资和消费两个独立的市场。现在的房地产政策之所以效率低下，一个很重要的原因，就是我们希望用一项政策同时达成"防止房地产泡沫破裂"和"满足消费需求"两个目标。要想摆脱房地产政策的被动局面，就必须将投资市场和消费市场分开，并在不同的市场分别达成不同的经济目标——在投资市场上，防止泡沫破裂；在消费市场上，确保居者有其屋。①

"人的城市化"②

真正用来满足需求并成为经济稳定之锚的，是保障房供给。这部分供给应当尽可能地大。理想的状态，就是要做到新加坡式的"广覆盖"。所谓"广覆盖"，就是除了有房者外，所有居民都可以以成本价获得首套小户型住宅。如果不能做到"广覆盖"，保障房反而会加剧而不是减少社会不满，"寻租"行为就会诱发大规模腐败（赵燕菁，2011）。③

而要做到"广覆盖"，首先必须解决的问题就是资金。总体而言，中国金融系统的资金非常丰沛，关键是如何设计出足够的

---

① 周其仁认为："投资、消费概念相通。投资是隔了时间的消费。"
② 关于"人的城市化"，周其仁认为："其逻辑是人力资本第一，要有在城市的技能和本事，挣到收入，才'落'到非人力资本上。"对此，笔者的观点和他的观点并不矛盾。住房只是一种工具，帮助将不断折旧的劳动力"贮存"起来，以便跨生命周期配置。
③ 关于"广覆盖"，周其仁感叹道："拥有十几亿人五级政府的中国，学只有几百万人的新加坡，难啊！"但在新加坡总领事送给笔者的李光耀的著作《硬道理》里，李光耀认为新加坡之所以采用现在的制度，恰恰是因为新加坡人口太少，找不到足够的人才。

信用将其贷出来。目前的保障房不能进入市场。这种模式决定了保障房无法像商品房那样利用土地抵押融资。依靠财政有限的信用，必定难以满足大规模建设的巨额资金需求。要借助"土地信用"，就必须设计一种路径，使抵押品能够进入市场流通。

如何既能与商品房市场区隔开来，又可以进入市场流通以便于融资？一个简单的办法就是"先租后售"——"先租"的目的是与现有商品房市场区隔开来；"后售"则是为了解决保障房建设融资问题。①

举例而言，假设50平方米保障房的全部成本是20万元（土地成本2 000元/平方米，建安成本2 000元/平方米），一个打工者租房支出大约500元/人/月，如果是夫妻俩，每年就是约1.2万元，10年就是12万元，15年就是18万元。届时只需补上差额，就可获得完整产权。

这是个假设的例子，各地的具体数字可能不同，但理论上讲，只要还款年限足够长，辅之以政府补助和企业公积金（可分别用来贴息和支付物业费），即使从事收入最低的职业，夫妻两人也完全有能力购买一套拥有完整产权的住宅。

由于住房最终可以上市，因此土地（及附着其上的保障房）就可以成为极其安全有效的抵押品。通过发行"资产担保债券"（covered bonds）等金融工具，利用社保、养老金、公积金等沉淀资金获得低息贷款，只需政府投入（贴息）少许，就可以一举解

---

① 由于这一做法牺牲了地方政府出让商品住宅用地的收入，地方政府很难主动实施。

决"全覆盖"式保障房的融资问题。①②

"先租后售"模式，看似解决的是住房问题，实际上却意味着"土地财政"的升级——都是以抵押作为信用获得原始资本。这一模式同以往"土地财政"的一个重要不同，就是以往"土地财政"是通过补贴地价来直接补贴企业，而"先租后售"保障房制度，则是通过补贴劳动力来间接补贴企业。2008年以后，制约企业发展的最大瓶颈已经不是土地，而是劳动力。③

新加坡和中国香港的对比表明，住房成本可以显著影响本地的劳动力成本，进而影响本土企业的市场竞争力。

"土地财政"的另一个后果就是"空间的城市化"并没有带来"人的城市化"——城市到处是空置的住宅，农民工却依然在城乡间流动。现在很多研究都把矛头指向户口，似乎取消户籍制度就可以在一夜之间消灭城乡差距。取消户籍制度，如果不涉及背后的公共服务和社会福利，等于什么也没做；但如果所有人自动享受公共服务和社会福利，那就没有一个城市负担得起。

户籍制度无法取消与"土地财政"密切相关。由于没有直接的纳税人，城市无法甄别谁有权利享受城市的公共服务，就只好以户籍这种笨拙但有效的办法来限定公共服务的供给范围。要想

---

① 周其仁批注道："极有道理。关键是要做出来看"。

② 近年来，社保基金、养老基金和公积金进入股票市场的呼声不绝于耳。但低迷的收益和有限的规模，使得股票市场难以满足保值的需要。如果我们拓宽视野，就会发现，房地产（特别是保障房）市场其实是比股票市场更大、更安全的资本市场。具体参见：吴伟कृ，赵燕菁．高覆盖率保障房建设的融资方式．城市发展研究，2012（10）：7。

③ 沿海城市由于居住成本高昂，劳动力价格不断上涨，缺工现象大面积蔓延。采用"先租后售"的保障房制度，可以大幅降低劳动力的生活成本，从而抑制劳动力价格的上涨。令企业头疼的员工流动性过大问题也可以得到缓解。

取消户籍制度，就必须改间接税为直接税。户籍制度同公共产品付费模式密切相关。改变税制，如前所述，制度风险较大。

但就算能够用财产税取代户籍制度，也还是解决不了农民转变为市民的问题——今天因为缺少财产而无法拥有城市户籍的非城市人口，明天也一样会因为缺少财产而无法成为合格的纳税人。如果不创造纳税人，而只是简单取消户籍制度，放开小产权，结果就会是南美国家常见的"中等收入陷阱"。①

因此，研究怎样让农民获得持续增值的不动产，远比研究如何取消户籍制度更有意义。

实际上，"先租后售"的保障房制度，使得户籍制度本身变得无关紧要。它为非农人口获得城市资产和市民身份直接打开了一条正规渠道——新市民只需居住满一定时间，就可以通过购买保障房，成为为城市纳税的正式市民。②"先租后售"的保障房制度把住房问题转化为建立公民财产，这同美国当年的《宅地法》在本质上是一样的——创造出有财产的纳税人。这样，转向税收财政才可能有可靠的基础。

---

① 坠入"中等收入陷阱"国家的一个共同特征，就是大量进入城市的居民不为城市公共产品付费。城市贫民窟同小产权房一样，本质都是为了逃避为公共产品付费。一旦坠入"中等收入陷阱"，城市化就会半途而废，除非将这些不为公共产品付费的人口也作为城市人口。

② "先租后售"制度就相当于"城市公司"的期权。缴纳10～15年的房租后，就可以以"房改"的方式兑现期权，成为城市的正式"股东"。这同发达国家有关移民的绿卡制度类似：先获得居留权，缴纳足够税额后，转为正式居民。参见：赵燕菁，吴伟科.住宅供给模式与社会财富分配.城市发展研究，2007，14（05）：1—8；吴伟科，赵燕菁.高覆盖率保障房建设的融资方式.城市发展研究，2012（10）：7。

重建个人资产

现在财政界有一种普遍的看法,认为中国的税制结构已经到了非调整不可的地步。理由是,间接税使每个购买者成为无差别的纳税人,无法像直接税那样,通过累进制使高收入者承担更多的税负来调节贫富差距。

但在现实中,导致贫富差距的深层次原因是有没有不动产。[①]不动产成为划分"有产阶级"和"无产阶级"的主要分水岭:有房者,资产随价格上升,自动分享社会财富;无房者,货币积累因房价上升而缩水。房价上升越快,两者的财富差距就越大。

要缩小社会贫富差距,让大部分公民能够从一开始就有机会均等地获得不动产,或许不失为一种思路。"土地财政"向有产者转移财富的功能,是当前贫富差距加大的"罪魁祸首",但通过"先租后售",这一功能马上就可以变为缩小贫富差距的有力工具。[②]

"现代人"的特征,就是拥有信用。通过"先租后售"的保障房,可以帮助家庭快速完成原始资本的积累,为劳动力资本的城市化创造前提。由于保障房的市场溢价远远高于其成本。[③] 因

[①] 周其仁认为:"处于第一位的差别还是人力资本的差别。'动产'也依附在人身上,是跟着人走的。"两者并不矛盾。这里是假设人力资本一样时的条件。

[②] 美国1863年起实施的《宅地法》的核心内容是:一切忠于联邦的成年人,只要交付一笔很少的宅地申请费,就可以免费在西部获得64.75公顷的土地,在该土地上耕种5年后就可以获取该土地的所有权。"先租后售"如同美国当年的《宅地法》,直接将资产均等地注入居民,为解决资本分布不均的问题提供了一种思路,或许可使所有进入城市的居民得以共享"中国梦"。

[③] 比如,以20万元成本价买下的保障房,市场价值可能是50万元甚至100万元。

此，保障房"房改"就相当于以兑现期权的方式给所有家庭注资。

家庭的经济学本质，乃是从事"劳动力再生产"的"小微企业"。将土地资本大规模注入家庭，可以快速构筑社会的个人信用，使经济从国家信用基础拓展到个人信用基础。各国的城市化历史表明，城市化水平达到50%左右时，职业教育（而非高等教育）乃是劳动力资本积累最重要的手段，但劳动力资本有随时间贬损、折旧的特点。而"先租后售"的保障房可以显著地提高家庭资产的配置效率，将劳动力资本转化为不动产凝结下来。国外的实践表明，同表现为储蓄形态的养老金相比，住宅更容易实现保值增值。具有流动性的住宅可以在家庭层面，将社保和养老金资本化。①

保障房"广覆盖"，能为城市化的高速发展提供一个巨大的社会稳定器。它可以在利益急速变化的发展阶段，极大地增强整个社会的稳定性，扩大执政党的社会基础。如果说"土地财政"在过去20余年先后帮助政府和企业实现了原始资本的积累，下一步其主要目标就应当转向帮助实现劳动力的资本化。

正确的做法，不是回到土地私有的原始状态再启动城市化（这样只能让城市周围的农民获得城市化的最大好处），而是要利用这一制度遗产，通过企业补贴、保障房"先租后售"等制度，让远离城市地区、更大范围内的农民，一起参与原始资本的积累，共同分享这一过程创造的社会财富。

1998年房改的成功，推动了中国近十年的快速增长，帮助

---

① 同建设商品房相比，表面上看，政府一次性收入会显著减少，但只要操作得好，通过反抵押等金融工具，政府巨大的社会福利支出会相应减少。

城市政府完成了原始资本的积累。保障房"先租后售"乃是以"土地财政"为融资工具,帮助城市家庭完成原始资本的积累,从而为城市化完成后转向税收财政创造条件。① "先租后售"对中国经济的意义,类似于《宅地法》对美国经济的意义,目的就是创造有财产的纳税人。② 这一改革一旦成功,或许真可为中国经济继续高速增长助力。

寻找货币之锚

保障房制度建立后,我们就可以有效地将投资市场和消费市场区隔开来,从而组合利用价格和数量两个杠杆,使政策的"精度"大幅提高。在投资市场上(商品房),控制数量。比如,将供地规模同保障房供给挂钩,放开商品房价格,避免不动产价值暴跌触发系统性危机。在消费市场上(保障房),控制价格增长幅度,满足新市民进入城市的基本消费需求。③

在"土地财政"下,中国货币信用的"锚"就是土地。人民币是"土地本位"货币。中国经济之所以没有产生超级通货膨胀,关键在于人民币的信用基石——"土地"——的价值和流动

---

① 美国联邦政府"土地财政"转向地方政府税收财政,也是首先将土地转移给新移民,使他们成为有产者,然后才对新移民的财产征税。没有财产,税收财政就是无源之水。在美国联邦政府大规模推进公共土地私有化之后,州政府和地方政府多了对私人财产征收税费的对象,理由是此两级政府给居民提供了公共服务。随着消费税体系的逐步完善,与土地有关的财产税逐步从州政府下移到地方政府,直至演化为今天美国地方政府的收入结构。参见:骆祖春,赵奉军. 美国土地财政的背景、经历与治理. 学海,2012(06):39-45。

② 对此,周其仁提问:"农村如何办?从哪里开始?"笔者的回答是:"从进入城市开始!"

③ 这就像把公司股票和产品分开一样——股价的上升,有时更有利于产品价格的降低。

性屹立不倒。① 在某种意义上,正是因为土地的超级通货膨胀,才避免了整个经济的超级通货膨胀。一旦房价暴跌,土地就会大幅贬值,信用就会崩溃,从而引发金融动荡。

防止土地大幅贬值的关键,在于防止房价暴跌。防止房价暴跌的有效办法,就是控制供给规模。唯有大幅降低商品房供地规模,才能减少土地信用在市面上的流通,从而避免资产价格暴跌。②

一个简单的办法,就是将保障房规模与商品房规模挂钩。③

比如,规定每个城市商品房投入市场的规模不能超过本地住房投入总规模的30%。也就是说,每拍卖 $3m^2$ 的商品房,就必须对应建设 $7\ m^2$ 的保障房。由于保障房的需求是确定的,有预先登记的真实需求支持,有助于将城市土地融资规模锁定在与真实需求一致的范围——人口增长越快,保障房需求越大,可以通过土地融资的额度就越大。通过保障房需求为土地融资规模寻找到一个"锚",使土地供给与人口真实增长挂钩,从而减少纯粹以投资为目的的"鬼城"。

---

① 周其仁认为:"房价也是价,把房价考虑进去,这个结论还要推敲。"笔者同意他的观点。正确的表述应该是,房价的上涨对冲了其他产品价格上涨的压力。

② 如果说商品房对应的是城市公司的"流通股","先租后售"的保障房就是职工"内部持有股"。减少"流通股"的供给,才能保持股价的稳定。而"内部持有股"不贬值,才能为抵押融资创造更多的信用。

③ 这一观点是笔者在和周其仁讨论时想到的。地方政府出让土地,实质上是在制造信用。银行制造信用有准备金作为"锚"。银行不能超出其资产放贷。保障房直接和真实需求挂钩,如果有了这个"锚",只要保障房需求(预先登记并实际居住)是真实的,政府的"土币"就不会超发。中央政府则可以像调节银行准备金那样,通过调节商品房与保障房的比例,来调节市场上信用的多寡,进而调控经济的发展速度。

商品房用地的出让，本质是城市政府为公共服务和基础设施建设初始资本融资。有了保障房这个"锚"，我们就可以像调整银行的货币准备金那样，调节商品房和保障房的比例，从而控制地方政府信用发行规模——如果我们希望经济增速快一点，就可以提高商品房相对保障房的比例；反之，则可以降低商品房的"发行规模"。宏观调控工具因此会更加丰富，经济政策就可以更加精确。

结语

城市化的启动，是传统经济转向现代经济的过程中非常独特的一个阶段。能否找到适合自身特点的模式，对高质量的城市化至关重要。中国需要"有中国特色"的制度创新，而"土地财政"就是这样一项伟大的制度创新。[①] 其经济学意义，远比大多数人的理解更深刻、复杂。

"土地财政"是一把双刃剑，它既为城市化提供了动力，也为城市化积累了风险。放弃是一种容易的选择，但找到替代模式却绝非易事。没有十全十美的模式。"税收财政"演进了数百年，导致了世界大战、大萧条、次贷危机、主权债务等无数危机，其破坏性远超过"土地财政"，但西方国家并没有轻言放弃。它之所以仍然被顽强地坚持、探索，盖因其积累模式的内在逻辑。

"土地财政"只是一种金融工具。工具本身无所谓好坏，关键是如何使用。很多情况下，问题并非"土地财政"本身，而是

[①] 周其仁对此表示不同意："过了，香港来的，有变异。下结论偏早。"但笔者还是坚持这一判断，因为实践就摆在那里。

"土地财政"的使用。随着城市化阶段的演进，用"土地财政"来解决的问题也应当及时改变。通过不动产的形成和再分配，"土地财政"可以在全社会的财富积累和扩散中，起到其他模式所难以企及的作用。

最优的城市化模式，就是根据不同的发展阶段、不同的空间区位，组合使用不同的模式。"土地财政"是城市化启动阶段的重要工具。一旦原始资本积累完成，城市化进入稳定时期，其就可能逐步淡出，甚至最后终结。

在初期，一种模式不完善是正常的。在充分理解其在中国经济中的深刻含义之前，就对其妄加批评，不仅十分轻率，而且非常危险。至少，在我们找到一种更好的替代模式之前，我们不能轻言放弃。

从更长远的经济发展阶段看，我们今天所担心的问题，很可能会随着原始资本积累阶段的完成而自动消失。例如，深圳是中国城市化发展最快的城市之一，税收收入占到财政收入的93%以上，来自土地的收益已经微不足道。但由于已经完成了原始资本积累①，深圳经济并没有因为无地可卖而"不可持续"，深圳"土地财政"已经悄然退出。深圳的实践表明，我们可能根本无须为不治自愈的'病'吃药。

---

① 周其仁指出："这个概念（指原始资本积累）出现了多次，来自马克思，有无此事待查证。"笔者倒觉得这是一个很好用的概念。同边际成本之类人造的概念相比，这个概念起码在现实中看得到。笔者的价格理论在很大程度上来自马克思，同新古典增长理论不同，语境不一样。至于在经济学中怎么定义，留待后考。

第二章 "土地财政"的历史与逻辑

附录 王建的评论

燕菁：

这是我看到的你写得最好的一篇文章，有非常高的理论与思想价值，且很少有人能这么深入地分析土地财政这个当前如此重大的问题。但恕我直言，还是有些需要争论的问题：

其一，土地财政与土地信用实际上是两个问题，因为通过卖地实现收入与用土地做抵押从银行系统拿钱，是两种不同的做法，而土地信用的规模似乎比土地财政的规模要大得多。虽然有一段时间许多地方政府用地方财政做担保为地方发展筹资，但很快就不被允许了。所以，如果能把这两个问题分开来说，会更有利于理清问题脉络。

其二，与此相关的土地财政和土地信用之所以能够产生，是因为中国的市场化把土地变成了资本，正像你在文中所说的，"只有资本才能为资本做抵押"。以前土地不能进入市场，就不是资本。1992年以后，中国的市场化进程发展到了把土地变成资本的阶段，土地财政才能大行其道，而这个变化又与新中国的成立有关，私有土地公有化后，才使得改革开放以来的土地从计划经济条件下的非市场物品变成了市场化的资本品，从而给中国的各级政府"凭空"创造出一大块财政资源和抵押信用资源。而西方国家城市化资本积累走不出中国的道路，是因为它们一开始就在私有化的轨道上进行。

其三，既然土地的市场化是推动中国工业化、城市化与经济高增长的起源，当这一块资源用尽的时候，就是依靠土地财政、信用增长方式转型的时候，目前东部发达地区已经没有土地资源可用，新的财政体系建设是必然趋势。

其四，中国土地资本的高增值，其主因是在新全球化时代外需所带来的中国经济高增长，实现了极高的利润增长率，从而使包括土地在内的所有生产要素不断增值，因为说到底，只有利润才能决定资产的价值。如果把你的分析逻辑用到其他如人力资源、科技发展方面，恐怕也会产生一样的结论，所以高估土地财政的作用似有不妥。还有一些问题就不说了。虽然说了这么多问题，但依然无法掩盖你这篇文章的光彩，所谓瑕不掩瑜，至少它给了我关于以上这些问题的启发，而这些年很少有能对我产生如此多启发的文章了。

祝夏安。

王建

第三章
伟大的制度创新*

经济学的热门话题向来都是围绕发达国家特别是美国的经济现象和经济问题而展开的。即使是发展经济学这种专门研究发展中国家问题的经济学分支,话题也多是由西方经济学界所主导的。"土地财政"是少有的由中国经济学界主导的话题,国外学术圈对"土地财政"这一领域表现出的更多是困惑和不解。受此影响,中国经济学界很难接受用"土地财政"这一"标准"市场所没有的制度来解释中国现象级的增长。在主流经济学看来,从计划向市场过渡的"双轨制"才更符合市场的预期。本章就是力图扭转这一以发达国家市场为范本的制度进化假设,提出"土地财政"不是市场改革不彻底的权宜选择,而是在将中国的计划传统"嫁接"到市场改革过程中出现的制度"突变",是触发中国经济史诗级增长的伟大制度创新。

---

* 本章直接引用的文字如无具体说明,均来自路乾先生的批评文章《"土地财政"是伟大的制度创新吗?兼与赵燕菁商榷》[发表于《中国改革》(2017年第6期)],在此向路乾先生致谢。感谢厦门大学经济学院宋涛副教授对本章所做的重要补充和修订。笔者对本章的观点负责。

引言

第二章的原文于 2014 年发表后，维持高热度达数年之久。其中一些基于经济学理论的批评，特别有价值。对这些理论的探讨，有助于提高讨论的效率，甚至可能引发对主流经济学的重新思考。正如凯恩斯所言：经济学家以及政治哲学家之思想，其力量之大，往往出乎常人意料。事实上统治世界者，就只是这些思想而已。许多人自以为不受任何学理之影响，却往往当了某个已故经济学家之奴隶。如果我们不能从理论上对主流经济学的错误加以清除，在思考其他经济现象时，就依然会成为错误经济思想的奴隶。

土地价值的制度来源

针对笔者提出的"城市的特征，就是能提供农村所没有的公共产品（服务）。公共产品（服务）是城市土地价值的唯一来源。城市不动产的价值，说到底，就是其所处区位公共产品（服务）的投影"这一观点，批评文章认为不是什么创新，而是来自"古典经济学中的生产要素价值论（或生产成本价值论），即生产要素的投入是价值的来源"。但笔者有不同的看法。

首先，公共产品（服务）与生产要素不是同一个概念。公共产品（服务）是一种被强制提供的集体消费品，与生产要素价值论通常认为的劳动力、土地、资本等从事社会生产经营活动时所需的各种社会资源存在概念内涵上的区别。

其次，来源于"公共服务"和来源于"公共服务的投入"有本质的差别。古典经济学对农业土地的"级差地租"有透彻的描述，但将"肥力""区位""气候"乃至"劳动"视作地租的来源确实是错误的。土地的自然禀赋和投入土地的要素多寡都不能决定其价值的高低，只有在土地被用于特定目的时，这些自然禀赋和人类投入才被赋予价值。

最后，现代经济学一般是用马歇尔的"外部性"（externality）来解释土地价值的来源和城市的形成，这同样是错误的。

土地的价值来源与其他生产要素不同。由于空间的连续性，作为空间经济资源集合体的土地，与其他经济资源存在明显的区别，即其价值来源并不依附其内在属性，而是源自外部的经济活动，土地代表了生产活动所在空间能享有的外部空间经济资源的集合。

想象一件叫"公园"的产品，建设成本为 100 元，使用公园的人愿意付出的最高价格是 1 000 元。如果门票收入是 500 元，公园的提供者将获得利润 400 元，而价值 500 元的免费"剩余"就外溢到周边土地的价格上，这就是城市土地的价值来源。公园如此，道路、地铁、路灯、学校都是如此。所有外溢服务的集合，赋予城市土地不同的价值。区位不过是这些服务在空间上的投影，是叠加其上的公共服务的函数。

所谓"外部性"，乃是租值剩余外溢的效应。假设市场上有三个厂商：A 生产产品 a，需要 b/c/f 三种生产要素；B 生产产品 b，需要 a/c/f 三种生产要素；C 生产产品 c，需要 a/b/f 三种生产要素。厂商 A 进入城市购买公共产品 f，同时也使厂商 B 能够买到更便宜的产品 a，见图 3-1。厂商 B 因此节省下来的成本，就是厂商 A 带来的"外部性"。同理，每个厂商都会给另外某个厂商带来对应的"外部性"。其中,每个厂商都需要的生产要素 f 就是公共产品。生产该公共产品的"企业"就被定义为政府。政府生产的公共产品 f 的"外部性",给所有的厂商带来成本的节省,这才是城市聚集发生的核心原因。

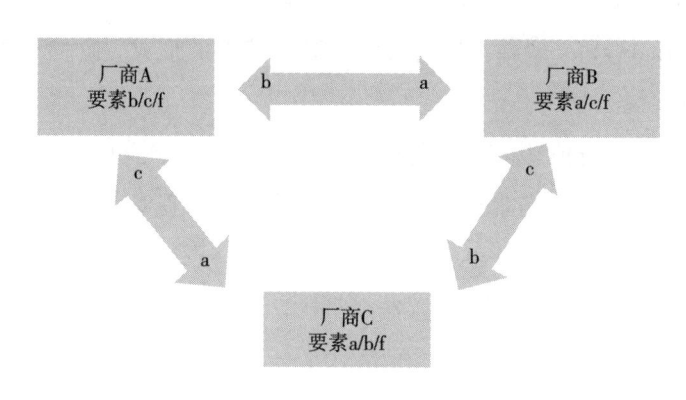

图 3-1 厂商需要的要素

在现代经济理论看来,城市自发集聚带来正的外部性(positive externality),各种正的外部性叠加,形成了城市土地的价值。按照这一观点,城市土地的价值不是有意识地被生产出来的,而是无数自发市场行为加总的随机结果(agglomeration economic),因为城市价值就源于"自发的秩序"(spontaneously order),而非带有目的的人类行为。

但正如前面的分析,城市并非自发集聚的产物。现代经济理论对城市的解释并不正确。

正是由于错误的城市解释,使得城市活动这一要素无法被纳入"供给—需求"的范式,进而展开规范研究。像"土地财政"这样的城市制度,更是在空间分析中消失了。现代城市经济学更像是"空间力学",人就像无数无意识的"原子"在"力"(无形的手)的作用下积聚、消散。这种"空间力学"范式,虽然有利于数学建模,但无助于解释真实世界。脱离现实的各类数学模型将城市经济分析变为自娱自乐的学术游戏。①

奥尔森通过构建"流窜的匪帮"到"常驻的匪帮"的模型,对政府产生的自利动机和市场原型进行了深刻的揭示。按照奥尔森的研究,在没有政府的状态下,"流窜的匪帮"进行非协调一致的、竞争性的偷窃,这会摧毁所有投资和生产的积极性,最后导致大众与匪帮双方都没有更多剩余的双输格局。而出于"理性"的考虑,"常驻的匪帮"会在其领地范围内提供和平秩序和其他提高生产力的公共产品,并以收取持续性的税收代替之前的"竞争性的偷窃",以此实现自己与"大众"的双赢。由此可见,政府并非自愿协商的集体组织,城市也不是自发集聚的结果,而是经济活动的参与者(最初是"常驻的匪帮")有目的地设计并提供的。

将政府视为一类生产公共产品的企业后,接下来就会涉及政府垄断的话题。在仅考虑私人产品生产的完全竞争范式下,价格是无数消费者和无数生产者共同面对的一个市场结果,没有单个消费者或生产者可以决定价格。而一旦将公共产品的生产者——政府引入市场,价格就必然会被"有形的手"操控,完全竞争范式就会崩溃。于是,经济学家造了一个叫作"市场失灵"的概念

---

① 克鲁格曼在与藤田昌久和维纳布尔斯合著的《空间经济学:城市、区域与国际贸易》导论部分,以解嘲的口气说道:"我们意识到这会让我们的分析有些不切实际,有时'不变替代弹性函数的游戏'(Games You Can Play with CES Functions)似乎更像本书的书名。"

来兼容这一现实。

在新古典微观经济学中,价格竞争基于相同产品,尽管这些产品的生产区位不同,但由于运费和地租等空间变量被忽略不计,因此,这些产品仍被视为无差异的。在这种完全竞争范式下,采用空间收费方式的公共产品(服务)自然无法定价。笔者将这类相互具有替代性的不同产品之间的竞争,定义为"哈耶克竞争"。① 只要向哈耶克—霍特林竞争模型引入空间要素,就可以发现公共产品(服务)根本不会像新古典经济学预期的那样形成"垄断"(详见第十四章)。

按照竞争范式,城市公共服务完全可以以竞争的方式由市场提供。只要把政府视作一个企业,就可以很好地解释公共服务是怎样提供的。由于公共服务收费的特殊性,拥有空间定价权(税收和地租②)的政府,就成为这类服务最有效率的提供者。一旦把空间要素引入竞争,政府就像企业一样,通过空间竞争(也就是所谓的"用脚投票")在市场上提供公共服务,公共服务的市场定价问题就可以迎刃而解。

在现实中,公共产品竞争自古就有,只是"土地财政"使得这一现象在中国地方政府之间体现得更为淋漓尽致。③

只有在新的竞争范式里,土地的"价值—价格"才可以进行

---

① 这种竞争与迪克西特—斯蒂格利茨模型(D-S模型)的效用替代相似,但更加接近霍特林模型所描述的区位竞争,本章将其称为哈耶克—霍特林竞争。

② 根据租税互补原理,税收属于广义的地租。

③ 这一竞争最早由美国经济学家蒂伯特提出,张五常在"中国县域竞争"实证中对其进行了检验。笔者在更早的一篇文章《对地方政府行为的另一种解释》中,也提出过类似的观点,拥有土地收益权的地方政府可以像"企业"一样竞争。

规范的分析。也只有在这个范式里，政府通过土地收费的行为才能得到合理的解说。

城市化与土地融资制度

理解了公共服务在土地价值构成中的核心作用，也就可以解释土地增值与城市快速发展的因果关系——究竟是"因为土地财政提供了基础设施，所以城市发展才快"还是"先有经济活动，才有地价的上升和公共服务的完善"。现实中，因果关系并非单一和单向的，而具有双向性和循环性，将因果关系提取到一个单向的、有限的时间段内进行孤立研究是缺乏意义的。我们需要寻找的是推动城市发展的"第一动力"。

在现代经济学看来，城市根本就没有"生产者"，城市就是无数商业者为追求正的外部性而自发集聚的结果。但在笔者的范式里，对公共产品（服务）的需求与任何私人产品（服务）一样，需要被发现出来。①

深圳成立经济特区时，并没有活跃的经济活动，更没有地价的自然上升。中央"发现"紧靠香港的公共服务需求，于是给了深圳 1.5 亿元的"开办费"，成立了生产公共服务的"企业"——政府。开创初期，深圳建设举步维艰，城市"创业者"们被迫将土地作为启动资本的主要来源。

1979 年 3 月，骆锦星调职深圳担任深圳市房管局副局长。征得时任省委书记任仲夷的许可后，他选择了通过贸易补偿，获取

---

① 这就如同在苹果手机出现之前，你并不知道自己需要智能手机，你的需要是被乔布斯有意识地"发现"出来的。手机如此，城市也是如此。

地产开发资金——港商刘天就出钱,特区政府出地,建房子到香港卖,对于收入,深圳市政府和刘天就按85∶15分成。为了吸引香港购房者,允许"一次性付款9.5折,提供购房入户,每家配备3个户口名额",价格比香港的便宜一半。这一政策刺激了在内地有亲属的香港居民的购房欲望,结果楼盘很快售罄。中国第一个商品房小区——东湖丽苑出现了。这就是最早的"土地财政"的雏形。骆锦星后来回忆说:"东湖丽苑是土地商品化的体现,开了土地有偿使用的先河。"此后,很多香港房地产开发商来深圳要求合作,深圳意识到了土地的价值。

深圳经济特区从罗湖启动,规划建设一个面积为0.8平方千米(后来扩到1.1平方千米)的区,按当时的造价至少需要投入3亿元,但国家只给了3 000万元的贷款,其他必须由深圳自己解决。作为罗湖开发指挥部副指挥长的骆锦星,提出每平方米收取5 000元的土地使用费,由外商独资进行建设。合同签订后要交50%,剩余的款项在卖楼花时全部交齐。用这种方式出让的5块地,最后收回5亿多元。政府用土地收入提供了基础设施,这才可能招商引资,吸引港商来深圳投资建房、设厂。政府和企业的关系就像建设道路和生产汽车的关系,两者互为因果。

开发和建设深圳的故事显示,并不是只要有经济活动,就会自发形成基础设施;而是要政府先提供基础设施,才能招商引资。基础设施建设资金来自土地收入,其价值体现的是未来城市"外部性"带来的现金流的贴现。没有"土地财政",深圳的"第一动力"就不会产生。中国城市化伟大成就背后的重要原因,就是创造性地发展出一套将土地作为信用基础的制度——"土地财政",也正因如此,"土地财政"乃是一种金融活动。将土地收入视作"财政收入",暴露出传统经济理论对真实世界的错误观察和认识。

也有人认为"华为、腾讯、中兴、大疆、顺丰等在深圳的崛起"是因为"毗邻香港的优势",而非"土地财政"。那为何深圳实施"土地财政"制度之前,同样靠近香港的它却难以产生这些企业?在笔者看来,深圳特区之所以比其他同时起步的特区表现更好,乃是因为深圳最先发现并使用了"土地财政"的融资功能。

由于毗邻香港,深圳地价包含香港公共服务外溢出来的价值。如果以同样的价格供给工业土地,显然深圳特区土地包含的公共服务价值比其他特区更高。深圳商业用地使用权出让因毗邻香港这一"外部性"获得较高的价值,也使得深圳市政府可以比别的城市政府更多地补贴企业(以"减税""免税"的方式),从而在招商引资的竞争中获得优势。的确,深圳毗邻香港这一独特的区位优势是其他城市所没有的。但同样重要的是,"香港优势"只有在"土地财政"的规则里才能转化为真正的优势。

那种认为"不是土地财政支持了城市化,而是经济主体对城市化的高预期收益支持了土地财政"的观点才是真正倒因为果。公共服务需要非常重的资产才能提供。只有政府提供了重资产服务,其他社会主体才可能以轻资产启动各类商业模式。城市化就是资本不断聚集的过程。没有"土地财政"解决公共服务重资产建设的融资问题,城市化根本不会发生,也就谈不上什么"经济主体"对城市化的高预期。

对政府市场角色根深蒂固的怀疑,深藏在现代经济学的底层。在主流经济学的框架里,政府作为市场的对立面而存在。对

"土地财政"的偏见，正是源于经济学对政府角色的普遍怀疑。否定"土地财政"，坚持"车"（私）先于"路"（公），无非就是想维护市场不需要政府的理论假设。这反过来也说明了主流经济学的贫困。[①]

"土地财政"的效率

对于笔者提出"土地财政"比"税收财政"更有效率的原因——"在土地公有制的条件下，任何公共服务的改进，都会外溢到国有土地上。政府无须经由曲折的税收，就可以直接从土地升值中收回公共服务带来的好处"——批评文章认为"逻辑与事实不符"：第一，"扣除城市建设开发和对农民的征地补偿，地方政府并不赢利"；第二，"地方政府对土地市场与规划权的垄断，极大地增加了地方债务违约风险"。

第一个误解缘于混淆了"土地财政"和"土地金融"的概念。政府卖地（使用权）的一次性收益本质上是一种融资——"土地金融"，用于"城市建设开发和对农民的征地补偿"。政府卖地（使用权）的持续性收益来自未来的税收——"土地财政"。只要能够覆盖"城市建设开发费用和对农民的征地补偿"，"土地金融"的使命就已经完成。

关于第二个误解，笔者在 2010 年《再为土地财政说几句话：与马光远博士商榷》一文中，就回答过这个问题。马光远也是同样指责"土地财政""一方面是卖地（使用权）收入的暴增，另

[①] 笔者的框架其实延续的是"诺思—奥尔森—蒂伯特"这样一个非主流的经济学传统。

一方面却是地方政府债务的日益沉重","到 2011 年末地方融资平台负债将会高达 12 万亿元,地方政府债务总额将至 15 万亿元",地方政府"在无地(使用权)可卖的情况下,只能走向名义上的破产财政"。这类批评看似直观,但却一点也不"专业",笔者当时对马光远博士的回答,现在可以原封不动地用来回答这个问题:

> 在金融不发达的时代,基础设施建设的规模,取决于"过去"劳动剩余的积累。但如果借助金融体系,则可以抵押"未来"的收益,突破基础设施建设的资金瓶颈。这就是为什么发达国家政府出现了这么多次金融危机,负的债要远比中国地方政府多,却没有一个国家干脆立法,禁止政府融资,以防"走向名义上的破产财政"。

在计划经济时代,虽然政府财政没有破产,但基础设施建设却"欠账累累"。可以说,"负债"是现代经济的主要特征。负债越多,表明政府信用越好。陈志武先生比较过历史上东方国家和西方国家的政府,发现前者积累了大量的财富,后者则是负债累累,但发展下来,却是后者远比前者速度更快、质量更好。

的确,政府负债会引发财政危机,甚至破产,但这就如同开车会增加交通事故一样,我们不能用放弃开车来解决开车带来的问题。同样,我们也不能用不借债来防止融资风险。"土地财政"本质上也是一种融资模式,它极大地扩张了地方政府的信用,盘活了"未来"的资产,提高了政府的负债能力。

在城市化的初期,因为资金短缺需要融资是普遍规律。诺贝

尔经济学奖获得者刘易斯在《国际经济秩序的演变》中发现:

> 城市人口每年增长速度低于3%的国家(法国1.0%,英国1.8%,德国2.5%)给别国贷款,城市人口每年增长速度超过3%的国家(澳大利亚3.5%,美国3.7%,加拿大3.9%,阿根廷5.3%)向别国贷款。

而中国在城市化高速发展的过程中,通过"土地财政"实现了大规模融资,避免了对外大规模举债。在笔者看来,这不仅不是"土地财政"的问题,恰恰是"土地财政"的成功。只要看看其他国家地方政府处于与我国同样的人均经济水平时的基础设施建设,就可以知道"土地财政"为我国前所未有的高速城市化做出了巨大贡献。

有强大的信用才有资格"负债",负债高反过来也可以证明信用好。"土地财政"就是帮助地方政府创造信用的工具。至于"债务"的使用是否合理、是否赢利,那不是工具本身的问题,而是如何使用工具的问题。至于狭义的"土地财政"——卖地(使用权),本质上是类似股票市场的直接融资,相对于抵押债务发行市政债或政府融资平台等债权融资手段,其实更少违约,效率更高。

租金捕获与土地产权制度

在理解了"土地财政"的本质其实是"土地金融"之后,接下来需要回答的问题是:既然其他国家通过税收财政实现了高负债能力,为什么我国一定要创造"土地财政"这个工具?这是因为，依靠税收财政的融资功能，信用必须来自已有的现金流——税收。而在改革开放初期，中国地方政府的税收即使不能说完全没有，也只不过是杯水车薪，不足以为中国城市化庞大的资本需求进行融资。而"土地金融"则避开了这一难题，土地国有则为政府在土地一级市场上以最少的漏失捕获公共服务产生的外部性提供了可能。

任何服务只要其收费小于其价值，都会以"正的外部性"形式漏失为公共服务。回收这部分漏失的最好办法，就是对因公共服务升值的土地征税，这就是发达国家"财产税"的由来。但发达国家财产税在推行中遇到困难：直接税的征收难度非常大，同时公共服务难以"显示偏好"导致对其进行定价（税率确定）也存在困难。为征税量身定制的"民主"制度，通常使得"集体行动的困难"成为民主国家的痼疾。[1]

在投资基础设施前，将土地国有化；在投资基础设施后，管制土地用途转变、进行城市土地再开发、补收发展费等，目的都是减少公共利益漏失。严崇涛从1970年到1999年，先后担任新加坡财政部、贸工部、总理公署等多个政府部门的常务秘书，参与了新加坡的快速崛起。他在《新加坡发展的经验与教训：一位老常任秘书的回顾和反思》一书中认为：

> 没有基础设施的土地只不过是沙土罢了。因为对土地进

---

[1] 那种认为"政府要获得基础设施建设的外溢收入，可以租用农民的土地，而不必把农村的土地国有化"的观点乃是纸上谈兵，土地的升值永远只会落到产权人手中而不是佃农或租客手中。只有当公共服务提供者和土地所有者一致时，地租才会公平地落在创造地租的人手中。

行的基础设施投资主要由国家进行,我们认为,公共建设的道路、地铁系统、学校等基础设施带来的大部分土地升值收益,应该归属于国家。因此,当政府征用土地从事公共建设如组屋、工业厂房的时候,赔偿标准应基于毫无基础设施的原始未开发土地的价格。买主必须向市建局保证将进一步开发土地,并支付发展费用。市建局每年会在政府公报上刊登不同土地的发展收费,征收该费用则是为了抵消政府建公路和排水系统等部分的开支。如果没有征收发展费用,投资者或地主不就能免费从这个国家的投资中受益吗?

土地国有化可以使公共服务(比如道路)外溢出来的价值完全体现在地价上,从而避免了征税的困难。开发前土地国有化就成为效率更高的价值捕获工具。这也就是严崇涛宣称"我们工业用地和公共住房发展的基石,就是土地征用法令"的原因。

的确,北美很多城市都是民间开发和运营的。但中国也并非没有类似模式。早在20世纪90年代,温州和珠三角就出现了"民营城市"的模式。按照第一章的定义,政府就是提供公共产品(服务)的"企业",它既可以是"国有的",也可以是"民营的"。比如居民小区的物业管理公司,就具有我们所定义的"政府"特征。①

---

① 不要小看这一"政府"的定义,它彻底颠覆了主流经济学的"政府—市场"分析范式。按照这个范式,发端于北美的"公民自治"也可以被视作公共服务供给的一种形式。这就意味着在现代市场经济中,其实"政府"无所不在。传统经济学向往的"小政府,大社会"式的市场经济模式,根本就不存在。追求经济制度的效率不是要考虑"政府多一点还是少一点",而是要比较哪种政府形式提供公共服务的效率最高。

既然公共服务供给形式可以多样,为什么中国城市运营中"民营"成分少?根本原因仍在于中国改革的初始条件——"八二宪法"规定城市土地属于国家所有,这使得政府更有条件利用土地市场为城市基础设施建设融资。而这是其他国家所没有的优势。

征地制度与社会秩序

任何土地资本化都离不开征地拆迁。虽然土地资本化的好处已被渐渐接受,但征地拆迁却一直被有些人认为是"通过垄断政治而操控经济",是"以暴力拆迁为谈判筹码,破坏了农民的产权",结果"破坏了农村居民的财产权,不利于现代社会秩序的长期建设和发展",甚至有批评观点认为"只要征地范围不缩小,政府永远有权垄断合法暴力,暴力拆迁就永远是一种威胁,居民的产权就得不到平等保护"。

这完全无视历史上处于与中国同样发展阶段的国家都出现过类似的大规模强行拆迁的事实。在《李光耀回忆录》里,我们可以看到当时新加坡是通过什么样的手段将国有土地从立国时的50%多提高到现在的90%多的。中国的问题之所以突出,乃是由于中国的城市化速度奇快,把其他国家上百年的拆迁压缩在几十年内完成了。像美国、加拿大、澳大利亚那样,在城市化初期就可以几乎无偿获得廉价土地的条件,中国是仿效不了的。

但即便如此,美国依然需要使用国家征收权。阿塔克和帕塞尔在《新美国经济史:从殖民地到1940年》中,在讲到运河建设时就提到这么一点:

建设一种新的更便宜的运输工具导致土地的价值上升，是所谓正外部性的一个极好例子。施工沿线的土地所有者肯定能从项目完工中获得巨大的资本收益，并且无论他参加和赞助该项目与否，他都可以从中获益……拥有产权意味着这些土地所有者即使袖手旁观，仍能获得土地升值带来的利润……出于这个原因，法院和议会经常介入，它们对土地所有者实行国家对私有财产的征用权——只要给予私有财产所有人"公平"的补偿，国家征得同意就可以为公共用途而征用私有财产。

能否有效使用宪法授予的权力实现低成本拆迁，是城市化必须跨过的门槛。印度等发展中国家之所以仿效不了中国经济的增长模式，无法低成本获得土地是其中最主要的原因。实际上，中国征地拆迁的交易成本已经大幅上升。土地净收益从改革开放初期占土地收入的80%迅速降至不到20%。在80%的成本中，60%是征地拆迁的补偿（汤林闽，2016）。

批评文章写道："近年来征地成本日益高涨，有的地区达到每亩地上百万元"，"强制征收具有较高的成本，带来了与农民的矛盾和大量上访事件，影响了社会秩序与政府信誉"。这些也是近年来公共项目成本暴增，进而导致城市政府负债骤增、固定资产投资速度降低、经济增速下滑的重要原因。这也从相反方向证明，当年国家强制征收能力对建立"现代社会秩序"多么重要。

按照美国今天的标准，当年对印第安人的产权根本谈不上"平等地保护"，但这并不妨碍今天的美国政府收取财产税。从城市化初期的"强制"到城市化完成后的"保护"，这是不可分割的连续过程。用一个阶段否定另一个阶段,乃是对历史的无知。

2012年,台湾大学朱云汉教授做了一场著名的演讲。在回答中国过去三十年"这样一种快速的、大规模的、史无前例的兴起是如何成为可能的?"这一问题时,他提出:"中国完成了一场相当彻底的社会主义革命,因为它把私有财产权,尤其是最重要的土地资本集体化,不是国有就是集体所有。而在这庞大的集体资产中,大部分是国有资产,是中国后来三十年快速发展的资本。其他很多国家没有走这条历史道路,就很难有这个历史条件。"

美国的"土地财政"

"土地财政"虽是中国在实践中摸索出来的,但并非中国专利。美国从建国至1862年的近百年间,联邦政府依靠的也是"土地财政"。当然,中美两种经济的"路径依赖"不同,美国的"土地财政"和中国的"土地财政"自然不会完全相同,否则,中国的"土地财政"也就算不上"伟大的制度创新"了。但这并不意味着美国在和中国类似的发展阶段没有类似的做法。

很多人难以接受美国也有"土地财政",他们举出伊利运河的实例:"1817年,纽约修建伊利运河的做法是,向运河经过的县收取专门的'运河税'(canal tax)作为运河运营收益不足时,额外的政府债券还款来源。"显然,这和中国收取过桥/路费作为桥梁和高速公路建设投资的还款模式一样,但在融资时,土地依然扮演了重要的角色。

根据《新美国经济史:从殖民地到1940年》,美国在运河建设的高潮期(1816—1860年)投入的资金可能达到1.88亿美元。美国各州并没有靠征税来支付这些费用，除了从别国借来的1.27亿美元，几乎3/4的资金（约1.365亿美元）来自国库。那么，联邦政府的钱从哪里来？戈登给出了一个答案："联邦政府土地总署（General Land Office）在1832年的土地销售总额为250万美元，到1836年这一数字达到2 500万美元"，而同一年联邦政府的总收入也不过5 080万美元。

的确，"在1790年至1860年间，州政府与地方政府共投资4.25亿多美元用于改进交通，而联邦政府只花费了0.54亿美元"。但这一说法忽视了在这些基础设施建设过程中联邦政府的土地赠予。"从1827年开始，运河两岸5英里①宽地带面积的一半被赠予运河所在州。其他备用的土地，每块面积1平方英里②，都留给联邦政府……国会之所以将公地捐献出来鼓励、赞助和支持当地的内部改善，是因为国会预期运河附近剩余的公地会升值。"这是典型的"土地财政"——地方政府出钱，获得运营收益；联邦政府出地，获得剩余土地的升值。试想如果周边的土地不是联邦政府的公地，联邦政府就得不到运河带来的"正的外部性"，其捐赠的动力也就会大打折扣。

在那段历史中，土地赠予的规模非常大。"中西部各州因运河建设而收到的土地超过450万英亩③，其中将近450万英亩归印第安纳州，而俄亥俄州和密歇根州则分别得到120万英亩以上的联邦土地。"不仅是运河建设，"国会这一立法为日后美国铁路建设过程中的土地赠予政策定下了基调"。

---

① 1英里约为1.61千米。
② 1平方英里约为2.59平方千米。
③ 1英亩约为4 046.86平方米。

第三章　伟大的制度创新

在中国的城市化进程中，由于基础设施建设成本大部分源于土地，因此确实存在强制征收现象。批评文章认为，"土地财政依赖于征地制度，依靠暴力强拆才能彻底实施。然而，暴力强拆具有较高的成本，带来了与农民的矛盾和大量上访事件，影响了社会秩序与政府信誉。"对比美国，我们不妨问一下：美国联邦政府是怎样获得土地的？美国联邦政府在获取原住民的原始土地时避开"暴力强拆"了吗？真实答案相当血腥。

当质疑中国政府垄断土地一级市场时，为什么不问一下美国联邦政府为何不把土地分给私人，然后由运河公司"公平"征地呢？这不也是垄断的土地一级市场吗？中国城市化的土地是征收来的，美国联邦政府的原始土地又是怎样获得的？即使1862年的《宅地法》通过了这么多年，即使已对铁路、运河、公路、学校用地实行连续多年的巨额捐赠，美国联邦政府所拥有的土地仍高达国土总面积的32%（约2.64亿英亩）（阿塔克和帕塞尔，2009）。这些原始土地是从哪里来的？

追问原始土地来源并非仅仅出于道德上的理由，更是希望证明：任何城市化都不会是由原来的土地所有者"自发"地建设城市。一定是有某个主体（可以是私人、集体，也可以是政府）先将分散的私有土地公有化（通过征用或掠夺的方式），提供配套基础设施，然后通过再私有化让与城市土地所有者（通过出售不动产）；而绝不可能直接从私人非城市土地变为私人城市土地。

而第一步——将分散的私人土地变为集中的、具有单一所有权的土地——其成本的高低决定了城市化的快慢甚至成败。这就是为什么我国"八二宪法"和计划经济遗留下来的初始条件，对降低城市化第一步的成本如此重要。毫不夸张地说，正是这个初始条件，成为中国"土地财政"成功的最大前提。

"土地国有化必定效率低"乃是主流经济学臆造出来的结论。新加坡在独立前，国有土地面积约占国土总面积的60%；新加坡独立以后，通过强行征用，使国有土地面积占比于2006年达到90%。以色列国有土地面积占比更是高达93%（樊正伟和赵准，2009），其城市土地和农村土地都是"国有的"，其余大部分也是归地方政府所有。真正影响土地使用效率的，是实际制度的设计，而非字面上的"国有"还是"私有"。

土地融资与资本市场

直到今天，土地市场的资本属性还经常被视作"土地财政"，其负面效果广受批评。[①] 但实质上，以土地为核心的资本市场是"土地财政"所创造的最有价值的"副产品"。

要理解"土地财政"的本质，首先需要回答：土地是否具有资本属性？其信用来自何方？批评土地具有资本属性的观点认为："土地和住房之所以能成为银行贷款的一种抵押资产，并非因为具有天然的信用，而是因为这是一种降低借贷双方交易费用的工具。"[②]

土地肯定"不具有天然的信用"，所有资产的价值都是未来收益的贴现。土地及附着其上的不动产也是如此。土地的信用来自附着其上的公共服务给土地带来的现金流（租金）。如果认为"土地之所以能成为银行借贷的抵押资产，是因为土地是一种耐

[①] 比如，被曲解的"房住不炒"就常被作为否定不动产资本价值的依据。
[②] 这就好像"食品并不能免除人的饥饿，它不过是人类补充营养的工具"一样混乱。

用品，不容易耗损，其性质容易量度，数量庞大且可分割"，那么沙漠是否也可以成为银行借贷的抵押资产？荒山是否也可以用来降低交易成本？显然，只有能带来现金流的城市土地，才具有信用。而信用最主要的功能之一，就是降低交易成本。不能带来未来收益的土地，不管面积多大都不具有信用。没有信用的土地，也就不具备资本属性，更不可能作为"降低借贷双方交易费用的工具"。

很多人会以为"农村土地没有变成银行贷款的抵押资产，并不是因为在物理性质上与城市土地有什么区别，而是因为法律不允许"。认为只要"法律允许"就可以"盘活比城市土地更大的资产"的观点是错误的。我们要知道地租源于未来的收益。城市土地和农村土地收益的巨大差别是源于公共服务的差别，而不是"法律不允许"。没有收益的荒漠，即使没有法律限制，也不会成为资产。同样，由于农地收益流极低，农地作为信用基本没有太大价值，自然无法用来抵押。

那些"法律不允许"抵押的农地，乃是位于城郊的土地。由于靠近城市，这些农地并非纯粹的"农地"，上面附着了城市外溢出来的公共服务。城市的基础设施大部分是政府建的。如果法律允许这些土地改变用途，就等于把城市的公共财富免费送给郊区"地主"，还记得前文提到美国人建运河时想避免的情况吗？"拥有产权意味着这些土地所有者即使袖手旁观，也能获得土地升值带来的利润……出于这个原因，法院和议会/经常介入……"政府公共服务的收益流失，基础设施的建设成本无法收回，就会造成发展中国家普遍面临的公共产品"搭便车"困局。

发达国家都是那些能够成功避免公共产品价值漏失的国

家——漏失越少，公共服务就越发达。为了防止公共产品价值漏失，在这些国家，不仅郊区农地不能自由转变用途，不能按照城市用途抵押，即使是城市建成区的私人地产，也不能私自改变状态。①

反而是在发展中国家，私人土地改变用途、建筑违章现象屡禁不止。一个直观的现象就是，违章建筑比重越高的国家，其发展水平就越低。只有消灭对公共服务的盗窃，制止"搭便车"现象的蔓延，高水平的公共服务才能被提供。这也是发达国家和不发达国家的一个重要区别。

土地信用只是融资工具，就算被用于透支、追求政绩、以新债还旧债，甚至发生违约等，也都是工具使用的问题。例如，在债务市场，美国政府也透支信用、增加福利以讨好选民，美联储也会用新债还旧债（"扭曲操作"），但这并不是债务市场本身有问题。说到底，债务市场也只是个工具，卖地也是一样。

中国地方政府的财政，基本上都是"吃饭财政"。财政结余被用于抵押融资，不能说完全没有，但规模极小。为防止地方政府透支，国家规定，除少数试点城市外，地方政府无权发行地方债。现在所谓的地方债，除了部分是中央转贷的，几乎都是通过所谓的"融资平台"贷款，而"融资平台"的信用绝大多数来自土地。

严格意义上的"土地财政"不是债权融资，而是类似于股权

---

① 例如，多年前，纽约布鲁克林区有一户人家在自家三层楼房边增建了一座两层小楼，被市规划局要求限期拆除。房主不听劝告，被告上法院。法院三次下令要求房主在30天内拆掉违章建筑未果后，市政府掏了几千美元请一家建筑公司将违章小楼拆掉并将垃圾运走。房主则被罚款5万美元、监禁60天。

融资。这一模式要比世界银行推荐的债权融资效率高得多。一旦出现危机,这两种融资模式的差异就会显现出来——发债模式马上就会因为无力还贷出现违约;卖地(使用权)模式则不用补偿地价下跌的损失,因而不会出现违约。"融资平台"模式绕开了国家发债的限制,虽然可以扩大信用的规模,但也会带来违约的风险。这些年地方政府积累的巨额债务,恰恰不是卖地(使用权)带来的。也正是因为"土地财政"这一融资模式,中国地方政府的违约概率要比成熟的市场经济国家低得多。

就"土地财政"而言,需要思考的真正问题是:为什么中国的不动产市场具有资本市场的功能,而在其他国家这一功能却弱得多?这是由于与其他国家不同,中国没有针对个人房产和股票的财产税,这使得投资房地产和投资股票一样,不用考虑"持有成本"。想象一下,如果国家开始按照持有的市值对资本市场参与者征税,股票市场还能维持现在的水平吗?[①]

土地金融与货币创造

"土地财政"另一个隐秘但却对增长有重大影响的是其货币效果。目前对"土地财政"的大部分研究还聚焦于政府的土地收益,而"土地财政"对货币存量的影响却被广泛忽视,一个重要的原因,就是流行的货币理论已经不能解释当前的货币现象。困扰这些货币理论研究者的问题是"货币去了开发商那里,投入下次开发,重新回到市场上。借由信用创造而增加的货币数量,为

---

① 一个合理的推测就是,一旦开征财产税,中国土地市场的资本属性也会像其他国家的一样显著萎缩。

什么不会带来通货膨胀？"

之所以会出现这种现象，是因为过去几十年，特别是布雷顿森林体系瓦解以后，各国货币先后完成了从实物货币向信用货币的转换，凡是进入了信用货币时代的国家，通货膨胀都消失了；而那些没有进入信用货币时代的国家，却依然饱受资本不足和通货膨胀的威胁。考察一种货币的本质，只要看这种货币的发行机制——如果货币是通过"购买"实物（比如贵金属、大宗商品等高流动性实物）发行的，这种货币就是实物货币；如果货币是通过购买"未来收益"（比如用债券、股票、不动产等高流动性信用抵押贷款）发行的，这种货币就是信用货币。

以实物为锚的货币相对于分工需要，总是处于不足的状态，因此纸币和"锚商品"的兑换比例总是倾向于扩大，由于"锚商品"存量不变，纸币增加的后果就是通货膨胀；信用货币的存量，取决于"未来收益"的多少，信用好意味着对"未来收益"的估值较高，只要有足够的信用，不管发行多少货币都不会出现通货膨胀。这就是为什么有些国家货币存量的增长远超真实财富的增长，却并没有出现通货膨胀。

对于信用货币而言，真正需要担心的不是通货膨胀，而是通货紧缩——一旦信用消失，货币随之消失，结果一定是伴随通货紧缩而来的大萧条。

由于"土地金融"创造了巨大的信用，为中国货币从古典的实物货币转向现代的信用货币创造了条件。过去四十余年，中国的高速城市化在很大程度上是建立在大规模的货币创造基础上的。而这些货币的创造离不开信用的创造。

将土地作为一种信用，各国皆然，但像中国这样将土地市场发展成为一个巨大的资本市场,并使之成为货币信用主要来源的却再也找不到第二个国家。这不能不说是"土地财政"制度的又一个创新。

目前,货币理论乃至宏观经济学都处于深刻的危机之中①,就是因为没有意识到现代信用货币和古典实物货币的发行机制已经出现根本的不同。正是基于错误的货币观,过去十余年出台的一系列房地产政策,都很难达到预期效果。在很多学者看来,没有通货膨胀是因为货币都"涌向住房和土地市场",而不理解现在市场上的大多数货币本身就是由"住房和土地市场"生成的。

若房地产市场泡沫破裂,我们不会看到多余的货币决堤而出,而是会看到市场上的流动性突然干涸。大家在批判房地产泡沫时,其实也在享受资产泡沫带来的好处。没有这些泡沫,就不可能创造出足够的货币,泡沫崩溃时,前所未有的商业繁荣就会烟消云散。

土地金融与债务危机

对"土地财政"的批评还认为其与近年来地方政府债务增长密切相关。美国早期"州政府以土地收益作为抵押资产的贷款,导致了债务危机"被认为是"土地财政"的前车之鉴。对这一问题的正确理解,应该说正是土地的资本化为地方政府增信,使得地方债务飞速扩张成为可能。按照狭义的"土地财政",卖地(使用权)收入相当于直接融资,即使房地产价格下跌,也不会

---

① 关于宏观经济学困境的论述参见:ROMER P. The Trouble with Macroeconomics. http://paulromer.net/the-trouble-with-macro/.

导致违约。

只要是现代增长,就必须依赖金融,只要依赖金融工具,就有违约的风险。在各种金融工具中,股权融资违约风险和债权融资违约风险处于不同的维度。真正将"土地财政"风险"升维"的,是各种以政府信用作为担保的融资平台。这些融资平台以地方政府垄断的土地一级市场作为隐性担保,一旦房地产价格下跌,就会触发债务违约。

在美国1836—1843年大萧条期间,所有股权融资,无论是使用土地收益做抵押还是用其他信用做抵押,都出现大规模违约。"1839年,莫里斯银行300万美元债务违约","至1841年,印第安纳州不但没有建成一条运河或铁路,还造成了1 200万美元的违约","在1842年,八个州和佛罗里达属地破产"。戈登这样描述当时的情景:"莫里斯运河股票的月初价格为每股96美元,到月末仅为每股80美元(到1841年,几乎一文不值了)……当几个州政府试图为它们的债务进行再融资时,发现市场上根本没有人愿意购买它们的债券。""到1837年初秋,全美90%的工厂关了门。"[1]

用这种极端时期的违约,孤立地证明土地抵押融资有问题,其实是没有多少说服力的。我们真正应当从美国历史上这次历时最长的大萧条中学会的,恰恰是杰克逊总统从1834年开始的激进的"去杠杆"行动(到1834年,美国基本上已经清偿了所有的国债,这在其历史上是第一次),特别是对土地市场投机的沉重打击。1836年,杰克逊趁国会休会,于7月11日签署行政命

---

[1] 戈登.伟大的博弈:华尔街金融帝国的崛起(1653—2011).祁斌,译.北京:中信出版社,2011.

令，要求"除极个别情况外，8月15日以后购买土地都必须用金币或银币支付。"① 这实际等于废除了信用货币（银行券）和贵金属并行的货币制度。

"由于对铸币的需求激增，银行券的持有者开始要求用银行券换取金银币。银行为了筹集急需的钱，不得不尽快收回贷款"②，结果导致原来由信用生成的货币迅速从市场上消失。流动性不足导致了分工链条的缩短，大规模的企业倒闭、人员失业随之迅速蔓延。结果跟前面讲到货币理论时所预言的一样，信用的崩溃导致了通货紧缩。

正如菲利普·霍恩当时在日记里写的："在投机狂热的日子里我们听说过的那些巨大财富，在4月的阳光到来之前，就像冰雪一样融化得无影无踪。没有人可以逃脱这场劫难，我们终将一无所有，只有那些债务很少或根本没有债务的人才是真正的幸福者。"土地抵押债务违约，只不过是整体信用崩溃的一部分。

美国当时的困境可以给我们一些借鉴。我们需要汲取的教训不是简单地放弃"土地财政"，而是：

第一，不要轻易将土地融资工具从风险较低的股权融资，升维到风险较大的债权融资；

第二，不要像杰克逊那样简单地"去杠杆"，因为"去杠杆"的副产品——消灭货币——给经济带来的危害，远大于债务违约本身。

特别是第二个教训，经济学界一直发展到凯恩斯时期才开始意识到，但今天人们依然犯着同样的错误。

---

①② 戈登.伟大的博弈：华尔街金融帝国的崛起（1653－2011）.祁斌，译.北京：中信出版社，2011.

结语

中国的"土地财政"制度绝非凭空而来，而是由城市土地国有、征地拆迁补偿、国有土地使用权招拍挂、土地用途管制、土地划拨制度、中央地方分税制和中央地方事权划分等一系列规则共同构成的。单独接受或否定其中某一部分，都会导致局部貌似合理、整体却根本不可行的结论。说"土地财政"是伟大的制度创新，指的是这一系列政策和规则的组合。

刘守英在《中国土地问题调查：土地权利的底层视角》的前言"跑不完的真实世界"里指出：土地财政概念就是他"在一线调查发现并提出的"。严格来讲，"土地财政"本身并不是一个正确的学术概念，"财政"二字本身就意味着我们在"土地财政"被发现之初就对其缺少正确的认识。在笔者看来，"土地金融"（land finance）更接近中国这一制度的本质。①

现在很多人给笔者贴上"为土地财政辩护"的标签。其实，笔者在所有的讨论中都认为"土地财政"同任何制度一样，一定是有利有弊的，在不同的发展阶段有不同的作用。笔者在一篇文章中就认为"土地财政"已经完成其历史使命，随着城市化进入2.0阶段，中国应当从资本型增长转向运营型增长。但这并不意味着"土地财政"不重要了。路径依赖理论告诉我们，新的增长模式一定要嫁接在现有的模式上才能成功。在笔者看来，对"土地财政"的大讨论不应停留在观点对错的争论上，而是要深入到

---

① 赵燕菁. 国盛证券年度策略会演讲：过去40年是土地金融，未来40年才是土地财政！. 微信公众号"Global Macro Strategy"，2019－01－14.

不同观点所依托的理论上,从而使讨论成为提升中国经济学的宝贵契机。

有学者在文章里不点名地揶揄笔者"用一套自创的理论和自造的事实搞出一套所谓的理论来解释这套东西有多么的伟大"[1]。其实,笔者的很多想法在西方非主流经济学家(哈耶克[2]、诺思[3]、奥尔森[4]、蒂伯特[5]等)的著作中都有提到,笔者只不过是将其组装为一个新的框架,用来解释中国的经济增长。在笔者看来,也许自身的"自创"并不成功,但笔者坚信,简单复制粘贴西方主流经济学已经不足以解释中国经济增长这一伟大的历史事实。

---

[1] 刘守英. 中国土地问题调查:土地权利的底层视角. 北京:北京大学出版社,2017.
[2] HAYEK F A. Individualism and Economic Order. Chicago:University of Chicago Press,1996.
[3] 诺思. 经济史中的结构与变迁. 陈郁,等译. 上海:三联书店,1991.
[4] 奥尔森. 独裁、民主和发展//盛洪. 现代制度经济学:上卷. 北京:北京大学出版社,2003.
[5] TIEBOUT C M. A Pure Theory of Local Expenditures. Journal of Political Economy,1956,64(05):416-424.

Part II
第二篇

转 型

第四章
城市化转型*
——从高速度到高质量

经典的城市化研究很早就意识到了用城乡人口结构描述的城市化完整过程，符合所谓的"S形曲线"①。但是，学者们一般都将这一曲线加速与转折（凸点与凹点）发生的原因和条件，简单地归结于工业化，认为工业化这一外生变量触发了城市化曲线的变化。本章根据公共产品的两阶段生产模型，提出城市化不是工业化的因变量——不是工业化导致了城市化。两者都是中国经济增长原始资本积累模式转变的结果。城市化内生使得对城市化转型的研究可以通过其触发条件进行规范分析——在城市化的资本型增长阶段，经济必然表现出高速度的特征；而进入运营型增长阶段后，城市化曲线自然变缓。而所谓的城市化"S形曲线"，不过是城市化转型的人口刻度。

---

* 本章为邱爽和宋涛在笔者于清华大学国情研究院"国情讲坛"发表的主题演讲《城市化转型：从高速度到高质量》的基础上进一步完善而成，本章原文发表于《学术月刊》2019年第6期。笔者的类似研究参见：赵燕菁. 阶段与转型：走向质量型增长. 城市规划, 2018, 42（02）: 9—18.

① S形曲线（logistic curve）于1974年最早由联合国提出，1979年被美国地理学家诺瑟姆（Northam）在《经济地理》中引用并由中国学者焦秀琦（1987）以"诺瑟姆曲线"为名引入中国。参见：李恩平. 城市化时间路径曲线的推导与应用：误解阐释与研究拓展. 人口研究, 2014, 38（03）: 28—40.

第四章 城市化转型

引言

转型处于进行时。中国经济在发展过程中多次转型,包括从粗放型到集约型、从外延型到内涵型等。在不同的经济发展阶段,转型的含义不尽相同。如今改革开放已经走过四十余年,中国经济的外部环境、内部条件和经济数据的变化都显示出中国经济再一次面临转型。但每一次转型,中国经济学界都会面临类似的困难,即主流经济学理论因为缺少描述增长方式转变的模型而根本无法对增长方式的差异加以区分。当相对于快速变化的现实理论显得"迟钝"时,我们需要做的就是寻找更具解释力的新理论。

增长的阶段与转型

对概念进行统一,是学术讨论的基本前提。主流的新古典增长理论是建立在边际收益减去边际成本产生边际剩余这一微观基础之上的,即 $\Delta R_i - \Delta C_i = \Delta S_i$。[1] 按照这种理解,只有正的剩余不断积累,才能带来新的增长,边际剩余越多,增长越快。但现实中的经济增长却是"熊彼特式"[2]的,经济是众多分散商业模式的集合,基于会计学基本原理,任一商业模式都需要满足"收入减去成本有正的剩余"这一条件,即 Revenue－Cost＝Surplus

---

[1] 保罗·罗默(Paul Romer)认为,基德兰德和普雷斯科特(Kydland & Prescott,1982)提出的真实经济周期(RBC)模型依赖于两个恒等式:第一个恒等式将通常的增长核算残差定义为产出 Y 的增长率与生产投入指数 X 的增长率之差 $\Delta\%A=\Delta\%Y-\Delta\%X$;第二个恒等式是货币数量方程。参见:罗默.宏观经济学的困境.秦蒙,译,齐昊,校.政治经济学学报,2017,8(01):157－178.

[2] 熊彼特.经济发展理论.何畏,等译.北京:商务印书馆,1990.

(Surplus≥0),而只要新增商业模式所带来的剩余多于被摧毁的旧商业模式所带来的剩余,经济就扩张,反之,就收缩,这也就是"创造性破坏"所表达的经济学含义。① 在"熊彼特式"增长中,如果旧商业模式带来的剩余都为零,新增商业模式本身就意味着经济增长。② 经济总量就是商业模式的加总,即 $\sum_{i=1}^{n} R_i - \sum_{i=1}^{n} C_i = \sum_{i=1}^{n} S_i (i=1,2,3,\cdots,n)$,式中 R 代表收入,C 代表成本,S 代表剩余,i 代表不同的商业模式。

增长的阶段

"熊彼特式"增长虽然具有不同于新古典增长的经济学含义,但公式 $\sum_{i=1}^{n} R_i - \sum_{i=1}^{n} C_i = \sum_{i=1}^{n} S_i$ 仍没有表达出经济转型。将这一公式按照成本性质的差异在时间上展开,则可以分解为两个连续的过程。首先是资本型增长(growth of capital),这一阶段的突出特征是支出主要体现为资本性支出,用公式表示就是:资本性收入−资本性支出=资本性剩余($R_{i0} - C_{i0} = S_{i0}$,$S_{i0} \geq 0$),其中 R_{i0} 表示资本性收入,C_{i0} 表示资本性支出,二者之差为资本性剩余 S_{i0}。其次是运营型增长(或劳动型增长,growth of cash flow),在这一阶段的成本构成中,劳动力成本占有更大比

---

① 赵燕菁.阶段与转型:走向质量型增长.城市规划,2018(02):9−18.
② 想象一种只有汽车厂的经济,汽车厂的投入和产出正好相等,剩余为零。然后,又建立了一个化工厂,投入和产生也正好相等,剩余依然为零。现在要问,这种经济有增长吗?按照传统经济学,这种经济不增长。因为按照传统理论,当汽车厂剩余为零时,经济就不可能增长——根本没有钱建化工厂。但是在现实中,建设化工厂的资本不取决于汽车厂是否有正的剩余——前者并不必然是后者积累的"结果"。只要两家工厂剩余不小于零,经济总量就会增加——从一家工厂增加到两家工厂之和。

重，用公式表示就是：运营性收入－运营性支出＝运营性剩余（$R_{ik}-C_{ik}=S_{ik}$，$S_{ik} \geqslant 0$，$k=1，2，3，\cdots$），其中 R_{ik} 代表运营性收入，C_{ik} 代表运营性支出，二者之差为运营性剩余 S_{ik}，k 代表运营型增长的不同时期。

区分这两种成本的想法，来自马克思的剩余价值公式（$W=c+v+m$）。其中，成本被分为固定成本 c 和可变成本 v。[①]

马克思只区分了两种成本，而没有对收入和剩余做进一步的区分，导致这一理论仍然无法区分经济增长的不同阶段，自然也无法表达经济转型。

参照马克思对成本进行划分的思路和做法，将"熊彼特式"增长中的收入和剩余两项展开，分为资本型和劳动型两个部分，各变量的划分及含义如表 4-1 所示：

表 4-1 两阶段增长模型中各变量的含义

	收入	支出	剩余
资本型	家庭持有的股票和房地产，企业获得的贷款，政府发行的债券等	家庭购买住房和耐用消费品，企业购买设备和土地，政府投资建设基础设施、提供教育和支持研发等	家庭、企业和政府融资的结余

[①] 马克思. 剩余价值理论. 郭大力，译. 北京：人民日报出版社，2010. 事实上，将成本分为可变成本和固定成本的思想可以更早追溯到古典经济学。亚当·斯密在《国富论》第二篇第一章"论资产的分类"中，将投资资本分为流动资本和固定资本：（1）商人的资本不断以一种形态用出，以另一种形态收进……这样的资本可称为流动资本。（2）资本又可用来改良土地，购买有用的机器和工具，或用来置备无须易主或无须进一步流通即可提供利润的东西。这样的资本可称为固定资本。

续表

	收入	支出	剩余
运营型	家庭获得的工资和房租，企业剩余的利润，政府征到的税款等	家庭支付的电费、水费等日常支出，企业支付工人工资、纳税和资本付息等，政府给公务员发工资、基础设施折旧和日常维护等	家庭收入中支付水费、电费和其他各项日常支出后的结余，企业付完工人工资、原材料费用、税款等成本后的净结余，政府的预算结余等

在以上划分的基础上，经济增长的过程可以用以下两个公式表示：

资本性收入－资本性支出＝资本性剩余

$$R_{i0} - C_{i0} = S_{i0} \quad (S_{i0} \geqslant 0) \tag{4-1}$$

运营性收入－运营性支出＝运营性剩余

$$R_{ik} - C_{ik} = S_{ik} \quad (S_{ik} \geqslant 0, \ k=1, 2, 3, \cdots) \tag{4-2}$$

基于前文的论述，式（4-1）描述的是"存量"，即一种商业模式在投资阶段由资本带来的增长，由于一项投资的期限无论多长都只有在建成的时候才产生价值，因而这个公式中的变量可以忽略时间。式（4-2）表达的是"流量"，即一种商业模式在运营阶段由现金流性收入带来的增长，必须考虑时间。[1] 两阶段增长模型是一个能够涵盖宏观、中观和微观的统一经济增长模型。

---

[1] 例如，就投资建桥这一商业模式来说，修桥是投资阶段，收过桥费就是运营阶段。作为一个高度简化的范式，两阶段增长模型只是帮助思考经济问题的工具。在真实经济中，众多商业模式的投资和运营并非两个截然不同的阶段，而是一个彼此交叉和连续的过程。

不同阶段的转型

在前文对"增长"及其阶段进行划分的基础上,"转型"的经济学含义也就一目了然了。当一个商业模式从资本型增长转向运营型(现金流)增长时,则意味着转型。第一个阶段——资本型增长一旦完成,就必须尽快转向第二个阶段——运营型增长,将固定投资转化为现金流,以完成整个商业模式的循环。由于资本型增长主要是在"花钱",只要能融资,固定资产的投资时间越短越好。显而易见,这一阶段的经济会呈现"高速度增长"的特征。而一旦经济增长进入运营阶段,就要从"花钱"转为"挣钱",其发展特征会与前一阶段截然相反。因为到这一阶段,固定资产投资已渐趋饱和,边际收益开始递减;一旦进入运营阶段,则是现金流性剩余越多越好,这一阶段的经济自然会呈现出与前一阶段迥然不同的"高质量发展"特征。

新古典经济增长理论由于混淆了资本和现金流,无法表达经济增长具有不同阶段和经济转型的事实。按照新古典经济增长理论,从生产(投入)一侧对资本性收入与运营性收入求和,得出GDP;从消费(支出)一侧,将资本性支出(固定资产投资)和运营性支出加总,也可以得出GDP。在新古典一般均衡(剩余为零)范式下,从两侧计算得出的GDP在理论上应该相等。但事实上,二者之间往往会出现差额,差额的正负决定经济的增长与衰退。新古典增长理论无法解释差额的来源,便将其归因于技术进步,并与生产(投入)一侧的资本和劳动一起,统称全要素增长。[①]

如图4-1所示,从中可以发现,在基于柯布-道格拉斯生产函数 $Y=A(t)L^{\alpha}K^{\beta}\mu$ 的新古典增长模型中,L 代表劳动力,K 代表资本,对照两阶段增长模型,前者体现的是"流"的概念,后者蕴含的是"量"的概念,经济学含义不同。但在新古典增长模型中,这两个"量纲"不同的变量被合并到一个公式中进行加总,暗含了二者之间此消彼长的权衡取舍关系。[②] 在这个意义上,宏观经济增长模型的立论存在问题。

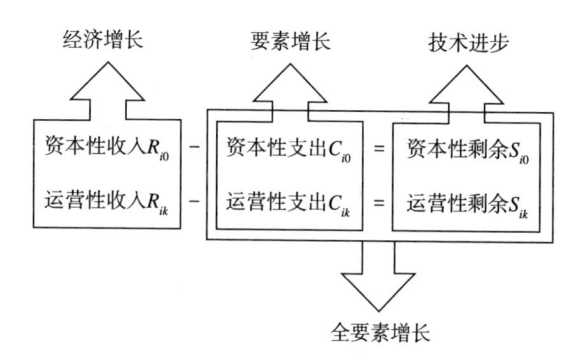

```
       经济增长              要素增长              技术进步
         ↑                    ↑                    
  ┌─────────────┐      ┌─────────────┐      ┌─────────────┐
  │ 资本性收入 R_{i0} │  -   │ 资本性支出 C_{i0} │  =   │ 资本性剩余 S_{i0} │
  │ 运营性收入 R_{ik} │      │ 运营性支出 C_{ik} │      │ 运营性剩余 S_{ik} │
  └─────────────┘      └─────────────┘      └─────────────┘
                                                    ↓
                                                全要素增长
```

图4-1　两阶段增长模型与新古典增长模型的比较

两个缺口和不可替代规则

将经济增长分为两个不同的阶段之后,在不同的发展阶段经济增长将面临不同的约束条件,也可以称之为经济增长存在两个

[①] SOLOW R M. Investment and Technical Progress // KENNETH J A, SAMUEL K, PATRICK S. Proceedings of the First Stanford Symposium. California: Stanford University Press, 1960.

[②] COBB C W, DOUGLAS P H. A Theory of Production. American Economic Review, 1928, 18 (01): 139-165.

"缺口"。在资本型增长阶段，经济增长的主要压力来自普遍存在的资本"缺口"，资本性收入多于资本性支出是经济增长的基本前提；而一旦进入运营型增长阶段，经济发展的重点将从资本转向现金流，这一阶段经济的持续发展要求运营性收入必须多于运营性支出，即不能出现现金流"缺口"。若两个阶段同时出现"缺口"，商业模式自然无法成立。但如果两个"缺口"一正一负，一种商业模式能否继续运行下去？这个问题也可以表述为：是否可以用一个阶段的剩余去弥补另一个阶段的"缺口"？

如果按照新古典增长理论，这种做法当然没有问题。① 但如果按照两阶段增长模型，"缺口"和"剩余"不能相抵。这是由于依照金融学原理，资本性剩余与现金流性剩余的"量纲"不同。前者是通过金融创造的，是将未来收益贴现进行资金的跨期配置，在本质上属于向未来借贷的行为。而现金流性支出在时间上的持续性，导致再大的资本存量也难以弥补流量缺口，由于更多的资本性支出意味着更高的债务及利息，如果未来创造的现金流不足以偿还债务，就会陷入债务危机。②

在这一点上，国家（中央政府）、城市（地方政府）、企业和家庭的道理相同。用资本性收入弥补现金流缺口的最终结果，无

---

① 比如，一个城市修一座桥需要 10 亿元的投资，但是融资只有 9 亿元，政府能够拿现金流性收入（比如税收）去弥补资本的不足吗？反过来，如果政府融资了 11 亿元，剩余 1 亿元，桥梁的运营每年亏损 1 000 万元，政府可以用融资的结余来弥补现金流缺口吗？或者，一个城市政府的财政如果无法兑付公务员的工资，可以用出售城市土地（使用权）获得的收入来发工资吗？在传统的经济学理论中，只要总体收支平衡，就是可以的。

② 欧洲的债务危机，本质上就是用资本性收入覆盖"现金流缺口"的结果。欧盟有些国家并没有创造出足够的收入，却想维持和其他国家相同的福利水平，于是就用举债获得的资本性收入弥补养老金缺口，由此陷入债务循环……

不指向庞氏循环。

资本性收入不能用来弥补现金流缺口,那么反之是否可行?纵观世界经济史,传统经济增长中原始资本的积累基本都是依靠这种办法。在改革开放之前,中国经济增长的启动资本几乎全凭过去剩余的积累,超强度的积累加上中国巨大的人口规模,在缺少足够货币的情况下导致分工萎缩、经济内卷化,中国经济曾面临巨大的困难。

边际收益减去边际成本要有正的剩余,这是新古典内生增长理论的微观基础。虽然有学者凭借这一理论获得了诺贝尔经济学奖,但该理论面对现代经济增长已经不再依赖过去剩余的积累这一变化并需要做出相应解释时,则显得无能为力。

在经济增长过程中,会出现两个不同的"缺口",基于对二者的比较,可以得出一个有待检验的重要推论——资本缺口不能用现金流剩余来平衡,反之亦然。笔者称之为"不可替代规则"。

传统增长与现代增长

"不可替代规则"可以帮助我们分辨传统增长(classical growth)与现代增长(modern growth)。两种增长的差别就体现在获取商业模式启动资本的方式上:前者的启动资本主要依靠过去剩余的积累,后者的启动资本则来自将未来收益贴现。受技术和制度等条件的制约,经济发展中的资本长期处于短缺状态。在近代金融制度发明出来之前,经济增长中任何资本性投入,皆来自节衣缩食。①

而经济增长能从传统过渡到现代,主要是缘于金融制度创新。在现代经济增长中,资本来源不再是过去剩余的积累,而是转向预支未来收益。②

对传统增长与现代增长进行区分,我们可以得到两阶段增长模型的第三个公式,式(4-3)表示的是投资阶段的资本来自未来收益的贴现,并可以把前面表示存量和流量的两个公式联系起来。

$$R_{i0} = \sum_{k=1}^{\infty} \delta^k R_{ik} \qquad (4-3)$$

公式中最重要的变量是贴现倍数 δ,本章所界定的贴现倍数是指在资本型增长阶段,为弥补资本缺口而对未来的现金流进行贴现的能力。显然,这一变量具体数值的大小取决于经济主体的信用。在其他条件相同的情况下,信用的好坏决定能贴现过来的资本数量有多少。与贴现倍数相对应的是杠杆,其数值高低直接反映了资本市场的发达程度。R_{ik} 是对未来每一期资产的估值,从式(4-3)中可以看出,在现代增长中,商业模式启动阶段(资本型增长)的资本性收入 R_{i0} 不再依赖其他商业模式剩余的外部

---

① 所以,西方的大教堂动辄需要建几十年、上百年,就是因为教堂建设的资本来源只能是剩余的积累。中国也一样,修路、修桥、修宫殿,包括修长城,都是集腋成裘。当年隋文帝也不是一年就把大兴城(长安)建起来的,而是慢慢将其填满,很多里坊到了唐朝还在种庄稼。新中国成立后,工业的发展也必须依靠工农业产品价格剪刀差进行资本积累。

② 举例来说,现在我们知道投资修建一座桥会很赚钱,但资本需求量巨大;如果是在以前,一个人几乎一辈子也攒不够这么多钱,结果只能是放弃。但在今天,我们先对桥建成后每天可能通行多少辆车、每天可能收入多少钱、多久能收回投资成本做出估算,然后将这座桥的收费权抵押给银行,获得贷款来投资建桥,如此就可以不依靠过去的积累而把桥建起来。

积累,而是来自运营阶段(运营型增长)的运营性收入 $R_永$,这意味着一种商业模式的启动资本完全可以内生。

当前的主流经济学混淆了资本和现金流的经济学含义,无法刻画现代增长与传统增长之间的差异。李嘉图在《政治经济学及赋税原理》一书中针对征税和发行公债这两种政府获取财政收入的手段,提出了著名的"李嘉图等价定理"(Ricardian equivalence theorem)。该定理提出,尽管从表面上看,以税收筹资和以债券筹资方式并不相同,但由于政府发行的任何债券在未来偿还时将表现为征收更高的税,因此,在两种方式下,就人们的可支配财富而言,其效果是等价的。[1] 征税和举债是否等效这一命题,曾激起经济学家极大的研究兴趣,经济学家也进行了持续的质疑和验证。用两阶段增长模型对李嘉图等价定理加以审视,其谬误清晰可见。就政府征收的税而言,这是政府获得的持续的现金流性收入,而政府通过发行债券获得的是一次性资本,两者分别适用于经济发展的不同阶段,不存在替代性。更为重要的是,就一个经济组织而言,经济增长是通过发行债券还是通过征税来筹集启动资本,实际运行起来的效果也会完全不同。经济史中存在的一个典型化事实,即依靠发行债券融资的国家往往会随着负债增加而实现经济增长,反之,那些靠过去的剩余来启动经济的国家最

---

[1] 李嘉图. 政治经济学及赋税原理. 丰俊功,译. 北京:光明日报出版社,2009.

后都走向了财务崩溃。①

加州大学伯克利分校经济学教授 J. 布拉德福德·德隆（J. Bradford Delong）在对人类 250 万年来的财富进行估算的过程中发现，1750 年是人类财富增长的转折点，在此之前世界人均 GDP 长期处于停滞状态；在此之后，世界财富出现陡然增长。②是什么导致了人类从"大停滞"走向"大增长"？笔者认为这是缘于制度创新，即：通过金融革命，人类发明了一种能将未来收益贴现过来，弥补经济增长资本缺口的制度，从此摆脱了依靠过去剩余积累的桎梏，经济增长的原始资本积累阶段得以迅速完成，不同商业模式从传统的序贯增长转入现代的平行增长。

同样的原理还可以用来解释为什么在现代增长过程中会出现金融危机。基于式（4-3），可以认为金融危机的本质是，在资本型增长阶段通过第三个公式贴现过来的资本超过了运营型增长阶段能够创造出的真实现金流。现代增长需要将未来收益贴现，一旦资产形成而现金流性收入难以覆盖运营性支出并偿还此前的

---

① 这一点并不是很好理解。笔者和林毅夫教授曾讨论过这个模型。他质疑说，就算是现代金融，也必须先有别人的"剩余"，然后你才能"借"。如果整个经济缺少剩余，你的信用再好，也不能把还没有形成的财富贴现过来。换句话说，你的债务不能内生，而只能来自别人的"剩余"。笔者思考了很长的时间，试图回答"林毅夫之问"。

经过思考，笔者发现答案就在货币上——只要有足够的货币，就可以对以前由于货币不足被排除在分工之外的沉淀要素（劳动力、土地等）进行动员。所谓虚拟资本，并非"不存在"的资产，而是没办法通过货币进入经济分工的资产。而负债本身就是创造现代货币的工具。所以，现代增长理论必同时伴随一个现代货币理论。关于现代货币理论，可参见：赵燕菁. 货币、信用与房地产：一个基于货币供给的增长假说. 学术月刊，2018，50（09）：56－73。

② 在对世界财富的估算中，德隆将 100 万年以前至今的人类社会财富折算成 2000 年的财富单位。转引自：张维迎. 经济学原理. 西安：西北大学出版社，2015。

债务，两阶段循环无法闭合，商业模式就会破产。① 相对而言，在新古典增长理论中，由于资本来自过去剩余的积累，根本不需要第三个公式。所以，所谓的金融危机，不是资本型增长阶段（$R_{i0} - C_{i0} = S_{i0}$）没有完成，而是运营型（劳动型）增长阶段（$R_\text{运} - C_\text{运} = S_\text{运}$）没有完成，使得第三个公式（$R_{i0} = \sum_{k=1}^{\infty} \delta^k R_\text{运}$）不成立，导致从资本型增长向运营型（劳动型）增长过渡的过程中陷入增长崩溃。

城市化、土地金融与地方政府

两阶段增长模型与"不可替代规则"是帮助我们理解现代增长的一般性理论，将这一理论与具体现实相结合，可以较好地解释中国的城市化与经济增长。

中国的城市化

要解释城市化，首先需要对城市的内涵加以界定。本书前文已论证，有别于目前普遍采用的密度指标，从本质上看，城市应被视为一组公共产品（服务）的集合，其与农村最大的差别在于公共产品（服务）的多少。相对于经营私人产品（服务）的生产者，针对公共产品（服务）表现出的在效用上难以分割、在消费上难以竞争和在收益上难以排他等特点，为降低交易成本，作为

---

① 比如传统方式下的修桥，都是用积攒下来的过去剩余来投资；而现代方式下的修桥，则是使用未来收益做抵押。这样修建起来的桥，如果没足够的车辆通行，修桥所欠的债务无法偿还，投资方就只能破产——桥并没有消失，但没有形成"以货币计价"的足够资产。桥是修建起来了，但并不算成功；只有桥的运营性收入能覆盖投入的资本，才叫真正的成功。

公共产品（服务）的生产者，政府一般采用征税的方式对公共产品（服务）进行收费。①

任何类型企业的运行都必须服从"收入减去成本有正的剩余"的约束条件，经营城市公共产品（服务）的政府同理。根据两阶段增长模型，城市的发展分成两个阶段：以资本型增长为主的投资阶段，即城市化 1.0 阶段；以运营型（劳动型）增长为主的运营阶段，即城市化 2.0 阶段。就一个完整的经济增长而言，城市经营成功应该体现为其在运营阶段获得的收入多于其在投资阶段的支出。

城市化初期的基本特点是基础设施投资巨大。改革开放前，中国的城市化水平长期难以提高的根源在于，依靠传统的经济增长方式，中国始终无法获得足够的启动城市化的资本性收入 R_{i0}。若将中国改革开放以来的城市化进程放到更大的时间跨度内考察，会发现结果与德隆的研究结果类似，我们将发现改革开放以来中国城市化进程几乎呈现为一条陡然上升的曲线。中国的城市化何以出现这种惊人的增长？根据两阶段增长模型，解决了启动城市化的初始资本问题是其中的关键——从采用与其他国家一样的依靠过去剩余积累的传统增长模式②成功转变为依靠未来收益贴现来获取资本的现代增长模式。目前的很多研究认为中国的工业化带动了中国的城市化，无论是从理论来看还是从现实来看，二者都并不互为因果，工业化和城市化都是中国转变经济发展积累模式的结果。一旦摆脱了经济增长的资本约束，二者就会次第启动。

---

① 赵燕菁.城市的制度原型.城市规划，2009，33（10）：9-18.
② 比如改革开放之前中国普遍采用的工农业产品价格剪刀差。

土地市场的建立

解释了中国经济增长的资本来源问题,也就大体上找到了解释中国经济增长奇迹的钥匙。一个经济体从经济系统的角度来看,其经济增长的资本来源无外乎内部和外部两个渠道。资本主义国家传统经济增长的初始资本除了源于外部掠夺,从内部来看主要依靠债市、股市等资本市场。与这些国家不同,时至今日中国的股市、债市等资本市场仍处于相对滞后的状态。历史和国情决定了中国的城市化无法依靠传统的资本市场来解决初始资本不足的问题。

面对特有的困难,中国的地方政府在不经意间采用了土地金融(land finance),由此奠定了中国城市化成功的基础。在这一制度下,在其他国家处于资本市场边缘的房地产市场,在中国却成为主要的资本来源。土地金融制度形成的根源在于著名的"八二宪法"。其中规定:城市土地归国家所有;农村土地归集体所有(除由法律规定属于国家所有的以外)。① 针对这一规定的缺陷,1988年的宪法修正案重新对"城地国有"做出了解释:土地所有权还是公有,不能出让;但土地使用权可以出让,由此城市土地变成可以流通的资本。

改革开放以来,深圳率先启动城市化。深圳面临的首要问题就是资本短缺。由于彼时的中央财力薄弱,深圳只能自筹城市建

---

① 虽然实施计划经济的国家不少,并且土地也都归国家所有,但是像中国这样将土地所有权的归属写到宪法里的国家却没有几个。而且"任何组织或者个人不得侵占、买卖、出租或者以其他形式非法转让土地"这条规定导致土地跟空气一样,成了不能交易的东西,其所有权的归属自然无人关注。

设资金。面对这一难题,深圳从毗邻的香港获得了启发。作为城市化的先行者,香港当局不仅财力雄厚,更为重要的是其财政收入中相当一部分来自土地拍卖!深圳决定效仿香港,通过出让相应年限的土地使用权获得城市化的启动资本。1990年,国家土地管理局出台了《关于出让国有土地使用权审批管理暂行规定》,对不同用地类型的使用权年限加以明确。从此,地方政府开始摆脱长期困扰城市发展的资金短缺问题。①

从未有其他的暂行规定能像这个暂行规定,给中国创造出无与伦比的财富,对国家经济发展起到如此巨大的推动作用。②

到了1998年,亚洲金融危机导致出口剧减。为拉动内需,中央启动全国住房制度改革。城市政府手中原来不能交易变现的巨额财富由此进入资本市场,这相当于几百个城市政府同时首次公开募股(initial public offering,IPO)。中国的土地市场与股票市场具有类似的架构,土地市场中的房地产开发商就像股票市场中的券商,包销政府出让的土地使用权(就像企业发行的股票),然后根据需求开发各种楼盘(就像股票市场中的理财产品),居民(就像股票市场中的股民)通过购买城市政府发行的"城市股

---

① 当时很多城市政府的基础设施建设都是由施工单位垫资,然后政府划拨土地给建筑公司,建筑公司再把地转给其债主。这时,很多土地看似闲置着,但其实一直在并不直接需要的土地使用者手中流通。土地就好像地方政府发行的货币一样,在不同分工参与者手中充当交易媒介。

② 后来,印度觉得中国的特区发展得不错,也想学中国。印度曾经一口气批了564个经济特区,结果发展下来,效果却不如人意。为什么特区建设在中国很成功,在印度却行不通?原因在于,在中国,城市土地是国有的,规划局在图上画一条红线,拿去贷款,银行就接受。政府将这笔贷款用于征地、拆迁、七通一平……卖地(使用权),然后还钱给银行,城市就建起来了。但这样的办法在印度却完全行不通,因为在印度土地是私有的,印度规划局画的那条线无法产生任何价值。

票"分享整个社会财富的增长（房产升值）。在此期间，城市政府若想出售辖区的土地使用权，则需要到处招商，土地市场是买方市场，不同的城市政府（生产者）之间为卖地（使用权）展开竞争，开发商（消费者）则坐享消费者剩余。针对这一制度缺陷，2004年，国土资源部、监察部下发"71号令"，规定自当年8月31日起，必须采取"招拍挂"的方式出让土地使用权。从此，开发商（消费者）之间为买地（使用权）而展开竞争，城市政府（生产者）坐享生产者剩余。至此，中国的房地产市场基本形成，土地在地方政府资本结构中的比重逐年上升。

土地金融制度的确立使中国在极短的时间内摆脱了城市化面临的资本约束，实现了举世瞩目的城市化。目前，大部分城市的基础设施建设标准远远超出了这些城市政府税收收入所能负担的水平。若要探讨产生这一现象的原因，土地金融具有的超乎想象的融资能力，是目前能够给出的最有说服力的解释。

土地金融与资本市场

改革开放四十余年，土地金融不仅为地方政府，而且为整个中国经济发展创造了前所未有的低息融资环境。只有在低息的货币条件下，才有可能出现高杠杆、高泡沫的资本市场。中国经由土地金融，实现了以往只有资本强国才能做到的资本创造，廉价的资本支撑起中国空前规模的城市化建设。

对土地金融的误解不仅体现在对其几乎一边倒的批评，更体现在这一概念常被错误地解读为"土地财政"，而错误解读正是导致一边倒的批评的原因。之所以会将土地金融和"土地财政"混淆，就是由于主流经济学教科书并没有对资本性收入 R_0（未来收益贴现，属于债务和金融）和运营性收入 $R_{流}$（当前真实现金流性收入，属于财政）加以区分。而在两阶段增长模型里，我们很容易判定土地收入属于 $R_{初}$，这是融资（finance）而非收入（revenue）。

在现代经济增长的过程中，世界经济的竞争在很大程度上就是资本的竞争。发达国家之所以发达，概因其很早就拥有了强大的资本生成能力。而现今的中国作为一个发展中国家，在资本生成上居然可以跟最发达的资本大国比拼，这确实是很多人始料不及的。大国之间的竞争，发展到最后都要回归实体经济，而实体经济的发展离不开金融的支持。在二者交错构成的竞争性市场中，首先比拼的是资本的多寡，其次比拼的是建设速度——最先抢占市场、收回成本者胜出。

所谓泡沫，就是对未来现金流的估值，反映在贴现倍数上。在实物商品货币时代，按照格雷欣法则会出现"劣币驱除良币"的现象；但在信用货币时代，则是"高泡沫驱除低泡沫"。美国凭借其制度、军事和文化，在债市、股市等资本市场上，将更多的未来收益贴现，给同样的现金流以更高的估值，创造并支撑全球最大的资本市场泡沫，助力其经济独步全球。现在，中国在美国之外创造了一个具有更高贴现倍数的资本市场，且这个资本市场几乎完全不受美元周期的影响。[1]

---

[1] 中国房价行情网站数据显示，2018年北京楼市的售租比为55年，即买房出租要660个月才能收回成本。而在国际上，房地产的售租比一般界定为17～25年。一线城市里，深圳的房地产售租比高达59年，在上海达到56年，在广州也要53年。在厦门更是高达83年。反观股市，上证指数的滚动市盈率只有11.74倍，远低于道琼斯指数21倍的市盈率以及印度23倍的市盈率。从个股来看，截至2018年11月，有1600多只个股的滚动市盈率低于30倍，占比接近47%。并且，中国的这种情况与当年苏联面临的情况完全不同。

中国巨大的房地产市场和房地产市场的高贴现倍数,使美国意识到中国已经成为其最强劲的竞争者,这是导致中美博弈的深层次原因之一。

中国政府的市场角色

关于政府的市场角色,长期以来就是经济学各种理论争鸣的焦点,也是中美贸易谈判中美方关注的"结构性问题"的核心。与传统上依赖股市、债市等市场融资的发达国家完全不同,中国资本市场的力量主要源于土地和楼市。正是由于资本市场的主体不同(股市的主体是企业,土地市场的主体是政府),中国必须通过"有为的政府",才能让资本进入市场。这并不是由于中国的国有企业比民营企业效率高,而是因为在土地金融制度下,前者拥有更好的信用。针对国有企业改革,大部分争论是从效率的角度出发来讨论国有企业和民营企业究竟孰强孰弱,但事实上,如果脱离资本创造这一视角,这样的讨论并没有多大意义。

在以企业信用为支撑的股市和债市等资本市场,中国的发展同发达国家相比长期处于落后状态,这导致高风险、长周期但高收益的产业根本无法获得昂贵的资本。但在以政府信用为支撑的房地产市场,由于地方政府是这一市场中的核心"企业",其快速发展在很短的时间内创造了大量的"廉价"资本。在中国目前的资本结构下,面对巨额的高风险投资,只有"廉价"的政府资本才能承受巨大的风险,因此中国经济只有政府"重资产"——"国进",民营企业才可能"轻资产"——"民进"。也即在政府投资成功之后,民营经济的"轻资产"再嫁接到政府的"重资产"上，因此政府的公共投资是企业私人投资的基础。①

从这一视角出发，"国进民退""国富民穷"等问题，其实都是伪问题。

这也就很好地解释了中美贸易摩擦中，美国一定要将中国划分为"非市场经济国家"以及针对"中国制造2025"的原因。中国"政府＋土地金融"的制度设计挑战了欧美"私企＋股票债券"的市场模式，中国的资本市场（以房地产市场为主）挑战了美国的资本市场（以股票市场为主），但无论是政治制度还是城市化所处的阶段，都决定了美国无法效仿中国的做法，因此美国只能依靠所谓市场经济国家的"准则"迫使中国"自断双臂"，放弃自己的"有形之手"。②

城市化转型对策建议

回首过去，改革开放四十余年中国经济的成功非同凡响，甚至远超自我预期。展望未来，我们需要回答的是：过去四十余年的成功经验可以继续复制吗？显而易见，一把钥匙无法打开两扇不同的门。无论是从需求侧的中国人口数量变化来看，还是从供给侧的中国城市建成区的增长来看，都可以得出相同的结论：中

---

① 无论是芯片的研发还是高铁的建设，都是同样的道理。我们可以把民营经济比作各种各样的电器，民营企业无须自建煤矿、电厂和电网，只需插到政府这个"插座"上，就可以轻资产运营。

② 有人提出异议，认为外国政府也进行补贴。确实，发达国家没少扶持和补贴本国产业，只是它们的地方政府缺少中国地方政府这样的资本生成能力，无法在资本上压倒中国。发达国家的地方政府和中国的地方政府完全是两回事。发达国家地方政府的财政收入几乎完全靠税收支撑，其资本生成能力远远低于中国地方政府。它们可能补贴一些制造业企业，但补贴的规模完全不能与中国地方政府相匹敌。

国城市的高速增长时代渐近尾声。在从"高速度增长"转向"高质量发展"之后,在城市的运营阶段,中国经济将面对完全不同的问题。

如果以常住人口这样的统计口径来衡量,2015年中国的城市化水平为56.1%,城市化过半不多似乎意味着中国的城市化还有较大的投资和增长空间。但这其实是由于采用常住人口这样的统计口径进行城市化水平统计带来的"衡量偏误"。从更能反映城市化真实水平的城市建成区面积来看,2015年中国城市建成区面积已经达到51 948平方千米,如果加上矿区建设用地,总量高达10万平方千米①,可以"装进"全国约77%的城市人口。假设城市人均用地水平是不变的,建成区足以容纳约12亿城市人口。② 按照描述城市化规律的诺瑟姆曲线,城市化率达到70%~80%是城市化的一个转折点,在达到这一水平之后,城市化进程会放缓。由于采用"土地金融"的办法,这一制度的高效率使得中国的空间城市化出现一个巨大的"提前量",这意味着中国的城市化也因此将在相较于发达国家更低的人口城市化水平上就开始转型。

在城市化的资本型增长阶段,政府工作的重点在于解决资本缺口问题,由于资本性支出会随城市化水平的提高而下降,因此一旦进入城市化的运营阶段,随着运营性支出增加,资本缺口困难将会被现金流缺口困难所取代,如图4-2所示。在城市化的1.0阶段,增加固定资产投资是"好的"增长,说明城市政府的

---

① 陈政高. 建设和谐宜居城市,开创城市现代化建设新局面. 中国政府网, 2016-05-06.

② 如果按约13.6亿的总人口计算,则城市化水平已达到88%。

信用好，并能借此融资；但进入城市化2.0阶段，城市所需的固定资产投资已经基本完成。① 此时再继续增加固定资产投资，通常只能带来"坏的"增长。从长期来看，由GDP增长结构是"好"还是"坏"最终会影响经济增长绩效。

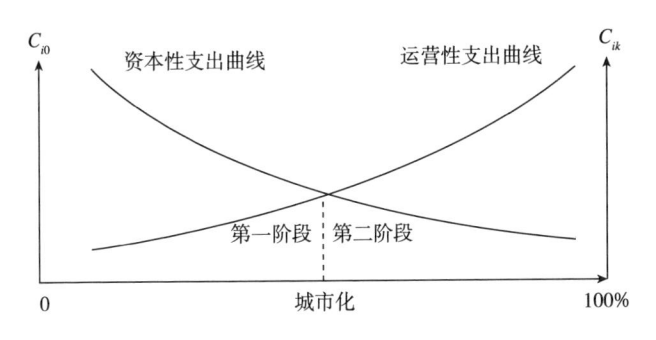

图4-2 转型经济的成本结构

如果说中国的城市经济正从资本型增长转向运营型增长这一判断成立，那么就可以得到一个可供验证的经济学假说：在达到一定的资本积累水平之后，城市的"现金流-资本"结构对城市经济增长的影响将会发生突变。在达到该资本积累水平之前，城市固定资本相对于城市现金流越高，城市经济增长绩效越好；越过该积累水平后，城市经济增长则主要依靠城市现金流的相对快速提升。

结语

需要指出的是，在从"高速度"向"高质量"转型的过程中，

---

① 这就像一个工厂，在厂房建好和设备装好后，再建更多的厂房并不会带来实际的增长。城市建设也是相同的道理。

出现危机的概率较大。这是因为，所有商业模式同时从第一阶段转向第二阶段，必定意味着固定资产投资的减少，而这会带来一个传统经济学容易忽视的副作用——货币供给不足。这个副作用带给经济的破坏性，要远超转型带给经济的好处。在现实中，合理的微观经济决策的合成效果，会导致不合意的宏观结果。

导致微观行为"合成谬误"的原因，就是货币。分工是所有经济的基础。而"市场—商品"经济必须使用货币分工。在中国历史上市场经济长期发育不良，一个根本的原因就是货币不足，所以必须依赖出口顺差换取分工所必需的货币。而发达国家，无一例外都是通过货币的信用化，摆脱了流动性不足的约束。改革开放的成功，特别是过去十几年的经济增长，很大程度上是因为土地金融创造的巨大信用为货币从商品货币转向信用货币创造了条件。信贷成为货币生成的重要途径。

在城市化需要巨大融资的资本型增长阶段，因为有足够的信用，贷款需求不成问题。但当城市化从资本型增长转向运营型增长时，贷款需求迅速减少，如果此时家庭、企业和政府三个部门同时"去杠杆"，银行资产负债收缩，结果就是货币供给的减少。如果再加上国际局势动荡导致的顺差生成货币减少正好与"去杠杆"同步，经济就会面临更大的萎缩风险。

在中国历史乃至世界历史上，货币不足导致的社会动荡屡见不鲜。这才是城市化转型的最大风险。

对于现代经济而言，转型成功的前提，就是要解决伴随转型而来的流动性不足问题。这就意味着必须有另外新的商业模式开始进行资本型增长。唯有如此，才可以创造足够的贷款需求。如果市场不能在短期内解决城市化转型导致的融资需求消失问题，政府就要直接创造贷款需求。2008年金融危机后，中国政府采取了积极的财政政策；美国政府对企业实施直接救助[①]；日本政府则是通过购买国债向市场注入流动性，救助股市、债市。实践证明这些做法是有效的。

同世界发达国家相比，中国还有大量没有卷入商品经济的经济要素，还有不少没有进入城市的人口，而已经进入城市的人口商品化程度也不高，这意味着积极的财政政策即使从微观上看效益不好，也会因为货币增长带来分工水平的提高而获益。这些都给中国的城市化转型带来了额外的空间。

附录

城市发展的衰退与企业经营的失败在原理上是相同的。能够获得资本，完成市政建设的城市很多；但能创造足够的收益，持续运转下去的城市却很少。当城市化转入运营阶段，问题的焦点不再是资本的多少，而是经常性收入是否足以覆盖一般性公共服务支出。如果无法获得足够的现金流性收入，之前所有的投资就会转变为无法偿还的债务。[②]

从投资者的角度看，进入转型阶段是否投资一个城市，就不应再看这个城市GDP的高低，而是要考察这个城市的现金流（税收）是否在增长。因为前一指标包含大量的固定资产投资，

[①] 美国对外宣称的和它自己做的完全是两回事。例如1997年的亚洲金融危机，国际货币基金组织（IMF）实施救助的条件，就是政府借的钱不能用来救助企业，而只能用来还债。可当2008年金融危机发生时，美国政府的第一个反应就是直接救助企业。

[②] 正如能盖起厂房的企业很多，但能赚钱的企业没几家。城市的道理相同，能建设起来的城市很多，但能通过运营最终获利的却很少。

如果固定资产投资仍处于高位,说明这个城市仍处于投资建设阶段,还未进入运营收益阶段。从"高速度增长"转向"高质量发展"需要新的经济度量标准,不是所有的城市都有成长性,投资不同的城市可能面临不同的风险。下面以三组不同城市或经济特区的对比为例来说明投资能否获利,城市选择变得非常重要。

以 GDP 和税收两种标准来对比 2015 年沈阳、东莞、泉州、福州和厦门五个城市的经济发展情况,如附表 4-1 和附表 4-2 所示。按照前一指标,不同城市从高到低的排序是沈阳、东莞、泉州、福州、厦门。其中沈阳市 2015 年的 GDP 总量为 7 280 亿元,是厦门市 GDP 总量 3 565 亿元的两倍多。但如果按照后一指标,个别城市的排序就会逆转,厦门市 2015 年的税收是 495 亿元,跃居第一位,然后是沈阳、福州、东莞、泉州。当城市发展进入运营阶段时,投资的区位选择应以税收而非 GDP 总量为标准。

附表 4-1 五个城市 GDP 的比较(2015 年)

排名	城市	GDP(亿元)
1	沈阳	7 280
2	东莞	6 275
3	泉州	6 150
4	福州	5 618
5	厦门	3 565

资料来源:《中国城市统计年鉴-2016》。

附表 4-2 五个城市税收的比较(2015 年)

排名	城市	税收(亿元)
1	厦门	495
2	沈阳	492
3	福州	441
4	东莞	400
5	泉州	307

资料来源:同附表 4-1。

以 GDP 和公共预算收入两种标准对广州和深圳两个城市进行比较,会得出同样的结论,如附表 4-3 所示。长期以来,广州的 GDP

一直高于深圳,但比较两个城市近十年的一般公共预算收入,会发现深圳的高于广州的。以 2017 年为例,深圳的一般公共预算收入达到 3 332.13 亿元,而广州的只有 1 533.06 亿元,这两个城市的 GDP 规模却相差无几。因此,当一个城市进入城市化转型阶段时,现金流性收入是一个远比经济总量更重要的经济指标。

附表 4-3　广州和深圳 GDP 与一般公共预算收入的比较(2017 年)

城市	GDP(亿元)	一般公共预算收入(亿元)
广州	20 513.15	1 533.06
深圳	22 438.39	3 332.13

资料来源:《2017 年广州市国民经济和社会发展统计公报》和《深圳市 2017 年国民经济和社会发展统计公报》。

用 2011—2016 年一般公共预算收入与固定资产投资的比值对滨海新区、深圳特区和浦东新区三个区做一个比较,也可以得出类似的结论。这个指标中,分母代表投资,分子代表收益,这个指标越大说明相应区域"挣钱"越多,越小说明相应区域"花钱"越多。对比的结果如附图 4-1 所示,比值最低的是滨海新区,其经济规模和浦东新区差不多,却仍处于投资阶段;比值最高的是深圳特区,其已经基本进入收益阶段。虽然这三个区的 GDP 差不多,但经济绩效完全不同。

同样的道理,我们可以通过 2011—2016 年固定资产投资占 GDP 的比重来对上述三个区进行比较,结果如附图 4-2 所示。从图中可以看出,滨海新区的固定资产投资占比最高;深圳特区的排位较低,说明在深圳的经济增长中,固定资产投资所占的比重已经开始迅速减小。

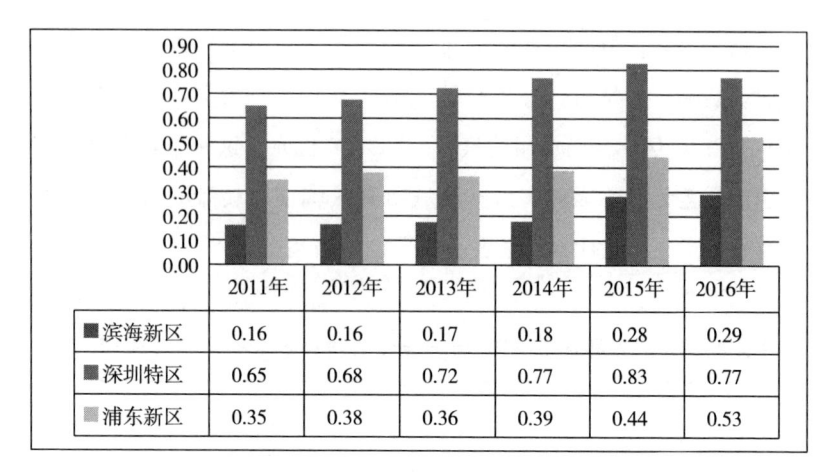

	2011年	2012年	2013年	2014年	2015年	2016年
滨海新区	0.16	0.16	0.17	0.18	0.28	0.29
深圳特区	0.65	0.68	0.72	0.77	0.83	0.77
浦东新区	0.35	0.38	0.36	0.39	0.44	0.53

附图 4-1　滨海新区、深圳特区和浦东新区一般公共预算收入与固定资产投资的比值之比较

资料来源：2011—2016年的《天津滨海新区统计年鉴》、《深圳统计年鉴》和《上海浦东新区统计年鉴》。

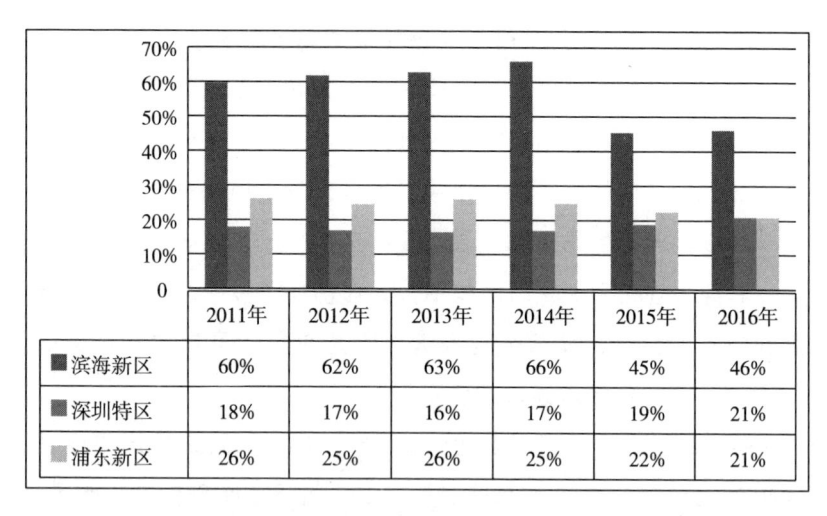

	2011年	2012年	2013年	2014年	2015年	2016年
滨海新区	60%	62%	63%	66%	45%	46%
深圳特区	18%	17%	16%	17%	19%	21%
浦东新区	26%	25%	26%	25%	22%	21%

附图 4-2　滨海新区、深圳特区和浦东新区固定资产投资占 GDP 的比重之比较

资料来源：2011—2016年的《天津滨海新区统计年鉴》、《深圳统计年鉴》和《上海浦东新区统计年鉴》。

第五章
化危为机*
——危机增长的独特机会

在传统的经济学范式里，危机和增长是一对对立的范畴，就如何化危为机而言，相关研究在经济学中基本还处于空白阶段。在现实中，同样是面对危机，有的经济体一落千丈，再难翻身；有的经济体在危机过后，不仅满血复活，还可以再上一个台阶。本章属于一种"概念研究"，希望借助货币理论，探索将危机视作一种独特的增长机会，通过对各国在历史上应对危机成败的分析，为可能出现的问题做好应对策略的储备。

---

* 本章原文最早以《启动危机增长的一个功能性货币政策建议》为题发表在微信公众号上。随后，被《文化纵横》整理，以《危机当口，中国经济如何避免误入歧途？》为题在 2020 年 4 月 5 日发布于《文化纵横》新媒体上。

引言

2019年1月（当时，中国与美国围绕贸易摩擦的谈判正处于关键阶段），笔者在国盛证券年会上提出中国要重新评价10年前"四万亿"的作用，经济要为退出"新常态"（"三去一降一补"），开启危机应对模式（"新四万亿"）做好准备。但那时大部分观点还是认为中国经济仍处于常态增长阶段，主张通过"出清"恢复资产负债表的声音仍是主流。

2020年1月，新冠肺炎疫情全面暴发。到2020年3月4日中共中央政治局常务委员会召开会议，经济形势已与2019年底中央经济工作会议召开时完全不同。3月4日会上提出的"新基建"预示着中国的宏观经济开始快速换挡，转入危机应对模式。

常态增长与危机增长

常态增长与危机增长最大的不同就是，常规状态下的要素（资本、劳动、土地）处于活动和短缺状态，危机状态下的要素则处于闲置和过剩状态。通过制度设计把闲置的经济要素重新动员起来，投向常规状态下难以吸引要素进入的领域，是危机增长的主要模式。

如果说常态增长的特征是以私人部门的运营型增长为主，那么危机增长的特征就是以公共部门的资本型增长为主，例如"新基建"。不过比"新基建"更准确的提法应当是"资本深化"或"公共服务深化"。危机增长为什么要选择公共服务部门？这就涉及公共服务的特征及公共服务在经济分工中扮演的角色。

公共服务

一提到"公共服务",很多人就会将其等同于"公共福利",这其实是大众对公共服务供给模式的一种误解。经济学按照研究对象划分,可以分为私人部门经济学和公共部门经济学两大类。就私人部门的经济活动而言,随着经济发展和收入水平提高,会涌现出大量共同的消费需求(比如电器、汽车、通信设备)和投资需求(比如教育、医疗、住房)。公共服务具有"集体消费"和"重资产"的特征,由分散的私人部门提供的话成本很高,由大家协商集体提供的话又很难达成一致性行动。这就需要将这部分"重资产"从私人部门剥离出来,通过一个特殊的经济组织——政府——统一提供。换句话说,就是通过政府负担"重资产"投入,实现私人部门的"轻资产"运营。个体的自由度是建立在发达的公共服务基础上的。

不同经济体的公共服务深度不同——有的公共服务提供到发电,私人部门需要自己接入电厂;有的公共服务可以提供到终端,私人部门只需将电器接入电源插座。生产如此,消费也是如此,教育、医疗、养老等服务都存在不同程度的深度差异。你可以把公共服务和私人部门的关系想象为"道路"和"汽车"或者"网络"与"电商"的关系:一种经济的发达与否,与其公共服务的深度相关——公共服务的深度越大,私人部门生产和消费所需的固定成本就越低,经济也就越发达、越有竞争力(在这个意义上,我们可以把"公共服务深化"等同于"高质量发展")。

货币制约

正是由于公共服务集中了全社会资产最重的部分〔史正富称

之为基础性战略资产（basic strategy asset，BSA）］，高投资、长周期和低直接回报就是其固有特征，这也决定了在常态增长阶段，资本很难流入公共服务领域。经济进入危机增长阶段的一个显著特征就是生产能力（机器、劳动力）大量闲置，这就使得政府可以大幅降低公共资产成本。也正因如此，危机增长为全社会"公共服务深化"提供了独特的机会。

那么，启动危机增长的条件是什么？

第一，要有足够的基础性战略资产需求。如果一种经济的"公共服务深化"已经完成（比如所谓的"发达经济体"），政府就会面临无项目可投的局面。重复升级现有公共服务，只会加重债务，不会带来增长（典型的例子就是日本泡沫破裂后的大规模公共投资）。反之，基础性战略资产缺口越大，危机增长的潜力也就越大。中国和发达国家基础性战略资产的人均公共服务落差，决定了中国危机增长隐藏着巨大的潜力。

第二，要有足够的资本供给。如果一个国家不能创造足够的"资本"（比如所谓的"不发达经济体"），无论有多少闲置、过剩的生产要素，都无法将其动员起来（事实上，很多闲置资源之所以退出市场，本身就是因为私人部门的资产负债表崩溃，从而导致资本－货币供给系统处于休克状态）。因此，转向危机增长的前提，就是要绕过已经坍塌的资本废墟，重建新的资本渠道——通过公共服务领域向市场大规模注入流动性。只要市场上有充足的流动性，那些搁浅的资产就会重新漂浮起来。

流动性危机导致经济危机

真正导致经济危机的原因，是随内外投资需求下降带来资产负债表缩表并发的流动性枯竭。只有抑制这个更危险的"并发症",经济才有可能逐渐恢复到常态增长。

流动性不足加剧危机

"去杠杆",加上中美贸易摩擦和新冠病毒全球扩散,使得2020年中国投资需求急剧下降。在投资急剧下降的情况下,如果以信贷为对象的"便利发行"(facilitating issuance)和以顺差为基础的"外汇发行"同步收窄,就有可能在短期内因基础货币供给不足引发通货紧缩这一更加危险的并发症。

货币就好比市场上的氧气,一旦流动性枯竭,反映到微观层面,就是企业和家庭部门资金链断裂,反映到宏观层面,就是经济被拖入系统性风险(所有市场主体都选择持有货币而不消费)。因此,货币政策必须迅速切换到危机增长模式,通过反周期操作,快速向市场补充流动性,防止市场由于缺氧而窒息。但这样做的前提,首先是现有的货币供给系统可以把流动性快速注入缺氧的实体经济。

货币政策失灵危机

资本是现代经济中最重要的生产要素。按照经济增长对资本的需求状况,任何经济都可以分为资本供不应求和资本供过于求两种状态。在投资需求充沛的增长周期,资本供不应求,央行可以降息、降准,通过商业银行向市场投放基础货币;而一旦投资需求不足,资本供过于求,通过银行通道供给的货币就不会进入实体经济。继续增加基础货币,带来的不是资产数量的增加(固定资产投资),而是存量资产(股票、房地产)价格的上升。央行释放再多的流动性,也只会堆积在资本市场里("流动性陷阱")。

这就好比如果新冠病毒把经济的"肺"也感染了，货币政策释放出来的"氧气"再多，也无法通过常规的路径输送到需要流动性的实体经济。因此，在危机下经济的最大难题，不是货币供给是否应当宽松，而是怎样将货币注入实体经济。

错误的工具加重危机

在现代经济中，社会总财富是虚拟财富和真实财富的加总，用公式表示即 $W = f(R_{i0}, R_{ik})$，其中 W 为社会总财富，R_{i0} 为虚拟财富，R_{ik} 为真实财富。虚拟财富是未来真实财富的贴现，即 $R_{i0} = \sum_{k=1}^{n} \delta^k S_{ik}$，其中 δ 为贴现倍数，S_{ik} 为经济增长过程中的运营性（现金流性）剩余。虚拟财富与真实财富之间的关系意味着降息将导致经济中虚拟财富（资本）的估值提高，占社会总财富的比重提高，而真实财富（劳动）的估值下降，占社会总财富的比重下降。二者的比值一旦越过临界点，资本形态财富的增长速度就会超过实体形态财富的增长速度，实体经济的货币就会被逆向吸入资本市场，从而进一步推高资本的价格。

随之而来的是股价和房价飙升。一旦虚高的资本估值得不到未来真实财富的支持，泡沫就会破灭，并引发更大的流动性危机。理论上，货币体系乃是不同流动性组合的信用。一旦位于顶端的高流动性货币不再被信任，取而代之的次级货币会导致社会商品分工水平下降。危机下的货币宽松，不过是饮鸩止渴。因此，危机货币供给的核心不是数量而是方式——通过什么渠道注入流动性比注入多少流动性更重要。

从常态货币转为危机货币

在债务不变的条件下,修复资产负债表有两种方式:一种是提高资产的估值;另一种是增加资产的数量。前者是常态增长阶段的主要工具,后者则适用于危机增长阶段。由于这两种方式互不兼容,就需要建立新的危机货币供给渠道。

危机货币供给渠道

在常态货币供给渠道失灵的危机状态下,央行可绕过商业银行系统,通过直接对基础性战略资产(BSA)进行投资向市场投放货币。史正富先生将这个新的货币发行通道称为"长期资本注资便利"(long-term capital funding facility)渠道。其原理是通过资产规模(而不是资产价格)扩张资产负债表。办法就是通过公共部门的资本型投入,将新增货币注入市场,形成央行基础货币发行的双轨制。功能货币的特点是,货币不是通过虚拟经济(银行和资本市场)进入实体经济,而是通过实体经济进入虚拟经济(银行通过基础性战略资产项目的资本性储蓄获得高能货币)。两种货币供给渠道的比较见图 5-1。

危机货币发行机构

为什么不能采用中央财政直接发债这个现成的货币投放渠道?央行通过投资基础性战略资产生成基础货币与通过财政发债生成基础货币最大的不同,就是前者的抵押品是投资的基础性战略资产市值,而后者的抵押品是政府的未来税收。前者直接创造货币需求,后者本质上还是需要得到资本市场的支持。由于在危

```
                危机货币供给渠道
                长期资本注资便利
                       ⇓
      基础性战略资产        基础性战略资产储蓄
   ┌─────────┐  ┌─────────┐  ┌─────────┐
   │ 中央银行 │→│ 实体经济 │→│ 虚拟经济 │
   └─────────┘  └─────────┘  └─────────┘

           基准利率           商业利率
   ┌─────────┐  ┌─────────┐  ┌─────────┐
   │ 中央银行 │→│ 虚拟经济 │→│ 实体经济 │
   └─────────┘  └─────────┘  └─────────┘
           利息               利息
                       ⇑
                常态货币供给渠道
                中短期常备信贷便利
```

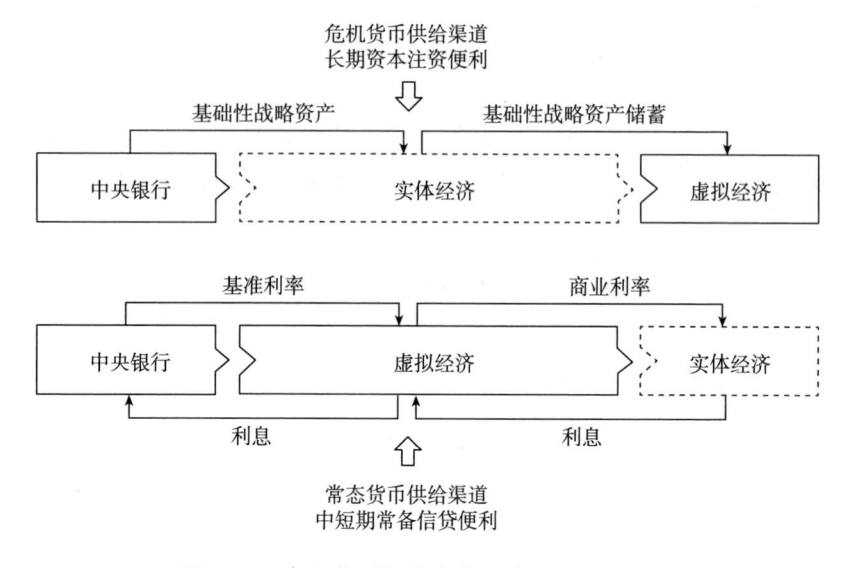

图 5-1 危机货币与常态货币的供给渠道比较

机中政府的税收能力下降，通过财政赤字发债将会导致赤字扩大，融资成本也会更高。而基于新增基础性战略资产的货币，无须以税收增加作为信用的基础。只要成本足够低，即使是较低的回报，也一样可以生成正的信用。

现代货币理论的一个假设，就是主权货币是由税收所驱动的。这就意味着财政赤字将会约束政府发债的规模。央行在危机状态下通过将基础性战略资产做抵押发行货币融资，可以摆脱政府财政赤字的约束，极大地扩大举债的空间。

在现代政府职能分工中，财政主要是负责运营型增长，体现的是现金流的收和支；央行主要是负责资本型增长，体现的是资本的收和支。将 BSA 投资从财政收支表划至央行资产负债表，更符合两者所承担的职能。由于这一功能是传统央行所没有的，因此需要成立专门的国家"自然资源银行"。其职能是：（1）代表央行收购、持有、转让国家基础性战略资产；（2）负责资产的保值、增值；（3）建立相应的基础性战略资产交易市场，对自身代央行持有的基础性战略资产进行定价。

例如，建立国家建设用地指标交易市场，使得央行持有的新增或改进的耕地可以在市场上定价；类似地，可以建立水资源交易市场、大气质量交易市场等。通过这样的措施为以基础性战略资产为信用的货币提供流动性。

危机货币适时退出

危机货币是经济衰退周期中传统的货币供给渠道失灵的替代产物。其作用就像是对于肠胃出现紊乱的病人，需要从静脉快速注入药物和营养一样，一旦经济恢复健康（融资需求大于资本供给），危机货币就要逐渐收缩乃至退出，基础性战略资产投资也要从短期项目转向超长期项目。商业银行系统通过市场价格机制为货币寻找最优的投资对象（项目），商业银行再次成为货币主要的发行渠道。

判断经济是否恢复的一个关键指标，就是失业率。央行的货币政策要从盯住通货膨胀率转向盯住失业率。一旦劳动力实现就业，危机增长的条件（要素闲置）将不复存在，增长也要随之切换回常态增长。需要指出的是，危机货币发行不必依照教科书所描述的收回等量货币"防通货膨胀"的做法。"危机"本身就意味着流动性不足。在传统市场收回信用，退还各银行相应的抵押资产包，将会导致通过市场渠道供应的货币减少，引发资产价格下降和债务违约，也不利于基础性战略资产的市场估值。

基础性战略资产项目的发现与策划

常态项目的选择,优先考虑的是具有最高的收益;危机项目的选择,优先考虑的是具有最低的成本。显然,危机中什么要素过剩最多,使用该要素的投资就最省。闲置要素的规模,决定了危机增长的潜在增长率。

项目选择

基础性战略资产建设并不是简单的"铁公基",其投向应当是那些商业资本难以进入的长周期、低回报资产。决定危机增长的核心要素,就是过剩劳动力:(1)失业人口的规模,决定了基础性战略资产项目的规模——失业人口的规模越大,基础性战略资产项目的规模就越大;(2)失业人口的结构,决定了基础性战略资产项目的选择——如果低技术劳动力过剩,需要高技术劳动力的基础性战略资产项目时,并不会启动危机增长。

鉴于基础性战略资产项目规模巨大,技术超级复杂,前期研究论证耗费时日,在紧急状态下,应优先选择那些前期准备时间短、可以迅速"冷启动"的项目,特别是那些能够大量使用闲置产能、库存和过剩劳动力的项目(那些需要占用大量短缺资源的项目,反而可能会恶化正常经营的企业)。

可供选择的基础性战略资产项目包括(但不限于):

(1)国家保障房计划。这一计划可以大量使用农民工,解决危机状态下的失业问题;大量消耗钢材、水泥等材料,解决危机状态下的"过剩产能"问题。更为主要的是,在中国现行财税制度下,商品房是城市公共服务的主要载体,大部分城市公共服务都需要直接或间接通过住房付费来提供。这使得住房成为家庭部门最重要的资产。通过"先租后售""共有产权"等模式帮助新市民完成家庭重资产的配置,是使无房家庭跨入中产阶级最关键的一步,进而巩固全面脱贫成果和小康社会建设成果。

(2)国家海洋开发计划。大规模订购深海远洋船队并出租给渔民,一方面可以帮助订单不足、产能过剩的钢铁和造船企业渡过难关,另一方面可以将海洋资源转化为新的国家资产。海洋是世界"最后的公域",利用海洋的深度(而不是圈定海洋的范围),决定了海洋在国家资产中的价值。现代气象、定位、通信、能源技术,为国家向深海投送公共服务提供了前所未有的可能。

(3)国家百万程序员/职业护士培训计划。这一计划可以缓解危机状态下毕业生的就业压力,为未来的AI和康养产业储蓄战略人才。长期以来,中国家庭是投资人力资本最主要的部门,而家庭资本不足也约束了现代经济对新劳动力急剧增长的需求。如果国家将人力资本培育纳入基础性战略资产项目,将会为未来制造业和服务业的发展提供急需的劳动力资产。因此,要置换家庭资本,满足现代经济对新劳动力急剧增长的需求。

(4)全球贸易冲突是帮助中国发现和筛选基础性战略资产项目最好的工具。国外对中国封锁的所有技术和产品,都应自动成为有效的基础性战略资产项目。央行可以通过各种"大基金",向这些项目注入资本。包括:

1)通过立法剥夺《瓦森纳协定》以及任何禁止向中国输出技术协议在中国市场上的专利保护安排;

2)制订国家关键性工业技术全球招标计划,通过对"卡脖子"技术进行"悬赏",越过前期论证和技术准备阶段,吸引已经完成前期技术但缺少资本的民间人才甚至国际人才加入基础性战略资产项目；

3）选择最成功的风险投资机构跟投项目，降低识别技术的成本和风险。

资产运营

通过收购债务及其对应的资产，有助于修复地方政府、企业、家庭部门的资产负债表，不仅可以从根本上防止违约带来的系统性危机，而且可以快速向市场注入流动性。地方政府是固定资产投资的主要发起者，地方政府资产负债表的修复，有助于恢复市场融资需求，为重启社融、恢复供给货币的常规渠道创造条件。而通过公共服务深化改造这些资产，正是基础性战略资产项目的特征。央行可以通过升级改造，给这些次级资产（多数为基础性战略资产）重新定价。例如：

（1）收购地方政府资不抵债的公路系统后，建设可以随时获取不同车辆使用道路系统的信息（距离、路段、时间……）监控系统，以及能够支持自动驾驶的高精地图系统，通过对流量精准收费，将道路改造为能带来稳定现金流的高价值资产。不仅是公路，理论上所有的公共资产（铁路、电网、供水网格、通信等系统）都可以通过此路径实现大规模资本深化（而不是建设更多的无效资产）。

（2）央行也可以启动"先租后售"计划，通过收购开发商烂尾/违章项目，将其纳入基础性战略资产计划，将住房低成本租给无房的新就业者，一定年限后出售，收回资本。收购居民断供的物业，将其纳入"共有产权"计划，居民回购或交易时，收回资本。协助家庭部门完成城市化阶段的重资产化。

（3）在农户自愿的基础上，大规模收购弃耕的耕地，通过完善耕作基础设施，建立农村基础公共服务（借鉴东亚地区的农业合作组织），建立从播种到收割、从融资到销售的一系列服务，使自耕农成为轻资产的国家专业农户。

（4）促进全世界接受以人民币定价的债务和资产。仿效二战"租借法案"和战后"马歇尔计划"，为世界各国提供抗疫帮助。通过人民币债务国际化驱动人民币国际化，为极端条件下的国际贸易结算工具提前准备另一个"备胎"。

功能货币的边界

同任何宏观政策一样，功能货币有其适用边界。政府表面上"可以支付任何它想要的服务和产品"，但只有在常态货币供给渠道失灵的危机状态下，功能货币才能发挥作用。一旦闲置的资产被充分动员，剩余要素将不再存在，功能货币就要让位于常态货币。

边界一：劳动力

危机经济的主要特征就是高失业率，而这又恰恰是危机条件下实现高增长最主要的潜力所在。劳动力是国家最大的基础性战略资产。1945年，美国出台了《完全就业法案》，这个法案的第一句话是这样的："所有的美国人，天生就有获得工作的权利，美国政府有义务确保每个人都有工作；如果私企做不到，政府需要直接创造工作岗位。"这是危机增长目标与常态增长目标最大的差异。

除了通过发现和策划基础性战略资产项目带来就业机会，央行还应该尽快建立国家"最终雇佣者"（employer of last resort, ELR）计划，以最低工资和基本社保（the basic public sector wage, BPSW）为就业条件，大规模提供公共就业岗位，将货币尽快滴灌到市场中最微观的细胞——家庭上。政府为就业兜底还可以和企业救助相结合，通过将我国劳动合同法中企业对员工义务的社会化，恢复劳动力市场的弹性，减轻企业困难时期的压力。就业岗位计划可以由政府提出，也可以由劳动力本人提出后经劳动部门审核。

相关做法的一个成功先例，就是陈全国在新疆大规模雇用当地劳动力进入安保领域的实践，借此一举消除了失业这一恐怖主义滋生的土壤（相当于政府通过提供就业机会，购买"稳定"这一公共产品），为新疆经济的恢复创造了基本条件，效果非常显著（对比车臣给俄罗斯带来的损失）。类似地，如果软件行业出现衰退，国家就可以启动百亿级的教材"数字—可视化"国家工程招标，直接雇用失业程序员。国家"最终雇佣者"计划的边界，就是充分就业。执行危机货币的央行要把常规盯住通货膨胀率的政策转向盯住失业率。一旦就业开始恢复，"最终雇佣者"计划就要退出。

边界二：主权货币

危机货币的本质类似于"现代货币理论"（modern monetary theory, MMT）主张的功能财政（functional fiscal）。[①]其前提是央

[①] 雷. 现代货币理论. 张慧玉，王佳楠，马爽，译. 北京：中信出版社，2017.

行拥有货币创造"主权"。作为一种与美元挂钩的货币，人民币显然算不上完全的主权货币。同美联储相比，中国人民银行执行功能货币的空间要小得多。

2020年3月1日，在中国人民银行的资产负债表中，最大的两个科目分别是：外汇资产21.2万亿元，占总资产的比重为58%；对商业银行的应收债权10.8万亿元，占总资产的比重为30%。二者合计，占央行总资产的比重近90%。由此可以看出，外汇是支撑央行货币信用的主要基础，这也是人民币采用联系汇率的主要原因。而若大规模执行危机货币，将意味着人民币信用基础的改变。不解决汇率形成机制问题，就有可能出现套利风险。在确定功能货币规模时，要时刻明白汇率所决定的边界，不能简单照抄美联储（甚至日本、欧洲央行）的"作业"。

中国参与全球分工，始自与世界主流货币（美元）挂钩（1994年汇率改革）。在全球陷入危机的时刻，也存在着世界核心货币崩溃的可能（包括核心货币操纵国可能定向对中国进行金融阻断）。此时，坚持与世界主流货币挂钩的风险可能更大，中国人民银行必须考虑在危机状态下提供国际贸易结算工具的"备胎"。这就为中国汇率改革提供了难得的机会（国际贸易本币结算）。在20世纪，全球金本位国家经济大萧条，中国由于采用银本位，不仅躲过一劫，而且一枝独秀，逆势增长，创造了民国"黄金十年"。这一经验表明，与外币脱钩（浮动汇率）未必有想象的那么可怕。信用时代的"白银"就是以人民币计价的债务。

边界三：绑定资产

需要指出的是，尽管本章大量借鉴了MMT的一些概念和术语，但两者的底层概念却是完全不同的。在笔者看来，所有货币（债务）必须有对应的资产，而不是像 MMT 的代表人物 L. 兰德尔·雷（L. Randall Wray）所说的那样，央行仅需要"敲击键盘"，就可以"购买想要的任何东西"[①]。政府的所有负债，不能用于弥补现金流缺口（比如养老金缺口），而是必须找到对应的资产。税收（人民对政府的负债）和公共资产的使用费（变相的税收）决定了一种经济能驱动多少货币（在这个意义上，减税对于创造货币而言是适得其反），而货币经济之外的剩余要素（例如剩余劳动力）决定了货币所能拉动增长的上限。

政府并不能"无限开支"。MMT 之所以有效，不过是危机状态下的经济恰好能满足这几个边界条件（特别是存在大量的失业人口）。危机货币的原理，就是通过投资生成的资产（或闲置的资产）为投资所创造的货币提供信用。逆周期的财政政策一定会导致"加杠杆"，恶化财政，这也是很多人诟病凯恩斯式的反周期投资的理由。但逆周期的货币政策则不同，"好"的危机增长不仅不会导致凯恩斯式的高杠杆，反而会通过资产扩张稀释债务。这是因为，危机增长不仅扩张债务，同时也会扩张资产。如果资产扩张快于债务扩张，反而可以通过资产扩张稀释债务，从而达到"去杠杆"的效果。相反，盲目的财政支出，无异于饮鸩止渴。通过政府部门支出为私人部门创造收入，有可能遗留经济隐患，诱发更顽固的经济衰退。

---

① 雷. 现代货币理论. 张慧玉，王佳楠，马爽，译. 北京：中信出版社，2017.

化危为机的危机增长

"危机"并不意味着增长必然停滞或萎缩。至少对于没有完成"公共服务深化"的发展中经济体而言,危机中潜藏着巨大的增长机会。我们需要做的是找到一种合适的增长方式——危机货币政策与危机财政政策的有效组合。

在这个意义上,危机货币就不再是简单的相机抉择,它是"危机增长"的关键。不仅是经济,很多社会矛盾都可以通过"危机增长"(公共性危机投资)加以矫正。现有经济学理论,基本上都是建立在常态增长假设基础上的。危机更多地被视作特例,所提出的政策不具备工具性,充其量只是一系列对症施治(symptomatic treatment)措施。中国经济的实践急需一种广义的增长理论,它能将危机纳入经济学视野。

尽管危机增长还处于主流经济理论的盲区,但其在实践中并不罕见。20世纪20—40年代经历金融危机的各国不同宏观经济政策的表现,给我们提供了丰富的临床样本。桥水的达利欧就提到过日本的例子:

> 1931年,日本的萧条是如此严重,以至于使日本脱离了金本位制。日元的浮动(日元大幅贬值)以及大规模的财政和货币扩张,导致日本成为第一个经历复苏的国家并保持强劲的增长(一直持续到1937年)。

最经典的危机增长案例,就是一战后德国推行的"沙赫特-费德尔新政"。沙赫特通过将德国有生产能力的土地作为新马克发行的储备（资产挂钩货币），重新恢复了马克的流动性（对比我国的"土地财政"），为德国危机财政的执行创造了基础；费德尔则提出通过 MEFO（类似于我们建议的国家"自然资源银行"）发行可以向中央银行贴现的"创造就业汇票"。正是这一具有创造性的贷款生成机制，开辟了一个新的、能将流动性直接注入实体经济的货币发行渠道。借助这两项制度创新，德国成功盘活大量的闲置资产。高速公路、大众汽车、工人住宅……一个又一个基础性战略资产工程，戏剧性地将空前的大萧条翻转为教科书般的大增长。在很短的时间内，德国就超越深陷传统增长的对照组国家，再次崛起为世界强国。

纵观改革开放以来的中国经济，从几次大增长中都可以看到危机增长的影子。1989 年，西方国家对中国进行经济封锁。1990 年，土地使用权有偿使用，为南方谈话前后地方政府的大基建提供了财政以外的巨量资本，这是第一次。1997 年金融危机后，中国进一步启动了住房制度改革，盘活了住房这一巨大的闲置资产，数以亿计的家庭一举跨入中产阶级。2003 年非典危机，也是在这一年，土地使用权招拍挂为地方政府的基础性战略资产项目创造了股权融资平台，社融规模急剧扩大，城市公共服务水平迅速提升。2008 年金融危机后，中国立刻停止前一年的"去杠杆"，果断启动了以高铁为旗舰的基础性战略资产项目，随后在 2010 年经济总量超越日本（制造业增加值超越美国）。其中，以通信技术为代表的新经济，依托国家投资的基础性战略资产工程实现了对先进国家的技术追赶甚至超越。

这些成功的宏观政策，都有一个共同的特点，那就是在危机条件下的被动选择。但正是这些没有理论支持的相机抉择，如多级火箭般助推中国经济,实现了难以想象的成功。今天,大量过剩产能、闲置资产、积压库存、失业劳动力给中国经济带来了巨大挑战,但也为中国启动新一轮危机增长提供了机会和条件。中美贸易冲突和新冠肺炎连续两个巨大的危机,为中国从常态增长转向危机增长提供了理由和动力。

结语

丘吉尔曾说,不要浪费一场好的危机(Never waste a good crisis)。正如"危机"所隐喻的那样,危险与机会就像是一枚硬币的两面。我们所要做的,就是在危机状态下把"机会"这一面翻上来。

只有危机,才能度量真正的复兴;只有苦难,才能淬炼伟大的文明。历史给了中国一个重新书写经济学教科书的机会。跨越艰难险阻,前方可能是众山之巅。

Part III
第三篇

全球博弈

第六章
资本与劳动的两难[*]

  本章是两阶段增长模型在全球化及其演变分析中的一个应用。按照两阶段增长模型，一个国家实现资本型增长对应的条件是资本密集，完成运营型增长对应的条件是劳动密集。由于地理和货币的约束，传统经济下一个国家经济发展的两个阶段在地理上是同区位的。布雷顿森林体系瓦解后，信用货币解除了长期制约全球分工的货币约束，现代商业模式的两个阶段可分别出现在不同的主权国家。由于在信用货币制度下，资本与劳动存在镜像关系——资本便宜则劳动贵，劳动便宜则资本贵，为了寻求利益最大化，跨国公司将资本和劳动进行拆分，并在具有不同要素禀赋的国家间进行重新分配。其中，资本最便宜的美国和劳动最便宜的中国成为在这一轮全球化进程中获利最多的两大赢家，与此对应的是，美国的劳动和中国的资本则成为这一分工模式的受害者。由于美国拥有资本和劳动的不同群体之间的贫富差距加大，巨大的国内分裂和阶级冲突必然投射到美国与其他国家的关系上。

---

* 本章合作作者为厦门大学经济学院宋涛副教授，原文参见：赵燕菁，宋涛. "百年未有之大变局"的历史逻辑：基于资本—劳动两阶段增长模型的分析. 厦门大学学报（哲学社会科学版），2020（03）：30－39。

引言

"百年未有之大变局"(以下简称"百年变局")已经成为中国战略界的共识。[①] 我们需要找到这一论断的内在逻辑,来给战略决策提供必要的辅助。要寻找"百年变局"的内在逻辑,就必须将这一判断置于一个更一般的增长理论框架内进行讨论。这个框架由两部分组成:第一个部分是"增长模式:资本与劳动";第二个部分是"分工:市场还是计划"。而连接这两部分的关键链条是货币。

增长模式转变

——从"积累—消费"两难到"资本—劳动"两难

任何一种经济,都可以视为由众多商业模式构成的集合。每个商业模式都可以由"收入减去成本满足剩余不小于零"这个约束条件加以刻画。而任一商业模式又可以根据投入和产出分解为两个相继的阶段:(1)投资阶段,创造启动商业模式所必需的资本品;(2)产出阶段,利用资本品的投资获得现金流。[②] 只有当这两个阶段完成且净收益不小于零时,整个商业模式才算成功。用公式表示如下:

$$R_{i0} - C_{i0} = S_{i0} (S_{i0} \geqslant 0) \tag{6-1}$$

$$R_{ik} - C_{ik} = S_{ik} (S_{ik} \geqslant 0, k=1,2,3,\cdots) \tag{6-2}$$

[①] "百年未有"这一表述本身,意味着在历史上从未经历过。
[②] 具体而言,比如家庭要购房,企业要买设备,政府要建设基础设施,都属于先创造资本品;而家庭获得的工资收入、企业获得的营收和政府征得的税收等则属于获得的现金流。

其中，R_{i0} 和 R_{ik} 分别为资本性收入和运营性收入；C_{i0} 和 C_{ik} 分别为资本性支出和运营性支出；相应地，S_{i0} 和 S_{ik} 分别为资本性剩余和运营性剩余；k 代表运营型增长的不同时期。

增长的第一阶段能否完成，关键在于能否获得足够的资本。因此，这一阶段也称为"资本型增长阶段"。增长的第二阶段能否完成，关键在于能否获得足够的现金流性收入。由于与现金流性成本紧密相关的是劳动支出，因此我们可以用"现金流"定义"劳动"，或者简单把这两个概念视作可以相互替代的概念。[①] 由此，增长的第二阶段也可称为"劳动型增长阶段"。

按照两阶段增长模型，任何增长的前提，都是必须拥有足够的初始资本 R_{i0}。而通过怎样的途径获得资本，进而形成启动商业模式所必需的资本品，是区分现代经济与传统经济的关键。在传统经济中，资本源于其他成功商业模式的剩余。比如，工业投入需要依赖农业的剩余，子女教育投入需要依赖父母的剩余；相对于内部积累，战争、贸易（顺差）、殖民都是通过从外部转移他人的消费剩余，进而获取自身增长所需初始资本的重要途径。这就意味着，传统增长模式的任何积累都源于（内部或外部）消费压缩，消费压缩的最大限度也就构成了增长的天花板。

现代经济与传统经济最大的不同，就是一个商业模式的启动资本获取不再依赖其他商业模式过去剩余的积累，无须压缩当期的消费，而主要是通过金融手段将未来剩余贴现。信用越好，贴

---

① 在经济学中，"劳动"一直没有被严格地定义。事实上，同任何资产一样，劳动力也可以分为资本和现金流两种形态。比如，当一个人（劳动力）付费学习或接受教育时，实际上他的投资在形成一种"资本"；而当他应用学会的技能获得收益，进而在餐饮和服饰等方面进行消费时，对应的则是现金流。

现过来的剩余越多，资本也就越多。由于这些未来剩余尚未实现，因此这一部分财富也被称为虚拟财富，创造虚拟财富的这部分经济（市场、组织）被称为虚拟经济。而与之相对应的真实经济，则被称为实体经济。用公式表示如下：

$$R_{i0} = \sum_{k=1}^{\infty}(1+\delta)^{-k} S_{ik} \tag{6-3}$$

其中，δ 为贴现倍数，k 代表可将未来剩余贴现过来的时间期限。如果贴现的时间期限 k 不是无限大，就可以得到一个固定贴现倍数，用来表示未来收益（劳动）被贴现为当期资本的比率。

如果我们把劳动等同于现金流，贴现倍数 δ 也可以用来描述劳动和资本的关系。虽然当贴现倍数一定时，劳动和资本存在（资本与劳动两个变量位于等式两侧），但由贴现倍数所表示的资本和劳动之间的关系与柯布—道格拉斯函数所表示的替代关系显然是不同的（资本与劳动两个变量位于等式同一侧）。有了贴现倍数 δ，投资阶段和产出阶段相互联系，构成一个封闭的商业循环。贴现倍数实际上也就是实体经济与虚拟经济之间的比率。若资本稀缺，想获得更多的资本，在可贴现的时间期限受限的情况下，就只能提高贴现倍数 δ。由于贴现倍数代表的是劳动与资本之间的比率，贴现倍数提高意味着在由资本与劳动构成的兑换关系中，劳动的估值 S_{ik} 相对降低了。显然，若资本估值高，有利于经济的资本型增长阶段；若劳动估值高，有利于经济的运营型增长（或者说劳动型增长）阶段。

除了估值，在由资本与劳动两个要素构成的增长模型中，资本与劳动哪个要素拥有更大的定价权，可以分得更大的剩余份额，取决于哪个要素相对更稀缺。按照竞争价格理论①，若资本不足，则劳动之间相互竞争，劳动的过剩将导致成本更低的劳动赢得更多的资本；若资本过剩，则资本之间竞争稀缺的劳动，劳动的稀缺会令出价较高的资本获得较多的劳动。

正是因为资本与劳动之间存在这样一种镜像关系，现代增长的资本获取不仅大幅降低了投资门槛，还因为不依赖过去剩余的积累而无须压缩消费；更为重要的是，这种资本获取方式通过提高劳动的价格进一步刺激了需求，进而使人类摆脱了长期困扰增长的"马尔萨斯—洪亮吉过程"②，革命性地推动了经济的增长。但在两阶段增长循环内部，资本和劳动之间却又形成了一种新的镜像关系——对第一阶段（资本）有利的经济活动，就会压缩第二阶段（劳动）的增长空间；反之亦然。

换句话说，一旦经济进入现代增长，传统的"积累—消费"增长两难就会转变为"资本—劳动"（或称"虚拟—实体"）增长两难。宏观经济政策本质上都是通过改变贴现倍数来改变两者间的分配关系。所谓"中性"的宏观政策并不存在——有利于资本增长的政策，就会损害劳动增长；有利于劳动增长的政策，就会

---

① 竞争价格理论是相对主流新古典的、基于一般均衡的价格理论提出的一种垄断竞争价格理论。按照竞争价格理论，市场竞争被分为消费者竞争和生产者竞争两种状态。当市场上产品供不应求时，竞争发生在消费者之间（维克瑞竞争），产品的价格等于边际消费者所愿意支付的最高价格；当市场上产品供过于求时，竞争发生在生产者之间（熊彼特竞争），产品的价格等于边际生产者能够获得正利润时的最低价格。

② 中国清代经济学家洪亮吉于1793年写下了《治平篇》和《生计篇》，认为人口增长过快会对社会稳定、经济发展造成负面影响，并提出通过"自然抑制"或"道德抑制"使人口强制性地或自觉地同粮食供给增长相协调。英国经济学家马尔萨斯于1798年出版了《人口原理》一书，提出人口增长快于粮食产量的增长将导致社会的崩溃，这一观点后来被称为马尔萨斯人口陷阱。

牺牲资本增长。所有的经济政策其实都意味着要对两个增长阶段进行权衡取舍——是发展资本密集型产业，还是发展劳动密集型产业。

货币与全球化

全球化之所以会出现，是由于布雷顿森林体系瓦解之后全球货币的发明。在传统经济中，由于实物货币存在必然的短缺，商品交易半径被限制在有限的空间范围内，增长的两个阶段在空间上基本上是重合的。在布雷顿森林体系瓦解之后，随着货币所受黄金约束的解除，货币的规模大幅增长，结果同时产生了两个效应：第一，在资本大国，劳动相对于资本而言不再过剩而是短缺。① 第二，商品交易半径不断扩大，使得增长的两个阶段在全球范围内实现空间分工成为可能。

在传统经济中，由于资本（主要是土地）是慢变量，劳动（主要是人口）是快变量，因此相对于劳动，资本总是不足，过剩的劳动总是追逐有限的资本，导致劳动持续贬值，资本变得越来越贵；但在现代增长中，由于货币受到的约束解除，资本（主要是货币）变为快变量，劳动（主要是人口）变为慢变量，越来越多的资本追逐较少的劳动，劳动的议价能力迅速上升，当其超过一定的阈值，原来资本剥削劳动的状态就会逆转为劳动压制资本（例如发达国家工会力量的崛起）。在增量财富中，资本分配到的比例减小，劳动分配到的份额增大。

---

① 具体表现为发达国家接近充分就业的就业率、强大的劳动议价能力和偏向劳动者的劳动保护制度。

货币的增加不仅改变了经济体内部资本与劳动的比率关系，还解除了对交易半径的约束，使得资本可以在全球范围内配置。如果过剩的资本输出到劳动过剩的经济体，资本又会因为"资本—劳动"镜像关系获得定价权。这时，世界上就会形成资本输出的"中心国家"（发达国家）和劳动输出的"边缘国家"（发展中国家）。在这种二元结构下，原本因为资本不足被排除在分工和交易之外的劳动，因资本增加得以加入全球分工体系，这也就是所谓的"全球化"。

在过去40余年的全球化进程所形成的全球分工体系中，美国是典型的"中心国家"，中国是典型的"边缘国家"。全球化关键的启动点，就是布雷顿森林体系的瓦解。美国通过贸易逆差输出美元，使美元成为全球货币，美国进而压倒其他主要资本大国，最先成为积累起大规模资本剩余的"中心国家"（见图6-1）。中国

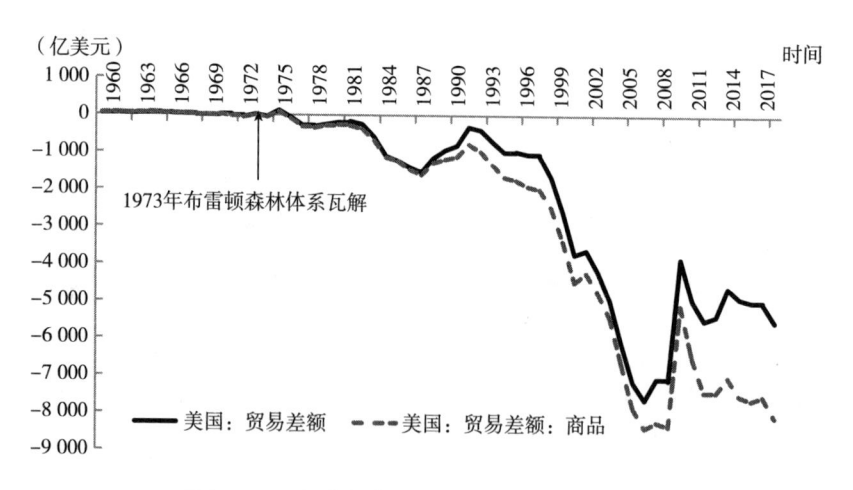

图6-1 布雷顿森林体系瓦解后的美元输出

则通过改革开放,特别是通过将人民币与美元挂钩(1994年汇改),压倒其他"边缘国家",成为性价比最高的劳动输出大国。可以说,由于中美两国货币的挂钩,两国的要素才可能被"比较",美国的资本和中国的劳动才谈得上各自的"比较优势"。没有全球货币,也就没有全球化。这就是"布雷顿森林体系瓦解"的意义。

几千年来,中国的经济分工从未获得足够的货币,甚至可以说"货币匮乏"是贯穿中国经济史最主要的特征。中国许多社会组织的形态(家庭、宗族),都是在货币短缺条件下为实现社会分工而做出的制度设计。中国的计划经济实际上也是在货币匮乏条件下试图实现工业化的伟大制度试验。布雷顿森林体系瓦解后,美元的信用化为中国通过顺差"进口"美元创造货币提供了可能。

由于美元的天量供给,中国避免了再次走向实物货币时代依靠战争争夺货币的传统路径。改革开放后,中国通过"沿海国际经济大循环战略",承接以美国为首的"中心国家"外溢的劳动密集型产业,在绕开了发展资本不足的产业阶段的同时,获得了分工经济所必需的货币。

在一个供过于求的消费市场上,最终决定竞争胜负的是产业链的加总成本。假设生产同样的产品,在资本充裕的美国,资本成本是1个单位;在资本不足的中国,资本成本是5个单位。在劳动昂贵的美国,劳动成本是2.5个单位;在劳动过剩的中国,劳动成本是1个单位。就产业链加总后的总成本而言,在美国生产该产品的总成本是3.5个单位,在中国生产的总成本则是6个单位。显然,在美国生产该产品比在中国更有竞争力。但如果把劳动密集阶段转移到中国，总成本则可以进一步降低到 2 个单位。假设产品的销售价格不变，通过将产业链拆分进行布局后，产品的利润就会比将产业链全部集中在美国增加 1.5 个单位。通过将产业链拆分，实现全球分工的"中心国家"就会相对于其他"中心国家"更具竞争优势。

结果是，拥有资本比较优势的美国输出资本（产生商品贸易逆差），拥有劳动比较优势的中国输出劳动（产生商品贸易顺差），资本—劳动的空间分离塑造了一种人类历史上效率空前高的全球化。在这样的关系里，美国的竞争对手是其他也想输出资本的"发达国家"，而中国的竞争对手是其他也想输出劳动的"发展中国家"，美国和中国之间则是互补关系。增长的两阶段在中美两国之间的空间分工，构成了过去 40 余年全球化的主轴。中美两国也因此成为"全球化"进程中资本和劳动两个领域最大的赢家。

全球阶级分化

斯托尔珀—萨缪尔森定理[①]从贸易的角度对全球化进程中资本与劳动的利益分配格局进行了具有开创性的分析。本章结合两阶段增长模型构建"中心—边缘"模型，从另一个角度对全球化及其阶级利益分化进行简洁的刻画，从而帮助理解国际竞争背后

---

① 所谓斯托尔珀—萨缪尔森定理（the Stolper-Samuelson theorem），简称 S-S 定理，是斯托尔珀和萨缪尔森在 1941 年发表的《保护主义与实际工资》一文中提出的一种关于关税对国内生产要素价格或国内收入分配的影响的理论。该定理证明了在实行保护主义的情况下，一种产品的相对价格上升，将导致该产品密集使用的生产要素实际报酬或实际价格提高，而另一种生产要素的实际报酬或实际价格下降。

的政策逻辑。

在实体经济增长的过程中，随着经济全球化的推进，原来在一个国家内部完成的两阶段增长因产业链拆分开启全球布局，其中需要大量廉价资本来支撑的研发和创新环节（典型地区以硅谷为代表，典型企业以苹果为代表），会留在资本充裕的"中心国家"；而需要大量廉价劳动来支撑的制造和运营环节（典型地区以深圳为代表，典型企业以富士康为代表），就会被转移到劳动过剩的"边缘国家"。而在资本与劳动关系中发挥决定性作用的金融资本（典型地区以华尔街为代表，典型企业以高盛为代表），则成为顶层的利益俘获者。用公式表示如下：

$R_{i0} - C_{i0} = S_{i0}$　（硅谷：苹果）

$R_{ik} - C_{ik} = S_{ik}$　（深圳：富士康）

$R_{i0} = \sum_{k=1}^{n} \delta^{k} R_{ik}$　（华尔街：高盛）

在全球化进程中，原来在一个"中心国家"（比如美国）内部与资本共同参与分工的劳动就会丧失议价权，在财富剩余分配中获得的比例就会受到抑制。如果"中心国家"劳动的性价比低于"边缘国家"的，"中心国家"的劳动就会在产业链上被边缘化，甚至最终被逐出分工体系。

资本与劳动的多寡是由这两个变量的相互关系定义的：资本不足则意味着劳动过剩；资本过剩则意味着劳动不足。在布雷顿森林体系瓦解前，由于增长的两阶段基本上都发生在同一个国家，一国之内资本与劳动之间的矛盾是社会的主要矛盾。在布雷顿森林体系瓦解后，美元的全球化推动了产业的全球分工与布局，"边缘国家"的资本不断增加，使得这些国家中原本因资本短缺而过剩的劳动得以卷入全球分工，随着资本的大量涌入，

"边缘国家"的就业率(城市化水平)不断上升,劳动会随之变得短缺,劳动的谈判能力随之提升,劳动收入和经济增长基本维持同步,如图6-2所示。而由于"边缘国家"源源不断的低成本劳动加入全球化的经济分工,"中心国家"的劳动收入随着劳动生产率同步提高的趋势终止,在社会财富增加值的分配中,劳动的分成比例不断下降,如图6-3所示。如果把全球看作一个统一的经济体,你就会发现劳动报酬增长与劳动生产率提高分离;资本则通过促使全球劳动之间展开竞争,实现了资本剩余的最大化。

全球化把世界划分为四个利益不同、交叉竞争的利益集团:

(1)"中心国家"的金融资本和高科技企业;

(2)"中心国家"的劳动密集型企业和工人;

(3)"边缘国家"的金融资本和高科技企业;

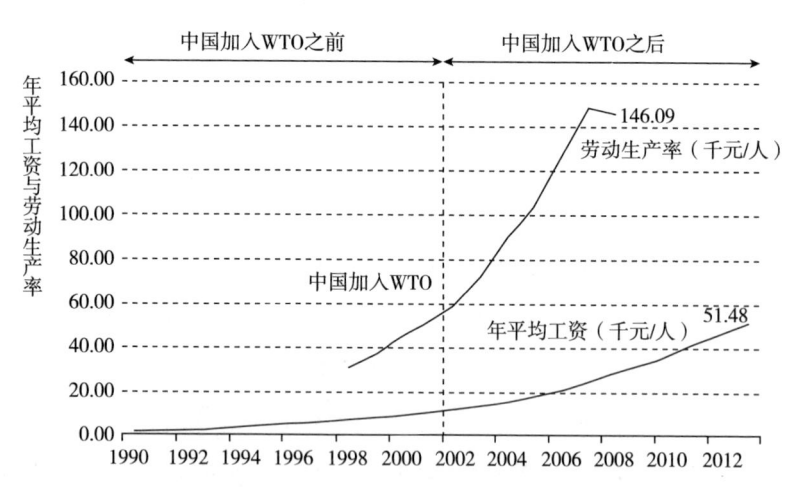

图6-2 1990—2012年中国工业企业劳动生产率和年平均工资变化情况

资料来源:CEIC中国经济数据库。

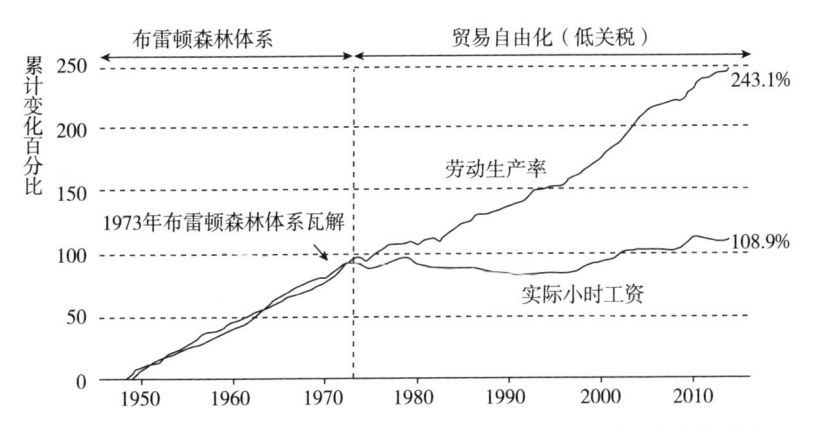

图6-3　1948—2013年美国的劳动生产率和实际小时工资曲线变化对比

注：其中劳动生产率数据包括私营部门生产/非高级工人的平均时薪和整个经济的净生产率。净生产率是商品和服务产出的增长减去每小时工作的折旧。

资料来源：美国经济分析局（BEA）、美国劳工统计局（BLS）以及美国经济政策研究所（EPI）。

（4）"边缘国家"的劳动密集型企业和工人。

在全球化中受益最大的，是"中心国家"的金融资本和高科技企业，以及"边缘国家"的劳动密集型企业和工人，他们/它们是全球化的支持者；受损的则是"中心国家"的劳动密集型企业和工人，他们/它们是全球化的反对者；而"边缘国家"的金融资本和高科技企业，由于缺少资本，只能作为"中心国家"金融资本和高技术企业的延伸和附属。表6-1显示了在全球化进程中获益和受损的不同集团：

表6-1　全球化进程中不同国家资本和劳动的利益格局

	资本密集型产业	劳动密集型产业
中心国家（资本输出）	获益	受损
边缘国家（劳动输出）	受损	获益

资本短缺使得拥有相对于劳动具有更高"兑换率"（贴现倍数）的资本的资本家（典型地区/企业：华尔街/高盛）在分配中又攫取了绝大部分的财富，成为全球化进程中的顶级获益阶层。相应地，美国处于全球财富食物链的顶端。

随着全球化的推进，"中心国家"劳动密集的制造环节开始大规模转移到"边缘国家"，凡是不能成功实现在全球配置资本与劳动的产业链都会被市场淘汰。资本密集阶段和劳动密集阶段的空间分离，使得"中心国家"内部代表资本阶层和劳动阶层的财富迅速分化，财富不断缩水的劳动阶层对坐拥巨大财富的资本阶层表达出越来越强烈的不满。风起云涌的反全球化、占领华尔街运动，就是这种不满的具体表达。

特朗普上台的深层次原因，正是基于在全球化进程中丧失就业机会的美国劳动者对美国金融和高科技集团产生的不满。特朗普上台后的政策——减税以吸引制造业回归，对中国产品加征关税，打击在全球化中获利的美国金融和高科技集团……都是围绕"重构美国在全球产业链中的实体经济"这一核心来设计的。

2019年香港发生乱象的根源，也在于这一地区的劳动密集型产业大量外移，导致劳动报酬长期停滞。而在全球化进程中获益的金融和房地产集团拉高当地消费成本的同时，特区政府没有通过类似于新加坡的保障性住房政策，对劳动者进行财富补偿。怎样重新获得在全球化中受损的香港劳动者的支持，是解决香港问题的核心。

百年变局

中美贸易冲突的根源，在于各自在全球化中受损的两个利益集团不再接受这样的财富分配模式和格局。

第六章 资本与劳动的两难

首先，美国在全球产业链中受损的一方，即被排除在分工之外的制造业和相关劳动不再接受这样的分配所导致的贫富分化，而华尔街也正逐渐开始脱离硅谷，加上中国作为劳动密集阶段的单一垄断者地位，导致美国的劳动者担心其会丧失对劳动的议价权。"复兴就业密集的实体经济"这一诉求逐渐成为一种政治选择。中国与美国之间的贸易冲突，本质上是"美国劳动"与"中国劳动＋美国资本"之间的利益冲突。

但更重要的原因是，2008年以后中国成为资本大国的步伐加快。不断生成的金融资本开始推动中国经济进入全球收益链顶端的资本密集阶段，中国的高科技企业迅速成为国际市场的主要参与者。中国也开始出现资本过剩、劳动不足的现象。劳动密集型产业的外移，迫使中国企业向资本密集阶段升级。与其他市场规模较小的"中心国家"不同，可以依赖本土巨大消费市场的中国高科技企业对美国的金融—高科技企业也开始产生严重威胁，进而对美国依靠本土市场输出美元的经济模式产生冲击，这是过去百年来从未出现的地缘政治变化，美国在全球化中获益和受损的两个阶层在对华战略上达成空前的共识。这就是中美贸易摩擦远比当年美日贸易摩擦规模更大、影响范围更广的原因。

而导致中美产业分工断裂的主要原因，就是过去40余年在中国饱受非议的土地金融（更广为人知的名称是"土地财政"）。正是这个无心插柳形成的资本市场，出乎意料地解决了长期困扰中国社会分工和经济发展信用不足的问题。依靠土地金融，中国的资本市场一骑绝尘，在很短的时间内就超越了发达国家以传统股票市场为主的资本市场（见图6-4）。2008年中国顶着巨大压力出台的"四万亿"投资计划，无意间推动自身摆脱了过去必须依靠顺差"进口"美元才能创造货币的增长模式，出乎意料地进入了和"中心国家"一样的通过信用创造货币的时代。中国从改革开放前只能获取单一劳动利益的国家，变为可同时获取劳动和资本复合利益的国家。

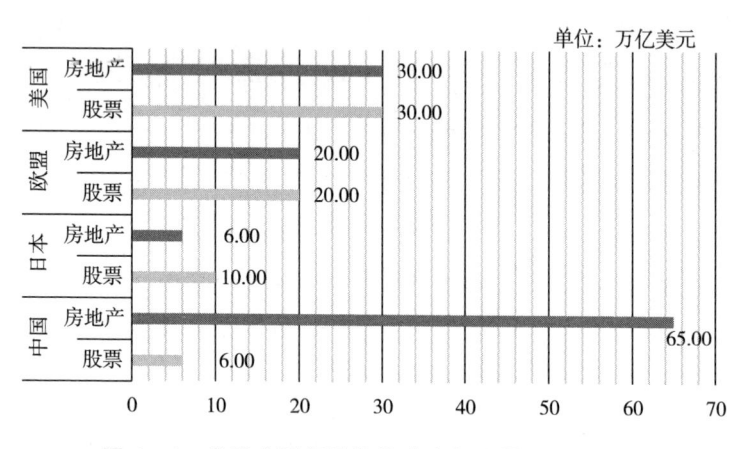

单位：万亿美元

	房地产	股票
美国	30.00	30.00
欧盟	20.00	20.00
日本	6.00	10.00
中国	65.00	6.00

图 6-4 世界主要经济体资本市场总量及结构比较

注：关于中国房产总值的计算如下：房产总值＝平均房价×总人口×平均住房面积。国家统计局数据显示，2018 年商品房销售面积为 171 654 万平方米，商品房销售额为 149 973 亿元，则平均房价为每平方米 8 737 元。2018 年城镇居民人均住房建筑面积为 39 平方米。据此计算，中国房产总值达到 475 万亿元。当然，上述计算方式可能存在高估的问题，主要原因就是使用 2018 年房产销售均价可能高估实际房产均价，因为存在的大量房产并非商品房。

资料来源：陈见南．450 万亿！中国房产市值超美国＋欧盟＋日本总和，股票市值却只有十分之一．微信公众号"数据宝"，2018－11－19．

推行"一带一路"倡议和人民币国际化，成立亚投行，国内经济出现高杠杆、高房价以及劳动密集型产业衰落……这些无不显示出作为一个资本大国才有的特征。中国的土地金融拥有一个非常重要的特点：它是世界上唯一与美元周期脱钩的大型资本市场。特别是中国土地市场的资本估值（售租比）比世界上最强大的股票市场——美国股市的资本估值（市盈率）更高，泡沫更大。按照格雷欣法则，廉价的资本赋予了中国资本密集型企业更大的竞争优势。在如此短的时间内就拥有这样强大的资本市场，是现有的"中心国家"都不曾做到的。这就是美国在贸易摩擦中不断强调"竞争中性"的原因。在贸易谈判中，美国的一个关键诉求就是一定要切断中国政府（土地金融的核心角色）与高科技产业之间的联系。

正是中国成为资本创造大国的趋势，才动摇了已经维持百年的国际分工秩序。而土地金融创造的巨大资本，正是触发中国"百年变局"的深层次动力。一旦中国成为资本创造大国，劳动必然不足，产业就一定要升级到资本密集阶段。全球长期以来资本剥削劳动的财富分配模式就难以为继，富裕的"中心国家"就要让渡更多的利益给"边缘国家"。因此，阻止中国成为资本创造大国，让中国继续为资本提供劳动，是所有"中心国家"（特别是美国）的核心利益所在。

战略选择

如果"资本—劳动"的镜像关系存在，那么如何处理资本与劳动之间的"两难"就会成为战略选择的理论基础。中国其实面临三个独立的战略选项：第一，资本优先战略——提高贴现倍数的政策组合；第二，劳动优先战略——降低贴现倍数的政策组合；第三，资本与劳动混合战略——采用区分目标的多重贴现倍数。

举凡世界发达国家，无一不是资本强国。总体而言，人类社会一直处于资本不足的状态，资本剥削劳动是世界经济史的主线。只有拥有足够的资本，才能进入资本密集的增长阶段，才负担得起教育、研发、创新等这些迂回的生产流程。中国的计划经济之所以无法继续，就是因为当时不顾自身资本短缺的现实，强行选择资本密集型赶超战略。而改革开放取得成功，则是由于中国的发展战略转向发挥劳动的比较优势，选择与资本丰沛的国家进行垂直分工。由于能给资本贡献最多的劳动剩余，中国击败了其他劳动过剩的国家，吸收了绝大部分国际资本。

在过去十余年中，凭借土地金融，中国从一个劳动大国变成了一个资本大国，从而使中国有了在"资本优先"还是"劳动优先"之间做出战略选择的可能。如果选择资本优先的发展战略，首先要对两个基本问题做出判断：

第一，中国的资本足够吗？这将决定中国的高科技企业能否在资本型增长阶段打败已经占据主导地位的发达国家的高科技企业。

第二，中国新增的财富能被公平地分配吗？这决定了中国能否在不依赖外部市场的情况下消纳凭借大量资本创造出的大量产品。

先看第一个问题：中国的资本足够吗？资本的多寡取决于信用创造，中国的股票市场和债券市场还远远满足不了资本创造的需求，只有房地产市场才有可能创造出远超其他资本大国的信用，这是由中国独特的土地金融制度决定的。只要中国不重蹈当年日本打压房地产市场的覆辙（比如大规模征收财产税），仅这个市场本身就可以为资本生成提供源源不断的信用。如果再能汲取美国资本市场的教训，彻底改造现有的股票市场和债券市场等资本市场，则中国在资本创造上的能力就会举世无双。

再看第二个问题：中国新增的财富能被公平地分配吗？这涉及资本市场与消费的关系。均衡分布的资本会带来财富的广泛增加，这是形成中产阶级消费群体的关键，也是市场规模扩张的关键。中国的房地产市场在3亿多城市人口中的资本分布，要远比其他国家的股票市场在人口中的资本分布均衡，这也是过去十余年中国中产阶级财富增长远快于其他国家、消费市场超越其他国家的主要原因。只要剩余的10亿多中国人继续沿着这条路径向中产阶级攀升，中国就有可能形成人类历史上前所未有的消费市场。依托这一市场，中国就会在大多数贸易问题上成为规则的制定者。

但是若采用资本优先的战略，未来中国也将面临美国今天出现的问题，那就是对资本有利的政策都必然提高贴现倍数，资本对劳动的估值提高会伤害实体经济，尤其是实体经济中的劳动密集型产业。在过去十余年，中国出现了前所未有的招工难问题，劳动力成本快速上升和劳动密集型产业不断外移，这些都是其他资本大国在产业升级过程中出现过的标准症状。而正是由于"资本—劳动"的镜像关系，宏观经济政策无法做到在同一时期兼顾资本密集型和劳动密集型两种产业。

对于资本密集型产业而言，需要比对手更廉价的巨额资本，因此宏观经济政策就要求宽货币/财政（贷款生成货币）、降息、加税（货币增信）、强货币（将人民币作为储备货币）、货币国际化（输出资本）、低关税（输出货币）、高杠杆、通货膨胀（有利于债务人）……所有这些政策的后果，都会提高虚拟财富在总财富中的估值。而对于劳动密集型产业而言，则要求货币中包含更多现金流，以免在与虚拟财富（未来收益贴现）的兑换中吃亏。由于现代货币是以信用为基础的，信用越高，货币中虚拟财富的比重就越高，劳动在交易时就越吃亏。而提高货币中现金流的含量，就需要紧货币/财政、加息、减税、弱货币（输出产品）、商品国际化（输出商品）、高关税（保护市场）、低杠杆、通货紧缩（有利于债权人）……所有这些政策的后果，都会提高真实财富（现金流）在总财富中的估值，如图6-5所示。

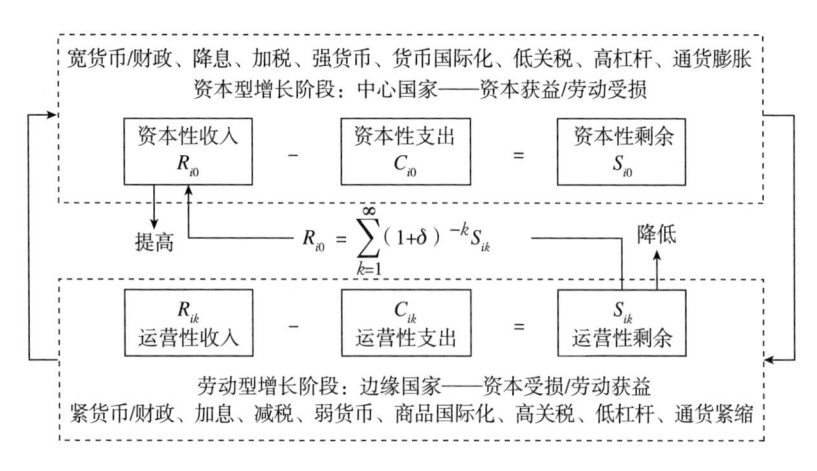

```
宽货币/财政、降息、加税、强货币、货币国际化、低关税、高杠杆、通货膨胀
资本型增长阶段：中心国家——资本获益/劳动受损

  资本性收入      资本性支出       资本性剩余
     R_{i0}    -     C_{i0}     =      S_{i0}

提高                                        降低
         R_{i0} = \sum_{k=1}^{\infty}(1+\delta)^{-k} S_{ik}

  R_{ik}         C_{ik}           S_{ik}
  运营性收入   -  运营性支出    =   运营性剩余

劳动型增长阶段：边缘国家——资本受损/劳动获益
紧货币/财政、加息、减税、弱货币、商品国际化、高关税、低杠杆、通货紧缩
```

图6-5　基于两阶段增长模型的全球分工格局及战略选择

在过去四十余年，美国是资本大国，资本是美国的比较优势所在，因此美国以选择第一组有利于资本的政策为主，结果造就了大批资本密集型高科技企业，在新技术研发中遥遥领先；而在资本不足的中国，劳动是比较优势所在，因此，中国主要选择了有利于劳动的宏观政策，在美国劳动密集型产业外溢的过程中，抓住机会获得了最大的份额。

随着自身资本生成能力的提高，中国开始涉足资本密集的高技术产业，资本估值提高（房价上升），开始挤压劳动密集的加工制造业的利润，中国的宏观政策开始面对"资本—劳动"镜像效应带来的两难。反映在宏观政策上，就是经常左右两难——打击房地产泡沫不行，防止泡沫破裂也不行；加息不行，降息也不行；加杠杆不行，去杠杆也不行；货币贬值不行，货币升值也不行；资本项开放不行，资本项限制也不行；鼓励海外投资不行，限制海外投资也不行……

中国能否放弃发展资本密集型产业和创新退回到发展劳动密集型产业，维持与美国之间的垂直分工？这并不取决于中国的意愿。特朗普上台后，美国开始退出全球化，表明与中国之间的垂直分工不再是美国的选项。中国面临的是与美国在资本密集型产业中对决或与美国经济脱钩两种选择。

结语

一个国家的总财富由资本与劳动构成，一个国家经济的贴现倍数表现为劳动性收入与资本性收入的比值，这两个基本公式决定了宏观经济政策本质上是在劳动和资本之间进行权衡取舍。贴现倍数越高的政策，越有利于资本；贴现倍数越低的政策，越有利于劳动。加息有利于实体（劳动），降息有利于虚拟（资本）；加税有利于实体（虚拟），减税有利于虚拟（资本）；贬值有利于实体（劳动），升值有利于虚拟（资本）……

转型经济的一大特点，就是两个增长阶段并存。对于幅员辽阔、地区之间增长阶段差异巨大的中国来说更是如此。好的转型政策，要能兼顾资本密集和劳动密集两个阶段。这就需要几乎所有的宏观经济政策实行"双轨制"。例如，住房应该有两个市场，大量保障性住房服务劳动密集型产业（这方面成功的实例有新加坡的组屋和中国深圳的"城中村"），少量商品房为资本市场定价；汇率政策要区分本币结算和外汇结算；资本市场要采取双重利息，区分用于资本投资还是实体投资……

显然，双轨制由于极易导致套利（例如以前的经济适用房），在标准的西方经济学教科书中被认定是低效率的制度设计。但对于中国这样巨大而广泛存在多样性的经济体，双轨制却可能是最优的选择。如果中国能够通过制度创新实现资本与劳动的兼容，就有可能在全球化退潮的大环境下，在一个单一货币区内形成资本密集阶段和劳动密集阶段全产业链的集成——发达地区的资本密集型产业和落后地区（包括非洲、越南、印度等劳动过剩地区）的劳动密集型产业的垂直分工，不再依赖"中心国家"的资本和市场，就可以实现与"中心国家"的软脱钩。

当年美国正是因为可以不依赖外部资本的输入，在北美建立了独立且完整的制造—消费体系，实现了与旧大陆的软脱钩，在新大陆基本和平（同旧大陆对比）的条件下，实现了世界霸权的更替。中国是大型经济体，如何实现从劳动密集向资本密集的增长转型，又不引发大国间的战略对决，是留给中国的巨大命题。中国将与全球一起面对百年未有之大变局。

第七章
中美博弈的关键战场*

本章基于"'土地财政'是中国经济增长的发动机"这一假设讨论中美贸易战。2018年,在对房地产市场的打压逐渐加码的趋势下,笔者预判此举会对中国经济产生重大影响。2021年下半年,房地产市场在重压下出现种种问题,中国经济在抗疫成功、出口一片大好的形势下,出现剧烈下跌,验证了笔者的预判。现在重新审视本文,或能为未来提供一些启发。

---

* 本章写于2018年。参见:赵燕菁. 中美贸易战背景下的房地产调控:基于货币史学的视角. 微信公众号 "Global Macro Strategy",2018-07-10;赵燕菁. 大国博弈与资本市场. 北京规划建设,2019(01):161-166。

引言

在一场势均力敌的博弈中,战场的选择往往决定最后的胜负。特朗普在推特中无意间暴露了他认为的中美贸易战的主要战场——资本市场。[①] 2018 年 8 月 4 日,特朗普在推特中写道:"关税所发挥的作用远超任何人的预料。中国股市在过去 4 个月下跌了 27%,他们在跟我们谈判。我们的股市比以往任何时候都更强大……""中国第一次在与我们的对抗中处于下风"。

资本市场就像一个国家实力的倍增器,帮助一个又一个世界霸主实现迭代和扩张。在"第二次百年战争"中,英国通过国债长期化、低利率化,创造出远比法国规模更大、成本更低的资本,一举战胜综合国力(无论是财力还是人口)远胜自己的法国;依靠建立在高信用基础上的高贴现倍数,美国连续战胜德国,压倒苏联,取代英国,称霸全球,随后又制服日本、欧盟等一个个霸权觊觎者。正是由无敌的资本生成能力形成的低息货币环境,助力美国成为科技、文化以及军事领域的全球霸主。

货币与资本市场

如果说经济是一片由家庭、企业和政府组成的森林,货币就是决定森林生态的气候。只要气候适宜,不管树木(企业)如何

[①] 这出自他在 1987 年 41 岁时写的一本名为《交易的艺术》的商业畅销书,他在书中回顾自己的各种交易经历,总结出 11 个重要步骤,其中第二个是"保护好短板,长项自然不会有问题"(protect the downside and the upside will take care of itself)。选择资本市场展开贸易战,显示出作为企业家的特朗普所深谙的中美各自的长板和短板。

兴衰更替，你都会得到一片生机勃勃的森林；反之，就算每一棵树都被认真呵护，也阻挡不了整片森林的退化。对于一种经济而言，无形的利息影响着每个微观主体的生存发展环境。

而决定利息高低的最主要因素，就是货币供给的多少。相对于巨大的人口规模，在古代中国，货币极其稀缺，利息长期高于欧洲、日本，这一点成为中国跨过工业化和城市化资本门槛的最大羁绊。而率先跨过资本门槛的国家，无一不是首先解决了货币问题的国家。

现代经济已经从传统的以商品（金银等）为主的货币转向以信用（未来收益）为主的货币。资本市场是信用的最大来源。一个国家的资本市场越强大，创造的货币就越多，利息也就越低。长期以来，依托无人能敌的股票市场，美国创造出全球最多的信用，美元也就成为世界上利息最低的资本。即使是资本能力最接近美国的欧洲，也难以挑战美国的资本市场（见图7-1）。

高市盈率、高售租比和低利息一样，体现的都是高贴现倍数。贴现倍数越高，表明一种经济的信用越好。当股价上升时，信用就会增加，其创造货币的能力也就会增强，长远结果就是更低的利息。可以说，资本市场乃是信用货币下现代经济竞争最主要的战场之一。正因如此，特朗普才敢在推特上根据中美股市的涨落宣称"中国第一次在与我们的对抗中处于下风"。

中美资本市场的差别

特朗普之所以选择股票市场，乃是因为长期以来在美国的资本市场中，股票市场一直占据压倒性地位。从西格尔统计的美国各大类资产在过去两百余年的年均回报率中可以发现，股票在美

标准普尔500指数和斯托克欧洲600指数的市盈率

图 7-1　欧洲股票市场与美国股票市场的估值对比

资料来源：Thomson Reuters Datastream。

国资本市场长期以来一直占有最大的权重（见图 7-2）。[①]

布雷顿森林体系瓦解后，美元的贴现倍数事实上成了所有同美元挂钩的货币的贴现倍数。只要美元进入加息周期，处于高贴现倍数环境下的资本市场就会因为美元供给收缩出现流动性不足。20世纪90年代中期的那次加息周期，引爆了亚洲金融危机（俄罗斯也深受影响）。中国因资本市场没有开放躲过了一劫。

2004年，美元又进入加息周期，中国经济和世界经济再次

---

① 由于财产税的存在，房地产并不能算是标准的资本。房地产市场也只是非常规的资本市场。在西格尔的对比中，甚至没有出现不动产。

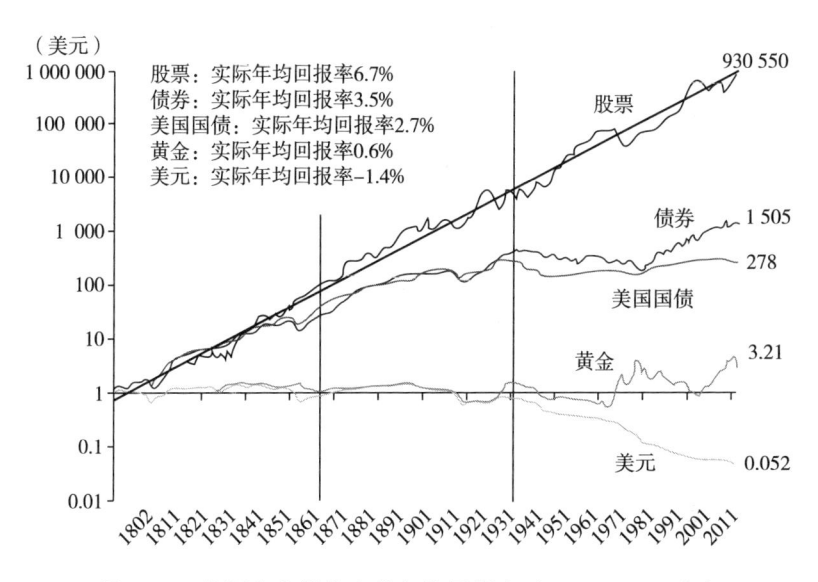

图 7-2　美国各大类资产的年均回报率（1802—2011 年）

变得艰难。发达国家市场先后被引爆。但这一次，中国资本市场不仅扛到美国次贷危机爆发，还有余力在 2008 年发起号称"四万亿"的投资扩张（见图 7-3），其中房地产市场创造的信用扮演了决定性角色。低息货币环境中孵化出大量新科技公司，它们的商业模式开始从以往的追随美国变为与之并驾齐驱。

在 2008 年的金融海啸中，中国资本市场的收缩之所以能坚持到美国资本市场爆仓之后，最主要的原因就在于支撑中国货币信用的房地产泡沫比美国的股票泡沫更坚硬，这是当年日本房地产泡沫没能做到的。1999—2015 年，北京房价上涨了 4.7 倍，平均每年涨幅为 10.3%，上海房价上涨了 6.9 倍，平均每年涨幅为 12.9%。2002—2015 年，广州房价上涨了 3.5 倍，平均每

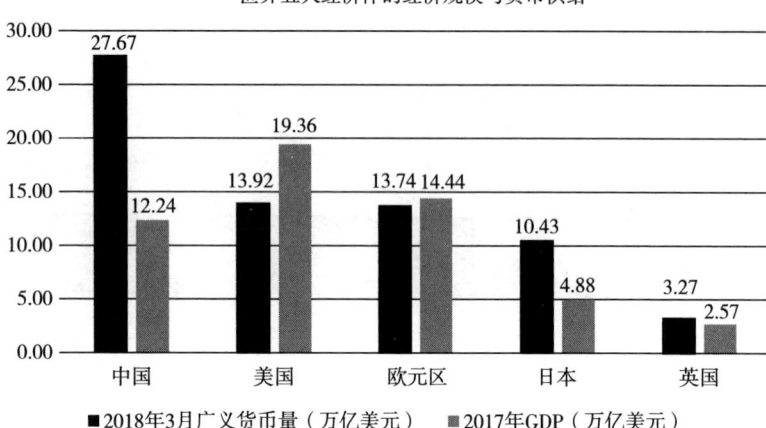

世界五大经济体的经济规模与货币供给

国家	2018年3月广义货币量（万亿美元）	2017年GDP（万亿美元）
中国	27.67	12.24
美国	13.92	19.36
欧元区	13.74	14.44
日本	10.43	4.88
英国	3.27	2.57

图 7-3　经济规模和货币供给的对比显示出中国超凡的资本生成能力

年涨幅为 10%，深圳房价上涨了 6.4 倍，平均每年涨幅为 15.5%。①

2016 年后，美元卷土重来，进入新一轮加息周期。为了给美元加息创造更大的空间，特朗普一上台就大规模给企业减税。很多人不理解，为什么特朗普这次是给企业而不是给个人减税？其中一个重要的原因，就是在以直接税为主的体制下，美国政府的现金流（税收）大部分是家庭和个人贡献的（见图 7-4），股票市场价格则是由企业的现金流（利润）决定的。给企业减税，可以以最小的代价给资本市场输血。

结果不出所料，美国《华尔街日报》2018 年 8 月 5 日报道，

---

① 虽然从 1990 年到 2017 年，上证指数从 95.79 涨到 3 132，大约上涨了 32 倍，平均年涨幅也有 13.7%，但如果将所有可交易的住房视作流通股，房地产市场的规模远大于股票市场的规模，房地产市场渗透率（自有住宅率）也远高于股票市场渗透率。

第七章 中美博弈的关键战场

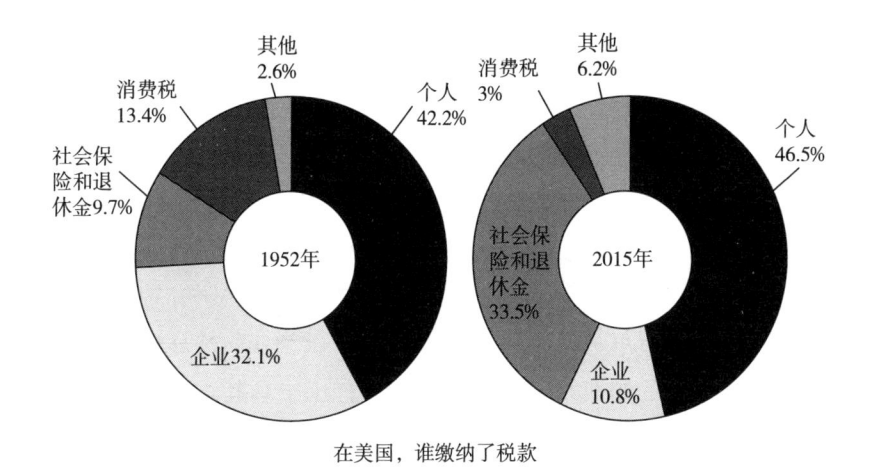

1952年
- 其他 2.6%
- 消费税 13.4%
- 社会保险和退休金 9.7%
- 企业 32.1%
- 个人 42.2%

2015年
- 其他 6.2%
- 消费税 3%
- 社会保险和退休金 33.5%
- 企业 10.8%
- 个人 46.5%

在美国，谁缴纳了税款

图7-4 美国企业缴纳的税占总税收的比重远小于个人缴纳的税所占比重

根据汤森路透的数据，在第二季度，标准普尔500指数成分股公司的利润增长了23.5%，是它们同期收入增长率的2.5倍多。当时，美林预计，标准普尔500指数成分股2018年的每股收益将增长20%以上，其中近一半的增长来自税法修改所带来的益处。

贸易战中，美国的真正目标

很少有人会把减税和贸易战联系在一起。但特朗普在推特里的一句话暴露了美国发起贸易战的真实目标。特朗普表示，"关税所发挥的作用远超任何人的预料。中国股市在过去4个月下跌了27%……"——加征关税的目标根本不在于什么顺差，而在于中国的资本市场。

作为一个企业家，特朗普比谁都清楚，关税增加再多，制造业也无法重返美国。高盛当时预计，美国2020年的失业率将降至3%这一自1953年以来的最低水平。这意味着就算美国企业想把业务迁回美国,也找不到足够的劳动力。美国企业现金流的增加,更大的可能是用来还债或回购股票,而不是扩大投资。

也许有人认为"仅凭特朗普的一句话就说特朗普把资本市场作为中美对决的主战场,是太草率的结论",那么美国通过贸易途径打击土耳其的做法就是展示特朗普贸易战路线图的现实佐证。

2018年8月初,土耳其拒绝释放美国牧师布伦森,美国随即决定对土耳其官员实施制裁。土耳其立刻在8月5日宣布对美国官员实施同样的制裁。特朗普决定加码打压土耳其,包括将土耳其钢铝产品进口关税提高1倍,以及计划出台更大范围的制裁措施。8月10日,土耳其里拉兑美元的汇率暴跌15.9%,货币危机惨烈爆发。

同中国一样,土耳其也因经济快速增长而出现问题(埃尔多安上台18年,除2008/2009年,每年的GDP增速都超过了7%)。快速增长需要依靠债务规模扩张,扩张速度越快,债务增长越快。但土耳其没有中国"土地财政"这样的内部融资机制。债务规模扩张就体现在以外汇结算的债务增长上。2008年土耳其的外债只有2 700亿美元左右,2018年上半年已经飙升到4 500亿美元。其中,2017年外债高达GDP的52.88%。

雪上加霜的是,土耳其经常项目长期赤字,导致货币净流出。2018年一季度经常账户赤字占GDP的6.3%,为全球最大规模的赤字之一。正是由于这一软肋,特朗普仅仅将土耳其钢铝产品进口关税提高1倍,就导致土耳其里拉崩盘。追加更大范围的制裁,就是堵住里拉下跌变贸易逆差为贸易顺差的可能。对比美国发动贸易战对中国和土耳其完全不同的效果,就可以知道如果没有房地产市场作为资本市场的主体,中国经济的后果是什么。

土耳其的例子清楚地表明,特朗普大减税的主要目标,不是救企业而是救股市;贸易战真正的目标,也不在于中国的顺差,而在于支撑中国资本市场的企业的现金流。但特朗普没有料到的是,中国的股票市场的确被打趴了,但资本市场依然屹立不倒。这次还是因为房地产市场。由于中国的核心资本不是股票而是房地产,只要房地产市场不倒,中国的资本市场就有可能再次挺到最后。这是中国资本市场的结构与其他主要国家资本市场的结构不同的关键所在。

对比中美两国家庭财富的构成,就可以大体看出股票市场在中国和美国扮演的不同角色。美林银行研究部的数据显示,2015年中国家庭财富接近六成配置于房地产,其次是银行存款,占23%,在家庭财富中股票与不动产之比约为1:28;而在美国家庭财富中,房地产、股票及养老金分别占27%、26%、23%,存款仅占12%,股票与不动产之比接近1:1(见图7-5)。

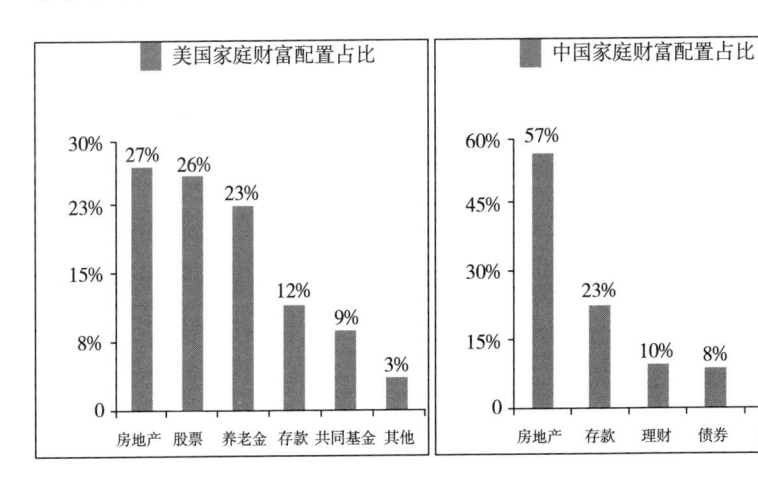

图7-5 2015年中美家庭财富配置比较

2017年经济日报社中国经济趋势研究院发布的《中国家庭财富调查报告（2017）》也证实了这一点。根据这份报告，在全国家庭的人均财富中，房产净值占比为65.99%，2016年净值增长幅度达17.95%，增长额占到家庭人均财富增长额的68.24%，其中，城镇居民的这一比例（第三项）更是高达75.62%。

货币大体上由各项贷款、外汇净占款、证券净投资、其他项构成，见图7-6。2000年以来，各项贷款的比例一直保持在60%以上，证券净投资仅占10%左右。由于在贷款信用中，不动产信用主要来自房地产，因此，真正给中国货币带来信用的不是股票市场，而是房地产市场。只要房价上升，中国就可以向市场供给和美元一样（甚至更低）利息的资本。特朗普仅仅看到中国股票市场下跌就宣称"中国第一次在与我们的对抗中处于下风"，似乎有些为时过早。

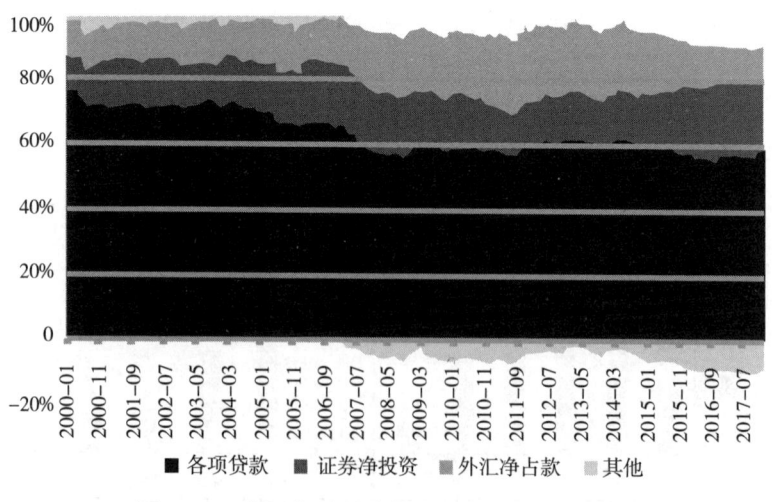

图7-6 中国货币创造的主要渠道（M2存量）

资料来源：管涛. 货币供应与汇率：中国"货币超发"必然导致人民币贬值吗？. 金融研究，2018（12）：19-36.

第七章　中美博弈的关键战场

特朗普的盲区与中国的主场

美国股票市场的真正对手，不是中国股票市场，而是中国房地产市场。正是由于特朗普所在的资本地图上存在盲区，他看不到中国资本市场的纵深远非只有股票市场。股票市场之外的房地产市场是一个几乎完全脱离美元周期的资本市场，这就为中国实现货币自主提供了可能。

同样的道理，中国反击美国而发起的贸易战也不应选在特朗普选择的战场——股票市场，而应当回归自己的主场——房地产市场。过去20余年，中国房地产市场是世界上唯一脱离美元周期的大型资本市场。它为巨量人民币提供了强大的信用，使中国成为唯一在低息资本（远低于银行利息）上能和美国一拼的经济体。

正是依靠房地产市场，我国渡过了1997年和2008年两大金融险滩。过去10余年，低利率的货币环境，更是使中国第一次拥有了向基础设施、高科技、军事等重资产领域飞速扩张的资本。无论是研发、并购还是外援，中国的表现都完全像是一个资本生成大国，而非仰赖他国资本的发展中国家。

尽管高房价本身广受诟病，但不容否认的是，中国今天能有成本远低于银行利息的资本市场，首先靠的就是房地产市场。只要中国的房地产市场不倒，低利率的货币气候就不会有大的改变。即使中国股票市场不给力，中国的经济也可以屹立不倒。一旦洪水来临，人民币就有可能像在1997年亚洲金融危机中那样，成为周边国家财富避险的最后高地。

同其他资本市场不同，特朗普的所有金融工具对中国房地产市场都鞭长莫及。几次金融危机的结果证明，除非我们自己出错牌，否则没人能够动摇我们的资本市场。

房地产市场同其他资本市场一样，是否崩盘取决于是否可以维持正的信用冗余。特朗普依靠减税为资本市场补充现金流，显著地增加了股票市场的信用冗余；而中国如果此时给房地产市场加税，将进一步减少其所剩无几的信用冗余。

中美贸易战的主角

当中美贸易战进入摊牌时刻，比拼的则是谁的信用更强，谁的利率更低、更可持续。特朗普宁可冒着国债增加的风险，也要给资本市场增信；不惜冒着通货膨胀的风险，也要对中国发动贸易战，这不是为了证明美国更强大，反而恰恰说明美国精英们已经意识到，只要在美国之外还存在一个规模更大、信用更强的资本市场，美国维护百年霸权便时日无多。

同美国的股票市场形成鲜明对比的是其房地产市场。2018年，据财经网站 The Economic Collapse Blog 观察，美国的房地产市场像极了2008年危机前夕，房价也飙升至历史高位，购买新房和现房的抵押贷款申请量正在稳步下降，抵押贷款利率再度上升。向来是楼市风向标的南加利福尼亚州房屋销量在6月下滑了1.1%。据《福布斯》观察，东海岸纽约的房屋止赎行为飙升至11年来的最高水平。彭博社援引诺贝尔经济学奖得主席勒的观点称，这可能是转折点的开端。The Economic Collapse Blog 提醒道，随着美联储持续加息，房价将崩盘，新一场危机正在路上。

在中美博弈中，从表面上看，美国在进，中国在退，但实际上主动权恰恰掌握在中国手中——中国无须进攻，只要找到办法给资本市场大规模输血，就可以对冲美国咄咄逼人的贸易战。那么，怎样输血？应当仿效美国给企业减税吗？

针对中国的企业税率，国内学界早就有"死亡税率"一说，特朗普一给美国企业减税，给中国企业减税的呼声马上随之而起（见图7-7）。但前面的分析表明，假如现金流有限，给企业减税并不是中国最有效的对策。如果把资本市场粗略地分为债券市场、房地产市场和股票市场三个市场，那么，债券市场主要是由中央政府信用创造的，房地产市场主要是由地方政府信用创造的，股票市场则主要是由企业信用创造的。

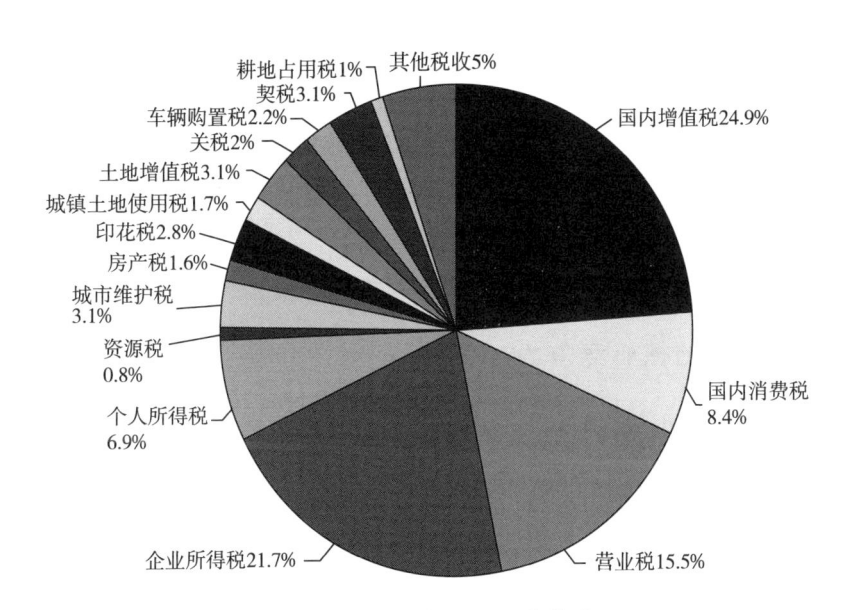

图 7-7　2015 年中国税收构成

资料来源：根据财政部网站上的"2015年全国一般公共预算收入决算表"计算。

在这三者中，企业在美国的资本市场中扮演着主要角色，地方政府在中国的资本市场中扮演着主要角色。如果在三者中选择一个最需要输血的，显然，在美国应当是企业，在中国应当是地方政府，因为，支持房地产高贴现倍数背后的信用，主要是来自地方政府。对资本市场而言，给中国地方政府补充现金流和给美国企业减税是等价的。

至此，中美贸易战真正的主角开始出场！

在迄今为止的中美贸易战中，中国地方政府更像是一个旁观者。但如果我们选择房地产市场作为自己的主场，地方政府就立刻从比赛的观众变成了选手。

中国资本市场的信用主要不是来自股票市场，而是来自房地产市场；中国政府的现金流主要不是来自个人，而是来自企业。这是和美国最大的不同。美国给企业减税，政府损失的收入有限，对股票市场的效果显著；中国给企业减税，政府债务立即增加，而带给房地产市场的好处不大。地方政府信用不倒，中国就可能在贸易战中挺到最后。在中美势均力敌的比赛中，输血对象的选择极为重要。

中国的核心竞争力

在三大资本市场中，之所以选择房地产市场，乃是因为在中国的国家模式下，地方政府是相对发达国家具有压倒性优势的制度存在。

在过去40余年的改革里，地方政府在"土地财政"的逻辑下，成为丝毫不亚于企业的市场参与者。政府间的竞争，极大地提高了城市公共服务的效率。而在发达国家，由于缺少土地信用的支持，地方政府是类似于物业公司的"服务型政府"，其市场化程度远低于中国的地方政府。正是这一独特的优势，推动了中国城市以世界上其他国家没有的速度发展。对此，张五常先生在

《中国的经济制度》中有过非常富有洞察力的描述。

正因如此，中国地方政府对经济介入之深，也是世界主要大国所没有的。美国指责中国国有企业和政府干预对自由市场构成了威胁，正是意识到在中国模式下，原本依托强大资本市场的美国私人企业，在与获得地方政府支持的中国企业竞争时失去了压倒性优势。可以说，正是中国的"土地财政"，改变了欧美主导多年的市场游戏规则。

从中美贸易谈判来看，美国真正在意的，正是要消灭中国商业模式的核心竞争力——地方政府与企业间的资本联系。因为只要中国的房地产市场不倒，就无法切断地方政府与企业间的资本联系，美国就不可能靠低息资本优势最后压倒中国那些看似艰难实则顽强的传统企业，而高新技术企业、创新商业模式企业就会继续攻城略地，并最终挑战美国的霸主地位。

如何给地方政府增信

资本价值源于资产未来现金流的贴现，现金流乃是资本市场的血液。给股票市场增信，首先就是增加企业的自由现金流。特朗普给企业减税就是这么做的。我们要给地方政府增信，第一步必须止血，第二步是造血，第三步才是输血。

第一，止血

止血，就是要立即停止和减少不能马上带来现金流的新投资。现在有人一提到阻止经济下滑，就想到以前最有效的一招——固定资产投资。这在城市化高速度增长阶段可谓屡试不爽。而一旦经济进入高质量发展阶段，这一招就变得极其有害。

固定资产投资带来大广场、大绿化，特别是地铁、巨型场馆、桥隧、学校、医院……这些越多，维持其运转流失的现金流规模就越大，固定资产投资会通过折旧、付息等创口持续地给地方政府财政放血。

根据李嘉图等价定理，成功的融资背面就是令人痛苦的偿还要求。中国经济的高增长依赖的是高强度土地融资，土地财政模式支持了高速度增长阶段的城市化。一旦进入高质量发展阶段，折旧、付息、运营都会导致地方政府持续失血。地方政府要想平稳过渡到高质量发展阶段，就必须迅速停掉那些过剩、大而无当、不能带来直接现金流的公共投资。硬约束和财经纪律，要成为问责地方政府的头号优先依据。

第二，造血

造血，就是尽一切可能扩大、扶持现金流性收入。其中，最主要的就是企业税收。中国政府绝对不能放弃对产业的支持尤其是在中国的股票市场没有超过发达国家的股票市场之前。拥有信用的地方政府，只有设法将土地市场的信用传递给能带来现金流的本地企业，政府和企业才能一起成长。

"国退民进"和"让市场起决定性作用"并不意味着政府应当无所作为。美国市场的标准玩法，并不完全适用于中国。在私人资本无力进入的领域，国有资本必须带头进入。这不是因为国有资本更有效率，而是因为中国资本市场的主体是土地，资本市场的性质决定了地方政府的市场参与者角色。无为政府根本不可能把这些信用传递给市场。国有资本不是与民争利，而是开疆拓土，打下市场后，再由民营经济跟进。

中央政府给地方政府的政策,不宜一刀切。对于人口增长减慢的城市,要迅速停止一切不能带来现金流的政绩型固定资产投资。扶贫、对口支援、边疆和民族政策等,都应将是否能增加受益对象的现金流作为衡量成败的标准;对于人口增长强劲的城市,则要放开约束(包括人口和土地限制),加大能带来增量现金流的固定资产投资;对于超级明星城市(比如深圳、苏州等),还可以考虑行政范围扩大、行政等级升级等手段,鼓励其全速增长。

第三,输血

输血,就是增大地方政府在现金流分配中的比例。今天地方政府之所以出现财务危机,根源之一就在于1994年央地分税中财权比例与事权比例严重脱节。这一问题在城市存量很小、经济发展以固定资产投资为主的"高速度增长"阶段表现得并不显著,一次性土地收益掩盖了现金流的不足。随着城市化进入"高质量发展"阶段,现金流缺口迅速扩大(主要体现在工资、社保上),这个问题立刻暴露出来。

最优税收的本质,就是寻找中央、地方、企业、家庭四个层级在总现金流剩余中的最优分配比例。在资本市场决战的时刻,地方政府就是最需要现金流的层级。加强向地方政府的转移支付,甚至调整央地分税的比例,都要立即提上议事日程。哪怕只是宣布研究这一问题,都是在给地方政府增信。那些在困难时刻反而压迫地方政府还债、去杠杆的激进政策,都是非常危险的。

地方政府债务化解

只要地方债务可控,房地产市场就不会出现全局性的崩塌,低息货币环境就可以保持稳定。不应把对地方政府的支援看作救助,而应看作对美国所发起的挑战的对冲。其中,处理地方债务是恢复地方政府现金流活力最关键的一步。以适当的比例分摊债务,可能是激励地方政府去杠杆的更好做法。当地方政府的资产负债表上升为中美贸易战的主战场,在关键时刻,甚至要不惜投入国家信用给地方政府背书。

独立战争之后,美国国内外债务总额高达6 500万美元,其中包括严重贬值的4 000万美元大陆币,以及各州政府未偿还的2 500万美元的债务。汉密尔顿首先用财政收入做抵押发行新货币,手持旧货币的人可以按照票面价值进行1∶1的兑换。然后发行只能用新货币购买的新债券。再用流回财政部的新货币回购战争期间的所有债券和借条,还清全部旧债——创造了崭新的美元。

中国的分税制改革是建立在强财政的基础上的。但汉密尔顿的实践告诉我们,地方债务国家化不仅不会拖垮中央财政,反而会强化中央权威。在现代货币制度下,金融的权力要远大于财政的权力。强税收,不一定有强中央;强信用,一定会有强中央。如果把我国过去40余年的城市化比作美国的独立战争,地方债务相当于美国各州欠的债,那么,现在战争结束了,谁最应该是这一债务的主要承担人?

这并不意味着应当给予地方政府无差别的支持,支持应当向那些能创造最多现金流的城市倾斜。所有城市都必须将创造现金流而不是GDP增长作为核心的经济指标。输血不是目的,造血才是目的。地方政府接受救助的前提，就是尽快恢复资产负债表，特别是现金流收支的平衡，最终保证房地产市场不会出现系统性风险。

地方政府为房地产市场构筑的第一道防火墙，就应当是迅速建立全覆盖的保障体系，全面接管资本市场现在还在承担的"住"的职能。只有这样，才能支持实体经济发展，才能激活个人消费，才能控制家庭债务的增加。如果这一课不补上，内部压力就足以压垮房地产市场。

第二道防火墙，就是大幅度减少商品住宅供地。卖地（使用权）的本质，就是地方政府"公开募股"。一旦固定资产投资减少，政府的融资需求必然随之减少。此时，卖地（使用权）就要更多地同现金流挂钩，而非追求一次性高地价。土地要更多地用现金流（地租、税收、就业）来标价。

结语

中美贸易战如田忌赛马，博弈者须纵览全局，才能知道自己的真正优势，才能选择对自己最有利的战场。只要核心阵地不失，局部成败就不会影响大局。中国地方政府就是这场战役的核心。只要让中国地方政府再次充满活力，特朗普宣称的胜利就成为一句空话。

在中美贸易战中，美元的优势是可以自由决定加息还是降息，人民币的优势是可以自由决定汇率的高低。美国加息可以给美元增信，人民币贬值则可以抵消美国加息的效果。有操纵利率，必有操纵汇率。通过人民币贬值，可将贸易战从对我国不利的关税转移到货币上。政府可协助企业将外债转内债。

通过赋予公众基金（如社保基金、公积金）一级市场优先权，在股市下跌周期大举抄底。如果股市出现外部原因导致的暴跌，央行可以仿效日本，通过直接购入低市盈率股票向市场注入流动性。此外，还可以考虑利用美国过度的劳动议价权的缺陷，冻结我国劳动合同法相关条款，使中国企业拥有更高的市场自由度。相关劳动者权益和福利权益保障职责，则由政府和公众基金接手。为了增加民众对政策的支持，还可以全面降低个人所得税税率，个税量小面大，受益者的获得感会更强……

危机可能会迟到，但不会缺席。没有永不终结的繁荣，但当危机到来时，每个人的结局却可能完全不同。

在美国第一次大萧条期间，大量英国人在繁荣阶段的投资被清盘。美国人抄底的这些资产，成为奠定后来美国超越英国这一格局的第一块基石。摩托罗拉在中国如同当年仙童半导体公司在硅谷，虽然最后溃败，但在中国今天许多声名显赫的大公司的崛起中，摩托罗拉时代发现、培养的人才都扮演了重要角色。

只要森林还在，就没有必要为死去的树木哭泣。只要中国能够维持稳定、低息的货币环境，就算今天的企业大面积死去，明天也会有新的企业顽强萌发。互相竞争的城市政府，孵育了中国经济一片又一片的森林。

改革开放40多年，中国的成功超出了很多人的预期。但也正是高速度增长阶段特别成功，才使得向高质量发展阶段转型变得特别困难。在经济的急流险滩中，更加需要伟大的洞察力。没有极具挑战性的时刻，就不会有汉密尔顿，也不会有邓小平。只有最险峻的山峰，才能铭刻攀登者的光荣。

第八章
大国博弈的货币视角[*]

本章是运用两阶段增长模型中的货币理论为房地产市场在中国经济增长中的真正角色和所发挥的真实作用正名的尝试。对"土地财政"的误解深藏于经济学的底层,对这一问题的深入讨论,必定会触碰到经济学长期以来已经成为"常识"的结论,进而动摇整个宏观经济学——从财政、金融到货币——的理论基础。任何新的理论都必须面对既有理论的竞争,而只有在竞争的过程中,借助与既有理论的一系列碰撞,新的理论才能修正、迭代并最终取代既有的理论。

---

[*] 本章原文最早于2018年在微信上传播(见:赵燕菁. 大国博弈的货币视角:兼答彭波商榷文. 微信公众号"Global Macro Strategy",2018-08-29。),2019年以《大国博弈与资本市场》为题发表于《北京规划建设》2019年第1期。

引言

好的答案必定基于好的问题。上一章的相关内容曾在网上引起热议,招致大量批评,其中,以商务部研究院彭波先生《中国可以用房地产对抗美国贸易战吗?与赵燕菁教授商榷》一文(以下用"该文"指代)的批评最为系统。笔者丝毫不想隐瞒拙作依托的并不是现在流行的宏观经济学理论。本章的目的就是通过对批评的答复,公开拙作底层的"源代码",以便能在更专业的层次上展开对这一问题的讨论。

古代中国缺乏货币吗?

缺乏货币并非笔者的发现,而是中国货币史学研究的共识。朱嘉明(2012)《从自由到垄断:中国货币经济两千年》一书,其中一节内容的标题就是"货币供给长期不足"。朱嘉明先生在书中指出:"在中国超过两千年的货币史中,'钱荒'不断……'钱荒'是中国传统货币经济时代的一种常态。"

彭波先生在文中之所以提出"中国自宋代之后,国家就掌握并大规模推广了纸币的发行,纸币要多少有多少,怎么可能会缺乏货币?",乃是因为混淆了"纸币"与"货币"的差异。这种混淆在民间甚至在学界普遍存在。任何纸币的发行都必须有"锚",也就是给纸币背书,具有流动性的某种商品——一般等价物(货币)。① 对于作为"货币"的商品,一个基本的前提就是必须具有流动性——能够以最少的折损脱手,因此,货币必定是那种相对

---

① 文中所用"货币"皆指一般等价物,是不同于"纸币"的两个概念。

第八章 大国博弈的货币视角

于需求广泛稀缺的商品。①

万志英（Richard von Glahn）在《财富之泉：11—18世纪中国的货币与货币政策》(*Fountain of Fortune：Money and Monetary Policy in China，1000-1700*)中指出：

> 商品经济本能地要把尽可能多的物品纳入交易范围。如果交易范围扩大，需要的货币也就越多，就需要从实物财富中拿出更多的一般等价物做抵押发行货币。在货币数量扩张短期既定的条件下，这就意味着：货币增加，可用于交易和消费的实物财富就会减少。由此产生一种悖论：想交易的商品就越多，可交易的商品就越少。结果就是：以实物剩余为信用来源的货币，永远少于交易实际需要的信用。由于实物货币供给难以和商品种类及数量维持等比例增加，结果就是货币供不应求。

纸币也不例外。其既被市场接受，就绝不可能"要多少有多少"。就拿该文所举的宋朝的纸币为例，其发行最初是因为四川地区缺少贵金属而不得不使用铁作为货币。为了解决金属铁在交易中过于沉重、不便于携带的问题，又用纸币来代替铁进行贸易结算。元朝的中统钞一开始也是有足够的金银做准备。纸币的发明，从一开始就是为了解决货币携带不便的问题，而不是为了解

---

① 能够充当货币的商品，必定具有最强的流动性。而只有广泛的稀缺性才能赋予充当货币的商品足够的流动性（或称领受性）。因此，无论什么货币，从一开始都必定是"供不应求"的。不仅在中国如此，全世界的货币都是如此，这是货币的本质使然。

决货币供给不足的问题。真实的"货币"是铁而不是"纸币",可用来随时兑换成铁,是纸币流通的基础。

该文认为"国家发行的纸币常常缺乏信用。政府经常迫于财政压力,超过社会经济承受能力大量发行纸币"。问题是,缺乏信用的"纸币"是"货币"吗?纸币之所以会被接受和使用,是由于国家接受用纸币纳税或者有金属货币做准备,进而赋予其信用。宋朝"官府规定纳税不能用金、银,也不能全用纸币,一般是铜钱、纸币各半",随着纸币与准备金属脱钩,"纳税唯有铜(铁)不可。所以,纸币发行愈多,铜钱'荒'就越严重"(朱嘉明,2012)。换句话说,或许"纸币要多少有多少",但"货币"却一定始终不足。

只要正确区分"纸币"与其后面隐藏着的"货币",就可以发现:无论是在纸币大行其道的宋元,还是在白银大量涌入的明清,在中国历史上货币供给一直处于紧张状态。无论是费雪的货币理论还是凯恩斯的货币理论,都没有这种货币持久不足的思想,而将货币混同于纸币是一个重要的原因。

该文提到"古代中国在货币供给当中同时存在两个趋势。一方面是金属货币的供给跟不上经济发展的需要,所以存在通货紧缩的倾向。另一方面又存在长期滥发纸币,导致通货膨胀严重的倾向"。实际上,这两种趋势都是由货币不足这一原因所致——且前者是因,后者是果。明白纸币和货币的差异,就可以理解为什么"纸币增加"和"货币增加"所带来的物价上涨完全是两种不同的经济结果:增加纸币,带来的是经济失败国家反复出现的"通货膨胀";增加货币,带来的是经济成功国家市场化进程中必然伴生的"价格革命"。

纸币增加就好像我们改变尺子的刻度，真实物品间的大小比例关系并不会随之改变。一旦纸币被误用，就会通过商品价格的变化抵消纸币和货币比例关系的变化。这种刻度变化从静态上看好像是"中性"的，但在时间维度上却会导致记账混乱，增加跨期交易的成本，使非即时交易难以完成。

货币增加会推动商品的价格和数量同步提升。"货币中性"理论很难解释为什么同一商品在发达国家的价格往往会高于在发展中国家的价格。于是，经济学家就发明了"购买力平价"这一概念来"校正"各国的价格"误差"。其实，发达国家之所以发达，前提就是创造了更多的货币，物价高是必然的。货币增加带来的高物价正是货币发达的表征。

货币增加带来的高物价，必定伴生着分工的深化，体现在市场上就是商品多样化的增加——1 元钱对应的商品数量 Q 虽然减少了，但种类 V 却会增加（较少的效用损失）。由于现代价格理论只有"数量—价格"一组关系，多样化无法取得与价格和数量的相关性，结果只好用"购买力平价"来校正物价。这实际上是想用二维的单位度量三维的物体——为了比较市场的"广度"而把"深度"给过滤掉了。

货币数量影响资本利息吗？

利率是货币的价格，反映的是货币"供不应求"的程度，是货币供需关系的晴雨表。中国历史上长期的高息环境就是中国货币长期匮乏的最好注脚。该文认为，"在历史发展实践当中，从战国时期到清末民国，中国的货币制度及货币种类均发生了很大的变化，但是基准利率水平都保持在 20% 左右"。该文截取了司马迁的《史记》和毛泽东的《兴国调查》中跨越 2 000 年的两个利息作为例子，来"说明利率水平跟货币的供应没有太大的关系"。这显然过于粗糙了。

事实上，在中国历史上利率不仅大多数时间远高于 20％，而且其变化也与货币密切相关。根据朱嘉明的《从自由到垄断：中国货币经济两千年》："中国利率自古以来就高于外国的。古罗马法定最高利率为一分二厘。实际通行的资金贷款利率每年只有 4％。同时代小亚细亚一带的利率不过是一分二厘，最高曾到四分八厘。"欧洲中世纪按照典当估算，"公共利率是 6％，私人利率为 32.5％～300％"。

历史上，中国商品经济的繁荣几乎完全是货币供给的函数。秦灭六国后，市场规模扩大并没有伴随货币供给的扩大，"秦半两"虽然统一了货币，但禁止原来六国私铸却导致货币数量的减少。因此，这种货币的统一不仅没有带来红利，利率反而飙升到 200％。商品经济相较于战国时期甚至春秋时期（比如管仲的齐国）后退了。

汉朝的繁荣则和文景两帝开放民间货币私铸有密切关系。到汉武帝铸造三官五铢，货币供给达到高峰。从武帝元狩五年至平帝元始五年的 123 年间，国家共铸钱 280 亿枚，东汉桓谭在《新论》中记载，当时国库与皇室年收入竟多达 123 亿钱。在西汉（司马迁）到东汉（桓谭）期间利率已降到 20％ 左右，其中王莽变法时期的利率为 10％～36％。

东汉之后商品经济的衰退，则与货币数量剧减有直接的关系。魏晋南北朝至唐初，因汉朝厚葬习俗导致货币减少，加上停止铸币，年利率上升 1 倍以上，月利率在 6 分以上。到了唐朝，商品经济开始复苏。政府不仅开始重新铸钱，为了解决货币不足的问题，绢帛也被用来充当货币。利率又开始下降，比如政府就规定"私债五分"，中唐至宋，月息约三分到五分。

该文提到的创造了纸币的宋朝，恰是中国历史上铸钱的顶峰。不仅铸币规模前所未有（朱嘉明，2012），而且黄金、白银甚至铁都加入货币供给的行列（以至于以白银为本位的西亚东部地区发生了严重的白银不足问题）。为解决金属货币移动的问题，交子、会子、钱引等一系列制度被发明出来。

宋朝是中国历史上空前繁荣的一个时代，与其同步的是前所未有的货币供给。北宋咸平至景德年间（998—1007年）在江南铸钱每年高达180万贯。熙宁至元丰年间（1068—1085年），年铸币多达370万贯至500万贯。在这段时间利率下降也最为明显，在官私借贷中出现了一分或一分半的低利。

在纸币发行规模更大的元朝，利率反而陡升。这是因为元朝疆域辽阔，适合使用远距离大规模交易的货币——金银，被蒙古统治阶级勾结斡脱商人输往西亚牟利。货币短缺的严重后果一直延续到接续政权的明朝。很多人不理解为何明朝推翻元朝后不恢复宋朝旧制，反而比元朝更严厉地压制商品经济。但只要从货币的角度观察，立刻就会明白：由于缺少货币，明朝的商品经济根本无法恢复到宋朝的水平。明朝从1368年至1572年的两百余年间铸币总额也才400万至600万，只相当于宋朝1080年的规模，流通货币规模更是只有宋朝的1/8。"官府很清楚，经过元代，民间的金属货币资源近乎枯竭，如果依靠金属货币，无法逃脱'钱荒'的陷阱"（朱嘉明，2012）。这决定了明朝只能依赖非货币的计划经济维持基本的社会分工。

明朝后来废弃纸币，也并非因为该文所认为的"由于内外大规模战事停止，国家财政压力减轻，纸币的财政功能相对不再突出"，而是因为无锚发行的纸币信用荡然无存，致使商品经济大规模萎缩。直到大航海使得美洲白银流入，货币供给大增，才为张居正的"一条鞭法"和商品经济的大繁荣创造了可能。

宋、元、明的纸币发行历史说明，纸币增加并非货币增加，利息是货币（而不是纸币）供给规模的晴雨表。"但是，即使18世纪后期清朝的利息趋于缓和，商业利率仍然高于西欧国家的，也高于日本的"，货币不足及其带来的高息环境，依然对中国经济增长产生了极为深远的影响，"中国的较高利率和较高资本成本很可能'使核心地区的农业或原始工业发展形成致命的差异'"（朱嘉明，2012）。

由于极端缺少货币，新中国成立时的情形和明朝初年类似，采用了依赖货币最少的分工手段——计划经济。1949年之后的政策几乎就是明朝初年的户籍、身份、重农抑商、海禁等政策的翻版。而明朝贸易顺差带来的白银流入和改革开放贸易顺差带来的美元流入，在效果上几乎一模一样，都带来了商品经济的大繁荣。明朝的覆灭与白银流入急剧减少几乎同步。因此，在中美博弈中，货币视角极为重要（赵燕菁，2018）。

为什么中国利息长期高于其他经济？

朱嘉明的解释是"中国在传统货币经济下，对资本和货币的需求长期超过供给，是形成高利贷的真正原因"（朱嘉明，2012）。笔者把这一思路拓展为货币数量的"相对规模假说"。所谓"相对规模假说"，就是当市场规模呈算数级数增长时，同样的商品种类带来的货币需求将会呈几何级数增长。因此,货币数量相对于生产规模,其稀缺的程度不是等比例变化的。

如果采用交易规模和分工水平两个变量来刻画市场 M,其中用 Q 表示交易规模(与人口相关),用 V 表示交易种类(与分工水平相关),α 表示交易规模带来的货币需求,β 表示交易种类带来的货币需求。则当货币数量一定时($\alpha+\beta=1$),交易的规模和种类之间存在"替代—取舍"的关系,即:规模大则种类少,规模小则种类多。如果种类不变,规模扩大,货币就会变得稀缺,利息随之上升。这种"市场分工规模和分工深度不可兼得"的关系,可以用公式表示为 $M=Q_\alpha V_\beta$。经济增长的前提,就是货币数量的增加($\alpha+\beta>1$)。

该文在解释高利息的形成原因时认为,中国"民间乐于储藏货币,尤其是喜欢储藏有实际价值且便于储藏的铜钱、金银之类,而不愿意用于投资借贷;久而久之,流通体系中的货币就不断泄漏",这是"相对规模假说"的一个例子。用于窖存、投资、借贷的货币并非"泄漏"的货币,其本质是代际交易,可以视作市场规模在时间维度上的扩大。如果货币供给不变,稀缺就会导致货币利息上升。而小规模经济体比大规模经济体更容易通过贸易顺差获得足够用于代际分工的货币。

该文之所以针对这一现象得出相反的结论,恰恰是由于缺少对"相对规模"的考虑。这个假说回答了为什么"在古代中国货币极其稀缺,利息长期高于欧洲、日本"[①];也可以很好地解释为

---

① 在南宋时期,由于交易的市场规模缩小到江南一隅,城市化水平(反映货币分工水平)反而达到了中国古代历史的顶点——直到20世纪80年代(于1984达到23%),中国的城市化才恢复到南宋时的水平(22%)。

什么高水平市场分工,总是发生在尺度较小的贸易枢纽地区;为何市场规模较大的经济体反而更容易受困于人口规模,出现经济"内卷化";为什么顺差对贸易如此重要。

凯恩斯早就意识到作为资本价格的利率对财富的增长具有重要影响。他在《就业、利息和货币通论》中说道:"人类经过几千年连续不断的储蓄,资本的积累还是如此之少,其原因何在?依我的看法,既不是因为人类不够节俭,也不是因为战争的破坏,而是因为以前持有土地的流动性贴水太高,现在持有货币的流动性贴水过高。"

在传统的增长理论里,几乎完全没有货币的影子。但如果我们将货币和增长挂钩,就立即会看到贸易战背后货币的影子。承不承认货币数量和经济增长之间存在正相关的关系,是本章和主流经济学派深层次的理论分歧。

纸币就是信用货币吗?

该文认为"中国至少在宋、金、元三朝和明朝前期是大规模使用纸币的,而纸币的使用依赖的主要就是国家的信用,所以同样是以信用为准备的货币"。这依旧是源于对纸币和货币之间差异的误解。

宋、金、元的纸币和当代的纸币完全不同,那时的纸币不过是商品货币(金、银、铁)的记账符号。信用货币与商品货币的最大差别,就是信用货币摆脱了真实商品(过去剩余)的限制,将未来收益作为货币的准备。国家的信用就是国家的未来收益。宋、金、元的纸币,都不存在兑换国家未来收益的机制,因此也都不是严格意义上的信用货币。

辛弃疾曾主张国家征税要收铜钱、纸币各一半，即"钱会中半"，因为税收是国家的未来收益，税收的纸币价格可以为纸币提供信用。但在推行"钱会中半"的过程中，政府在向老百姓征税时会多收铜钱、少收会子，而支付时则多支会子、少支铜钱，因为政府自己都不相信自己发行的会子。

在元初20年里，中统钞的发行规模有限，纸币有充分的贵金属做准备，此时的纸币仍是商品货币的符号。随着准备金被挪用，纸币大规模超发，元末以纸币标价的税额暴涨20多倍（杨德华和杨永平，2001）。国家信用（税收）完全与货币脱钩，税收的纸币标价还是退回到其背后的商品货币与其他物品的比价。

该文认为，"与西方相比，中国的发展总是比较超前，在信用货币的发行方面也是如此"。这就是基于凡是纸币都是依赖国家信用发行的货币的传统认识。历史表明，纸币从来都是其所能兑换的流动性最大的那种商品（锚）的符号。离开"锚"商品，纸币毫无价值。同样，没有可信的国家未来收益作为兑换机制，货币的国家信用就是一句空话。即使像元朝那样依靠国家暴力，最终也无法阻止市场重回商品货币的道路。

该文所举的民国法币的例子，就是不少学者津津乐道的依靠政府信用、不需要任何准备而"成功"发钞的实践："国民党发行法币的时候，信用准备本来就不充足，后来在抗日战争时期大规模发行，就更谈不上什么信用准备的问题。很多地方军阀发行纸币，依赖的就只是强制力而已。"

但如果我们把这个故事放到更大的背景下，就能看到一个更真实的图景。20世纪30年代，在美国经济"大萧条"期间市场流动性严重不足，而在金本位制度下，发行货币受到政府的黄金储备限制。为增强市场流动性,美国采取了金银复本位制度。1933年,罗斯福政府开始在纽约和伦敦市场上大量收购白银。1932年,中国白银就已经开始外流。1934年,受美国白银政策的影响,中国流出的银圆高达2.27亿。银行挤兑时有发生,许多银行和中小钱庄因此倒闭。

国民政府不得不放弃银本位,做好改用英镑和美元作为法币的准备。由于当时的英镑和美元都是以贵金属为本位,同英镑和美元挂钩的法币实际上还是实物货币而非信用货币,所以贸易顺差对当时的国民政府依然重要。没有这些措施,"依赖的就只是强制力"的法币就是一堆纸,根本不会有流动性。①

只要货币发行者承诺可用货币兑换实物商品而非未来收益,这种货币就不是信用货币。不仅人民币不是,布雷顿森林体系瓦解之前的世界货币(包括民国时期的法币)都不是严格意义上的信用货币。真正的信用货币起源于西方的债务市场。未来收益得以流通,是过去200年东西方社会"大分流"的主要原因。中国纸币的历史虽早,但真正的信用货币的出现却是改革开放以后的事情。

货币供给不足怎样解决?

笔者另一个与主流观点不同的地方,在于认为今天的"货币"与历史上的"货币"是两种完全不同的"货币"。这一差异不是来自货币的使用,而是来自货币的生成——传统货币的

---

① 比较一下抗战时期解放区将实物作为"锚"发行的渤海币和法币、伪币之间的竞争,就可以进一步看清"锚"才是真正的货币。

"锚"是"过去剩余"的积累,现代货币的"锚"是"未来收益"的贴现。也就是彭波先生提到的观点:"现代经济已经从传统的以商品(金、银等)为准备的货币进入以信用(未来收益)为准备的货币。"

早在12世纪,基于债务的信用制度就已经隐含着日后东西方增长"大分流"的文化基因,也为大航海之后基于信用的货币制度的产生创造了条件。但信用货币正式取代商品货币,其间却经过了上百年的反复。从约翰·劳在法国、汉密尔顿在美国发行的基于信用的货币,再到英格兰银行债券、美国银行券的流通,经历了无数次危机、破产甚至大萧条,以"信用"为准备的货币不断丰富人类的货币实践和认知。直到20世纪70年代布雷顿森林体系瓦解,金本位退出历史,严格意义上的信用货币才正式走向前台,货币数量相对于经济增长必定不足的魔咒才得以解除。

从20世纪末开始,千百年来反复出现,以至于已经被引为定理的一些货币现象逐渐消失或改变。比如,储蓄不再重要了,即使储蓄为零,银行依然可以创造流动性;货币和通货膨胀的相关性消失了,即使货币发行不断超过传统的红线,顽固的通货紧缩依然挥之不去;顺差也不再重要了,即使货币流失,经济也不会出现萎缩……正是由于货币出现这些历史性的大切换,我们思考货币对经济的影响的方式也必须随之改变。

从商品货币转向信用货币是人类货币史上划时代的革命。这一革命距离我们实在太近,以至于我们到目前为止还无法理解其在人类历史上的真正意义。但我们耳熟能详的那些大师——从凯恩斯、哈耶克,到费雪、弗里德曼——的货币思想却因这种变化失去了对现实的解释力。

如前所述,新中国之所以转向计划经济,和以贵金属为基准的货币不足密切相关。类似蒙元金属货币大流失导致明朝初年被迫实行"计划经济"一样,国民党败退台湾带走黄金,客观上也使得新中国只能选择需要较少货币但效率较低的计划经济。20世纪70年代末,为了满足经济市场的货币需求,在没有充足流动性商品做准备的条件下印发纸币,导致了改革初期几次严重的通货膨胀。

1994年汇改将人民币与具有高流动性的美元挂钩(这和国民政府当年为应对白银流失实施的法币制度改革类似)。从那以后(特别是中国加入WTO以后),巨大的顺差通过强制结汇机制带来美元的大规模流入,其效果与大航海时代白银流入中国的效果类似;货币增加没有像纸币增加那样导致通货膨胀,而是带来分工的深化和商品经济的空前繁荣。正如朱嘉明先生所说:"中国之所以持续对外贸易,固然有对产品的需求,但更重要的是换取境外的黄金与白银。"

空前规模的顺差没有导致货币输出国的萧条,也没有导致保护关税增加,更没有导致战争,乃是拜布雷顿森林体系瓦解所赐。正是由于布雷顿森林体系瓦解,信用货币取代了商品货币,无限的"未来收益"取代有限的"过去积累"成为货币新的"锚",货币不足的历史性难题才得到了解决。基于非货币分工的计划经济在解除了货币约束的市场经济面前迅速瓦解,退出了历史舞台。中国改革开放的成功并非偶然,坐在"船舱"里的我们并没有意识到自己是赶上了千年一遇的历史大潮。

过去10余年,中国货币生成机制逐渐开始摆脱结汇转向预期收益,开始像发达国家那样通过贷款创造货币。在博尔顿和黄海洲（2017）的开创性研究中，他们比较中国与美国、日本、英国三个国家的资本结构后，发现这四个国家的一个共同点就是几乎没有外债。就 1993—2013 年外债与 GDP 之比而言，美国是 0.05%，英国是 1.1%，日本是 0.14%，中国是 0.5%。

他们把各国发行的货币加上其以本币发行的国债视作类似于公司股权的资本，结果发现：1993—2014 年，就国家股权与 GDP 之比而言，美国从 120% 上升到 180%，英国从不到 100% 上升到 250%，中国从 100% 上升到 210%，日本从 215% 上升到 300%，都是外债较少而股权比例极高。这和其他发生债务危机的国家（阿根廷、巴西、土耳其）形成了鲜明的对比。据此，他们认为"从这个意义上看，中国已经迈入成功国家之列了"。

发展中国家的资本市场几乎都很弱小，没有非常发达的国内资本市场，高积累、低外债就几乎是不可能的。但中国却做到了。"在发展中大国中，国家资本结构与主要发达国家相当的只有中国。"（博尔顿和黄海洲，2017）那么问题来了，中国是如何在股票市场和债券市场都相对落后的条件下，避免了大规模对外举债的？答案只有一个——房地产市场。没有房地产市场创造的信用，银行根本生成不了那么多的货币！中国只能像其他发展中国家那样依赖外债来获得资本。

货币增发可以降低利率吗？

针对笔者的观点——"一个国家的资本市场越大，创造的货币就越多，利息也就越低。长期以来，依托无人能敌的股票市场，美国创造出全球最多的信用，美元也就成为世界上利息最低的资本"，彭波先生引用凯恩斯的"流动性陷阱"理论，认为

"货币发行到一定程度之后利率水平是不会下降的。因此,不存在货币越多利息就越低的道理"。网上也有很多人持类似的观点;还有人讥讽笔者,称果真如此,津巴布韦、委内瑞拉早就成为最富裕的国家了。要理解笔者的观点,还是要回到纸币和货币的区分上。

凯恩斯提出的"流动性陷阱"指的是纸币而非货币。"普遍稀缺"是所有流动性的基础。一旦一种物品——不要说纸币,哪怕是黄金——不再稀缺,其流动性也就随之消失(没人愿意接手),货币的属性也就不存在了。一个大家比较熟悉的例子就是曾经的"粮票"。在食品非常匮乏的年代,粮食本身就具有极好的流动性(人人都接受),因此可以充作有效的货币,"粮票"就相当于以粮食做准备的"纸币",用来解决粮食移动成本过高的问题。当粮食短缺问题解决后,其流动性也随之丧失,"粮票"也就不再"值钱"。用黄金、房子、股票代替粮食,我们就可以进一步理解货币的本质,也可以知道生成有效的流动性多么困难。

现代银行里的基础货币本质上都是"纸币",只有将它放贷出去,它才能被发行并成为真正的"货币"。"贷款创造货币"是信用货币生成的必经产道,市场上如果没有足够的信用,再多的基础货币也都是废纸。之所以大家无法"高高兴兴地去贷款,不但不用支付利息,还能倒找利息",是因为创造货币必须依靠能产生真实现金流的信用做抵押。在这个过程中,有流动性的信用才是真正的"货币"。如果纸币可以直接当货币来使用,欧洲银行和日本银行还负利率提供贷款干吗?它们早就自己去买美国国债了。之所以有负利率,乃是因为基础货币(纸币)相对信用而言，太差了，或者说信用太好，贴现也值。负利率是抵押物信用估值非常高的结果。

货币不是央行"印"的，而是市场"生成"的，这是最容易理解货币出错的地方。只有市场上的货币有"信用"做"锚"，才意味着有流动性支持，才是真正的货币。委内瑞拉、津巴布韦以为不经过市场的产道就可以直接把货币生出来，就是犯了这个错误。货币的价格，取决于市场对信用的标价。美国国债收益率低，那是因为美国政府的信用好，政府信用好则货币流动性高。那些没有流动性的货币，利息再低也没有人要。

到这里，读者就应该明白笔者讲的低息货币环境和彭波先生所说的低利率的差异体现在哪里了。在笔者的概念系统中，低息资本和高信用资本是同一概念。美国国债低息不是因为发债者对美债的估值低，而是因为美债的信用好，所以即使回报率很低，在市场上还是供不应求。而越是供不应求，美债生成的美元流动性就越好。这和彭波先生所说的银行低息贷款是完全不同的概念。

所谓低息货币环境，是指一个经济具有高流动性、资产特别丰裕的环境。货币的利息可以简单视作资产贴现倍数的倒数。比如，一套住房每年租金100元，抵押后获得贷款1 000元，10倍的贴现倍数，进入市场的1 000元货币的利息就是贴现倍数的倒数，即10%。假设租金不变，房价上涨到10 000元，贴现倍数的倒数就是1%。相对于前者，高房价生成的流动性就是低息货币。显然，在未来收益不变的情况下，信用越好，贴现过来的未来收益越多，生成的货币越多，资本也就越"便宜"。

房地产如此，换成债券、股票也是一样。7%的债券收益率，大约对应 10 倍的贴现倍数。收益率（贴现倍数的倒数）越低（比如美债收益率不到 3%），意味着信用越好，贴现倍数越高。股票也是如此，信用越好，市盈率就越高，生成的资本越便宜（见图 8-1）。高贴现倍数信用生成的货币，意味着可以承担更高的成本和风险，而基础研究、高技术、发明创造、创业活动等都具有回报周期长、风险大的特征。这就是为什么只有在低息货币环境中，产业的升级迭代才会加快；相应地，经济暴露在风险下的概率也就越高。

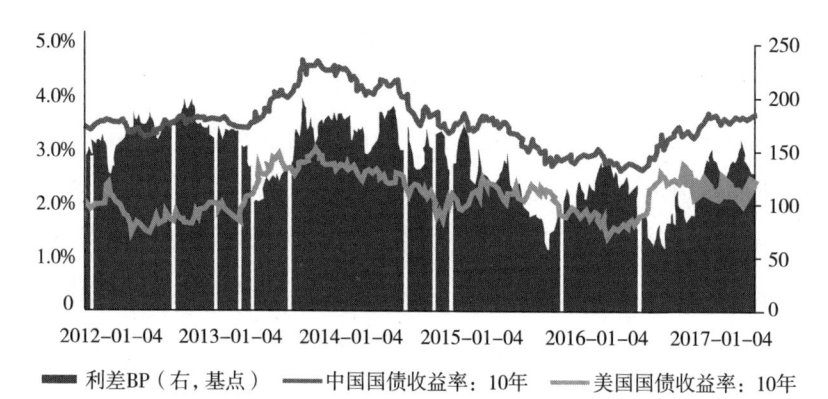

图 8-1（a）　国债生成的信用：美国的贴现倍数大于中国的贴现倍数

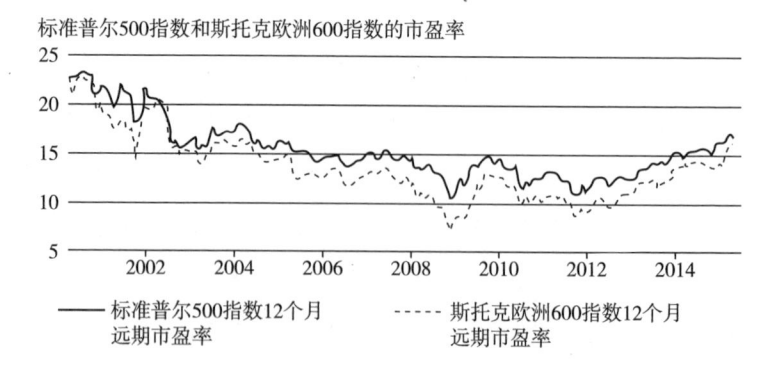

图 8-1（b）　中国和美国国债收益率及欧洲与美国股票市场市盈率的比较

该文所提出的"国企的利息的确比较低,但民企的利息可是高得吓死人啊!"正体现了这个原理。国企利息低,是因为土地市场信用好,土地最大的所有者是地方政府,土地信用通过政府传递给国企,降低了利息;而没有土地信用,非国有企业抵押贷款的利率就会"高得吓死人"。因此,与其埋怨民企融资利息高,不如帮助民企创造信用。同样的道理,今天地方政府的信用也不是依靠强制的公权力,而是依靠独特的土地制度——垄断一级市场。

中国货币超发了吗?

在中国历史上,民间利息长期居高不下正是因为具有流动性的商品严重短缺。而巨大的市场(人口)规模进一步加剧了高流动性商品的短缺。当一个经济体的规模大于另一个经济体时,两者达到同样的分工水平时的货币数量之比,要大于两者规模之比。假设人口规模与潜在交易规模正相关,那么人口规模是美国4倍多的中国,即使创造了4倍于美国的货币,也不足以支持与美国接近的经济分工。

该文所举的例子——"中国的GDP是75万亿元,约12万亿美元,央行的货币总量M1是52万亿元,M2是173万亿元。美国的GDP约为20万亿美元,美联储的货币总量M1是3.69万亿美元,M2是14万亿美元,不到100万亿元",不仅不能用来标度中国是否"超发"货币,反而解释了为什么美国独惧中国——因为世界上从来没有一个国家创造的流动性能超过美国。在笔者看来,在制度设计得当的前提下,有流动性的货币越多越好(因为流动性的定义本身,就决定了有流动性的货币不足),GDP与

M2之间不存在一个所谓的"合理的比率"。

信用货币的高贴现倍数意味着凭借较少的现金流可以获得更多的货币。货币的机会成本降低，使更多的商业模式"用得起"货币，从而推动经济的货币化。信用货币的生成机制，决定了只要货币有信用背书，就不存在"超发"。退一步讲，即便真的存在"合理的比率"，那么这个比率也只描述了一种经济创造货币的能力，而不能标度货币是否超发。

判断货币是否超发的真正标准，应该是看支持这些货币的信用能否保持足够的流动性。支持流动性的是广泛需求水平下商品供不应求的程度。在商品货币时代如此，在信用货币时代也是如此。美元就是由于可以交换最多的商品，成为所有货币中流动性最好的"黄金"。其他信用较差的货币，则等而下之。在信用货币时代，不同信用生成货币的"成色"就是该信用的流动性。流动性越好，贴现倍数就越高，生成的货币就越多。

今天中国的房地产之所以可以充作"货币"，就是因为其被广泛接受。充分供给的房地产市场一样会丧失流动性。正是由于房地产与货币的特殊关系，在制定房地产政策时，就要同时考虑政策的副作用。在市场信用还离不开房地产的发展阶段，政策关心的首要目标不应是房价的升降，而应是房地产市场的流动性。只要结果导致了流动性丧失，无论是打压还是推高房价，都是错误的。

正是因为没有理解现代货币的生成机制，该文才会犯下"发行货币本不需要锚，至少不是必要的"这样流行的错误。在现实中，不是货币需要"锚"，而是"锚"才是真正的货币。该文所说的货币其实是纸币，是货币的符号，而不是货币本身。该文认为"中国当前并非货币发行过少,而是货币发行过多。货币发行过多,就没有信用了。货币发行有所节制,才可能具有比较充足的信用",而这其实恰恰说明货币是不可能任意创造的。一旦信用无法做到存在"广泛需求",其流动性就会消失。

彭波先生问"这个世界上有什么东西是越多越好,而且是超过相应的匹配条件越多越好的吗?"就在于其定义的货币与笔者定义的货币不同。笔者定义的货币,本身就是流动性。无论黄金、白银还是房子、股票,一旦失去流动性,也就失去了作为货币的资格。货币的定义(广泛不足)本身就决定"钱"一定是越多越好,再多也不会超过匹配条件。

因此,可以说纸币过多、黄金过多、房子过多……但永远不会存在货币过多。就像任何东西都可能"值钱"或"不值钱",但钱永远"值钱"。当笔者说钱越多越好时,你不能把钱替换成"纸币""金银""房子""绢帛"……只有理清了不同语境下的"货币",才能继续深入地讨论。

房地产可以降低市场利率吗?

笔者的原话是"只要房价上升,中国就可以向市场供给和美元一样(甚至更低)利息的资本",重点落在"低息的资本"。假设在中国股票市场上1元现金流的估值是10元,也就是10倍的市盈率;在美国股票市场上1元现金流的估值是100元,也就是100倍的市盈率,这时,中国股票的利息是10%,美国股票的利息是1%。这时,如果中国房价上升,租金为1元的房子可以卖到200元,房地产市场创造的货币的利息就是0.5%。这就是为什么说资本市场估值越高,生成的资本就越便宜(利息越低)。

该文这么反驳:"这些年中国房价上升很快,中国市场上的利率下降了吗?比美国市场上的利率低了吗?没有吧!中国市场上的利率一直保持在高于美国的水平之上。"此乃犯下了用银行利率代表资本利率的错误。任何一个国家,不同的资本市场的资本价格(利率)都是不一样的。由于资本的价格就是资产的"未来收益",相同现金流生成的资本越多,就意味着该资本越便宜。

中国股市的市盈率比美国股市的市盈率低,意味着美国股市资本比中国股市资本更便宜;美国债市的收益率比中国债市的收益率低,意味着美国债市资本也比中国债市资本更便宜。同样的道理,中国房价上升使得房地产市场的售租比比美国的还高,就意味着在中国依赖房地产市场融资就会比美国更便宜。

彭波先生指出,"在民间资本市场上,利率10%都算是低的,20%也很普遍。我在广交会走访企业,融资利率高达30%以上",正好反证了房地产市场的重要性。如果没有房地产市场创造的低息资本,中国经济就只有两条出路:(1)依赖其他资本市场生成的高息资本。那样的话,今天中国的经济早就被资本市场的高息压垮了。(2)利用美国的廉价资本。这样虽然可以实现快速发展,但必定像其他新兴国家那样背负巨额外债。结果不仅是没有和美国展开贸易战的本钱,甚至连资本市场本身也会变成美元资本的狩猎场。

该文认为,"正是房地产抽干了货币,导致货币大量流向国企和地方融资平台,而实体经济,主要是民营中小微企业,严重失血"。殊不知,由于流通中的住房价格同时也为非流通住房定价,因此房地产不仅没有抽干货币,相反,它还为货币生成提供了巨大的信用——相当一部分货币本身就是由房地产的信用生成的。没有房地产，那些货币根本就不会存在，民营企业和中小微企业也就根本无血可失。

房地产摧毁了实体经济吗？

在提出解决房地产问题的办法之前，需要先回答一个问题，那就是："高贴现倍数一定是不好的吗？"尽管"泡沫"从一开始就是一个被用来对经济做负面描述的概念，但一个无法解释的经济现象是：经济越虚拟化的地方，创新、创业、研发这些高风险商业活动就越活跃。新经济前沿很少出现在低贴现倍数经济环境里。

一个大胆的猜想就是，货币的贴现倍数对企业的影响在不同发展阶段是不同的。任何商业模式都可以分解为资本型增长（创业）和现金流型增长（运营）两个阶段（赵燕菁，2018）。用公式表示，就是：

创业阶段：$R_0 - C_0 = S_0$，$S_0 \geqslant 0$

运营阶段：$R_i - C_i = S_i$，$S_i \geqslant 0$

资本获得：$R_0 = kR_i$

其中，R_0 代表资本的价格，比如不动产、股票、债券的价格，是由"未来收益"贴现而来；R_i 代表真实收益流，比如住房的房租、企业的分红、政府的税收等；C_0 代表一次性投资，比如家庭的住房、汽车、电器等大件耐用品购买，企业、政府的固定资产投资；C_i 代表可变成本，比如家庭的水电衣食支出、企业的劳动力成本和城市的运营性支出；S_0 代表资本性剩余，即融资大于投资的部分；S_i 代表现金流性收入大于现金流性支出的部分；k 代表贴现倍数，体现了未来收益（虚拟经济）与当前财富

(实体经济)的"兑换率"。

任何资本都有两个独立的贴现倍数：真实贴现倍数 k 和临界贴现倍数 K。前者是指资本实际实现的"未来收益"对应的贴现倍数，后者则是指"未来收益"最大化时对应的贴现倍数。如果把临界贴现倍数 K 与真实贴现倍数 k 之间的差额 $\Delta k = K - k$ 定义为信用冗余，风险就可以写为 $K/\Delta k$。临界贴现倍数越高，风险越小；信用冗余越少，风险就越大。

如果用资本代表虚拟经济，用现金流代表实体经济，我们就会发现贴现倍数高低可以以隐秘的方式作用于两种经济，产生截然相反的效果。

创业阶段的主要困难，就在于获得启动商业模式所需的"原始资本" R_0。在传统经济里，R_0 来自过去剩余 S_i 的积累；在现代经济里，R_0 来源于商业模式未来现金流的贴现 kR_i。假设一个房子的租金是 10 元，100 倍的贴现倍数显然比 10 倍的贴现倍数更有利于创业融资。

按照"货币数量理论"，高贴现倍数创造出的货币可以将原来因收益低、风险高而无法投资的商业活动也卷入市场分工。相反，低贴现倍数意味着资本不足，也意味着开展高风险商业活动不合算。货币的真实贴现倍数 k 给所开展的商业活动提供了临界贴现倍数，货币泡沫越大，商业活动的临界贴现倍数也就越高，研发、创业这类高风险商业活动的信用冗余 Δk 值也就越大。

货币是分工的必要条件。中国近年来在科技等高风险领域出现的创业潮，在很大程度上是源于房地产创造了大量具有高贴现倍数（售租比）的"劣"资本。没有高贴现倍数房地产带来的"泡沫"，"大众创业，万众创新"就是一句空话。

而一旦企业完成创业，进入运营（现金流型增长）阶段，高贴现倍数的副作用就开始显现出来。在这个阶段，现金流 R_i 居于核心地位，只有现金流性收入足够多，才能满足 $S_i \geqslant 0$ 的条件。当初通过贴现公式转化为资本的现金流，都会以折旧、付息的方式还原为这一阶段的现金流性支出 C_i。显然，第一阶段的贴现倍数越高，第二阶段的还债压力就越大。一旦在运营阶段 $R_i-C_i=S_i$ 满足不了正剩余条件（$S_i \geqslant 0$），就会出现违约、破产。

一个合理的推测就是，高贴现倍数资本市场虽然不利于已有的实体经济，却特别有利于研发、创新和创业这类高风险投资活动。如果我们把这些资本性投入视作未来的实体经济，高房价就会有其正面作用。换句话说，高贴现倍数货币环境不利于现在企业的运营，但却有利于未来企业的孵化。在现实中，就是我们看到的创业中的企业和运营中的企业之间冰火两重天的现象。

过去十余年，也是中国房地产泡沫最严重的十余年，实体经济进入非常艰难的阶段，但与此同时，以华为、阿里、腾讯等为代表的中国高技术企业，和以网上支付、共享经济为特征的新商业模式创新不断涌现，规模之大已经成为世界级的现象。2008年后，中国的世界500强企业数量开始狂飙突进，2011年上榜数首超日本后，开始直追美国。有效专利的数量从微不足道，上升到排名世界第二。特别是在存在高资本门槛（所谓烧钱）的行业，中国的表现尤其突出。

在这背后，高贴现倍数资本市场（主要是房地产市场）起到了非常关键的作用。不仅中国如此，美国也是如此。发明创造总是最先出现在资本最强大的国家。只有高贴现倍数资本市场，才能扛住发明创造背后巨大的风险，投资者才敢让船驶向未知的水域。①

彭波先生不同意笔者"加征关税的目标根本不在于什么顺差，而在于中国的资本市场"的观点。他认为"特朗普加征关税的目标根本不在于什么资本市场，而在于中国的实体经济，就是中国的贸易顺差，是《中国制造2025》"，并且说"这是研究国际关系及中美关系的学者们近乎一致的观点"。其实，"近乎一致的观点"暴露出人们对资本市场与实体经济关系的理解存在偏差。

如果他还认为笔者"从特朗普在推特上的这么一句话就说特朗普的真实目标是中国的资本市场"论据单薄、推断可笑，那么特朗普在推特上对美国与土耳其贸易战的一番解释——"我刚刚授权对土耳其的关税加倍，面对强大的美元，他们的货币土耳其里拉迅速下跌"——再一次证明特朗普非常清楚对资本市场的打击才能对实体经济造成最大的杀伤力。

特朗普的逻辑很清楚：加征关税会缩小中国顺差，结汇生成的货币随之减少（相当于民国期间白银流出中国）。一旦资本市场因高关税导致的利润减少而下挫，实体经济也就随之失去挑战美国制造业的可能。

---

① 如果这个观察是对的，"四万亿"刺激计划就有其价值。从提出"四万亿"刺激计划到今天，时间不过十余年。而这十余年中，中国在实体经济方面对世界先进国家这种史诗般的追赶，是世界几百年来从没有出现过的。"四万亿"刺激计划的长远效果，也许是我们这些仍身在其中的人暂时还看不清的。

房地产经济可以帮助中国打赢贸易战吗？

该文最后谈到敏感的房地产，指出："赵老师认为以房地产信用作为支撑，中国政府就可能发行更多的货币，经济就不会这样困难了，就可能在跟美国的贸易战当中取得最后的胜利。这个理解有悖常识。如果是这样的话，那么打败美国就太容易了，多发行点货币，把房价再炒高1~2倍，这是非常容易做到的事。但是如果这样做就能够打败美国的话，那么津巴布韦、土耳其和委内瑞拉早就把美国打败了。"

认真思考对前面问题的答复就会明白，这一批评的错误还是源于将纸币等同于货币。津巴布韦、委内瑞拉、土耳其的失败，恰恰是由于流动性极度短缺。纸币离开背后流动性的支持，马上就会一文不值。中国房地产创造了今天最多的流动性，房地产崩盘就意味着这些资产不再有"广泛需求"，流动性随之丧失，货币也就失去了支持。到这个时候，贸易战还用打吗？

笔者从来没有说依靠高房价就可以多发行货币，而是认为房地产只有存在"广泛的供不应求"，才具有参与货币创造的资格。同股票不同，房地产泡沫很难被捅破，而一旦被捅破，重建信用就很困难。房价不是想炒高就炒高的，任何资产价格上升都不可能是"非常容易的事"，比如日本房价暴跌后想炒高谈何容易。对于货币生成而言，高房价不是问题，高房价可能带来的流动性丧失才是最大的问题。

大家之所以认为高房价危险，乃是因为常识告诉人们，任何资产的估值都有其极限，杠杆率越高的资产，信用越容易崩溃——在极短的时间内丧失流动性。这个常识大体上是对的，但并不准确。现实中,任何资产都存在一个临界贴现倍数——信用崩盘前最后一单位的边际贴现倍数。一旦市场贴现倍数达到临界贴现倍数,信用冗余为零,资产价格就会崩溃,流动性就会丧失。防止资产价格过高的目的,是要维持信用冗余为正。

笔者从未支持过高房价,笔者反对的是用"捅破泡沫"的做法来打压房价。笔者建议减少商品房供地,不是为了维持高房价,而是为了防止房地产丧失流动性(有价无市)。捅破泡沫不是在解决问题,而是在促成问题。把病人的氧气管拔掉只能"解决病人"而不能解决疾病本身。你可以说日本主动捅破泡沫让日本经济实现了"安乐死",但这和美国让泡沫自己破灭自然死亡有何本质上的不同?就经济恢复速度而言,主动捅破泡沫的效果未必好过泡沫自然破灭。

格雷欣法则——具有高贴现倍数的"劣信用"会在市场上驱逐具有低贴现倍数的"良信用"——一定会驱使市场追求更高的贴现倍数。该文说:"中国没有人想要'打爆房地产市场',只是希望房地产市场进行必要的调整,价格降一降,给实体经济一点喘气的机会。"但是,格雷欣法则下的市场现实告诉我们,追涨杀跌进而产生"羊群效应"的资本市场与"低买高卖"的商品市场的运行逻辑存在本质上的区别。美国和日本的历史告诉我们,想不捅破泡沫而把房价压下来几乎是完全不可能的。到时候"打爆房地产市场"就会不以人的意志为转移,取代"打压房价"成为政策的结果。

房地产税,其实就是这样一项政策。本来房地产税是被设计用来替代土地收益的(这本身就有待商榷),但却被寄希望于打压房价。为什么美国不对持有股票市值征税而对持有房地产市值征税？这是因为，股票是美国流动性的主要来源而房地产不是。只要对持有股票市值征税，美国的流动性就会减少。同理，如果我们对持有房地产市值征税，中国的流动性也会减少。这才是最大的风险，因为房地产是中国流动性的主要来源。笔者并不反对对房地产征税，但前提是要先解决替代流动性的来源问题。

"格雷欣效应"决定了通过降低市场贴现倍数增加信用冗余这条路走不通，用提高临界贴现倍数的办法来增加信用冗余就成为唯一的选择。实际上，特朗普减税就是将国家的信用冗余通过负债转移给资本市场。企业现金流增加的直接结果，就是市盈率下降，资本市场的信用冗余随之增加。

"这个世界上有只升不降的价格吗？市场机制的核心难道不正是价格的灵活调整以促进市场的出清吗？为什么房地产价格就应该只涨不跌呢？"这些质疑同样是源于混淆了资本市场和商品市场。西格尔对美国财富形态的统计显示了资本市场的价格走势（见图 8-2）。它显示资本市场出清不是什么灵活调整，而是信用管理的失败。

的确，在 2008 年金融危机期间房价暴跌，美国政府却没有施救，那是因为两害相权，美国政府选择了救股市。而笔者认为，如果面临类似选择，中国应当选择救房市。不仅是因为美国信用大部分在股市，中国信用大部分在房市，而且是因为就财富分布状态而言，在中国救房市远比救股市公平：救股市，是救少数人；救房市，是救多数人。做法不同，原理一样。

回到本节标题"房地产经济可以帮助中国打赢贸易战吗？"笔者的回答是：任何资本市场都只是更大的博弈中的武器，武器能否发挥作用，取决于使用者而不是武器本身。如果你不理解武器，不会使用武器，甚至觉得武器碍事，那么再好的武器也帮不

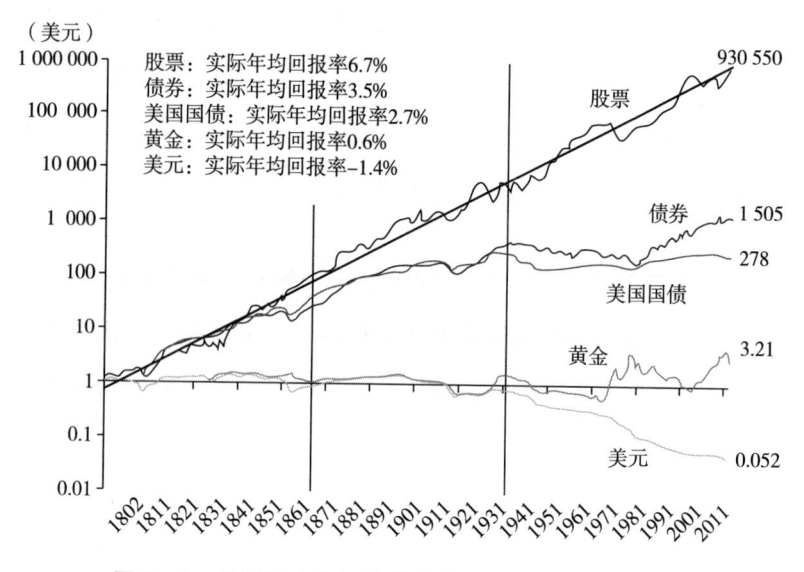

```
(美元)
1 000 000                                              930 550
         股票：实际年均回报率6.7%              股票
         债券：实际年均回报率3.5%
  100 000 美国国债：实际年均回报率2.7%
         黄金：实际年均回报率0.6%
   10 000 美元：实际年均回报率-1.4%

    1 000                                       债券    1 505
                                                       278
      100                                    美国国债

       10

        1                                    黄金       3.21
      0.1                                    美元
     0.01                                             0.052
         1802 1811 1821 1831 1841 1851 1861 1871 1881 1891 1901 1911 1921 1931 1941 1951 1961 1971 1981 1991 2001 2011
```

图 8-2 美国资本市场的价格走势（1802—2011 年）

资料来源：SIEGEL J J. The Future for Investors. Books on Tape, 2005。其中数据已更新至 2011 年。

上忙。中国的房地产市场确实有各种问题，但在自身债市、股市都不如对手，只有房地产市场可堪一用的条件下，为什么我们不能先充分发挥房地产市场有用的一面，与步步紧逼的美国人放手一搏呢？

为什么选择房地产市场？

在解放战争中，中国共产党军队的小米加步枪在火力上远不如配备全副美式装备的国民党军队。但是，中国共产党利用中国道路系统不发达，而轻武器消耗小、易于补给、便于携带的优势，战胜了消耗大、成本高、依赖运输的国民党军队。中美博弈也是如此,中国虽然整体上不如美国,但也有自己的优势,关键就看能否意识到自己的优势并充分利用这些优势。

按照 MM 定理①,在无摩擦的情况下,并不存在最优的公司资本结构。但将摩擦引入后,则存在最优的资本结构。过度借债将增加公司的违约风险和破产风险,而发行股票则不会增加破产风险。

中国是全球最大的储蓄国,贸易处于顺差状态,净外汇资产占 GDP 的 17%。但在央行公布的社会融资中,只有 6% 是股本,其余 94% 来自银行贷款(陈元,2018)。这种极端不平衡的股债结构,突出显示了中国以债务为主的落后资本结构。中国企业之所以远远落后于美国企业,就在于与美国这样的成熟经济体相比,中国羸弱的资本市场使得中国企业只能将银行作为融资的主要渠道。相较于几乎 100% 通过股权融资的美国高新技术企业,中国企业本来几乎毫无胜算。

但如果我们把政府视作一种生产公共产品(服务)的企业,将房地产市场视作地方政府的股票市场,就会发现,在相应的房地产市场上,地方政府这一特殊"企业"的资本结构远远领先于美国的。美国地方政府的大部分融资是债务型的,容易破产;中国地方政府的大部分融资是"股票型"的,不容易破产。这就决定了一旦经济出现风险,地方政府的生存能力比企业强。

与之相对应的房地产市场所创造的信用,也会比股票市场所创造的信用更有可能保持流动性。由于房地产信用散布在大部分家庭和企业,整个社会面临中美贸易战可能带来的流动性不足

---

① MM 定理指在一定条件下,企业融资结构与其市场价值无关。

（如土耳其那样）的风险就会小很多。资本市场如同作战依托的阵地，虽不能最终决定贸易战的结果，但却可以缩小相对于进攻者的劣势。

只要中国地方政府的信用不断转移给企业，中国企业就可能在与美国企业的竞争中笑到最后。民营企业要想沿资本曲线继续爬升，就必须依赖政府信用，实现"国进民进"。这也是为什么美国不断指责中国不是"市场经济国家"、为什么拼命要中国切断政府资本与企业的联系。在经济的竞技场上，没有谁可以定义哪种玩法更标准。"国退民进"是按照美国资本市场结构设计的，不是经济规律，更不是普世真理。在某种程度上，经济增长是判断一个经济是否有竞争力的唯一标准，只要超越对手，姿势好看与否并不重要。[1]

如果把一种经济视作航行的巨轮，虽然航线上的惊涛骇浪看上去触目惊心，但真正影响航向的却是洋流和季风。中美贸易战就像航行中偶遇的巨浪，真正对中国经济产生持久影响的洋流，是货币的创造。如果中国能像美国那样内生足够的货币，贸易战对中国经济的影响就只是边际上的；如果不能内生货币，顺差减少甚至出现逆差，就会像历史上白银外流时那样，出现经济萎缩甚至引发社会动乱。

这就是为什么确保房地产市场的流动性在中美博弈中如此重

---

[1] 如果说当年日本有什么教训，不是"面对美国发动贸易战的时候祭出了房地产市场"，而是没有理解房地产市场和实体经济的密切关系，愚蠢地捅破了房地产泡沫，结果使局部失误演化为全局性溃败，一手好牌打出烂局。捅破泡沫就好像放血疗法，所有人都感觉是在治疗，其实与真正要解决的问题没有什么关系。日本真正要解决的是与实体经济直接相关的住房问题，而不是自作聪明去捅破房价泡沫。

要——在没有形成强大的股票市场前，房地产市场是货币流动性最主要的提供者；房地产市场崩盘让货币随之失去流动性是极大的危险。笔者并非主张把所有的宝都压在房地产上，而是主张利用房地产资本赢得的时间，加快改造股票市场。① 但我们必须清楚地意识到，要做到这一点绝非易事。

几乎所有发达的资本市场都出现在海洋法系国家，惯例法的特点就是靠时间积累大量案例学习而形成。② 这决定了对法律环境要求较高的股票市场创造流动性的能力。中国要达到美国那样的水平，还有很长的路要走。③ 相对而言，中国地方政府的资本化程度要远高于美国地方政府。政治体制决定了美国几乎不可能将其服务型地方政府改造为中国式的地方政府。中国的房地产资本市场在规模和信用上都具有世界级的水平，这就给中国史诗般的崛起提供了机遇。能否意识到并抓住这一历史性机遇，是对我们这一代人的伟大测试。

结语

最后，要感谢彭波先生对拙作的系统性批评。只有在高水平的批评面前依然屹立不倒，才能体现出理论的韧性。拙作与当下

---

① 笔者和周颖刚老师就提出过一个股票市场改造计划（参见第十章），赋予养老基金、社保基金资本一级市场垄断保荐权，然后直接购买上市公司的原始股，社保基金、养老基金通过在资本市场购买股票的形式孵化政府鼓励的先进制造业。由此，央行就不是在窗口贷款，而是通过直接在公开市场上购买公司股票释放流动性。

② 这就是为什么香港是中国经济的宝贵财富，它使中国得以跨越两个法系，节省形成市场的时间。问题是，在香港资本形成的过程中，英美资本高度渗透，与美元联系的汇率制度决定了其是美元资本而非人民币资本的一部分。

③ 相比之下，印度等国家反而更有可能更快形成现代资本市场。

流行的货币理论、增长理论乃至贸易理论存在着根本性差异。这些都增加了拙作被质疑的可能性。正是因为有彭波先生系统性的批评,笔者系统性地做出回答才成为可能。不仅是彭波先生的文章,网络上匿名网友们每一次宝贵的批评,都在为拙作提供新的韧性。在此一并表示感谢。

本章的主要观点是笔者在课堂上与学生的教学互动中形成的,很多理论还在完善中。中美贸易战只不过是被笔者用来对新理论进行否证性检验的案例。笔者很清楚,即使这些新观点中的每一个正确的概率都达到 90%,合成后正确的概率也会低于 50%。但笔者还是情愿冒这样的风险。凡是不能通过否证性检验的理论,都不应该存在。

笔者从没有假装自己是一位职业经济学家。笔者之于经济学,更多的是一个消费者而非生产者。其中的专业问题,也有待职业经济学家更深入地证实或证伪。引发同行对理论预测提出不相容的观察,本身就是在推动学科进步。

第九章
资本竞争的最优贴现倍数[*]

本章的核心,就是将竞争理论从商品领域拓展到资本领域,从资本价格和贴现倍数入手构建一个资本竞争范式。在这一范式下,任何贴现倍数都面临收益和风险之间的权衡,资本之间的竞争最终取决于资产的临界贴现倍数。要实现风险—收益的最佳组合,就需要在不同层级的资本市场之间重新配置信用。在开放经济下,不同的资本市场分别通过调控贴现倍数和信用额度相互竞争。货币政策的核心,就是管理贴现倍数以避免任何一个层级的资产价格因信用额度不足而崩溃。贴现倍数对虚拟财富和真实财富具有完全相反的效果,进而导致财富管理两难。"双轨制"很可能是实现"鱼和熊掌"可以兼得的制度路径选择。

---

[*] 本章原文最初以《资本竞争视域下的最优贴现率》为题,发表于《学术月刊》2022年第5期,合作作者为厦门大学经济学院宋涛副教授。

引言

西方主流经济学的一个基本假设,就是所有产品和要素的配置都是市场竞争的结果①,但资本好像是个例外,鲜有理论将资本置于竞争的环境下进行分析和考察。本章从资本价格和贴现倍数入手,提出一个资本竞争范式,并以此为出发点,重新对"泡沫"和"杠杆"等含混而存在争议的经济学概念进行再定义和规范分析。布雷顿森林体系瓦解后,货币供给模式发生了革命性转变,从而将贴现倍数带到了整个经济舞台的中心。在信用货币时代,资本的贴现倍数不仅决定了繁荣周期里财富的增长,更决定了衰退周期里财富的安全。本章的研究表明,贴现倍数是融资主体对风险与效率进行权衡的结果,只有在竞争中才能找到最优的贴现倍数。

信用与贴现倍数

现代经济和传统经济的区别在于资本的获取与生成途径。传统经济中的资本来自融资主体对过去剩余的积累,现代经济中的资本则来自将某种资产所能创造的未来现金流性剩余提前贴现。如果用 R_0 表示现代经济中资本的现值,用 R_i 表示某种资产所能

---

① 尽管新古典经济学所谓的完全竞争意味着根本没有竞争(哈耶克)。

第九章　资本竞争的最优贴现倍数

创造的现金流性剩余，用 k 代表贴现倍数（俗称"杠杆"）[1]，i 代表贴现期数，则有：$R_0 = kR_i$（$i=1, 2, 3, \cdots$）。[2]

根据这个公式，本章提出一个基本假设：任何资本都有两个独立的贴现倍数，分别为真实贴现倍数 k 和临界贴现倍数 K[3]。前者是指

---

[1] 费雪认为，在不考虑风险的前提下，任何资产都存在一个市场价值，该价值取决于两个因素：一是投资人所预期的收益；二是这些收益所据以贴现的市场利率。针对预期收益，费雪采用了现金流量折现法，按照这一方法，当期的资产价值（财富）首先取决于未来预期收入的折现，用公式表示即为 $W = \sum\limits_{t=1}^{n} \dfrac{CF_t}{(1+r)^t}$，其中 W 为资产的估值（财富），n 为资产年限，CF_t 为第 t 年的现金流量收入，r 为包含了预期现金流风险的折现率；而当期的资产价值（财富）乘以利率就是一项稳定的年金收入。参见：FISHER I. The Nature of Capital and Income. London：Macmillan Publishers，1906；FISHER I. The Rate of Interest：Its Nature, Determination and Relation to Economic Phenomena. New York：Macmillan，1907. 张五常认为，衡量经济应该采用费雪的财富算法，而非当前普遍采用的基于凯恩斯宏观经济理论的国民收入核算法，并给出简化的财富公式，即 $W=Y/r$，其中 W 为财富，Y 是年金收入，r 是利率。参见：张五常. 中国是地球上的第一大经济吗？. 新浪博客，2020-10-29. 本章提出的这个公式与费雪的财富公式是等价的，但采用的是与张五常类似的做法，对收入和年金的计算做了简化，综合考虑各种因素后，由某项资产产生的所有收益用一个统一的变量 R_i 表示，贴现倍数 k 则相当于费雪公式里折现率 r 的倒数。

[2] 这个公式更完整的表达应为 $R_0 = \sum\limits_{t=1}^{\infty} \delta^t R_i$，其中 R_i 代表相应实体经济的现金流性剩余，δ 为贴现倍数，t 代表贴现期数。为简化起见，假设每期的实体经济现金流性剩余 R_i 和贴现倍数 δ 都相同，从而将这一公式简化为 $R_0 = \dfrac{\delta}{1-\delta} R_i$。为方便起见，对这一公式做进一步的简化，用 k 代表 $\dfrac{\delta}{1-\delta}$，则可得到 $R_0 = kR_i$。

[3] 赵燕菁. 阶段与转型：走向质量型增长. 城市规划，2018，42（02）：9-18；赵燕菁，邱爽，宋涛. 城市化转型：从高速度到高质量. 学术月刊，2019，51（06）：32-44；宋涛，赵燕菁. 供给侧结构性改革：研究范式及政策选择. 社会科学战线，2020（05）：75-84；赵燕菁，宋涛. "百年未有之大变局"的历史逻辑：基于资本-劳动两阶段增长模型的分析. 厦门大学学报（哲学社会科学版），2020（03）：30-39.

资本现值与资本创造的真实现金流性剩余的比值[①];后者则是指最大化的资产估值与资本创造的真实现金流性剩余的比值,也即资产估值最大化时的边际贴现倍数,超过这一贴现倍数,资产的价值就会由于资本市场崩盘而消失。如果将临界贴现倍数 K 与真实贴现倍数 k 之间的差值 Δk 定义为信用冗余,即 $\Delta k = K - k$,则风险就可以表示为 $r = K/\Delta k$。显然,临界贴现倍数越大,风险越大;信用冗余越小,风险越大;而一旦 $\Delta k < 0$,资产的价值就会被重估。纵观美国股市的波动,自 1928 年以来,美国股市共出现过 13 次崩盘,而每次崩盘时,美股大都处于高市盈率(贴现倍数逼近临界贴现倍数)状态[②],其间美股的市盈率都在 80% 分位数以上[③],有 9 次甚至高于 90% 分位数,如图 9-1 所示。这显示出高市盈率与泡沫崩塌存在高度的相关性,按照对信用冗余的定义,此时意味着信用冗余较少。

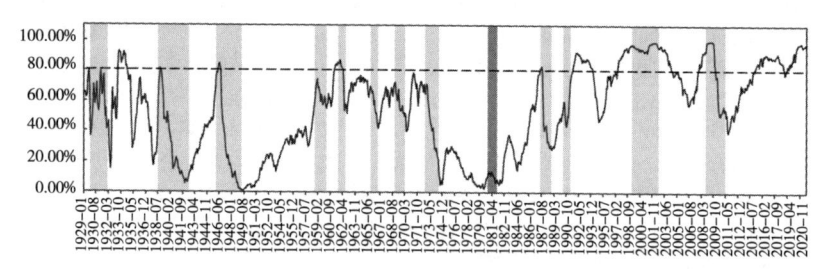

图 9-1　美国标准普尔 500 指数市盈率历史分位数与牛市崩盘的关系

注:该图是根据 Wind 数据库数据重新绘制的,图中分位数为 1929 年 1 月之后各时点市盈率的历史分位数。

资料来源:东亚前海证券研究所. 东亚前海策略:复盘美股 13 轮牛熊转换三因素或致泡沫破灭. 界面新闻,2021-09-14.

---

① 现实中的真实贴现倍数,在货币领域相当于银行利率的倒数,在股市相当于股票的市盈率,在房地产市场相当于房产的售租比。
② 只有 1980 年到 1982 年这次例外。
③ 也就是市盈率高于历史上 80% 时间的水平。

根据前文对临界贴现倍数的分析,就资产自身而言,其估值与风险成正比,这意味着对资产的估值最高时,也就是风险最大时。提高资产估值的途径有三种:

(1) 增加现金流性剩余 R_i,这主要取决于生产效率的提高。

(2) 提高真实贴现倍数 k,这取决于资本市场的信用,就相同的现金流性剩余而言,资本市场的信用越好,资产的估值就会越高。

(3) 提高临界贴现倍数 K,这取决于市场预期,随着预期的变化,临界贴现倍数会上下浮动。由于预期的不确定,临界贴现倍数 K 只有在信用崩溃时（$\Delta k < 0$）才会被真正找到,这就意味着真实贴现倍数 k 可以放大到何种程度是不可知的。但可以确定的是,信用不是无限的,临界贴现倍数 K 一定存在。

对融资主体来说,为降低资金成本,最优的真实贴现倍数 k 应该是尽可能趋近于临界贴现倍数 K。但这并不意味着真实贴现倍数越高越好,因为根据风险－收益对称原则,如果从风险一侧考虑,这个结论则正好相反,当真实贴现倍数 k 趋近于临界贴现倍数 K 时,信用冗余 Δk 趋近于零,这意味着风险趋于无限大。如果以风险最小为标准,则最优的真实贴现倍数就是 k 为 0。这就意味着,不存在能同时满足获取最大资本数量和承担最低融资风险的"最优贴现倍数",任何贴现倍数都面临收益和风险之间的权衡。当成本是主要考量因素时,资本之间的竞争取决于资产的临界贴现倍数,由于 $k = K - \Delta k$,这意味着拥有更高 K 值的资本可以在不牺牲信用冗余 Δk 的前提下,获得更高的真实贴现倍数 k。

理解了贴现倍数问题的本质,接下来就可以讨论"泡沫"和

"杠杆"这两个十分重要却又由于概念含糊而备受争议的话题。如果我们把"泡沫"和"杠杆"等同于真实贴现倍数,就会知道,在现代经济中,这两个概念对资本来说是同义词。这两个值增大本身仅意味着真实贴现倍数提高,依靠资产估值生成的资本增加,这一现象是中性的。若要评价其好坏,则要进一步看这种增加是通过资本市场整体信用水平提高实现的,还是通过"吃掉"自身的信用冗余,逼近临界贴现倍数实现的。如果是前者,由于一项资产能获得高贴现倍数的前提是其所处资本市场的信用水平高,没有足够的信用,是无法生成"泡沫"和"杠杆"的,因此此时这两个值的增大恰恰意味着整体经济效率的提高;如果是后者,微小的预期波动带来的临界贴现倍数下降会导致资产价格的恐慌性崩溃,此时"泡沫"和"杠杆"增加才意味着风险增加。

信用结构分层假说

资本市场管理有两个目标:一是降低融资成本,这通常意味着更低的利息(债市)、更高的市盈率(股市)、更高的资产价格(房地产市场);二是降低市场风险,这通常意味着更高的利息(债市)、更低的市盈率(股市)、更低的资产价格(房地产市场)。如何管理这两个相反的目标?一个主要的手段就是在不同的资本市场之间重新配置信用,这就涉及资本市场的信用结构分层假说。

如果说金融是现代经济的"心脏",那么货币就是现代经济的"血液"。同历史上用商品充作货币或抵押发行货币不同,信用货币就是以未来收益为"锚"生成的货币。在一个以信用货币为基础的经济体中，货币是由央行发行的基础货币和商业银行贷款生成的派生货币两个层级构成。① 相应地，资本市场的融资主体也被分为主权国家的中央政府和广义的"企业"（包括地方政府、企业和家庭）两类，这两个层级的资本生成都必须满足融资主体的现金流性剩余大于零这一基本条件。由于上一层级的经济主体（中央政府）可以在更长的时间尺度和更大的空间范围配置资源和平衡收益，其信用和寿命明显超过下一层级的经济主体（地方政府、企业和家庭），因此前者可以通过改变自身的真实贴现倍数或现金流性剩余，向后者让渡和收回信用，从而管理和调控下一层级的临界贴现倍数和信用冗余。

具体来看，首先是贴现倍数管理。若央行降息，意味着中央政府向其他资本市场主体让渡信用，所有资产的价格（股价、房价）都会上升；若央行加息，就是向资本市场收回信用，所有资产都必须降价以防止信用冗余小于零。这就是为什么央行可以通过降低自己的信用冗余来"救市"以及为什么一旦央行过度收回信用，就会捅破资本市场泡沫。在美股 13 轮牛市中，其中 12 轮崩盘都伴随着流动性收紧②。其次是现金流性剩余管理。企业的信用与现金流性剩余正相关，若中央政府减税，等于是在增加企业的现金流性剩余（信用），降低股市的市盈率，股价就会上升；

---

① 赵燕菁. 现代增长与信用货币：一个"双螺旋"增长假说. 学术月刊，2020，52（08）：83-98；赵燕菁. 货币、信用与房地产：一个基于货币供给的增长假说. 学术月刊，2018，50（09）：56-73.

② 唯一的例外是 1961 年美国总统肯尼迪的言论引发了市场恐慌。参见：东亚前海证券研究所. 东亚前海策略：复盘美股 13 轮牛熊转换 三因素或致泡沫破灭. 界面新闻，2021-09-14.

若中央政府加税,则会导致资本市场价格下跌。①

资本市场存在的这种信用结构分层及信用转移机制,也意味着必须将对股票市场的市盈率或房地产市场的售租比的评价与上一层级资本市场货币的利率置于统一的框架中加以考量,才能得出客观的结论。当我们比较不同股票市场的市盈率或不同房地产市场的售租比时,必须同时比较位于该市场上层的央行利率。如果上层信用冗余减少(Δk变小),比如央行加息,而下层资产价值仍在提高(逼近临界贴现倍数K),股票市场和房地产市场的价格仍然上涨,有时可能意味着更大的风险。

资本市场竞争

资本市场的信用结构存在分层,还意味着资本市场的信用分为内生和外生两部分。内生的信用主要是由广义的企业现金流性剩余质量和市场监管所决定。外生的信用则主要来自央行的背书和信用冗余的转移。在央行和次级资本市场的分工中,央行的主要职能是管理信用冗余,次级资本市场的主要职能是最大化市场贴现倍数,降低社会融资成本。在开放经济下,不同的资本市场分别通过调控贴现倍数和信用冗余相互竞争。

首先,就次级资本市场的贴现倍数而言,由于具有不同贴现倍数的未来收益可以生成不同的资本,为了吸引企业上市,竞争

---

① 在美股13轮熊市中,就有3次伴随着加税。比如,1968年的美国企业税率大幅上调加上美联储加息,导致标准普尔500指数大幅下跌36%;1980年出台的《原油暴利税法案》对原油生产企业征收50%的暴利税,标准普尔500指数两年大幅下跌27%。资料来源:司马常阳. 全线下跌!美股面临史上最大崩盘,对中国冲击有多大?. 新浪微博,2021-09-13。

的资本市场就必须提供更有竞争力的市盈率。假设资产 C_a 未来可以创造的现金流性收益是 10 美元,真实贴现倍数 k_a 为 10,生成的资本 C_a 是 100 美元;资产 C_b 未来可以创造的现金流性收益也是 10 美元,但真实贴现倍数 k_b 达到 100,则资产 C_b 通过资本市场生成的资本 C_b 就是 1 000 美元。同任何经济要素一样,真实贴现倍数也是由竞争决定的。资本市场竞争性交易的结果是,依托高杠杆生成的资本 C_b 会通过与资本 C_a 的交易套利,最终把资本 C_a 都变成资本 C_b——市场上的资本的真实贴现倍数都变成 100。结果就是,具有高贴现倍数(低现金回报)的"劣"资本,会在市场上驱除具有低贴现倍数(高现金回报)的"良"资本,这就是多重贴现倍数下的"格雷欣效应"——一个资本市场的信用越好,贴现倍数越高,泡沫越坚硬,生成资本的成本就越低,也就越有利于创业、创新这些需要大量资本的商业活动。[①] 体现在企业竞争中,就是在高贴现倍数市场(比如美国股市)上融资的企业由于能实现较高的市盈率,会在竞争中压倒在低贴现倍数市场(比如中国股市)融资的企业。正是这一效应迫使资产不断追求更高的贴现倍数。

其次,在资本竞争的底层,更为激烈的是上一层级的货币之间围绕信用冗余展开的竞争。与资本竞争类似,在信用货币时代,货币竞争比的不是谁的货币含金量更高,而是谁的"泡沫"更大。比如,A 国货币是依赖 A 国的信用生成的,临界贴现倍数 K_A 是 100;B 国货币是依赖 B 国的信用生成的,临界贴现倍数

---

① 赵燕菁.阶段与转型:走向质量型增长.城市规划,2018,42(02):9—18;赵燕菁.货币、信用与房地产:一个基于货币供给的增长假说.学术月刊,2018,50(09):56—73.

K_B 是 50。当两个货币市场相互竞争时,若 A 国货币的真实贴现倍数 k_A 上升,多重贴现倍数下的"格雷欣效应"决定了 B 国货币的真实贴现倍数 k_B 只能跟进。一旦 A 国货币的真实贴现倍数 k_A 超过 50,当 B 国货币想继续跟进时,其信用冗余 Δk_B 就会小于零。因此,临界贴现倍数的大小决定了货币市场贴现倍数的上限,而预期又决定了临界贴现倍数的上限。长期以来,全球资本市场预期最好的就是美国的资本市场。强大的军事、先进的科技、习惯法体系、对舆论的驾驭、超主权货币……共同塑造了全球对美国资本市场的预期,如图 9-2 所示。这就解释了为什么世界头部企业基本上都是在美国上市——在资本市场中,美元资产所依托的美国国债有最好的信用,这使得美联储能以低成本发行信用好的货币,从而使以美元计价的资产获得高估值。

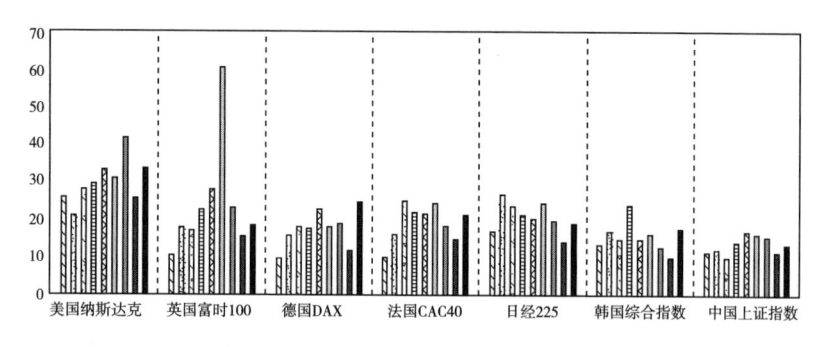

图 9-2　全球各主要股票市场市盈率的比较（2011—2019 年）

注：柱体从左到右分别表示 2001－2009 年数据。
资料来源：Wind 数据库。

最后,考虑两个层级资本市场的联动。由于央行可以通过提高自身的信用（加息）,触发下层资本市场信用耗尽,因此保证上一层级货币市场具有一定的信用冗余十分重要。假设 B 国以本

国货币计价的资本 C_B 的信用冗余 Δk_B 大于 A 国以本国货币计价的资本 C_A 的信用冗余 Δk_A，B 国央行就可以通过加息，将利率提高到让资本 C_A 的信用冗余 Δk_A 小于零的水平，保证资本 C_B 的信用冗余 Δk_B 大于零，从而让资本 C_A 的现金流被清算。现实中，由于中国国债（10 年期）的收益率高于美国国债的，如图 8-1（a）所示，这意味着就上一层级的资本市场而言，依靠国债生成的信用，美国的贴现倍数大于中国的贴现倍数，前者的信用冗余较小；而就下一层级的资本市场而言，如果中国房地产市场的信用冗余大于美国股市的，美国股市的信用冗余大于中国股市的，那么美联储加息的结果，就是从中国股市、美国股市到中国房地产市场依次崩塌，而较晚崩塌的资本市场就可以利用自身的资本，乘机抄底先崩塌的资本市场的现金流（真实财富）。

1994 年的汇率改革使得人民币正式与美元挂钩。加入 WTO 后，中国的工业化进程加速，通过出口结汇形成的外汇占款大规模增长；世界上信用最高的货币——美元，逐渐成为人民币信用生成的主要来源。美元如同大航海时代的白银一样，通过顺差大规模流入中国，促进了中国国内分工的深化和商品经济的繁荣；但与此同时，也令中国丧失了货币主权[①]。顺差依赖成为中国经济的阿喀琉斯之踵，美联储利率的波动成为人民币信用震荡的主要外源。随着工业化的不断深入，中国城市化进程随之启动，2004 年土地使用权招拍挂制度正式确立，房地产市场超越股票

[①] 赵燕菁，宋涛．"百年未有之大变局"的历史逻辑：基于资本—劳动两阶段增长模型的分析．厦门大学学报（哲学社会科学版），2020（03）：30－39；赵燕菁．货币、信用与房地产：一个基于货币供给的增长假说．学术月刊，2018，50（09）：56－73．

市场和债券市场,成为人民币信用生成的主要来源①。相较于企业出口和政府投资,中国居民的房地产投资对中国经济增长产生越来越大的推动作用。更为重要的是,与股市相比,在"土地金融"制度下,代表真实贴现倍数 k 的中国城市房价之坚挺超出所有人的预料。图9-3显示的是美国货币政策调整与中国城市房地产价格变化,相较于其他新兴国家的资本市场,无论美联储加

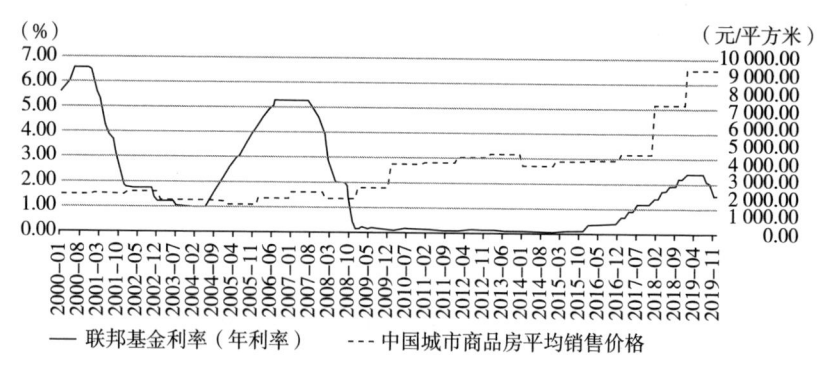

图9-3 美国货币政策调整与中国城市房地产价格变化

资料来源:美国联邦基金利率来自 Wind 数据库;中国城市房地产价格数据主要根据 CEIC 中国经济数据库整理,为全国287个大中城市年度房价的平均值,此外,由于 CEIC 中国经济数据库缺失部分数据,2000年、2001年和2019年三年的相关数据采用国家统计局提供的中国城市商品房平均销售价格的年度统计数据做了补充。

---

① 赵燕菁. 货币、信用与房地产:一个基于货币供给的增长假说. 学术月刊, 2018, 50 (09): 56-73; 赵燕菁. 国家信用与土地财政:面临转型的中国城市化. 城市发展研究, 2016, 23 (12): 1-21; 赵燕菁. 土地财政:历史、逻辑与选择. 城市发展研究, 2014, 21 (01): 1-13; 赵燕菁. 为什么说"土地财政"是"伟大的制度创新". 城市发展研究, 2019, 26 (04): 6-16; 赵燕菁. 是"土地金融"还是"土地财政":改革的增长逻辑与新时期的转型风险. 文化纵横, 2019 (02): 68-79+144; 赵燕菁. 城市化动力转型:内循环与货币. 城市规划, 2021, 45 (02): 49-57+116.

息还是减息①，中国的城市房价都屹立不倒。针对这一现象能够给出的一个合理解释就是，中国的地方政府拥有其他国家地方政府难以匹敌的信用，具有与其他国家地方政府完全不同的行为模式，它们就像一个个巨大的"企业"，为城市建设的投融资源源不断地创造信用②。

在某种意义上，美国今天遥遥领先的高科技和创新创业能力，均建立在其拥有比其他国家贴现倍数（信用）都高的货币基础之上。结合信用货币的生成机制，可以发现：一方面，中国的城市房价由于是地方政府核心商业模式——土地金融的函数，抬高了居民的居住成本③；但另一方面，正是凭借这一制度，中国才历史性地实现了货币自主，流通货币源源不断地生成。从1977年到2020年中美两国的M2的对比来看，2009年中国的M2开始超过美国，且差距不断拉大，如图9-4所示。从基于货币数量的增长理论来看④，货币的增长推动了中国经济的分工深化与规模扩张⑤。不仅如此，2008年之后，中国的房地产"泡

---

① 也无论中国对外贸易是顺差还是逆差，股市上涨还是下跌……
② 张五常. 中国的经济制度. 北京：中信出版社，2009；赵燕菁. 城市的制度原型. 城市规划，2009，33（10）：9-18；赵燕菁. 对地方政府行为的另一种解释. 学习时报，2007-02-12.
③ 这一点由于被认为对中国经济增长产生了明显的负效应而广受诟病。
④ 基于货币数量的增长理论认为，分工是增长的基础，而货币是分工的基础，货币分工的效率远高于契约分工的效率。由于货币数量不足，经济的潜在生产力被抑制。释放这部分潜在生产力的前提，就是获得足够的货币。只要货币增加，全社会的分工水平乃至生产力就会提高。简言之，在货币分工不足的经济里，只要改变货币数量，就可以导致经济增长或衰退，这就是所谓的货币数量增长理论。关于该理论，参见：赵燕菁. 货币、信用与房地产：一个基于货币供给的增长假说. 学术月刊，2018，50（09）：56-73；赵燕菁. 现代增长与信用货币：一个"双螺旋"增长假说. 学术月刊，2020，52（08）：83-98。
⑤ 土地金融及房地产市场对中国经济增长产生的这一正效应却鲜有研究注意到并提及。

沫"表现得比美国的股市"泡沫"更坚硬（呈现出更高的临界贴现倍数 K），以至于在美联储加息导致众多发展中国家资本市场爆发危机时，不仅人民币依然能够保持正的信用冗余，甚至中央政府还可以依托房地产市场发起逆周期的"四万亿"投资计划①。正是由于人民币具有较高的临界贴现倍数，中国自工业革命以来第一次有机会在科技和创新创业领域向美国发起挑战②。

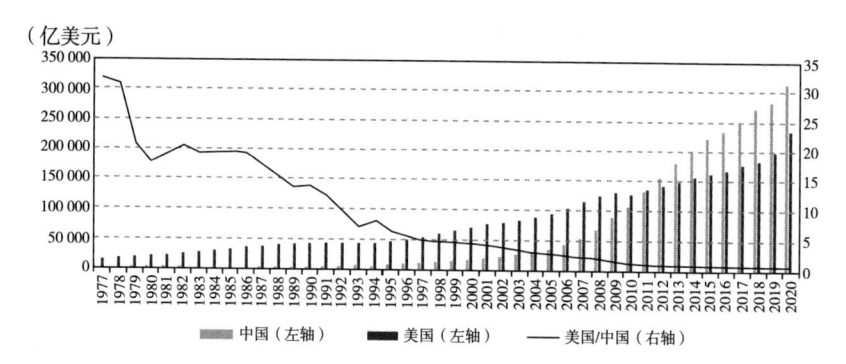

图 9-4　1977—2020 年中国与美国 M2 增长及对比

资料来源：Wind 数据库、CEIC 中国经济数据库。

---

① 由于无法解释中国异乎寻常的高贴现倍数，"去杠杆"成为某一阶段经济政策的核心关切。在临界贴现倍数不可知的条件下，减小真实贴现倍数 K 和增大信用冗余 Δk 是最显而易见的做法。2021 年，深圳的"深房理"事件曝光。按照"深房理"的操作，一套房子就好像一家公司。比如，一套价值 800 万元左右的房子，把它分成 10 股，每人出资 80 万元购买一股，就可以拥有一套房子 10% 的产权。这一操作本质上是房地产资本市场证券化的最后一块拼图。这一操作虽然最终无疾而终，却是世界上将房地产资本市场证券化的最前卫的探索，其意义堪比导致约翰·劳身败名裂的信用货币探索。关于约翰·劳围绕信用货币的探索，参见：MURPHY A E. 富有创新精神的理论家和实践者：约翰·劳//戈兹曼，罗文霍斯特. 价值起源（修订版）. 王宇，王文玉，译. 沈阳：万卷出版公司，2010.

② 宁南山. 从研发投入看中国各主要产业的未来. 微信公众号"宁南山"，2018-11-10.

管理贴现倍数

货币政策的核心,就是管理贴现倍数,将信用冗余在不同层级的市场主体之间做合理的分配,避免任何一个层级的资产价格因信用冗余不足而崩溃。央行信用和次级资本市场信用之间存在的这种传递关系,花了一定时间才被相关部门理解。在此之前,处理次级资本市场泡沫的标准做法还是逆向收紧信用,通过压缩次级资本市场的信用冗余来捅破泡沫。这样"去杠杆"的金融政策操作疗效有限,伤害却很大。

美国两次不同的"去杠杆"

与经济波动相伴随,美国经济经历了多次"去杠杆",其中两次典型操作,政策取向完全相反,效果也自是迥异,两相对比,高下立现,对中国具有很好的借鉴意义。

第一次典型的"去杠杆"行动

与中国类似,推动美国早期经济增长的动力也主要来自土地。美国政府靠卖地获得大把收入。1832年,仅美国的联邦政府土地总署年收入就已经多达250万美元,到1836年更是暴增到2 500万美元(同年美国联邦政府的总收入也不过5 080万美元)。美国当时的总统杰克逊对当时的情景描述,就像是在说今天的中国——"土地拥有证只是到银行贷款的信用凭证,银行把它们的银行券贷给投机者,投机者再去购买土地。很快,银行券又回到了银行,接着又被贷出去,银行券在这个过程中仅仅充当将宝贵的土地转移到投机者手里的工具。实际上,每一次投机都酝酿着更大的投机"①。与土地市场的火热发展相对应，美国的银行业在此期间也飞速发展②，而其中很多银行券是以房地产作为担保，大量的流动性催生了美国经济的空前繁荣。

1829年，对债务、投机以及纸币深恶痛绝的杰克逊当选美国总统。他的金融政策非常简单：尽快还清国债，关闭美国第二银行。到了1834年，杰克逊"在美国历史上是第一次——实际上也是任何现代大国历史上唯一的一次——完全清偿国债"。完成了宏观层面的"去杠杆"后，1836年杰克逊将"去杠杆"推向了房地产市场。7月11日，杰克逊签署行政命令，要求8月15日以后购买土地都必须以金币或银币支付。从信用货币倒退回金属货币意味着流动性的急剧收缩，银行券的持有者开始要求用银行券兑换金银铸币，银行不得不尽快收回贷款。由于当时的美国政府有大量的财政盈余，没有负债，因此释放出的金银铸币没有进入流通领域，而是被置于国库或"被宠幸的银行"，货币的临界贴现倍数 K 由于流动性减少急剧降低。持有金属货币较少却发行了大量银行券的银行纷纷倒闭，股市开始下跌，破产随之蔓延……"美国历史上的大牛市终于首次被大熊市所替代"③，这次激进的"去杠杆"行动不仅没有像预期的那样带来更大的经济繁荣，反而终结了原来的繁荣。好在当年还没有经济全球化条件下的竞争性资本市场，否则美国财富被其他资本市场洗劫是在

---

① 戈登．伟大的博弈：华尔街金融帝国的崛起（1653—2011）．祁斌，译．北京：中信出版社，2011．

② 1829年美国经政府批准的银行总共有329家，在此后仅仅8年的时间内就猛增到788家。发行的票据从原来的4 832万美元增加到1.492亿美元，发放的贷款更是从1.37亿美元增加到5.251亿美元。

③ 同①。

所难免的。

第二次典型的"去杠杆"行动

美国历史上的第一次大萧条,正是因为不理解信用在货币生成中的重要作用,错误地"去杠杆"所致。在 2008 年金融危机期间,美国汲取了此前大萧条的教训,没有刺破临界贴现倍数,而是用国家信用为资本市场增信("扭曲操作"),通过提高临界贴现倍数 K,使得信用冗余 Δk 由负转正,渡过了金融危机的险滩。按照前文的分析,资产的临界贴现倍数在根本上仍是建立在未来真实现金流性剩余基础上的,通过减少未来现金流性剩余打压下来的不是真实贴现倍数 k(因为其已经实现),而是临界贴现倍数 K(因为还是预期)。正确的"去杠杆"行动应该提高临界贴现倍数[①],而不是相反。

中国应该如何"去杠杆"

今天的中国,尤其是地方政府层面,也面临着与美国当年类似的高贴现倍数环境,我们该如何正确地"去杠杆"?经济史反复证明,压低临界贴现倍数"去杠杆"与提高真实贴现倍数"加杠杆"的最终结果是等价的——都是减少信用冗余,这显然是错误的"去杠杆"方式;而正确的政策取向应该是中央政府向下让渡信用,以增加地方政府的信用冗余。

在改革开放最初的三十年,中国经济之所以能够取得成功,很大程度上是因为加入了美元体系。布雷顿森林体系瓦解后,与美元挂钩的人民币通过贸易顺差和强制结汇生成了高能的基础货币,

---

① 这一做法与传统的认识正好相反,因此更需要理性的分析。

极大地缓解了信用短缺对经济增长的制约。但当中国的经济体量逐渐与美国接近时，中国经济对货币的需求就超出了美元所能提供的信用规模。从1987年深圳土地使用权第一拍开始到2004年全国土地公开出让市场正式形成，中国在无意中（甚至是不情愿地）创造了一个基于土地的资本信用来源。正是因为在流通货币领域土地信用成倍地放大了基础货币规模，才彻底解决了困扰中国千年的货币不足问题。[①]

而与之相伴的是，地方政府的现金流缺口越来越大，财政面临危机，这一现象在很大程度是由1994年财政分权后，中央和地方的财权与事权不匹配造成的。在推行分税制的早期阶段，由于中国的城市化水平较低，城市的资产存量较少，政府的一般性公共支出（现金流性支出）有限，财政分权改革将主要的现金流性收入（税收）划归中央，留给地方的主要是资本性收入（土地使用权出让金），这一财政划分方案正好满足了城市化建设阶段地方政府的发展需求，这一阶段地方政府的现金流性缺口并不突出[②]。一旦城市从资本型增长转向运营型增长，地方政府的现金流缺口就会急速扩大，在维持税制不变的情况下，随之而来的就是地方债务大幅增加。

面对这一困境，开征房地产税似乎就成了顺理成章的选择。基于前文的分析，开征房地产税意味着房地产市场未来的现金流

[①] 赵燕菁. 货币、信用与房地产：一个基于货币供给的增长假说. 学术月刊，2018，50（09）：56—73；赵燕菁. 国家信用与土地财政：面临转型的中国城市化. 城市发展研究，2016，23（12）：1—21；赵燕菁. 土地财政：历史、逻辑与选择. 城市发展研究，2014，21（01）：1—13；赵燕菁. 为什么说"土地财政"是"伟大的制度创新". 城市发展研究，2019，26（04）：6—16.

[②] 加上土地使用权出让收入被误解为地方政府的"财政收入"，可以用于弥补相关缺口，导致这一问题被进一步掩盖。

性剩余减少，相当于打压房地产市场的临界贴现倍数①。征收房地产税是将已经形成的资本还原为现金流，属于资本化的逆过程——只要税率足够高，房主的现金流（房租）就会减少，一旦引发大规模抛售，房地产市场就有崩盘风险②。不仅如此，由于中国的流通货币生成与房地产市场高度相关，房地产市场信用消失将引发更严重的后果，即通货紧缩③。更进一步，开征房地产税就是从居民处攫取新的现金流，以弥补地方政府的财政缺口。在经济紧缩周期里，这一改革就算在政治上可行，阻力也一定会非常大。基于上述分析，中国经济"去杠杆"的正确做法，首先应当是将分税制改革后中央政府征收的超出事权的现金流留给地方政府——加大地方政府在税收中的分成比例，让地方政府的财政恢复自主运转④。

不仅如此，由于同其他发达国家相比，中国的中央政府拥有大量国有资产，同时外债占比较低，这意味着在中央财政层面堆积了大量闲置的信用。由于基础货币与贸易顺差挂钩，中央政府

---

① 前面提到的美国13次熊市，至少有3次和加税相关。

② 当然，崩盘与否，以什么样的强度崩盘，也与具体的税率和豁免范围有关。由于日本的股市、债市远比中国的发达，房地产市场崩盘对中国经济的影响很可能会远大于当年对日本经济的影响。正是因为财产税的存在，其他国家的房地产市场难以成为和中国一样的核心资本市场。

③ 此时，无论基础货币如何宽松，都不会增加市场上的货币供给。

④ 让现金流向地方政府转移是由中国的信用结构所决定的，但这并不意味着现金流的最终归宿是停留在地方政府手中。美国是以直接税为主的国家，其地方政府的税收主要来自个人（房地产税和个人所得税），因此政府给企业减税，目的是通过促进充分就业增加中央政府的税收；中国是以间接税为主的国家，政府的税收主要来自企业，因此通过重新划分央地之间的税收分成，给地方政府"减税"的目的是降低企业成本，改善企业经营，并最终带来税收增加。这意味着中央政府减让的现金流，最终应当流向从事实体经济的企业。而能否带来新增现金流，则是判断"去杠杆"是否成功的终极标准。

的高估值（低利息）信用（国债）在资本市场上的规模微不足道。根据王永钦和刘红劭的研究，与美国相比，中国的国债规模一直较小。2020年中国名义GDP在全球GDP中的份额达到17%，中国名义GDP与美国GDP之比约为67%，但中国国债规模与美国国债规模的比值只有13.5%。美国固定收益市场中的国债规模占比超过40%，但中国债券市场中的国债规模占比不到17%[1]。由于国债以国家税收做抵押，是最好的安全资产，中央政府完全可以通过接管部分地方债务的方法给地方政府增信。美国独立战争后，汉密尔顿通过发行国债接管各州战争债务创造美元信用的高超经验，值得中国认真研究和借鉴[2]。面对新冠肺炎疫情给经济造成的冲击，在资本市场面临信用冗余耗尽时，美联储一直保持低利率向下一层级资本市场让渡信用。

在美国，推动资本生成的信用来源主要是股市，其创造者主要是企业。因此，特朗普给企业减税提高了股票市场的临界贴现倍数，降低了资本市场的风险；在中国，在由企业信用支撑的股票市场、由中央政府信用支撑的国债市场和由地方政府信用支撑的房地产市场这三个资本市场中，后一资本市场创造的信用远大于前两者。推动资本生成的信用来源主要是房地产市场，其创造者主要是地方政府，因此只有给地方政府"减税"，才能降低资本市场的风险。如果"去杠杆"的目标是防范系统性风险，就应

---

[1] 王永钦，刘红劭. 国债：现代金融体系的基石. 债券，2021（09）：13－18.

[2] 戈登. 伟大的博弈：华尔街金融帝国的崛起（1653—2011）. 祁斌，译. 北京：中信出版社，2011. 此外，地方政府也可以通过盘活自己手中存量资本的方式为自己增信。具体来看，可以将原来划拨土地上的资产（比如政府大楼），经过转让、补地价等程序使之进入市场，从而成为地方政府手中有价值的信用。

增加地方政府的信用冗余。显然，把现金流（税收）配置给地方政府，要比配置给企业或中央政府更能实现这一目标①。

按前文所述，信用冗余同时受临界贴现倍数和真实贴现倍数的影响（$\Delta k = K - k$）。因此，要想保持信用冗余不下降，不仅要努力提升临界贴现倍数，还要压制真实贴现倍数。如果真实贴现倍数上升的速度大于临界贴现倍数上升的速度，那么信用冗余一样会减少。由于"格雷欣效应"的存在，真实贴现倍数很难通过"无形的手"加以引导。加息、提准等收紧现金流的做法，都会导致临界贴现倍数下降，误导市场预期。在这种情况下，在经由银行信贷生成货币时，在银行窗口直接指导不动产抵押的最高贴现倍数，可能是一个更有效率的办法。

"去杠杆"与大国博弈

——"格雷欣效应"

鉴于目前人民币依然同美元挂钩，我们就不能脱离美国孤立地思考中国的"去杠杆"问题，而必须将美国因素考虑在内。中央政府"去杠杆"的政策目标，就是要确保中国上一层级资本市场的信用冗余多于美国，以确保在美联储回收信用（加息缩表）时，通过向下一层级资本市场让渡信用，能让我们坚持到美国核心资本市场先倒下。在这个意义上，中央政府目前仍保持的足够

---

① 而在中国开征房地产税相当于在美国对股票市场加税，会导致信用冗余减少。减少信用冗余 Δk 的效果其实与加杠杆提高临界贴现倍数 K 是等价的。就地方政府而言，面对财政压力，要特别避免那些可能大量吞噬现金流的投资（如修建地铁）；要减少依靠经常性预算支出供养的人员，控制各项福利开支；避免固投式扶贫，要将能否创造现金流作为考核扶贫、新农村建设绩效的主要衡量指标；要允许地方政府自主拓宽合理的非税渠道，汲取现金流。

高的正利率就是在为今后救助资本市场"囤积弹药"。

由于房地产市场是中国的核心资本市场,因此中国经济的"去杠杆"在很大程度上就是房地产市场"去杠杆"。2008年金融危机爆发,中国经济之所以能逆风而行、屹立不倒,就在于与世界其他国家的资本市场相比,中国以房地产市场为主的资本市场有更高的信用冗余。中国房地产市场的信用具有如下特点:首先,规模巨大①。土地及土地之上的建筑这些存量不动产是通过不动产市场的流量交易来定价的,由此带来的信用不仅数量惊人,而且渗透率极高。其次,拥有高临界贴现倍数。面对2003年后周期性出台的一系列打压房价的政策,甚至在2008年席卷全球的金融危机的冲击下,中国房地产市场的信用不仅屹立不倒,还为随后的"四万亿"刺激计划提供了金融支撑。最后如前文所述,中国的房地产市场几乎不受美联储货币政策波动的影响。正是凭借这三点,中国脱离美元体系内生创造信用成为可能。如果经济面临困难时开征房地产税,土地市场的信用冗余就会消失,中国的资本市场就可能陷入危局。

回到"双轨制"

正如前文所述,不同的资本市场之间的竞争和不同的货币之

---

① 相关研究显示,中国房地产市场的总市值已经达到65万亿美元,远超美国股票市场的规模(约为30万亿美元)、日本债券市场的规模(约为10万亿美元)以及欧洲债券市场的规模(约为19万亿美元)。上述数据皆为2018年的统计数据,其中中国房地产市场总市值和美国股票市场总市值的数据来自:陈见南.450万亿!中国房产总值超美欧日之和,但股票市值为何只有1/10?.微信公众号"数据宝",2018-11-19。日本和欧洲债券市场规模的数据来自:任涛.中、美、日等主要经济体二十年演变:1998—2008—2018.微信公众号"博瞻智库",2019-02-25。

间的竞争导致多重贴现倍数下的"格雷欣效应",其结果会导致市场主体不断追求高贴现倍数。而如果不同的资本市场和货币市场分属实体经济和虚拟经济,这一效应还会导致经济不断虚拟化。比如,假设实业 A 每年的利润为 10 元,股价为 100 元,其公司股票拥有 10 倍的市盈率;而实业 B 每年的租金也是 10 元,但房价为 1 000 元,该实业的售租比(市盈率)是 100 倍。两项资产同时被拿到银行抵押,B 通过贷款所创造的每 1 元货币所包含的现金流性剩余是 A 的 10 倍。根据"格雷欣效应",在资本市场上"劣信用"会驱除"良信用",具有高贴现倍数的资产 B 会通过收购具有低贴现倍数的资产 A 的方法来套利。最终的结果是,具有低贴现倍数的资产 A 被迫转变为具有高贴现倍数的资产 B[1],整体经济随之"脱实向虚"。

这一现象几乎出现在每一个采用信用货币的国家。在美国,当政府减税时,很多企业会将由此获得的现金流性收入用于回购股票。在中国也一样,如果缺少相应的配套政策,当中央政府向地方政府转移税收时,地方政府同样会把这部分新增的现金流性收入再次投入土地市场。这并非美国的企业或中国的地方政府的经营思路有问题,而是货币存在多重贴现倍数下的"格雷欣效

---

[1] 如 2017 年发生在中国的著名的"宝万之争"和美国经济虚拟化阶段盛行的高杠杆收购,都是多重贴现倍数下资本市场存在"格雷欣效应"的结果。

应"所致①。过去十余年,在中国房地产信用成为中国流通货币生成的主要信用来源后,中国也开始了经济虚拟化的进程。经济虚拟化的根源在于货币,单个企业或地方政府根本无法抵御这一趋势。

自诞生之日起,"土地财政"便在咒骂声中顽强而丑陋地生长,褒贬不一,毁誉参半,在帮助中国迅速崛起为世界级的创新体和高技术玩家的同时,也在不断掏空实体经济;在帮助更多的人卷入货币分工的同时,也造成了财富分布的巨大落差;在帮助货币减轻对美元信用依赖的同时,也使中美在经济上开始分离、在政治上开始对立;高信用带来的高贴现倍数也导致中国面对和美国类似的问题——整个经济不断"脱实向虚"②,出现"泡沫"和"高杠杆"等症状。资本市场存在的系统性风险,像达摩克利斯之剑一样,高悬在高速增长的中国经济之上。

贴现倍数对经济影响的两面性,导致了国家和城市财富管理的两难——虚拟和实体、研发和制造,只能二选一。中国房地产在多重贴现倍数下的"格雷欣效应"驱动下,不断上探临界贴现倍数。在高房价、高股价的市场环境下,以制造业为代表的实体

---

① 近些年来,中国的企业资本大规模流入房地产市场也是这个原因。2017年审计署发布的工作报告显示,多家金融机构和企业涉及房地产资产闲置等待升值套现,这已成为近年来一些上市公司增加利润的做法。Wind数据显示,截至2018年6月26日,在A股3 582家上市公司中,共有1 656家持有投资性房地产,占比为46.23%,合计持有市值9 904.66亿元,同比增长近两成。资料来源:乱象!超千家上市公司"炒房"近万亿,对企业投机"炒房"如何围堵?.微信公众号"半月谈",2018-08-01。

② 与此共生的是,整个社会被割裂为少数资本利得者和大量现金流持有者。贴现倍数的每一次提高,都会导致前者的财富增加、后者的财富缩水,社会财富分配出现"大分流"。这是在商品货币和低贴现倍数信用货币环境下未曾出现的财富再分配方式,这也导致以往行之有效的社会治理方案开始失灵。

经济一定会因资本套利而萎缩。但在现实中,却仍有少数地方(比如新加坡和我国深圳)在相同的货币环境下,实现了虚拟与实体、"高技术与强制造"的巧妙结合。究其共同点,就是在这些地方,两种极端的住房市场并存。在新加坡是高价的商品房和廉价的组屋并存,在深圳是高价的商品房和廉价的城中村并存。这就提醒我们,建立让"市场的归市场,保障的归保障"的"双重"住房市场,可能比仅拥有单一商品房(房改后)或单一保障房(房改前)的市场更有效率。新加坡和我国深圳的成功,在于通过制度设计,将商品房和保障房严格区分开,使得市场上两种住房能够同时存在:前者的发展形成资本市场,可以在市场上按市场价值流通,给城市的未来收益定价,目的是创造资本(信用);后者(组屋、城中村)则形成租赁市场,只能在保障市场上流通,房租不体现未来收益。

住房市场的这个案例告诉我们,货币政策并非只有贴现倍数这一个工具。一种"好的"货币制度,应该是可以最大限度地兼容虚拟和实体两种经济对货币的需求。如果把资本视作"水库",实体经济和虚拟经济就像"高差"不同的水池,只要开闸,流动性就一定会先进入"低洼"虚拟经济;只要虚拟经济规模足够大,实体经济就会一直干涸。而新加坡和深圳针对这一现象的解决办法,就是设计不同的"水渠",将资本和现金流分别输送给具有不同"高差"(贴现倍数)的"水池"——虚拟经济和实体经济。二者的发展经验让我们明白一个事实——只要设计出具有高效率的现金流输送体系,"高技术"与"强制造"就可以并存。

在传统经济学里,"双轨制"一般被视作一种从计划经济向市场经济过渡的权宜之策。贴现倍数会对虚拟财富和真实财富产生完全相反的效果,意味着"双轨制"很可能是实现"鱼和熊掌"可以兼得的制度路径。不仅在住房上,几乎是在要素分配的所有领域,"双轨制"的制度潜力都远没有穷尽。对采用"双轨制"的经济而言,关键是防止在具有不同贴现倍数的信用之间套利,这也是针对现代货币管理,世界各国面临的大难题。

结语

为应对突如其来的新冠肺炎疫情对经济造成的冲击,美联储开启了无限量的货币供给,货币生成开始同债务脱钩。在布雷顿森林体系瓦解后的半个世纪,世界很可能会见证一种全新的、完全无锚货币的诞生,我们正在进入布雷顿森林体系2.0时代,这就要求我们区分货币供大于求和货币信用冗余耗尽两种不同的货币危机[1]。尽管没人知道货币超发的"洪水"何时到来,但当财富规模已经大到没有任何其他货币足以避险时,中国只能打造自己的"方舟"——做好独立创造基础货币的准备。

这是最好的时代,也是最坏的时代。当以千年为尺度的时候,我们很难意识到历史的拐点。洪水来袭,避险财富最后会流向能够提供最大临界贴现倍数的货币。要想在危机中幸存,要做的就是比对手跑得更快。只有信用强大的国家,才能确保财富安

---

[1] 传统的金融危机都是源于信用冗余不足,今后则有可能发生在货币信用崩溃之后,货币因为供大于求而消失。

全[①]。在全球化的时代,没有哪种经济能单独决定自己的财富。在金融发挥重要作用的现代经济中,就中美两国的博弈而言,美国的股票市场和中国的房地产市场是十分重要的战场,博弈结果将决定各自的走向。而在资本战场上的竞争失利,可能会导致失去对整个战局的控制权。

附录　信用货币下的财富转移[②]

在传统经济学看来,由于降低资金成本有利于减轻企业的融资压力,因而降息被认为有利于实体经济。在实物货币或类似实物货币的挂钩货币时代,这一判断大体是没错的。但在信用货币时代[③],降息的经济学含义和实际政策效果却远比传统货币理论所能告诉我们的要复杂得多。一个重要原因,就是信用货币作为度量财富的尺子,本身的"刻度"会随着利率的调整而改变。信用货币这一不被常人察觉的"刻度调整效应",在实体经济和虚拟经济间悄悄进行着财富的转移。信用货币的这一效应,会使得利率调整可能产生与预期政策目标完全相反的宏观经济效果。

为了简化分析,我们建立一个由实体部门和虚拟部门构成的

[①] 这就是以往分散、自发生成的商品货币,进入信用货币时代就开始不可逆地"中心化"的原因;这也是美元的泡沫远超多数货币,但当危机来临时,财富还是涌向美元的原因。因为没有任何组织可创造出超越主权国家的信用,目前仍没有任何国家的信用可以超过美国。更高的真实贴现倍数意味着更强的信用和更多的货币,经济霸权首先意味着货币霸权。

[②] 这一附录是没有发表过的工作讨论稿,主要是应用双层货币假说,分析资本充裕条件下对实体经济形成压制的内在机制。目的是为发达经济普遍出现的"脱实向虚"趋势做出解释。

[③] 几乎所有的现代增长,都可以认为始于传统的实物货币转向现代的信用货币。从大历史的角度看,中国的改革开放紧跟着布雷顿森林体系瓦解,也并非只是时间上的巧合。

两部门模型[1],其中实体经济创造的真实财富用货币 M1 度量(相当于家庭的房租、企业的利润以及政府的税收),虚拟部门创造的虚拟财富用货币 M2 度量(相当于住房的价格、企业的市值、城市地价),则整个经济的货币总量 M=M1+M2[2],M1 和 M2 的差别导致在货币总量 M 内部形成一种货币结构。而真实财富 M1 又可以进一步分为两部分,一部分是净财富剩余 $M1_a$(等价于消费),另一部分是用于资本创造的财富 $M1_b$(相当于储蓄又可视为投资的准备金、资本金),则 $M1=M1_a+M1_b$,这意味着在 M1 内部又生成一种货币结构。M2 是由真实财富中用于资本生成的货币 $M1_b$ 通过将未来剩余贴现得到的,即 $M2=\sum_{k=1}^{\infty}(1+\delta)^{-k}M1_b$,其中 δ 为贴现倍数,k 为贴现期数。为简化分析,我们假设未来每一期的 $M1_b$ 都相等,于是这一公式可以进一步简化为:

$$M2=M1_b/\delta$$

其中,贴现倍数 δ 决定了虚拟财富的多寡,贴现倍数 δ 就相当于该资本对应的价格——利率[3]。现实中,这个贴现倍数对应的是股票的市盈率、房屋的售租比和贷款的利息这一类指标。$M2=M1_b/\delta$ 意味着货币的两层结构之间是存在关联的。贴现倍数 δ 的本质,表达的是真实资本财富($M1_b$ 部分)与虚拟财富的

---

[1] 这里所说的虚拟部门不是传统经济学界定的金融部门,而是将所有经济部门中创造资本的部分加总,界定为虚拟部门。

[2] 这里所说的 M1 和 M2 借用了宏观经济学中关于货币供应的相关概念表述,它们所表达的具体含义与传统经济学中所说的"M1=M0+企业活期存款+个人持有的信用卡类存款""M2=M1+企业定期存款+城乡居民储蓄存款"既有联系又有区别,其中 M2 由 $M1_b$ 除以贴现倍数 δ 生成,是基于信用货币下贷款生成存款的观点。

[3] 这里所说的利率相对于传统经济学中的利率是一个更为宽泛的概念。

"兑换比"。在实物货币制度下,利率只反映给定市场供需条件下,债务双方对资本的估值。但在信用货币制度下,信贷生成货币,利率直接决定了 M2 的数量,进而决定了市场上的货币供给总量。

区分 M1 和 M2 是研究信用货币的关键切入点。在双层货币结构下,利率的改变对 M1 和 M2 的影响是不对称的,因而对实体经济和虚拟经济的政策效果也是不一样的。

假设有一种真实现金流为 1 000 个单位的经济,用货币 M1 标价是 1 000 元。为了融资,将其中的 200 元($M1_b$)作为资本金(准备金),按照 10 倍的贴现倍数(对应的利率 r 为 10%)资本化,生成的 M2 为 2 000 元。此时,社会总财富是由以 M1 计价的 1 000 元真实财富和以 M2 计价的虚拟财富 2 000 元两部分组成。真实资本财富与虚拟财富的兑换比是 1:10。

如果此时将利率 r 降到 5%,表面上看,实体经济融资成本降低了,按照原来的投资回报率,收益至少要达到 20 元才能还本付息,现在则只需要 10 元就可以还本付息,降息似乎有利于实体经济;但这里被忽略的是,虚拟财富 $M2=M1_b/\delta$ 也已经从原来的 2 000 元上升到 4 000 元,此时,对应的贴现倍数 $1/\delta$ 从 10 提高到 20,即真实资本财富与虚拟财富的兑换比从 1:10 降低到 1:20,见附表 9-1。换句话说,以 M1 计价的真实财富占比缩水了(或者说以 M2 计价的虚拟财富占比放大了)。

当只考虑实体经济一个部门时,降息会将实体经济的融资成本从 10% 降低到 5%。如果只以 M1 计价,降息是有利于实体经济的。但在双层货币结构下的两部门模型中,M2 是通过将资本 $M1_b$ 按照给定利率贴现未来收益生成的,在这种情况下,降息同

附表9-1 降息后真实财富和虚拟财富在社会总财富中的占比变化

	降息前	降息后
真实财富（M1）	1 000	1 000
净财富剩余（$M1_a$）	800	800
资本财富（$M1_b$）	200	200
贴现倍数（$1/\delta$）	10	20
利率（r）	10%	5%
虚拟财富（M2）	200×10=2 000	200×20=4 000
总财富（W）	3 000	5 000
真实财富占比（M1/W）	1/3	1/5
虚拟财富占比（M2/W）	2/3	4/5

时提高了虚拟经济部门的资本估值。虽然以M1计价的真实财富利用廉价资本实现了财富增量$\Delta M1$，但与此同时以M2计价的虚拟财富也出现了膨胀，对应的财富增量为$\Delta M2$。

在这一过程中，关键的问题是货币"刻度"的改变，不是同时放大或缩小真实财富和虚拟财富。M1和M2形成货币的第一层结构，这层结构的存在导致降息后以M1计价的真实财富不变，而以M2计价的虚拟财富却会随贴现倍数的升降而胀缩。货币的这一结构使得真实财富和虚拟财富在面对相同的利率变化时，收缩和膨胀不同步——在利率下降时，虚拟财富会被放大，但真实财富却保持不变。而M1和M2之间的结构又进一步取决于M1的内部结构中$M1_a$与$M1_b$的比例，这决定了降息的结果最终是$\Delta M1$大于$\Delta M2$，还是$\Delta M2$大于$\Delta M1$。

正是由于货币存在这样一种双层结构，货币政策也就不再是"中性"的。[①] 在信用货币制度下，降息就等于从实体部门向虚拟部门净转移财富。双层货币结构可以很好地解释在信用货币制度下，为何货币数量 M2 的扩张不再引发通货膨胀，而是代之以资产膨胀；为何在资本持有者的财富增长的同时，其他阶层的收入会停滞不前甚至减少；为何在全球化中资本大国的实体经济会遭受打击。回到前面的例子，在真实财富 M1 等于 1 000 元的经济中，若 200 元资本的利率从 10% 降低到 5%，则降息会使 M2 从 2 000 元增加到 4 000 元。而此时若资本在实体经济中所产生的投资回报率没有实现同样倍数的增长，则意味着在以 M2 计价的财富兑换中会出现真实财富向虚拟财富的转化。

反映到现实中，就是降息导致房价/股价估值上升的速度大于房租/分红的增长速度，虚拟经济在社会总财富中分到的"份额"就会增大。接收到这样的价格信号后，一旦降息，$M1_b$ 所带来的增量 $\Delta M2$ 全面超出 $M1_a$ 带来的增量 $\Delta M1$，无论是多么宽松的 M2，都不会再进入实体经济。相反，越来越多的真实财富会转化为虚拟财富，表现在货币上，就是越来越多的 M1 从 $M1_a$（现金流）状态转变为 $M1_b$（资本）状态。最终出现"降息打击实体经济"的宏观政策效果。[②]

在信用货币制度下，加息、降息会产生和实物货币制度下完

---

① 更不像古典货币理论认为的那样，货币仅是笼罩在经济活动表面的一层"面纱"。

② 只有直接创造更多的 M1，而不是通过降息生成 M2 来生成货币，才能防止经济"脱实向虚"，使降息变成资本与货币间的虚拟游戏。但本附录也并不赞成通过加息来刺激实体经济，因为这样做虽然可以增大真实财富在社会总财富中的比重，但也会使社会总财富整个蛋糕变小。这就意味着货币政策需要通过资本市场之外的另外一个渠道发挥作用。相关内容详见笔者的《启动危机增长：一个关于功能货币的建议》一文。

全不同的财富分配效应：若加息（去杠杆），财富会从虚拟部门向实体部门转移，实现资本支持实体经济发展的政策效果；降息（加杠杆）则会导致财富从实体部门向虚拟部门转移，出现资本剥削实体经济的现象。市场利率低于影子利率的幅度越大，资本越便宜，实体经济就会越萎缩，虚拟经济就会越膨胀。在全球化分工的格局下，通过不断降低利率，资本大国就可以实现财富从劳动大国（实体经济）净转移。而负利率更是意味着哪怕社会总财富缩水（资本不创造新增财富），虚拟经济也可以通过从实体经济"吸血"获得更多的财富。

任何理论模型的本质都是分析问题的工具。双层结构作为一个高度简化的货币假说[①]，可以帮助我们理解一些看似违反常识的货币现象，但还远不足以解释丰富多彩的经济世界的全部。

---

① 在真实的经济中，由于每一种货币中 M1 和 M2 的比例以及 $M1_a$ 和 $M1_b$ 的比例各不相同，与之相对应的是，实体经济和虚拟经济的比重也自然存在差异。由此导致采用同样的货币政策（加息或降息），对不同经济所产生的政策效果也自然不同。

Part IV
第四篇

财富分配

第十章
资本市场再设计[*]

资本与劳动的空间分异所导致的贫富分化,已经成为制约经济全球化的主要社会原因。传统的用于解决公平问题的经济学理论大多着眼于分配环节,认为通过税收"劫富济贫"是解决贫富分化问题最主要的方法。本章则认为,收入分配差距只是结果而不是原因。导致贫富分化的原因在资本分配阶段就已经埋下了。除非在资本分配环节就开始缩小差距,否则贫富分化问题得不到根本性解决。为缩小贫富差距,相对于资本分配,在收入分配环节做出的努力,只是杯水车薪。本章从资本市场入手,提出了一个全新的针对资本市场发展的概念设计:首先,建立资本市场上代表公众利益的"公众基金",使之成为企业上市的终身保荐人和长期战略投资者;其次,制定有利于实体经济发展和公众资本获利的制度和规则,将股票市场的估值重新建立在企业真实的现金流性收益的基础上,区分不同性质的股票并做差异化处理,从而把资本切实有效地引导到实体经济需要的地方,努力推动效率与公平两大目标同时实现。

---

[*] 在前面章节中,笔者提到资本市场包括股票市场和房地产市场,有关房地产市场与财富分配的关系已在前文展开,本章内容主要针对股票市场。本章源于笔者与厦门大学经济学院副院长周颖刚教授合作的文章《中国资本市场再设计:基于公平效率、富民强国的思考》。原文发表于《财经智库》2016(02):116-120。

第十章 资本市场再设计

引言

2015年股市的巨幅波动以及随后陆续曝光的内幕，显示出本应为实体经济服务的资本市场问题很多。各种监管漏洞给境外套利热钱提供了方便。2015年末，地产巨头万科与宝能系资本关于控制权之争，也引发了对中国资本市场的各种争议。2016年1月16日，中国证监会主席肖钢在全国证券期货监管工作会议上称，这次股市异常波动充分反映了我国股市的不成熟：不成熟的交易者、不完备的交易制度、不完善的市场体系和不适应的监管制度。资本市场上的一系列事件，暴露出其制度设计存在的两大深层次问题：第一，难以有效配置资源，不利于实体经济；第二，社会财富向少数人转移，无助于缩小贫富差距。这两个问题说到底是效率与公平问题，在世界主要资本市场都存在，但中国所处经济发展阶段使这两个问题的后果更加严重。

中国资本市场的兴起和发展是中国经济转轨和改革的产物，一开始是以其筹集资金的功能在20世纪80年代计划经济体制下和外部意识形态的敌意中萌芽的，而它之所以能在20世纪90年代得到政府的承认、提升并被委以重任，也应归功于其直接、简单而实用的筹集资金的功能，特别是为国有企业和国有经济筹集资金的功能。政府往往需要通过二级市场的火爆来逆向拉动一级市场的扩容，"为融资而维系繁荣、为繁荣而支撑交易"，导致一级市场高价圈钱、二级市场疯狂套现，两者恶性兼容、无效率地自我强化，矛盾和冲突日益尖锐。

中国资本市场的问题，也在很大程度上来自对发达国家制度的仿效。历史上，美国资本市场长期以来一直有效地服务实体经济。但面对 1987 年 10 月 19 日股市的大崩盘,"为应对美股高达 23% 的单日跌幅,美联储采取了激进举措支撑市场,并买入了政府债券。现在回过头来看,这就是后来众所周知的'格林斯潘看跌期权'的雏形,即在危机爆发后,大规模注入流动性"。从那以后,"美联储一直坚定不移地护卫着以金融市场为根基的美国经济"(罗奇,2015)。资本市场也从为实体经济服务,转向为虚拟经济服务,这导致由资本家还是企业家控制企业的问题变得越来越尖锐。① 在中国,"宝万之争"背后暴露出来的深层次问题正是金融资本和产业资本对企业经营权的争夺(蔡浩,2015),对国家选择实体经济优先还是虚拟经济优先的方向有着路标式的意义。

美国金融学会 2014 年的会长鲁伊奇·津格莱斯(Luigi Zingales,2015)认为,"虽然一个发达经济体需要一个成熟的金融部门是毫无疑问的,但并没有理论推导或实证支持这么一个观点,即过去四十年所有金融部门的增长都有益于社会"。皮凯蒂在《21 世纪资本论》中揭示了资本在社会财富分配中的巨大作用,即资本报酬率系统性高于经济增长率,资本所有权的分配越不均,经济增长的好处和社会财富就会越集中在少数人手中,贫富差距就越大。在中国,股市同房市、矿产开发和征地拆迁一起,构成了社会财富向少数人转移的四大渠道,急需加以改进。

---

① 玛格丽特·布莱尔在《所有权与控制权:面向 21 世纪的公司治理探索》一书中指出:"股东绝不是上市公司唯一的剩余索取者或风险承担者。债权人、经理、雇员,甚至供货商、消费者和社区居民,也同样对企业进行了专业性投资。"因此,股东并非企业的唯一"所有者",公司管理层应对"公司长远和利益相关者"负责。

第十章 资本市场再设计

制度设计

制度设计原则

效率与公平是各种经济社会制度追求和需要平衡的两大目标，更是我国构建社会主义和谐社会的核心问题。中国资本市场作为实现资源配置和财富分配的重要制度，必然要兼顾这两个方面，以达到"富民强国"的战略目标（胡汝银，2015）。

一方面，从效率的角度来看，中国目前仍处于工业化阶段，实体经济是中国立足世界的核心竞争力和比较优势，这就要求中国资本市场能够有效地为实体经济配置资源。[①] 在完成工业化之前，中国应当坚持实业立国的根本方向。2016 年 2 月 14 日，中国人民银行、国家发改委、工信部、财政部、商务部、中国银监会、中国证监会、中国保监会等八部委联合发布了《关于金融支持工业稳增长调结构增效益的若干意见》[②]，说明上述判断是正确的。中国资本市场的制度改进方向，就应以"强国"为目标，走出一条实业资本优先、金融资本为实体经济服务的道路，从而在国际竞争中强化自身优势，而不应当追随发达国家金融资本优先的模式，应避免过早地参与发达国家占优势的金融游戏。

另一方面，从公平的角度来看，公平不等于收入平均分配，而是使全民都有机会分享经济增长的好处。中国经济正面临着跨

[①] 资源有效配置在现代经济学中指的是帕累托效率（Pareto efficiency）或帕累托最优（Pareto optimality），即在总的初始禀赋给定的情况下，不存在其他的资源配置方式使得至少一部分人变好而没有人变差。

[②] 人民银行等八部委印发《关于金融支持工业稳增长调结构增效益的若干意见》. 中国人民银行官网，2016－02－16.

越中等收入陷阱的局面,前提条件是必须"富民",创造一个坚实的中产阶级。对于中国资本市场的长远发展而言,财富的分配功能甚至比其融资功能更加重要。

应该指出的是,市场上不存在"中立"的自然制度。各个国家的比较优势不同,参与者禀赋不同,使得任何制度设计都不可能完全"中立"——篮球规则有利于身高,足球规则有利于速度。资本市场也是如此,制度设计首先要在不同的偏好间做出选择:倾向于企业家还是资本家?倾向于造富还是公平?

偏好与选择1:倾向于企业家还是资本家?

《金融时报》专栏作家约翰·凯研究了波音、花旗和帝国化工(ICI)后发现,当管理层的经营目标转向股东价值时,企业很快就会陷入危机。转向股东价值并非因为经营者不懂"金融为实体服务"这个大道理,而是"资本为王"的市场规则使然。肖钢在2016年全国证券期货监管工作会议上提出:发展资本市场,必须牢固坚持服务实体经济的宗旨,着力发挥好市场配置资源和风险管理等功能,遏制过度投机,绝不能"脱实向虚",更不能"自娱自乐"。[①] 我们认为,这应当是制定资本市场规则的首要原则。

但股票市场的表现说明,如果没有制度保障,所谓的"首要原则"就是一句空话。因此,资本市场制度设计的方向应当是这样的:(1)正常经营的企业,应由企业家(代表"广泛利益相关者")而不是资本家(股东)控制;(2)产业资本利用金融资本

---

① 深化改革健全制度加强监管防范风险 促进资本市场长期稳定健康发展:肖钢同志在2016年全国证券期货监管工作会议上的讲话. 界面新闻,2016-01-16.

而不是相反；(3) 企业的利益优先于股东的利益；(4) 鼓励战略投资者，限制短期投机者。

偏好与选择 2：倾向于造富还是公平？

宾夕法尼亚大学沃顿商学院教授西格尔把过去两百余年不同资产的表现做了一个对比。从 1802 年到 2011 年，1 美元纸币只值 5 美分左右，1 美元黄金价值约 3.12 美元，1 美元短期政府债券价值约 278 美元，1 美元长期政府债券价值超过 1 500 美元，1 美元股票价值 93 万美元左右，涨了近百万倍！通过资本市场分配财富对社会均富具有不可替代的作用。寄希望于通过二次分配（高遗产税、所得税、财产税）转移财富来缩小贫富差距，已被发达国家的实践证明无效。

当中国经济处于高速度增长阶段时，资本的分布不均会加剧社会贫富分化。一旦巨大的贫富差距不断被强化并锁定，几乎不可能通过市场的手段自我修复。鉴于资本市场在财富分配上的巨大效应，资本市场制度设计的一个核心原则，就是资本市场的最大收益应当归公众，而不是造就越来越多的超级富豪。

评估基准

如图 10-1 所示，资本市场将来自实体经济的现金流折现，反映实体经济的价值；但资本市场的供求关系也可能扭曲资产估值，对实体经济产生负面影响。当贴现倍数很高的时候，资产价格容易形成泡沫。如果资本利得系统性大于现金流性收益，资金就容易在资本市场内空转，甚至诱使资金抽离实体经济转到资本市场进行炒作和投机。同时，金融衍生品对现货的价格发现和风险管理功能若有效的话，有利于金融部门转移和管理风险，有利于实体经济释放潜在的生产力，但也可能对实体经济产生负面影响。

为此，有必要设计一个基于分红和现金流（E）的股价（P）回报基准，并将其作为资本市场的"锚"。最接近这一要求的市场指标，就是市盈率（P/E）。① 如果对所说的"锚"适当加以改进，使之能够反映资产价格和实体经济表现之间比较稳定的联系，并且简单、清晰，便于监测，不易做假，就可以用于区分不同股票的风险和收益。有了这样一个"锚"，就可以将市场估值重新建立在真实收益和现金流基础上，使其反映实体经济的真实表现，然后区分不同性质的股票，并制定差异化的规则。

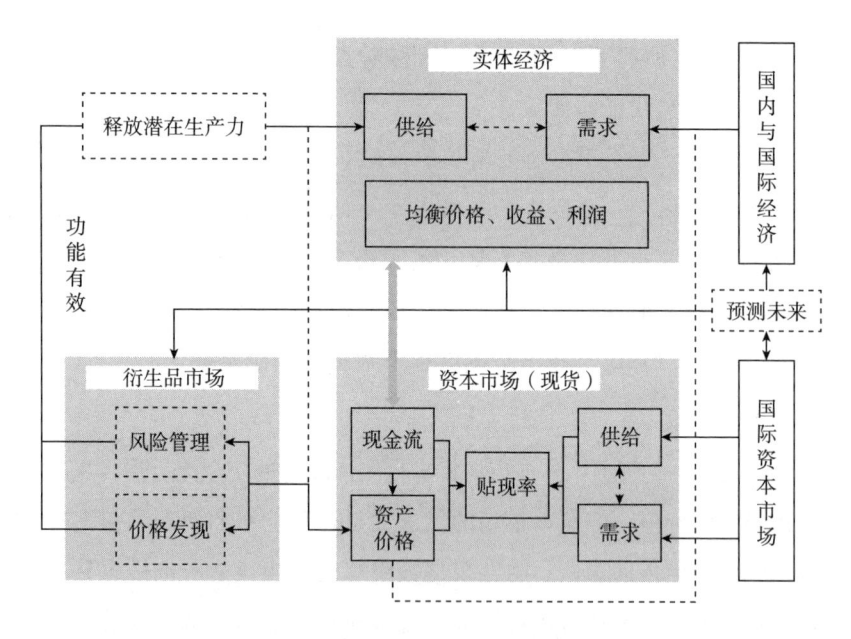

图 10-1 实体经济和资本市场的关系和互动

---

① 根据 2016 年彭博社的数据，美国股市的市盈率是 18 倍，德国、瑞士的是 19 倍，经济增长较快的印度其股市市盈率也不过 23 倍。而我国股市的市盈率高达 57 倍。股价严重偏离实体经济的表现，就可能急剧波动。如果股价长期如此，整个资本市场就会与实体经济脱钩，自身成为转移财富的工具。

如何对市盈率适当加以改进？首先，可以参照诺贝尔经济学奖得主席勒（Shiller, 2000）提出的"周期调整后市盈率"（cyclically adjusted price earnings，CAPE），也就是用经通货膨胀调整的过去 10 年的平均盈利取代过去一年的盈利来计算市盈率，以平滑经济周期对估值的影响，使得估值更准确。其次，因为行业的发展前景不同，不同行业的"周期调整后市盈率"也不一样，通常新兴行业的市盈率普遍较高，成熟行业的市盈率普遍较低，因而有必要对不同行业的"周期调整后市盈率"做进一步的调整。最后，"周期调整后市盈率"及进一步按行业调整后的市盈率都是历史市盈率（historical P/E），为了更充分地考虑未来的现金流性收益，应同时参照未来市盈率或预估市盈率（prospective/forward/forecast P/E），所用的每股收益预估值一般采用市场平均预估值（consensus estimates），即追踪公司业绩的机构收集多位分析师的预测所得到的预估平均值或中值，但这需要提高分析师的职业素质并提高其预测准确性。

公众基金

北京大学以全国 25 个省市 160 个区县的 14 960 个家庭为基线样本所得的《中国民生发展报告 2015》显示，最富有的 1% 的家庭占有近 1/3 的全国财产，而底端 25% 的家庭拥有的财产总量只占 1% 左右。在收入和财产不平等日趋严重的背景下，股票市场不断造出巨富，不断引导社会财富向更少的富人倾斜。除非股票市场上有一个真正代表大众的投资者分享经济和股市的增长，再由它分配给大众，否则，资本市场放大财富差距的现象就不可能消失。为此，我们认为应该设计一个代表"大众"的机构，使之进入市场作为长期战略投资者。"公众基金"就可以作为这样的机构。它的作用远不只稳定市场,更可以建立起直接向大众分配财富的渠道。

"公众基金"可以独立设立,也可以依托养老基金、社保基金等有个人账户、可以覆盖全体国民的机构。初始资本可来自垄断行业,从"国有"变为"民有"——将国有企业的资产直接划归养老基金或社保基金。在国际上,养老金入市投资是一种惯例和通行模式。截至2013年底,在21个OECD国家的养老金投资组合中超过70%的资金投资于债券和股票。在我国,推进养老金入市的声音一直存在,并进行过几次方案设计,但屡因反对的声浪太盛而偃旗息鼓,反对入市的主流意见是:老百姓对把"保命钱"放入阴晴不定的股市并不放心。因此,资本市场的规则应当优先满足"公众基金"的安全与获利要求。

在这一规则下,"公众基金"应被赋予资本市场的优先权,包括一级市场的保荐上市权、优先获益权,而且在二级市场上实施有利于战略投资者的差异化规则(详细讨论见下文)。应该指出的是,可设计多个"公众基金"在资本市场上相互竞争。这些机构最好不受政府直接管理,而是由市场上的职业经理人来管理,具有一定的独立性。之所以如此,就是避免"公众基金"成为政府实现宏观经济目标的工具。"公众基金"的目标是公众资产的保值增值。由于"公众基金"的这一属性,任何损害"公众基金"收益的市场操作,都将背负巨大的道义责任。

终身保荐人

目前,在各国资本市场企业上市途径主要有审批制和注册制两种。这两种办法都解决不了寻租和信息不对称的问题。原始股成为特定资本套利的重要渠道，一级市场高价圈钱，二级市场疯狂套现。"赌"原始股升值，而不是投资于企业盈利能力；"炒"各种各样的概念，而不是实体经济带来的现金流。审批制的效果大家已经很清楚了。实际上，注册制也并非"灵丹妙药"，在以散户为主的市场结构下更是如此。

1950年以前，美国散户投资者的持股比例高达94%，当时内幕泛滥，遍地老鼠仓，毫无企业鉴别能力的大量散户受欺诈、被掠夺。如今美国剩下的散户不到5%，其余散户被迫退出，或将资金交给机构打理。2002年，美国世通公司虚构营业收入90亿美元，虚增总资产110亿美元，美国证券交易委员会对其罚款75亿美元，其首席执行官被判25年监禁。这说明，即使美国的注册制实行如此"严刑峻法"，造假欺诈也没有被禁绝。

在中国，散户投资者与机构投资者的比率远高于美国。中国证券登记结算有限责任公司统计数据显示，截至2015年末，流通市值在10万元以下的账户比例高达71.56%，而流通市值在50万元以下的账户比例更是超过93%。一旦在监管不完善的情况下实行注册制，壳公司大量退市，加上过高的估值，势必导致中小散户再次失血。1995年至2012年，在纽约证券交易所有3052家公司退市，在纳斯达克有7975家公司退市。2003年至2007年，纽约证券交易所的年均退市率为6%，约1/2是主动退市；纳斯达克的年均退市率为8%，主动退市占近2/3。这如果是在以散户为主的中国资本市场，早已导致严重的社会问题。这就是为什么在2001年至2007年，A股上市公司总数从1120家增加到2800家，上市公司总市值从5320亿元增加到50万亿元,其间没有一家公司退市。截至2016年3月,沪深两市总共仅有100余家公司退市,仅占上市公司总数的3%。

因此,注册制并不是"灵丹妙药",关键是要建立终身责任制以消除寻租的空间。[①] 笔者认为应该完善现行保荐制度,对于由"公众基金"持股的公司,由"公众基金"充当终身保荐人。保荐人通常是指根据法律规定为公司申请上市承担推荐责任,并为上市公司上市后一段时间的信息披露行为向投资者承担担保责任的股票承销商。我国于2003年引进保荐人制度,保荐人作为资本市场的"第一看门人",在保障上市证券质量、保护投资者利益方面发挥着一定的作用。然而,保荐期限过短是一个公认的问题,保荐人往往不能切实承担起后续监督担保的职责,也存在部分保荐人"荐而不保"以及保荐过程中存在严重的利益输送问题,这些都折射出该制度存在缺陷和弊端。如果代表全民利益的"公众基金"对所保荐的公司终身负责[②],并享有优先收益权,让保荐人的权利、义务与责任对等平衡,并将其持有的部分原始股的"租值"归于公众,将对我国资本市场的长远发展将具有深远意义。

凡经终身保荐人评估可以上市的公司,必须把一定比例(比如30%)的股份以发行价卖给终身保荐人。这部分股票相当于优先股,拥有分红、清算的优先权,但终身保荐人不干预企业家的经营。

[①] 正如《中共中央关于全面推进依法治国若干重大问题的决定》指出的,要建立重大决策终身责任追究制度及责任倒查机制,坚决消除权力设租寻租空间。

[②] 如英国采用的是终身保荐人制度,保荐人的任期与上市公司的存续期一致。

用差异化思路设计市场

差异化是生存之道。从中国资本市场的发展战略来看，应该以实业资本为先并在国际竞争中强化自身优势，而不应当追随发达国家金融资本优先的模式，避免过早地参与发达国家占优势的金融游戏。更具体地，应按照市场差异化的思路进行制度设计，依据上文讨论过的经适当调整的市盈率，区分不同性质的股票并做差异化处理（differentiated treatment，DT）[①]，从而把资本引导到实体经济需要的地方。

高回报股票

这是指市盈率低、投资回收期短、回报率高的股票。低于一定市盈率门槛的市场区段（比如，经适当调整的市盈率低于15倍），为高回报市场，是"公众基金"保荐股票发行的区段。由于风险低、收益稳定，可将其视作介于股市和债市之间的一种融资工具。股票估值可以根据企业业绩、连续盈利记录和企业家信用等确定，但不能超过市盈率上限，以确保可靠的盈利。同时，在市盈率跌破发行时的市盈率后，作为保荐人的"公众基金"有义务入场抄底，并回购不低于保荐时的股票份额。此时，"公众基金"起到类似平准基金的作用，以防止股市非理性崩盘。

这一市场区段的主要功能，就是通过与现金流性收入挂钩，使实体经济在市场上实现基准定价（资本化）。沈凌（2016）就

---

① 市场差异化其实并不少见，如主板、创业板、新三板的划分，以及对财务状况或其他状况出现异常的上市公司的股票交易进行特别处理（简称ST）等，都属于市场差异化。我们所提的DT不同于ST，前者是更高层次的一种制度设计，符合多层级资本市场的发展思路。

提出:"假设我们现在允许养老基金持有工商银行的绝对多数股权,而养老基金需要每年提取若干资金用于养老金支付,那么它就会要求工商银行改变分红政策,加大分红比例。假设工商银行按照80%的比例分红,那么以现在的7倍盈利率算,它的股息率应该是12%,远远高于银行存款利率。如果能够承诺十年内不改变这个分红比例,那么差不多就收回了全部的投资成本。"在回报率最高的区段,"公众基金"通过承担终身保荐的责任购买相当于优先股的一部分股票,拥有优先获益权。例如,可规定凡低市盈率企业,必须经"公众基金"保荐上市;凡垄断型企业,必须经"公众基金"保荐上市;凡国有资本超过一定比例的企业,必须经"公众基金"保荐上市。

低风险股票

市盈率在合理回报区间被设计为企业家的安全区间,也是股票市场的主体。在这一区间,所有投资者,包括机构投资者,都是没有投票权的长期战略投资者。股东只能"用脚投票",而不能"用手投票"。"公众基金"和普通股民一样根据经营的好坏,购买或抛出不同公司的股票。其目的是保护企业家的正常盈利区间免受资本家恶意收购的威胁。保荐人代表散户监督公司的信息披露行为及经营信息,避免散户受欺诈、被掠夺。为了鼓励市场在这一区段交易,低于上线门槛市盈率的股票被允许以股息分红冲抵税前利润;股票交易免交印花税、资本利得税;"公众基金"缴入大户可获得额外奖励等。

这一区段的股票是资本市场的主体,其主要功能就是为实体经济融资并"用脚投票"。不仅是养老金,所有资产组合中的风险厌恶型资产,都可以按照与"公众基金"一样的规则在这一区间投资。在"公众基金"主导的市场,作为大股东的"公众基金"拥有足够的信息,散户只要跟随"公众基金"进出(例如购买"公众基金"指数),就可以获得安全回报。而那些依靠高杠杆融资在股市上投机的资本,则被排除在市场之外。

高风险股票

"公众基金"要在股票超过风险门槛(比如,P/E>60)之前全部抛出,以避免进入高风险市场。对于高风险市场股票的交易,要提高进入门槛(比如,最低500万元才能开户),以限制散户进入,要有最低持股期限(比如,一年),并开征资本利得税,以防止投机性并购。为了通过重组激活企业,消化"僵尸"企业,允许资本家通过并购企业,改组经营团队——股东可以"用手投票"。这些股票交易的印花税、资本利得税等税收,由财政部转拨给该股票的保荐人即"公众基金"分享。

这一市场区段的主要功能,就是为资本盘活有残值的"僵尸"企业提供退市之外最后的机会,开放"恶意收购"来制衡经营不善的企业家。2013年,在位长达37年的太平洋投资管理公司(PIMCO)创始人比尔·格罗斯(Bill Gross)去职。一旦个人性格侵蚀公司收益,无论影响多大,都必须离开,从而确保"没有离不开的代理人"。如果公司的盈利前景非常好,希望把利润留存用于扩大再生产,也可以通过减少分红,提高市盈率。比如,微软在发展的早期也有很长一段时间不分红,结果它成了世界上首屈一指的大公司。这样的公司,如果要求它在早期分红,那可能就没有后面的成就了。

极高风险股票

如果市盈率继续提高(比如,P/E≥100),可以认定该股票进入"极高风险区"。这些股票的交易投机色彩浓。允许高频交易（不设持股期限），投资者必须用自有资金入市，不得通过金融机构（险资、银行）融资。同时，对每一笔交易征收高额印花税、资本利得税等，所得税收同样由财政部转拨给"公众基金"分享。

这一市场区段的主要职能，就是给过剩的资金一个出路，避免外溢资本冲击实体经济。同时，一些存在高风险，但长远看成长性可能很高的小公司，也可以选择在这一区间融资，此时这一市场区段的主要功能就是孵化企业。对于需要高估值、不产生稳定现金流的特殊市场，比如文化艺术品市场等，只允许有足够市场评估能力的专业公司进入，民众则通过投资专业机构间接投资这类高风险产品。

重新定位各市场角色

在新的资本市场里，"公众基金"是市场的核心，通过分红和税收，确保资本市场收益由全民共享。"公众基金"由于可以获得稳定和安全的收益，因而有充分的激励条件孵化企业上市。由于企业在整个生命周期都与"公众基金"密切相关，因此，"公众基金"对企业的经营状态会密切关注并提供指导。此外，"公众基金"还可以开放散户跟进，起到类似理财机构的作用，使散户可以同证券机构具有接近的市场起点，从而保护公众资产安全，实现保值增值。

"公众基金"也是解决贫富差距问题的社会新实践。通常的做法主要有两种：一种就是在生产循环的前端，通过生产资料公有制（也就是"国有企业"）来实现均富的目标。另一种就是在生产循环的后端，通过高税收和转移支付，实现均富的目标。按照皮凯蒂在《21世纪资本论》中的观点，1980年后，在美国等国家，资本收益率始终高于经济增长率。随着时间的推移，税收手段根本无法抹平巨大的财富鸿沟。而以"涨价归公"为特征的"公众基金"制度，既不同于生产资料公有制，也不同于高税收私有制，而是以资本利得共享为工具，在整个生产循环全过程，实现社会财富的公平分配。

其他不同的角色也被重新定位。中国证监会除了监督投资行为是否合规外，主要通过发布不同门槛的基准（上调或下调不同市场区段门槛的阈值）来管控市场风险。企业家的目标是创造最大的利润，而不是编故事在股市上圈钱。其可以通过分红改变市盈率，从而选择留在或离开安全的市场区间，从而避开可能的恶意收购。散户在安全的投资市场内，受到"公众基金"的保护。资本家选择最优的企业并为其融资，而不是控制企业的经营，重组经营不善的"僵尸"企业。

转换路径及情景模拟

如何从现有的资本市场过渡到新的资本市场？可以推动新旧两个市场平行竞争，企业和投资人自由选择不同市场；也可以采用老股老办法、新股新办法的做法，逐步过渡到新规则。不管是哪一种路径，外资只能投资于按照新规则运行的股票，国有企业必须在新的市场由"公众基金"保荐上市。对于将退市的企业，应该回收公众股。

新规则实施后，可以预见的效果是：（1）市场波动减少。凡是处于投资区间的股票，都会摆脱暴涨暴落。（2）恶意收购减少。估值越低、泡沫越少的企业，越不容易被"野蛮人"敲门。想通过抄底给虚拟财富寻找现金流的渠道被关闭。(3) 跑赢其他国家股市。企业不会大规模转向其他资本市场，因为美欧市场估值并不高（市盈率为 18 倍、19 倍），且由"公众基金"托市的资本市场，其风险接近债市。加上美元、欧元量化宽松和大宗商品贬值导致的贬值风险，中国股市的总回报率不会比世界主要股市低。(4) 不会整体暴跌。已经处于高市盈率水平的股票会失血，如果没有足够多的低市盈率股票入市，前者会出现一次性巨贬。只要规定机构投资者不得先于散户投资者抛盘，下跌就是可控的。由于投资区段已与高市盈率区段脱钩，整体市场依然稳固。(5) 良币驱逐劣币。没有现金流支撑的壳资源贬值。依靠"编故事"融资的风投要继续持有，直到企业产生足以支持上市的现金流。想通过注册制依靠市场信息不对称圈钱的企业会退市。(6) 鼓励企业分红。正常经营的企业会加大分红以避免市盈率升入高风险区段。(7) 投资取代投机。依靠信息不对称和场外交易套利的券商、风投、基金、投行等机构投资者会大量离场，但因其交易量占股市交易量的比重不超过 30%，正好由"公众基金"抄底，因此不会使股市崩盘。(8) 吸引风险厌恶型投资者。偏好低风险的投资组合（政府储蓄、主权基金），会加大低风险投资区间股票的比重。

结语

新的资本市场有两个核心设计：第一，"公众基金"终身保荐上市和优先获益；第二，资本市场差异化处理机制。两种制度结合起来，共同服务于社会财富共享和扶持实体经济两大目标，

第十章　资本市场再设计

以期兼顾公平与效率、富民与强国。

股市作为投资收益最高的市场，普遍被各国养老基金等视作保值增值的工具。"公众基金"的设计，进一步强化了公众利益的优先地位。在这项规则下，"公众基金"会更安全、更保值。看上去的不平等，恰恰体现了社会主义制度下社会财富再分配的原则。由于每个上市公司都对公众财富有直接的贡献，上市公司的"道德资产"会帮助其经营行为得到更多的公众支持和舆论保护。通过将上市公司按对公众利益贡献的有无、多寡加以区分，有利于制定不同的企业政策和税收政策（对非上市企业和外企更多抽税）。

差异化的市场制度设计则主要着眼于减少虚拟经济对实体经济的冲击。没有经过区分的市场，造成价值投资者不得不和赌徒在一张桌子上出牌。如何将投资者和投机者区分开、将资本市场中的实体经济与虚拟经济区分开？我们的设计理念类似于都江堰——将灌溉需要的"水"（资本）引入"灌区"（高回报区段和低风险区段）；将超过灌溉所需的洪水（流动性），分流到下游蓄洪区（高风险区段）和泄洪区（"赌博性"区段）。切断虚拟经济在实体经济资本市场上套利的渠道。

市场的竞争，说到底，乃是制度的竞争。不同资本市场同台竞技，如果规则不如其他资本市场，就无法吸引高水平的企业和投资者，就迟早会被抛弃。如果制度更合理、黑幕交易更少，就会吸引更多的参与者。在市场统一性、流动性和超额回报方面，新设计的资本市场不如现在的资本市场。但如果这个市场对实体经济更安全、更有利，就会吸引全球的高品质企业加入。

肯定会有人质疑"公众基金"和差异化的市场制度设计没有"同股同权"，有悖"公平竞争"原则。但这样的制度设计因为使公众分享到了更大份额的资本市场收益而能够兼顾公平与效率。同高税收和转移支付相比，这并不会"更不公平"。而未来国家制度的竞争，很大程度上是建立在富民强国的基础上。中国是社会主义国家，就必须发挥自己的优势，在社会财富再分配上，拿出比资本主义国家更好的制度设计。

没有完美的资本市场。市场目标不同，规则也不能简单仿效。不同的规则，吸引具有不同特长的玩家。中国的特长在于实体经济，因此资本市场首先必须服从实体经济的需要。虚拟经济不能超前发展，就是中国资本市场必须付出的"代价"。美国的特长在于虚拟经济，资本市场需要使虚拟经济在转移全球财富的游戏中，提供最大的便利和最低的成本。实体经济被虚拟经济控制、剥削，就是美国资本市场需要付出的代价。

市场活力来自人，特别是来自企业家，来自企业家精神。企业家左右资本而不被资本所左右的市场，才能不断创造并保持活力。中国与其他国家竞争，不能靠简单模仿对手，而是要创造出一种适合自己的玩法，这样才能立于不败之地。独立的资本市场才能为独立的汇率、自主的利率创造条件，借此才有可能把美元操纵对中国实体经济的影响降到最低。现在，虚拟经济貌似一统江湖，美国的玩法似乎致富最快。而一旦虚拟泡沫破灭，在滔天流动性泛滥的大海中，如果中国实体经济成为一叶安全的方舟，资本市场的优劣就可能逆转。

第十一章
乡村振兴*
——从输血到造血

乡村振兴是中国经济增长的重要组成部分。本章的一个主要观点，就是认为乡村衰败的主要原因并不是农民缺少土地交易自主权，而是乡村公共服务解体。土地产权细碎化、集体土地对资本的屏蔽进一步加剧了乡村衰败。本章依托的是第十四章提出的生产函数，将生产成本分为固定成本和可变成本。按照这种划分，公共服务的本质就是政府通过组织集体消费，分摊固定成本，实现规模经济。未来农村制度改革的方向不应是继续细化个体农户的产权，而应是将集体组织改造为能够捕获各类资本的现代组织，并由其提供重资产，让个体农户可以轻资产经营。为了克服小农经济生产模式和公共服务集体提供之间的内在冲突，本章提出了借鉴中国农村曾经存在的"田底—田面"产权结构，将耕地的所有权和使用权分置，重建国家和农民之间的利益关系。在上述制度设计下，判断乡村是否实现振兴的标准，就是乡村经济能否实现现金流的内生创造。

---

* 本章是在 2018 年北京市发改委委托给中国生态城市研究院的项目"北京乡村振兴关键制度与改革举措研究"（合作作者：蒋朝晖）的基础上发展而来。本章合作作者为厦门大学经济学院宋涛副教授，原文发表于《社会科学战线》2022 年第 1 期。

引言

改革开放以来,对中国农村问题的认识集中于在计划经济时代推行的集体所有制,很多人认为农村问题主要归咎于该制度。20世纪80年代,以家庭联产承包责任制为核心的农村改革取得了巨大的成功,进一步支持了这一判断。此后,几乎所有农村改革都将"削弱集体、强化个体"作为主要的制度改进方向。本章通过回归古典成本函数,引入固定成本,以解释公共财富与私人财富之间的共生关系,进而提出:由基层集体组织解体导致的公共服务供给能力下降,才是引发当前农村问题的主要原因以及制约未来农村发展的主要瓶颈。中国的乡村振兴,必须从重建农村公共服务开始。

问题溯源

财富由公共财富和私人财富两部分构成。所谓公共财富,主要是指政府提供的各种公共服务。公共服务对私人财富成本的影响极大,并在相当程度上决定了农村资产的价格[1],所以,公共服务水平基本上决定了一个乡村的经济发展水平。

被忽视的前提

历史上,中国传统农村的公共服务是以宗族、乡绅等为纽带,通过自治的方式提供的[2],这就决定了农村公共服务是初级

---

[1] 比如投射到土地上的公共服务——灌溉、交通、安全、教育等——决定了农村资产的价格。

[2] 费孝通. 乡土中国. 北京:三联书店,1985.

和低水平的。人民公社制度为农村提供了以生产资料（特别是农田灌溉基础设施）为核心的重资产，相关公共服务水平大幅提升。① 改革开放以来，家庭联产承包责任制使家庭重新成为独立的财富单元，这一改革极大地激发了劳动力的生产积极性，在集体所有制时期形成的重资产迅速被盘活，长期徘徊不前的农业生产出现了飞跃式发展。② 可以说，如果没有集体经济创造出的公共服务存量和红利，与其他早已实行私有制的发展中国家相比，在中国推行家庭联产承包责任制的改革效果不会有什么本质的不同。③

公共服务解体

在推行家庭联产承包责任制之初，集体经济并未完全瓦解，农村的公共服务主要是通过向村民征收"三提五统"来维持。④

2006年，在免除农业税的同时，"三提五统"被一并取消，千百年来隐含其中的耕地者和国家间的契约关系随之消失，土地使用者不再对国家负有耕作义务，耕地被任意转用甚至荒弃⑤；

---

① 改革开放之前，农村缺少活力的原因在于，虽然农村集体解决了公共服务的问题，却抑制了个体的生产积极性。
② 家庭联产承包责任制的实行，开创了中国农业发展史上的第二个黄金时代，粮食总产量从1978年的6 095亿斤，增至1984年的8 146亿斤。
③ 随后的私有化确权之所以没有取得预期效果，是因为错误地理解了家庭联产承包责任制的成功，进而把私有化作为农村改革的方向。
④ "三提五统"中的"村提留"是指村级集体经济组织按规定从农民生产收入中提取的用于村一级维持或扩大再生产、兴办公益事业和日常管理开支费用的总称，包括三项，即公积金、公益金和管理费；"三提五统"中的"乡统筹"是指乡（镇）合作经济组织依法向所属单位（包括乡镇、村办企业、联户企业）和农户收取的，用于乡村两级办学（即农村教育事业费附加）、计划生育、优抚、民兵训练、修建乡村道路等五项民办公助事业的款项。
⑤ 赵燕菁.论国土空间规划的基本架构.城市规划，2019，43（12）：17—26+36.

原本由税费支撑的公共服务快速解体，而集体经济关系的式微，使乡村原本互助、共享的人际关系随之瓦解，长期赖以存在的自治公共服务陆续消失；随着农田基础设施等生产性公共产品逐渐折旧殆尽，农业被迫回归传统耕作；随着成本不断提高，农业生产逐渐沦为没有商业价值的经济活动，进而导致务农人口进一步减少，而生活性公共服务的恶化加剧了这一趋势。面对农村的凋敝，政府开始逐渐接手部分乡村公共服务，但这种用工业反哺农业的做法反而导致乡村公共服务自主能力快速下降，相关机制进一步丧失。①

产权细碎与资本屏蔽

导致公共服务解体的另一个原因，是20世纪80年代推行的以"分田到户，三十年不变"为基本内容的农村土地承包制，加上中国传统的平均继承制，使中国农村的宅基地和农田的产权不断细碎化。② 这极大地降低了村级社区的集体行动能力，导致提供公共服务的制度成本急速上升③，而且一旦资产（在农村主要是耕地）的增长速度低于人口的增长速度，将导致人均资本不断下降，使乡村不可避免地陷入凋零。

---

① 因此，对外部"输血"的依赖不仅不能增强"造血"能力，反而导致"失血"更多。

② 由于集体经济缺少退出机制，虽然农村人口开始向城市大规模迁移，但耕地产权不仅没有规模化，反而持续细碎化。

③ 农田产权的细碎化妨碍了农田基础设施的维护和升级，反倒是那些由于集体财产较多（拥有强大的乡镇企业）而不得已采用了股份制等变通做法的农村可以提供更多的公共服务。尽管集体经济一直被主流经济学视作改革"不彻底"的表现，但十几年的实践表明，其虽被教科书视作改革对象，但并非一无是处。由于避免了农村社会因土地承包而"原子化"，相对于"分田到户"的个体经济，"分股到户"的集体经济提供的公共服务更好，更有利于乡村经济的发展。而这一制度的优势并没有得到充分的认识。

由于离开村集体的原成员不能将其拥有的集体经济份额转让、变现，因此新加入村集体的成员自然无法获得有法律保障的集体份额。就投资而言，除非投资者是本村成员，否则投资可能处于产权不受法律保护的风险之中，而原集体成员利用集体身份几乎没有违约风险，这种不对称导致资本投入方和资本接收方互相信任的成本极高。由于长期收益难以得到有效的法律保障，妨碍了外部资本的进入，无形的资本壁垒使负有提供乡村公共服务责任的村集体无法有效履职。① 而在本村的成员中出现具有资本运作能力且能得到全村支持的"能人"的概率并不高，这使乡村振兴表现出较大的偶然性。

理论重构

近几年，中央重提了强化集体经济②，但是，由于缺少相应的理论支持，更多人将农村强化集体经济视作改革的倒退。现实的贫困往往源于理论的贫困，要实现乡村振兴，须从理论的重构开始。

传统理论的贫困

20世纪80年代，中国推行以"分田到户"为特征的家庭联产承包责任制，并取得了举世瞩目的成功，进而被视为新自由主义

---

① 很多研究因此得出"集体所有制是阻碍农地市场化的根源"，"要想打通城乡要素就必须解构集体经济并将要素私有化"的错误结论。
② 2018年，中共中央组织部、财政部、农业农村部联合印发《关于坚持和加强农村基层党组织领导扶持壮大村级集体经济的通知》，通知中提到要用5年时间扶持10万个左右行政村发展壮大集体经济，示范带动各地加大政策支持力度。2019年6月，农业农村部出台《关于进一步做好贫困地区集体经济薄弱村发展提升工作的通知》，提出立足本地资源禀赋，科学规划发展路径，分类施策，发展壮大集体经济。

经济学产权私有化的经典案例并加以推广。在主流经济学看来，家庭乃至个体缺乏有效激励是贫困的根源。只有彻底改革集体所有制，解决微观主体的激励问题，才有可能让市场"起决定性作用"，农村问题也才会迎刃而解。因此，产权私有化被视为实现这一目标的不二法门。

这种认识也决定了"三农政策"的制定方向——向农民让利放权，即进一步强化家庭联产承包责任制，免税减负、土地确权，让市场发挥更大的作用……但类似的改革非但没有让农村再现改革之初的繁荣，反而使之陷入持续的凋敝。曾经对中国经济贡献最大的农业部门，逐渐沦为财政的沉重负担。实践的挫折使不少人开始重新审视集体经济。现实表明，将私有和公有、计划和市场视为二元对立可能并非正确范式。要实现乡村振兴，首先需要建立一个完全不同于新古典经济学的理论分析框架。

重资产与固定成本

根据古典经济学的成本函数①，农业的生产成本由固定成本和可变成本两部分组成。

除非自然条件得天独厚，否则大部分地区的农业都需要大量

---

① 与新古典经济学从一般均衡的角度，即基于柯布—道格拉斯生产函数将劳动和资本作为成本不同，古典经济学将成本分为可变成本和固定成本。亚当·斯密在《国富论》中将投资资本分为流动资本和固定资本。商人的资本不断以一种形态用出，以另一种形态收进……这样的资本可称为流动资本。资本又可用来改良土地，购买有用的机器和工具，或用来置备无须易主或无须进一步流通即可提供利润的东西。这样的资本可称为固定资本。具体参见：斯密. 国富论. 胡长明，译. 重庆：重庆出版社，2015：113。

类似地，马克思在《剩余价值理论》中提出，商品价值由不变资本、可变资本和剩余价值三部分构成，其中不变资本可视为固定成本（资本），可变资本也即边际成本（现金流），二者合计为成本。

第十一章　乡村振兴

的以灌溉、供电、道路乃至医疗和教育等为核心的固定成本支出,而这些都是农村经济的重资产。① 随着商品经济不断发展,交易信息已成为农业生产新的固定成本。② 20世纪80年代,国家取消了统购统销,一方面赋予了农户更大的经营自主权,但另一方面也增大了农业生产的市场风险。③

高昂的固定成本是农村经济发展的最大障碍,显然,这部分成本是小农经济难以负担的。由于基础设施投资具有典型的规模经济特征,建立集体组织并由其提供基础设施和公共服务是实现农村产业升级的必要条件。④ 换句话说,只有集体组织提供农村经济的重资产,家庭农户才有可能实现轻资产经营。由于在同样的产量下固定成本与可变成本之间存在消长关系(见图11-1),因此集体资产的比重越大、公共服务越发达,家庭经济运行所需的最低资产规模(比如耕地)越小。

---

① 电视剧《山海情》展示的金滩村移民和青铜峡灌区居民之间因麦田灌溉而发生的冲突、移民村因差一户而无法供电以及山区孩子走十几里路上学等情节,都是对现实中农村公共服务缺失的真实场景的刻画。
② 商品农业和小农经济的最大差别体现在:前者是以为他人消费服务为主,后者是以为自己消费服务为主;前者基于货币分工,后者则是以物易物。相对于小农经济,商品农业必须面对市场的不确定性,而一家一户很难负担物流和获取市场信息的巨大固定成本。电视剧《山海情》里蘑菇销售遇到的信息不对称问题,显示出获取市场信息给个体农户接入市场消费链带来的巨大成本。
③ 印度农民抗议莫迪政府取消农产品国家收购政策,反映的正是处于小农经济中的农民面对被直接抛入商品经济汪洋大海这一处境所表现出的恐惧。罗瑞垚,PRABHUM M. 印度农民抗争愈演愈烈,会撼动莫迪统治下的政治格局吗?. 澎湃新闻,2021-02-19。
④ 完整意义上的产业升级,应该包括从低水平的分工中不断分化出专门提供集体重资产的公共服务部门,通过升级公共服务促进私人部门生产水平的提高。

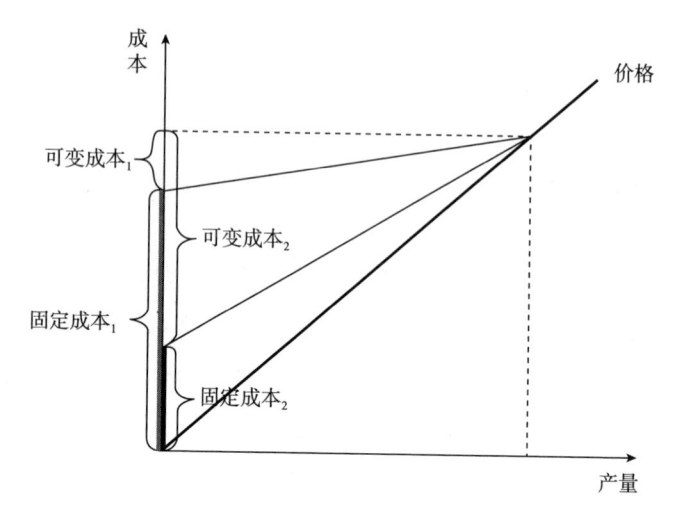

图 11-1 （相同产量下）固定成本与可变成本的消长关系

一元市场结构

一旦引入固定成本和可变成本，就会发现主流经济学所描述的"完全竞争发生于由无数固定成本为零的独立个体构成的市场"，"提供公共服务的政府为市场的外生变量"，与真实情况存在对立关系。① 真实市场的完整结构是由提供集体重资产的公共部门和从事私人产品生产的私人部门共同构成的。② 根据新的研

---

① 事实上，市场只有在不成熟的阶段才会像完全竞争所描述的那样，由无数独立的个体构成。由于缺少公共部门，这种理论上所谓的"完美市场"，在现实中其实会表现得相当不完美。
② 这种市场结构在现实中无处不在，比如交通市场由道路（公共）和汽车（个体）构成，通信市场由网络（公共）和手机（个体）构成，线上市场由平台（公共）和电商（个体）构成，电力市场由电网（公共）和电器（个体）构成，教育市场由学校（公共）和学生（个体）构成。"平台"和"应用"（App）之间的关系也符合这一结构。

究进展①，在这种市场结构下，政府提供的公共服务非但不是多余的，反而是必需的。只有在提供高水平公共服务的前提下，个体的运营成本才可能降低，进而在竞争中胜出。②

传统的经济学理论将集体消费（生产）和私人消费（生产）放到一个单一的维度：公共部分的集体行动要有计划、要垄断；而个体部分正好相反，面对未知的市场，需要不断自主创新，如此一来，满足一方的政策，必定以损害另一方的利益为代价。矛盾的需求带来矛盾的政策，从各自的角度都可以找到支持的理论。在这种"二元对立"理论所设计的市场结构中，生产组织只能在集体经济和私人经济之间二选一，如果集体经济在实践中行不通，那么私人经济就一定是正确的，反之亦然。一旦将对集体行动和个体行动的讨论，从基于"个体"的传统经济理论下的"二元对立"，完善为包含"公共"的"一元统一"，提供公共服务和提供私人产品就不是非此即彼的关系，而是可以共生的——公共服务的供给水平越高，私人经济就越发达。应用到农村经济，就是提供公共服务的集体组织和从事个体生产的私人组织是市场的一体两面，制度设计的方向应该是努力使集体和个体之间

---

① 斯蒂格利茨. 政府为什么干预经济：政府在市场经济中的角色. 郑秉文，译. 北京：中国物资出版社，1998；赵燕菁. 基于科斯定理的价格理论修正. 厦门大学学报（哲学社会科学版），2007（01）：30－38＋75；赵燕菁. 价格理论与空间分析. 城市发展研究，2011，18（05）：90－101；赵燕菁. 城市增长模式与经济学理论. 城市规划学刊，2011（06）：12－19；文一. 伟大的中国工业革命："发展政治经济学"一般原理批判纲要. 北京：清华大学出版社，2016；张维迎，等. 政府的边界：张维迎、林毅夫聚焦中国经济改革核心问题. 北京：民主与建设出版社，2017；马祖卡托. 增长的悖论：全球经济中的创造者与攫取者. 何文忠，周璐莹，李宇鑫，译. 北京：中信出版集团股份有限公司，2020.

② 以平台为例，平台的资产越重，个体规模越小，典型的例子是网购平台对大型商场的解构和网约车平台为个体车主进入市场提供的便利。

的关系从取舍变成共生。

制度方向

实现乡村振兴,必须在观念上重建市场。小农经济是农业的"末",公共服务才是农业的"本"。对土地实施兼并是提高公共服务水平的必要条件,这就需要对土地制度和融资方案进行再设计。

重建市场

一个"一元统一"的市场是由"舞台"和"演员"共同构成的。在小农经济时代,只有"演员"(家庭),却没有"舞台"(基础设施),高昂的生产成本使生产活动无法产生必需的剩余;在集体经济时代,只有"舞台",却没有"演员","舞台"作为资本无法产生效益。未来农村制度改革的方向,既不是彻底私有化,把孤立的农户抛向"市场",也不是重回集体经济,再次剥夺农户的经营自主权;而是构建一种公共服务和个体经济分成机制,恢复基层公共服务,使每个农户都可以以最低的成本快速响应市场需求发出的信号。

鉴于公共服务是所有个体共同的重资产,面对发达国家个体农业的巨大规模,中国农村的基础公共服务只有远超前者,才能使中国小规模的家庭农业获得与欧美大规模农场化经营相当的市场竞争力。[1]

---

[1] 从东亚其他国家当前对农业的补贴水平来看,即使未来中国能达到与东亚其他国家类似的公共服务水平,也依然难以达到欧美农业的生产率水平并与之竞争。

反观日本、韩国，其小农经济之所以存活了下来，并非因为土地私有，而是因为有类似于"农协"这样的集体组织提供完善的公共服务。①

土地兼并与转用

公共服务是所有个体重资产的集合，具有显著的规模经济。在提高公共服务水平的过程中，必然伴随着土地兼并，因而要防止由此引发的贫富分化。对农业生产方式选择而言，均贫富与高效率是两难问题。

中国虽然地域辽阔，但农村家庭经济的规模（以承包的土地来考察）相较于东亚其他国家要小。显然，依靠传统农业自身无法带来足以支持乡村公共服务的现金流，即使是人民公社这样的"集体"，也很难完成农业所需的重资产积累。结果是，如果农村要获得支持高水平公共服务的资本，就要依靠农地非农化。这就形成一个荒谬的结果——如果农村要实现振兴，农业就必须被消灭。②

如果简单地赋予农民更大的土地权利（比如"农地入市"和"同地同权"），结果就一定是农地不断转为生产率更高的非农

---

① 管珊.日本农协的发展及其对中国的经验启示.当代经济管理，2014，36（06）：27-31. 在这一意义上，中国的农村和这些国家的农村之间的差距，就是中国的村集体和这些国家的农协提供的公共服务之间的差距。

② 现实中，争取更多的农地转用指标几乎成为所有"乡村振兴"项目的必由之路，这与发展农业的初衷相悖。

地。① 显然，这有悖于农村改革的初衷，且"地主"权力越大，农业消失得越快。既要保持个体小农经济的自主性，又要通过规模经济提供集体所需的公共服务，唯一的办法就是拆分土地产权，使之分别适应集体要求集中和个体要求分散这两种相互矛盾的土地产权调整诉求。

地权分置

千百年来，中国一直延续着国家"授地"的传统②，以维系土地使用者对国家的责任。国家如果想要维持农业发展，就不能依赖市场的"自愿"选择，而必须在确保宅基地集体所有权、保障宅基地农户资格权、适度放活宅基地使用权的基础上，恢复自身作为农村公共服务提供者的权利和义务，通过设计新的土地所有权关系，恢复并保全国家和耕地使用者之间的联系。

可借鉴中国历史上出现过的"田底—田面"结构，将耕地的所有权（"田底"）和使用权（"田面"）进行拆分。③

具体方法是：

（1）由全民拥有所有耕地的"田底"。为实现这一目标，在实践中可以采用公共服务换产权的方式从现有的土地所者手中赎买，也可以仿效与"八二宪法"中通过立法将城市土地国有化类

---

① 这是因为，农村土地、住房等资产的价值，是农业未来收益的贴现值，如果农业收益少，农地、农宅入市价值也就很小。在这种情况下，允许农地入市的结果，就会加速农地转为非农地（特别是城中村和城郊土地），在其他市场套利。照此做法，农业不仅不会振兴，反而会受到更严重的打击。

② 吴荣曾. 战国授田制研究. 思想战线，1989（03）：73—80.

③ 根据黄宗智对20世纪初中国长江三角洲农村土地制度的研究，土地所有权常常演变为两层地权，即田底以及田面。黄宗智. 长江三角洲小农家庭与乡村发展. 北京：中华书局，2000：109，161。

似的处理方法。

（2）国家作为全民的代表是"田底"的最终所有者，授权不同层级的组织（地方政府、社会企业、农协、互联网平台或村集体等）代持，二者之间的关系与中央政府将城市的国有土地授权给地方政府代持类似。代持者相当于"地主"，负责长期持有耕地资产，可决定土地的用途，同时负有不断改进土地上附着的公共服务，确保其不断保值增值的义务。代持者可按照国家要求将土地转包给集体成员，地租在国家和"地主"之间分成。相应地，二者共同分担村集体的公共服务供给（相当于一级政府一级事权）。①

所有耕地的增减和用途转变都必须获得国家许可并登记在册；家庭农户则相当于国家的"佃农"，在满足"地主"基本要求的条件下（保护耕地并为公共服务付费），自由从事生产活动，集体成员可以自己耕作，也可以将"佃权"流转给其他集体成员，佃权获得者必须满足基本要求，并向国家（集体）交纳地租。②他还可以随时在土地市场上转让佃权，在不同"地主"（村集体）间"用脚投票"。③

村集体通过改善公共服务，吸引、留住佃农（家庭），"田底"和"田面"分别对应资本市场和劳动市场，并在各自的市场

---

① 国家也可以将租金全部留在村集体，并由其负担相应的公共服务。国家获得的租金可以是正的，也可以是负的（类似于政府间转移支付），例如，村集体每收到1元，国家返还2元，但要求村集体提供小学阶段的义务教育等。

② 一旦农民成为国家的佃农，耕地保护就会变得非常简单——如果农民不想种地，他就要交还土地，而不能擅自改变土地用途。

③ 宅基地和村公共服务捆绑，离开村集体，自动放弃宅基地，但宅基地可以在有同样佃权的集体成员内部交易，宅基地获得者通过物业费分摊村集体公共服务成本。

上自由交易①——前者就可以按照规模经济的要求不断兼并,后者则可以随着公共服务水平的提高不断细分。②

由于不必负担农业投资的重资产,佃农承包期可以非常短(甚至可以按一个收获周期承包),轻资产经营使佃农成为不受约束的"用脚投票者"(foot looser)。随着资本的积累、公共服务水平的提高,农村会出现更多轻资产的就业机会,如专业化的收割、播种、施肥、物流等工作,提供类似于产业工人的季节性就业岗位。随着农业技术密集度的提高,劳动强度逐渐下降,农业就可以成为对年轻人更具有吸引力的就业领域。

农业资本化

粮食生产环节自身无法创造足够的现金流。只有将农业与城市分工的产业链(餐饮、旅游、绿色、休闲等)联系起来,进入农村的资本才能从农业投资中获得足够的回报。现行村集体制度天然的封闭性,使其很难融入高价值的产业链。③ 所以,要按照现代企业标准改造农村集体组织,最重要的就是使传统农村资产获得合法的资本接口。

要实现这一目标,就要在农村地权分置的基础上分别资本化

---

① 之所以这样做,是因为如果"田底"和"田面"不区分的话,集体产权无法交易,退出机制不健全——进入城市的劳动力无法解除与集体的关系并在市场上卖掉"田面"(耕种权)有偿退出农业,结果就会出现:靠近城市的大量农地非法转变为非农地;远离城市的农地等资源又被锁定在无效率的使用者手里,进而被大量闲置、撂荒,无法交易的"田底"也阻断了资本进入农村的通道。而一旦把"田底"和"田面"分开,并分别在两个市场上交易。

② 可以参照的例子是,淘宝使无数小微商店能够以低成本运营,滴滴打车使私家车也可以低成本进入市场。

③ 现在资本下乡最大的政策风险就是不合法。

(股权化)——开放资本市场,使城市资本在满足国家政策目标的前提下,通过收购集体股份获得村庄运营权;个人和企业可以通过购买股权加入村集体,并享有宅基地和耕地份额,分享村集体公共服务以及相应股份的分红。这种政策设计在确保资本进入农业,从而将农村经济接入高价值分工链条的同时,可以避免"田底"的资本化导致"田面"所有者产权的丧失(比如土地兼并)。升级改造后的乡村集体所有制,通过开放的"田底"权益与引入国家和社会资本,完成农业基础设施的升级,重建农村公共服务。

这意味着,农村改革的制度设计方向,不应是把集体产权分解为更小的私有产权,而是推动集体产权向现代产权结构转变,在农村重建公共服务,完成农业发展所需的重资产投资与建设。农村制度改革应抛弃批判土地私有化的教条,建立强大、开放的集体平台,通过接入非农产业链,完成农业的资本化,将建立农村的自我"造血"机制置于乡村振兴的核心。

振兴标准与退出路径

衡量是否实现了乡村振兴,有三个标准:第一,"田面"所有者(农户)能否自主产生正的现金流;第二,"田底"所有者(集体)所获取的现金流是否足以覆盖乡村的公共服务支出;第三,就公共服务而言,农村与城市是否拥有相同的性价比。所有政策都要围绕降低农业固定成本支出,提高乡村人均现金流性收入而制定。扶持农村的每一项投资、每一个政策,都要以是否增加了公共服务以及能否创造现金流性收入为标准;凡是不能带来新增现金流的扶贫项目,一旦离开补贴就难以持续。

对于那些确实无法实现振兴的乡村，只要这些乡村能在更大的尺度内（区域和国家层面）带来生态和自然资本方面的升值，能创造更多的现金流，国家就可以通过赎买，帮助相应地区的农民退出无法参与现代经济分工的乡村，将农业资源还原为具有更高价值的其他自然资源（比如退耕还林）。①

振兴举措

沿着上述分析的制度方向，笔者认为，振兴乡村可采取以下具体举措。

设计价格型政策工具

在城市化高速发展阶段，要求耕地完全不被转用是不现实的。在货币经济不发达的年代，保护农地的工具大多是基于各种强制性行政"红线"；随着货币经济取代管制经济，基于行政的政策工具逐渐失灵，政策性"红线"不断被突破，需要设计出基于货币经济的价格型工具。一个有效途径就是允许地方政府进行不以财政增收为目标的"非财政性政策收费"——向不符合政策目标的行为征税，所得收入全额奖励给符合政策目标的行为，进而在不同主体之间实现具有激励性的横向转移。

土地可分为建设用地和非建设用地（非建设用地主要是农业和生态用地）两类。前者按照不同用途每年上缴建设用地使用金，相关收入用于设立土地保育基金；后者根据不同标准每年按

---

① 电视剧《山海情》中的异地移民，实际上就是通过让苦水村消失，将耕地转变为生态用地，从而实现乡村振兴的实践。

照面积和效果评价获得非建设用地补偿金。①

新的建设用地指标采用公开拍卖的形式,承诺每年建设用地使用金上缴额度较高的村庄拥有下一年度获得建设用地指标的优先权。相对于地票制度,有偿使用建设用地指标的制度设计,可将一次性资本转变为持续性现金流,在为原本低价值的农地带来额外收入的同时,提高农地转用的机会成本,确保新增建设用地可以产生对应的现金流。对农民而言,保护耕地成为有价值的行为;对政府来说,可以通过提高或降低耕地补偿金标准来影响耕地的市场价值。

创新农村运营模式

中国疆域辽阔,地区发展不平衡,农村集体产权形成的路径必然多样。将"田底"和"田面"分开,大体上有两种路径②:

一种路径是自下而上,与业主选择物业公司类似,由拥有承包权("田面")的村民自主选择公共服务的最优提供者。③

另一种路径是自上而下,国家收回土地所有权("田底"),并由其在市场上为村民选择最优的公共服务提供者。④

---

① 获得补偿的耕作者必须达到国家的标准、符合行业需要的资质。获得过国家补助的农民,无权处分享受过国家补贴的资产。耕地保育基金可用于收购自愿退出农业者的耕地,然后返佃给符合务农标准的个人或企业。通过"征收—返还"机制,重建国家和土地使用者之间的"权利—义务"关系。

② 无论采用哪种路径,都要在宪法层面区分"田底"和"田面",使国家能够重新获得某种形式的农业资产(主要是耕地)的所有权。通过分解土地产权,重建国家与农民之间的契约关系,为农村公共服务提供必需的制度架构。

③ 采用这种路径的优点是与现有的集体所有制兼容性较好,阻力较小;缺点是协调成本较高(需要经过民主程序),需较高的集体素质,"田底"权利容易被虚置。

④ 这就好比政府指定物业公司提供公共服务,若居民对物业公司不满意,则由政府撤换,居民和物业公司之间不直接发生关系。这种做法的优点是效率高,物业公司不必和千家万户打交道,居民的利益不会因权力不对称而遭到物业公司的侵害。

以上两种路径可以演变出千变万化的市场形式，形成一大批现代农村运营模式。例如，可以把农村资产量化，在充分保护原有住户利益的前提下，引入奉行现代商业模式的投资人；政府也可以将向农村提供公共服务的业务外包给社会企业，并允许将部分企业税收转留给村集体，以覆盖维持公共服务运行的现金流性支出。① 此外，电商平台和大型物流企业也可以转化为合作社、农协类的公共服务提供者，为农民提供从选种、施肥、播种、收割到收购的全流程服务②，缩短单个农民进入最终市场的路径，降低个体寻找价格的风险和成本。

鉴于有不同的农村公共服务提供者在市场中相互竞争，农民可选择最符合本地特点的公共服务消费模式。③ 对于在市场上无法找到公共服务提供者的农村，政府可通过土地保育基金获得股份，直接作为"地主"为其提供基础设施和公共服务，农民则转变为政府的"佃农"。

---

① 比如可以给设在村镇的企业减税。

② 在近百年的实践中，日本农协形成了一个包括地方性组织和全国性组织在内的完整体系，从中央到地方建立了一整套严密的农协组织系统，把农民全部纳入农协组织中，不仅提供覆盖产前、产中、产后的服务和指导，还尝试使业务范围涵盖人的生老病死，并把所有农协组织连接在一起，从而在全国形成一个庞大的组织体系，覆盖日本整个农村地区。日本农协拥有全日本第一大企业集团、第一大银行集团、第一大保险集团、第一大医疗集团和第一大供销集团，日本也成为世界农业合作组织最发达的国家之一。围绕上述产业运营和服务，日本农协管理人员共有役员、职员27.3万人，其中聘请的职员为24.8万人，占役员、职员总数的90.8%；役员为2.5万人，仅占役员、职员总数的9.2%。参见：蒋高明．日本的农民合作社什么样．科学网，2015－04－28。

③ 需要指出的是，无论是政府还是村集体，都不必然是市场组织，它们只是提供了市场化公共服务的组织便利。

推动资本下乡

集体资本

乡村再集体化所形成的"集体",并非现在以村民为主体的、狭义的"村集体",而是由村民集体、农协、平台企业、地方政府、中央政府等一系列提供公共服务的组织所共同构成的连续谱系。其中,最关键的是获得宪法授权的村集体组织。①

改革后,村集体的"田底"可以是混合的产权组合,并可在资本市场上转让。不同集体的产权可以合并,也可以到市场上"招商",寻找能够提供优质公共服务的运营商。②

产业资本

社会企业可以通过竞争性的土地市场获得村集体的部分所有权,并将其非农业务(比如旅游、养老)引入村集体;还可以在满足国家相关政策(如耕地保护)的前提下,购买与其业务相关的资产(比如风景、文物),盘活乡村资产(比如民宿、旅游),打通乡村与城市非农产业之间的联系。生产要素高度分散和低回报的特征,决定了在乡村提供公共服务必定是高成本、低效益

---

① 它的作用不应局限于提供本村所需的公共服务。如果把社会资本比作庞大的电网,那么改造后的现代"村集体"就相当于"插座"。借此,社会资本可以在这个"插座"上接入"电器",每个农户也可以选择最适合自己的"插座"自由"插拔","接通"所需的社会资本。

② 运营商类似小区物业公司,"佃户"如果对运营商不满意,可以"用手投票",更换运营商;"佃户"也可以"用脚投票",迁移到公共服务更好的村集体。

的，很难和城市的公共服务展开竞争。①

追求效益的产业资本很难成为提供乡村公共服务的主角。若仅依靠村集体，则只能提供水平有限的基本公共服务，很难到达"振兴"的标准。② 日本农协之所以能为小农户提供综合多样的专业服务，与政府允许农协在金融和粮食流通领域拥有垄断专营权紧密相关。③ 因此，我国中央政府也可以尝试通过金融（低息）和财政（补贴），将现在的集体经济部分改造为市场化的农协，为农村提供有偿服务。④

国家资本

目前，国家资本大多是通过财政渠道以补贴形式进入乡村的，财政预算的上限决定了支持乡村公共服务的水平。依靠财政补贴提供乡村公共服务，其结果必定是"输血"式的，最终导致乡村的自我"造血"机能丧失。不仅金融在乡村资本中作用甚

---

① 农村离散分布的特点，决定了提供农村公共服务的高成本。但如果有规模足够、稳定安全的收益流和成本低的资金，即使利润很低，也是巨大的财富。免费提供服务的互联网公司因为海量用户数据，可以获得非常高的市场估值，同样，农业网络服务平台，也可以通过衍生效益获得足以平衡公共服务支出的收益。国有通信企业、电力企业下乡，为产业资本下乡提供了成功的模板。

② 在电视剧《山海情》中，金滩村因为差一户而无法通电就是在农村难以提供公共服务的真实写照。

③ 在日本农协以本地区农户为服务对象，服务内容非常广泛，不仅包括农业生产资料供应、技术指导、教育培训、农业信息、农产品加工、农产品存储、农产品销售，还包括信贷、保险、生活服务、医疗卫生保健等，其中，综合信用业务是日本农协生存发展的关键因素和命脉所在。参见：陈柳钦. 日本农协的发展历程、组织、功能及经验. 郑州航空工业管理学院学报，2010, 28 (01)：84-91。

④ 比如，农协主要提供生产指导、农产品流通销售服务，进行生产生活资料集中购买，开展存款贷款业务，提供保险服务，作为农民的利益代言人参与国家政治经济政策的制定。在日本，农林中央金库是日本全国性的农协银行，吸收农民存款，为农民发放贷款，是日本经营规模最大的金融机构。

微，商业银行的运行规则也决定了金融甚至会逆向抽取乡村资本。就目前而言，央行在乡村振兴中角色不明显。基于此，未来一个可以探索的方向，就是改变央行通过商业银行发行基础货币的渠道，尝试将基础货币直接注入乡村公共服务领域。为此，应首先建立独立于财政的国家乡村振兴基金。其次，央行发行基础货币大规模购买国家乡村振兴基金，由国家乡村振兴基金用这些低息的高能货币购买耕地（田底）、改造农田基础设施、建立农业公共服务平台。最后，这些附着高水平公共服务的资产作为基础货币发行的抵押，进入乡村的无息货币流，再进入银行的储蓄系统，成为商业银行获取基础货币的来源。在这一过程中，原来归属央行的基础货币利息被留在了乡村公共服务领域，发行人民币就是在为乡村公共服务融资。①

结语

脱贫攻坚完成后，乡村振兴这一更加艰巨的任务摆在我们面前。特别是在全球化面临威胁的今天，确保粮食安全上升为国家战略，这使振兴乡村变得更加迫切。如果说农民脱贫可以依靠转移支付、对口支援、专项补贴等政策手段加以解决，那么乡村振兴就必须建立在其自身可持续内生财富的基础上。"输血"可以帮助农民脱贫，"造血"才能真正实现乡村振兴。恰当的政策必

---

① 设计这一新的货币循环的好处是，人民币可以从依靠"购买"美元（顺差）外生货币，转变为购买国内资产内生货币。相较于不断虚拟化的美元，依托乡村公共服务形成的资产可能会更安全。在更宏观的意义上，这一新的货币发行模式可以使货币生成不再依赖大规模贸易顺差，有利于将经济从依赖外部市场的外循环，还原为以国内市场为主的内循环。

定基于对问题的正确解答。要制定恰当的乡村振兴策略,必须先对农村经济"造血"功能丧失的原因给出正确的解释。

2019年,美国经济学家阿比吉特·班纳吉(Abhijit Banerjee)、埃丝特·迪弗洛(Esther Duflo)和迈克尔·克雷默(Michael Kremer),因"在减轻全球贫困方面的实验性做法"获得诺贝尔经济学奖。虽然班纳吉和迪弗洛采用的研究方法使政策的效果评估更加"规范",但对指导乡村振兴的作用却十分有限。[①] 反倒是电视剧《山海情》所展示的扶贫场景对实际操作更具有现实意义。它让我们看到:农村基础设施和公共服务的匮乏,才是造成城乡贫富差距的根源所在;帮助农村实现脱贫的关键在于为其提供公共服务;扶贫需要巨大的公共资本投入。

如果说土地改革是中国农村的第一次革命,那么农村的集体化就是农村的第二次革命。前者通过将土地细分解决了无地劳动者的激励缺失问题,后者则试图在避免土地兼并的条件下提供农村公共服务。由于小农生产模式和公共服务集体提供之间的内在冲突,农村改革的相关制度设计注定面临两难。改革开放以来,以家庭联产承包责任制为核心的第三次农村革命,与第一次农村革命类似,是要解决由集体化生产带来的激励缺失问题。经历发展的轮回,提供公共服务再次成为农村的主要问题。实际上,中国历史上反复出现的土地兼并和再分配,都是源于前述两个目标的内在冲突。

今天我们再次提出乡村振兴,不应是在第一次革命和第二次革命之间反复跳跃,而是要开创第四次革命,同时实现小农经济

---

① 班纳吉,迪弗洛. 贫穷的本质:我们为什么摆脱不了贫穷. 景芳,译. 北京:中信出版社,2018.

和公共服务供给。这就需要重新设计能够兼容两个目标的产权结构，将资本与劳动分开，通过重建农村的公共服务，降低小农经济与生俱来的高昂固定成本。与之前所处的背景不同，今天的中国已经拥有前所未有的巨大资本和先进技术（特别是通信和交通），完全有能力在广大农村地区建立发达的公共服务体系，使小农生产具有与工业规模化经营类似的市场竞争力。

要完成第四次农村革命，我们必须首先打破传统经济学对私有化的迷信，建立一个新的理论框架，在这一框架中，集体经济和个体经济之间不再是取舍关系，而是共生关系。建立这一框架的关键就是要将地权拆分为所有权（田底）和使用权（田面），按照不同的规则，使它们进入资本市场和劳动市场流通。这样，原本"平面"的乡村结构，就可以转变为"立体"的乡村结构，原本互不兼容的集体权利和个体权利得以在一个新的框架下共存。

未来的乡村振兴政策既不是回到以前的集体经济，也不是简单地维持现在的家庭联产承包，而是在维持现有制度的基础上，重建现代化集体经济。通过将原始的村集体组织改造为能够捕获各类资本的现代组织，在乡村建立起强大的、多层次的公共服务网络。现在呼声很高的集体土地入市观点，其本质还是"土地财政"思维，即通过将农地转化为城市土地分享城市公共服务的资本外溢。且不说这一做法只适用于城市边缘地区极少数的耕地，单看其通过消灭耕地来振兴乡村的思路本身，就与国家保护耕地的战略相悖。而通过"造血"策略，只要乡村能获得与城市接近的公共服务，农业就能够像城市其他产业那样轻资产运营，集体土地入市也就成为一个伪命题，因为此时的乡村已经是"市"。

第十二章
平台经济*
——从盯住垄断到盯住产权

  本章根据第十四章的成本函数,将主要通过减少固定成本获利的企业和主要通过减少可变成本获利的企业区分为平台企业和应用企业。本章指出这两种企业在运营上有着本质的区别,前者一定是垄断的,规模越大越好;后者则依托前者而发展,前者的规模越大,后者的规模则可以越小。约束平台企业的最优途径不是拆分,而是公众化。只有平台企业的"民主",才有应用企业的"自由"。实现现代经济增长的一个显著路径,便是公共平台不断从私有的应用企业中升级出来并逐渐公众化。也正是沿着这一路径,社会主义被赋予了全新的经济学含义。

---

  * 本章是基于 2020 年 12 月 19 日在由西北大学经济管理学院举办的"中国政治经济学 40 人论坛·2020"上的发言修改而成,原文以《平台经济与社会主义:兼论蚂蚁集团事件的本质》为题,刊载于《政治经济学报》2021 年第 1 期。

第十二章 平台经济

引言

数据平台企业之所以如此引人注目，首先在于其超高的估值。以香港股市为例，2020年金融类上市公司的平均市盈率（price earnings ratio，P/E）约为18，如以传统金融业务为主的金控集团中信股份的市盈率为4.2，招商局集团的市盈率为3.8。资讯科技类企业的平均市盈率为24.8，其中阿里巴巴的市盈率为33.7，腾讯的市盈率为51.8，而蚂蚁科技集团的预计发行价为68.8元/股，对应的动态市盈率高达96.48！即使根据原计划的发行价和2020年6月30日前12个月的每股收益测算，蚂蚁科技集团的市盈率也高达43。

实际上，不仅是蚂蚁科技集团，世界上与之类似的数字金融公司，也都具有超高的市场估值。比如，MasterCard的市盈率为43，Visa的市盈率为52，PayPal的市盈率为85，Square的市盈率为227。保险科技类公司，如SelectQuote，其市盈率为39。理财科技类公司，普信的市盈率为34，东方财富的市盈率为53。微贷科技类公司，以消费者信用评级公司作为标杆，其中环联的市盈率为47，益博睿的市盈率为49，艾可菲的市盈率为38，费哲金服的市盈率高达71，此类企业的平均市盈率约为52。

对这些数据平台企业的超高估值进行批评主要集中在以下两种观点：

一种观点认为，蚂蚁科技集团之所以估值这么高，不是因为它的业务多好，而是因为它借道"科技公司"逃避金融监管。传统的金融公司都受到巴塞尔协议的限制，可是蚂蚁科技集团通过将自己"包装"成科技公司绕过了监管，把风险转嫁给传统金融公司。一旦蚂蚁科技集团出现金融风险而国家出手救助，就意味着让全体居民一起帮它分担和承受风险损失。

另一种观点认为，蚂蚁科技集团的技术优势来自垄断。不是其他企业做不了，而是因为数据平台企业通过数据垄断，跨界"剿灭"了其他商业模式和竞争对手。垄断的定价权带给平台企业不公平的利益。

在本书看来，这两方面的批评都是基于过时的经济学框架。

"企业群落"及其结构

首先来看第一种观点，为什么蚂蚁科技集团认为自己可以不受巴塞尔协议的限制？不是因为它将自己包装成"科技公司"，而是因为蚂蚁科技集团和传统金融公司的风控能力完全不同。在传统金融下，由于银行对小额贷款进行风险评估的成本很高，小微企业的资金需求无法得到金融系统响应。高利贷是这类企业的无奈选择。平台企业通过机器学习和大数据实现了低成本风控——通过将小微企业的信用"提纯"，对以前无法从传统金融机构获取融资的中小企业进行征信。尽管蚂蚁科技集团的贷款规模巨大，但相对于传统的金融公司，它的坏账率反而更低。面对技术的变迁，用马车时代的交通规则监管汽车时代的交通显然是不合时宜的。

对蚂蚁科技集团的高估值进行批评的第二个理由——垄断，主要是基于对平台企业性质的错误理解。在传统经济学看来，所有的企业都是同质的，但在现实中，企业是有结构的——它是一种由平台企业和依附其上的应用企业共同构成的"企业群落"。应用企业从事私人产品的生产，平台企业为这些应用企业提供服务。这两类企业在不同的"维度"上分别参与不同的市场竞争。

为什么企业群落内部会存在不同的"维度"?这是因为随着分工深化和市场规模扩张,应用企业逐渐衍生出一些共同的生产和消费需求。比如,所有企业都需要电力,但如果让每个企业都自己挖煤、运输、发电和送电……世界上就不会有几个企业。家庭可以视为从事人口再生产的小微企业,对大部分家庭而言都有获取教育这种服务的需求,但如果让每个家庭都自己去建一所学校,这样的教育是没有几个家庭负担得起的。这时社会分工就会在"企业群落"中演化出一类新的经济组织——平台企业,专门为应用企业提供公共服务——统一建设"电厂",而应用企业只需要安装"插座"。道路、机场、港口等都是依循相同的逻辑由平台企业提供的。平台企业的出现使原本需要重资产运营的应用企业得以轻资产运营——不需要自己发电、自己打井、自己修路……这些重资产都由平台企业统一提供。

理解了"企业群落"的结构,我们就可以更好地描述企业间的竞争。表面上看,市场竞争发生在应用企业之间,但其背后却是依托不同平台的"企业群落"之间的竞争。由于平台企业的重资产可以显著降低每个搭载其上的应用企业的固定成本,是否有平台可依托以及平台效率的高低,都将会极大地影响不同"企业群落"间应用企业的竞争(见图12-1)。一旦一个"企业群落"的平台企业被另一个"企业群落"的平台企业击垮,所有依附于这个平台企业的应用企业都可能被击垮。

平台企业重资产的特点,决定了它必须依靠巨大的规模才能分摊固定成本。而平台企业的固定成本越低,应用企业的负担就越小。因此,通过反垄断进行拆分会导致平台企业的规模变小,

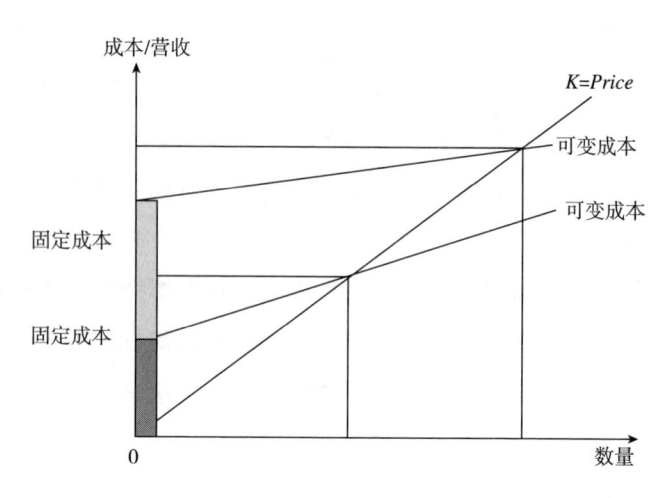

图 12-1 平台企业可以显著降低应用企业赢利所需的固定成本

反而导致所有应用企业的成本上升。按照平台企业的特点以及我们前文所讲述的政府本质，政府就类似一个"平台企业"，通过空间收费（即税收），为所有依附其上的组织提供公共服务。这就是为什么传统经济学拼命抹黑政府在经济中的作用，却找不到一个经济体能在"无为"政府治下获得成功。一些数据企业发展到一定阶段，就会具有平台性质，规模经济决定了这类企业需要垄断。

正确的反垄断措施绝不是缩小平台企业的规模，更不是降低平台企业的市场占有率，而是限制平台企业"降维"进入应用企业的业务领域。如果将足球职业联赛视为一个平台，那么作为联赛组织者的足协，就不能自己也创办一个足球俱乐部，否则其他俱乐部就无法与足协的球队竞争。同样的道理，一旦提供路网的平台企业自己也生产汽车，提供电网的平台企业也自己发电，提供通信服务的平台企业也自己生产手机，其他应用企业就无法与之公平竞争。按照这个推论,无论微软的市场占有率多高,都不构成将其拆分的理由。正确的反垄断措施应当是拆分 Windows 操作系统捆绑 Office。因为这种捆绑很容易被用来打击 Office 的竞争对手(比如 WPS)。在现实中,谷歌就是通过剥夺华为手机接入安卓平台的权利来打击华为的终端业务的。

因此,反垄断不是要反对平台企业的水平整合,而是要反对其垂直整合——把电网拆分成国家电网和南方电网是"错误的反垄断"措施,把五大电厂同电网分开则是"正确的反垄断"措施。这当然并不是说平台企业就无须参与市场竞争。事实上,所有平台企业都在参与另一个"维度"的竞争。比如,政府虽具有高度的垄断性,但政府之间同样存在激烈的竞争;高速公路网也具有垄断性,但它要同高铁网,甚至航空网展开竞争。数据平台企业也是如此,不同的数据平台企业之间的竞争一点也不小于应用企业之间的竞争。如果错误的反垄断措施导致平台企业的效率下降,那么整个"企业群落"的竞争力都会受到影响。这就需要根据平台化程度以及平台化方式的不同,探索不一样的拆分模式。

一个国家的实力,与应用企业所依托的各种平台的竞争力很相关。各国比拼的并不仅是一个个孤立的应用企业,而更是"企业群落"所依赖的平台企业。例如,若阿里巴巴不如亚马逊,那么依托亚马逊的企业相对于依托阿里巴巴的企业就会拥有不对称的竞争优势。只有依托强大的平台企业,应用企业才能通过更轻的资产运营,获得额外的竞争优势。在这个意义上,那些创造出平台企业的企业家,都是相应"企业群落"的"英雄",他们创造的平台企业,都是该"企业群落"的核心资产。纵观全球,导致垄断的更多时候是不完善的监管。允许平台企业"混业经营"，如同不区分重量级的拳击比赛——这才是导致平台企业垄断的真正原因。

互联网平台的价值之源

回到前面的问题，蚂蚁科技集团为什么会有如此高的估值？这可以从蚂蚁金服改名为蚂蚁科技集团的举动中看出端倪——蚂蚁科技集团的高估值不是因为其是"金融"，而是因为其是"科技"。它上市所卖的不是传统的金融服务，而是一种全新的资源——大数据。资源是人类活动产生的权益，大数据也一样，它是现代经济活动创造的一种全新的资源。麦克斯韦和马可尼发现了无线电的用途，从而使频谱资源变得稀缺而昂贵；瓦特发明了蒸汽机，从而使得煤炭资源的价值倍增。想象一下，如果马可尼的公司拥有了所有的无线电频谱，瓦特的公司拥有了所有的煤炭，这些企业的市值会有多高？大数据就像是无线通信时代的频谱、蒸汽机时代的煤炭。数据平台企业之所以有超高的估值，乃是源于它们在把"大数据"这一公共资源据为己有。

也许有人会对大数据的公共属性提出质疑，认为所有人在无偿使用互联网提供的服务时都会签署一个协议，向数据平台企业让渡数据的使用权。在一般人看来，数据是数据公司的一种基础性生产要素，在合法、合规的前提下，通过各种渠道积累和使用数据，与传统企业使用资本、人才等要素一样，是正常商业活动的一部分。之所以会产生这样的质疑，乃是因为没有正确区分数据企业和数据平台企业——前者使用的是"数据"，后者使用的是"大数据"。数据在被单独使用时往往没有多少价值，因此，数据的所有者通常会在一对一交易时，无偿让渡"数据"的所有权。真正有价值的是"海量数据"汇聚成的"大数据"，就包含的信息而言，"数据"和"大数据"可以被视作两种完全不同的资源。

包括蚂蚁科技集团在内的数据平台企业能有如此高的估值，乃是因为市场将中国庞大的用户群体所创造的大数据的价值，一并计入了这些公司的资产。没有这些海量用户，数据平台企业的估值就会一落千丈。这就解释了为何数据平台企业的市场估值往往与其业绩无关，而与其用户数量高度相关。2011年以后，腾讯的营业额增速和利润增速开始跌落，此前是60%~80%的增长率，之后相关数据的增长率基本是在50%以下，且利润增速掉落到20%~30%。但腾讯的市盈率却从原来的23上涨到47。究其原因，与用户数量的增加导致了数据财富的增加密不可分。

不仅是腾讯，其他数据平台企业也都具有类似的特征，即低利润、低分红、低纳税，但却有高估值。2020年12月亚马逊的市盈率高达89.98！如果蚂蚁科技集团上市，按照68.8元/股的发行价，对应的动态市盈率则高达96.48。这些都说明数据平台企业上市卖的不仅仅是其创造的价值，更多的是其使用的资源——大数据。当初把谷歌、推特和脸书之类的互联网企业排除在中国市场之外广受知识界诟病。现在回过头来才理解，其真正的意义乃是保护了中国的大数据，为后来国内平台企业（如BAT）的崛起留下了宝贵的资源。假如当初放任外国互联网巨头在中国开展业务，哪怕这些业务不赚一分钱，海量数据的价值也会投射到它们的股价上，这些企业依然可以从资本市场上获取巨额财富！

初始资源的权属

数据平台企业价值的来源是大数据。接下来需要回答的是,在互联网平台上产生的大数据究竟属于个人,还是平台,抑或社会?历史上资源的初始产权既有私有,也有公有,这是由不同的制度决定的。但不同制度的实践却表明,资源的初始产权界定的不同,会极大地影响制度的绩效。

一种可以用来参照的资源就是土地。对于城市政府这一"平台企业"而言,土地是其最主要的初始资源,所有城市都必须经历土地集中——配套基础设施和公共服务——再私有化的过程。其中第一步——土地集中——是城市化第一个也是最难跨越的门槛。我们把英国治下的殖民地分为两类,可以发现,凡是将土地初始产权界定给原住民的经济体,比如印度,基本上都没能完成城市化;而那些将土地初始产权界定给政府而非原住民的经济体,比如美国、加拿大、澳大利亚、新西兰、新加坡,都进入了发达经济体行列。这是因为工业化必须依赖城市这个平台实现轻资产运营,所以凡是不能完成城市化的国家,都被挡在了现代化的门槛之外。

中国的城市化在很大程度上得益于1982年的宪法将城市土地的初始产权界定给了城市平台的主要提供者——地方政府。正是因为地方政府垄断了土地一级市场,内地才得以参考香港的土地金融(也被误称为"土地财政"),成功开启城市化的伟大历史进程。中国成为全球少数依靠自身完成城市化的国家。对比初始实行土地私有制的印度与实行土地公有制的中国,可以明显看出两者在城市基础上的显著差异。

正是因为依托强大的城市平台，同样加入 WTO 的中国才没有像其他发展中国家那样沦为发达国家的经济附庸。不仅如此，依托世界级城市平台的中国企业还在全球"攻城略地"，反噬了发达国家的市场。尽管有很多人批评说，中国的农民在政府征地时没有得到足够的补偿，但由于城市居民就是原来的农民，城市平台显著降低了城市经济活动所需的重资产成本，相当于对农民进行了间接补偿。

从中印两国由土地初始产权界定不同导致的经济增长绩效的差异上，我们可以得出一个重要的结论——平台所需资源的初始产权，应当界定给平台提供者而不是资源原始所有者。按照这一规则，大数据的初始产权应界定给提供平台的企业而不是私人。以保护隐私为理由的数据私有制，最终会制约平台的创立和运营，并危害"企业群落"的整体竞争力。

平台企业的制度演进

数据平台企业超高的市场估值，来源于全体用户创造的大数据。尽管将资源的初始产权界定给数据平台提供者有利于平台的创设与发展，但这并不意味着数据平台提供者应当攫取大数据价值带来的全部利益。具体到蚂蚁科技集团上市，那些在事后被曝光的投资者，是否应该是平台企业天量溢价的合法所有者？平台企业运营不可避免地要捆绑大量全民所有的自然资源，这些资源的溢价体现为平台企业的超额收益，因此，平台企业实行的所有制必然涉及巨大社会财富的分配。数字社会也是如此，它是成为一个更公平的社会还是一个更贫富分化的社会跟数据平台企业实行的所有制有关。

与土地资源国有化路径相反，中国在矿产（特别是煤炭）资源方面探索了一条私有化道路。其结果不仅没有像土地那样创造出数以亿计的中产阶级，反而使得一批正好"家里有矿"的人暴富起来。由于大数据往往是数据平台企业在提供服务的过程中产生的"副产品"，这些企业正好是在大数据这样的"富矿"上，所以大数据就被想当然地视作企业财富的一部分计入了企业市值。那些通过数据平台企业上市大赚一笔的股东，和那些正好"家里有矿"的人没有本质差别，只不过前者卖的不是矿产，而是大数据。

严格来讲，"大数据"是数据平台企业与大众在交易时共同创造的。但多数国家，无论是发达的资本主义国家，还是发展中的社会主义国家，都将"大数据"的产权武断地界定给了平台企业，中国也不例外，原因就是前面讲到的初始产权——初始产权没有界定给平台企业，就根本不会有平台。真正的问题是平台企业本身一定要私有吗？要回答这个问题，就必须触及一个常被讨论的话题——公有制。中国的改革开放是从破除具有"大锅饭性质的公有制"开始的，公有制的特点之一是追求资产安全，而与风险厌恶共生的是难以实现创新。从某种意义上讲，如果中国目前还是实行具有"大锅饭性质的公有制"，根本就不会有以阿里巴巴和腾讯为代表的一批平台企业。

但私人创造却不一定意味着私人拥有。一旦应用企业发展为平台企业，也就开始了从私有企业逐渐向公有企业的演化。最典型的平台就是政府。政府诞生于满足所有人的财产安全需求——居民只要给政府交税，就无须自己供养一支军队。由于其规模效应，政府从创立伊始就是天然垄断的。随着提供公共服务的领域增加，政府就逐渐成为助力整个社会经济活动运行的平台。政府也从"应用企业"变成"平台企业"，实行的所有制也逐渐从一开始的私有变为混合所有，乃至彻底公有。所以大家会看到，在现代国家体制中，纯粹由私人拥有的政府已经非常少见了，哪怕是采用君主立宪制的国家，其君主也都是虚设的，真正的权力是通过议会代表全民拥有的。政府某一时期的领导人不论在任时权力多大，离任时也不能把任期内政府创造的财富带回家。

政府平台化后所有制从私到公的制度演进历史，有助于我们预判基于数据的平台企业未来可能的演进方向：平台企业被私人创造出来后，其公共属性决定了它也一定会逐渐演变为一个公众公司（见图 12-2）。平台企业的内在逻辑决定了：（1）凡是保留了私有的平台企业的地方，最终一定会产生系统性的贫富分化；（2）凡是有系统性的贫富分化的地方，都可以追溯到深层次的平台私有。互联网企业在其发展的最原始阶段，存在诸如私人"跑马圈地"的现象实属正常，就像最初的政府一样；而一旦互联网企业演变为大数据平台企业，贫富差距就会迫使它迟早会演化为某种形态的公众公司——要么是通过以自我演进为主要特征的制度创新实现，要么是通过以某种外力迫使为主要特征的制度变革实现。

	公有	私有
平台企业	√	×
应用企业	×	√

图 12-2 企业—制度矩阵

平台企业公众化

所谓的公众化,不是简单地没收然后宣布国有,而是要通过制度设计,将使用公共资源创造的价值从平台企业"萃取"出来返给公众。在实践中,有很多制度路径和产权组合可以在不影响平台企业运作的前提下,帮助我们实现这一目标。

首先,应当通过反垄断政策,将数据平台企业的平台部门和应用部门(如天猫和天猫自营、京东和京东自营)分开(这有点像政府从非公共产品领域退出一样),确保平台的应用部门不能依托平台获得相对其他应用企业的额外竞争优势。分离后的平台部门,从监管到运营,从投资到分配,都要有更多的公共利益代表进入,"公进民退"。在非平台部门,可以完全私有化,"公退民进"。对于那些数据资源无法在使用环节拆分的互联网商业模式,可以在分配环节公有化,比如对数据使用征税,然后把税收返给公众。长期以来,像谷歌这样年利润超过1 600亿美元的公司,其非美利润一直在享受个位数的有效税率,仅约为其海外市场平均税率的四分之一。例如,2019年初市值接近7 900亿美元(一度曾突破万亿美元)、2018年净利润高达112亿美元的亚马逊,不仅未缴纳任何联邦税,反而获得了1.29亿美元的退税。这显然是非常不合理的。对比之下,阿里巴巴2018年的缴税总额达到了516亿元。

针对这一问题,各国开始研究对互联网巨头征收数字税。从2020年4月开始,英国带头对脸书、谷歌和亚马逊等企业征收2%的数字税。税收的本质就是作为"平台企业"的政府强制参与作为"依附平台的企业"的分红,然后利用这笔收入来提供公共服务。

更加有效的做法是政府通过PPP代表公众参与对数据平台企业的投资，代表公众持有数据资源的部分公共利益。现在一提到PPP，很多人就以为是单方面的"国退民进"。事实上，PPP的正确做法是政府在退出非平台领域的同时，在平台领域实现"国进民退"。"国进民退"不一定是政府亲自"下场"充当平台，而是在平台企业初创时入股，作为风投，扮演类似当初淘宝创立时孙正义那样的角色。

就当前的企业改革而言，一个比较大的争论，就是要不要实现"国退民进"，让市场起决定性作用。传统的经济学理论无法区分平台企业和应用企业，企业产权只能在全部公有或全部私有两端进行选择。一旦引入分层的企业结构，就可以在平台企业和非平台企业之间选择不同的制度组合。社会主义和资本主义也可以被重新定义——比如，只要平台企业是公有的，哪怕应用企业都是私有企业，这个经济也是社会主义经济；反之，只要平台企业是私有的，不论应用企业实行什么所有制，这个经济都是资本主义经济。结果见图12-3。

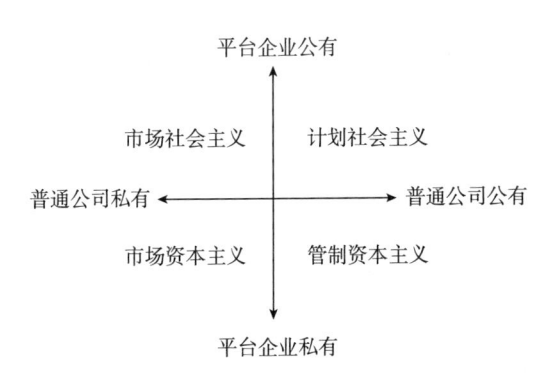

```
                    平台企业公有
                         ↑
        市场社会主义  |  计划社会主义
   普通公司私有 ←─────┼─────→ 普通公司公有
        市场资本主义  |  管制资本主义
                         ↓
                    平台企业私有
```

图12-3　市场社会主义和市场资本主义之间的竞争

平台企业一开始也是应用企业，平台发展是一个渐进的过程。在什么阶段政府应进入平台企业？一是在创投阶段，公众基金对有可能成为平台的企业进行风投，这样做风险大但收益也高。二是在上市之前，当平台企业要上市时，可以强制要求其和代表公众利益的公众机构（如人力资源和社会保障局、住房公积金管理中心等）进行谈判，以发行价让出一部分（比如30%）股份给这些公众机构，然后由这些公众机构保荐上市。未来该企业的分红也好，持续经营的利润也好，全体国民都能分到一部分。

具体到蚂蚁科技集团，可在其上市前，将那些企图通过私自占有数据财富获利的私人投资机构（比如私募基金、投行等）排除出原始股东行列，将原始股按照市场公允价格划拨给养老基金等公众基金（相应地，政府可以给划分有公众股份的平台企业一定的税收减免优惠）。随着公众基金的占股比例逐步提高，平台企业会逐渐从初创时的私有过渡到公有（类似君主立宪制的政府过渡模式）。2016年，笔者和周颖刚教授在发表于《财经智库》上的《中国资本市场再设计：基于公平效率、富民强国的思考》一文中，曾提出通过保荐制由公共资本主导股票一级市场的建议。这个建议现在看来并不过时。

以上还都是比较简单的做法，实际上还有一些更复杂的操作。比如，央行基础货币发行。现在央行的基础货币在很大程度上是通过贸易顺差结汇被动生成的。外汇实际上都可以折算成美元，而美元的本质是美国财政部的债务。央行实际上是通过持有美国政府的股份来发行本国货币，这一货币生成模式导致到目前为止中国的基础货币仍无法自主内生。如果中国仿效美国通过购买国债发行货币，就需要巨大的财政赤字，这样才能使货币供给与巨大的市场规模相匹配。这样的货币生成模式不仅与中国限制政府举债的规定相冲突，也不利于央行执行独立于财政的货币政策。

平台企业的一大特点，就是具有稳定的收益。如果能把平台企业创造的稳定现金流直接抵押给央行，央行就可以这些具有固定收益的资产为锚，独立自主地发行市场运行所需的货币。央行就不需要依靠贸易顺差或者发行国债来生成货币。按照博尔顿和黄海洲的研究，中央政府的债务本质就是国家的股权，使用货币的人，实际上也相当于持有了国家的股份，由此，通过货币渠道实现了平台财富的全民所有。

结语

数据平台企业是中国"企业群落"的核心资产，对依附其上的应用企业降低成本、参与世界竞争具有系统重要性。一个国家能否在国家竞争中胜出，其各种平台企业是否能在与其他国家的各种平台企业的竞争中胜出具有重要影响。在这个意义上，中国必须培育和保护关键数据平台企业，并将其作为国家发展战略的重要组成部分。

数据企业演进为大数据平台是一个过程。若在大数据还没有被发现之前就对相关企业实行公有化改革，结果就会是：由于缺乏有效的激励，平台企业根本不会出现。此时，对平台企业的扶持是必需的，打压平台企业，就是打压其所在的"企业群落"。

平台企业私有化必然导致不可逆的贫富分化，因此要防止平台企业被私人资本所挟持。是社会主义还是资本主义，不取决于是否对资本征税,而取决于是否对资本拥有所有权。在收入环节征税已经被皮凯蒂等学者证明无助于缓解贫富分化,只有平台企业公有,才能"驯服"资本。为什么中国的房地产市场无论是在财富分配的平均程度还是在家庭的致富速度,无论是对冲市场波动还是应对经济危机的冲击,其表现都远远好于以股票为核心的其他国家的资本市场?原因就是土地一级市场的公有使得城市这个平台为财富分配提供了一个公平的基础。中国以土地财富为基础的城市平台,为管理以数字财富为基础的互联网平台提供了有益的参照。

怎样看待平台企业、垄断,怎样理解市场竞争导致的贫富分化,这需要全新的经济学理论。如果仅仅紧盯着平台企业的垄断,并将市场占有率作为垄断的标准,就可能陷入误区。垄断是由平台企业的本质所决定的。真正应该盯的是平台企业的运营是否出现"降维",特别是要盯住平台企业所依赖的全民所有资源,盯住上市公司背后那些企图将公众的"大数据"据为己有的股东。一旦对平台经济的讨论从垄断转向产权,我们就会辨识出新经济通向均富和公平的正确道路。

第十三章
房地产税*
——尊重探索，慎重推进

本章是由两篇非正式发表的文章合并而成，之所以放在这里，是因为本章提出了一系列重要的概念性命题：（1）房地产税改革的本质是改变地方政府公共服务定价模式。只有采取多样化的定价模式，才会有差异化的竞争。（2）由于房地产市场是中国的核心资本市场，开征房地产税会导致中国房地产市场资本化走向逆过程。（3）房地产估值会影响广义货币生成。（4）税制与政治制度相匹配——间接税对应权力分散，直接税对应权力集中。一旦制度错配，会导致社会低效运行乃至陷入混乱。（5）地方政府之间的锦标赛源于间接税和中央集权制度的组合。（6）税基是以真实财富还是以虚拟财富为基础，决定了经济"脱虚向实"还是"脱实向虚"。这些源于实践的原创性灵感，都需要得到后续实践和理论的检验。

---

* 本章原文最早发布于2021年，以《房产税试点需要注意的几个问题》为题被微信公众号广泛转载。

引言

在"土地财政"开始的早期阶段,笔者是一直力主推行房地产税的。① 但随着房地产税逐渐引起重视,并多次被写入中央文件,各方的态度也越来越积极,笔者的观点反而更倾向于慎重。在笔者看来,任何政策都有利有弊,如果只看到好处,不考虑坏处,极有可能在出现意外效果时惊慌失措。本章将从利弊两方面对征收房地产税可能产生的后果进行分析。

房地产税试点的"利"

房地产税提出至今20余年,直到2021年终于步入正轨。说"步入正轨"的一个主要的依据,就是2021年10月23日发布的《全国人民代表大会常务委员会关于授权国务院在部分地区开展房地产税改革试点工作的决定》。主要基于以下几点:

多地试点

文件特别提出,由"国务院制定房地产税具体办法,试点地区人民政府制定具体实施细则",这一点非常重要。上一次只选择重庆和上海作为试点城市,实际上还是想把房地产税作为一个顶层设计税种,在全国统一实施。中国是一个全国统一税率的国家,几乎所有的地方税包括共享税,无论是税率还是征收标准,在全国几乎都是无差异的。而这次表明,税制的设计者终于明白

---

① 在2001年前后,笔者就曾在建设部的一次内部会议上建议征收房地产税,并在中央电视台一个对话栏目提到了这一观点。

第十三章 房地产税

房地产的本质是为地方政府提供的公共服务定价，对应的是地方事权。中国各地资源禀赋千差万别，地方政府对公共服务的定价模式就应不同。因此，地方税应当是地方政府的事权，至少不应该是一个全国无差异的税制。从各国经验来看，财产税的征收无不是因地制宜。在美国，不仅各州的税率和征收办法不一样，甚至一个城市中各学区的财产税税率都不一样。所以说，这次全国人民代表大会授权"试点地区人民政府制定具体实施细则"是一个非常重要的进步——表明政策制定者对房地产有了更深刻的理解。房地产税作为一种地方税，最终一定是各地根据自身要素禀赋和经营理念自主设计的结果。收不收、收多少、怎么收，都应由各地自主决定。

试点期限

由于房地产税的最优税率要通过试错才可能找到，因此，这次给了地方政府 5 年的期限进行探索是合适的。税收的效果在 1~2 年内可能无法显现，但如果试点期太长、跨越多届政府任期，决策者对政策后果缺少直接责任，这势必会影响税制设计的动机。而在 5 年内，调整 2~3 次大体上就可以试探出合理的税率区间。不仅如此，此次可以根据实施效果，再决定是否继续授权 5 年，反映出中央政府在出台这一重大税种时，并不急于求成。西方国家的很多主力税种（比如所得税）往往需要经历几十年的调整，在多次废立后才能最终确立。确立房地产税关系重大，绝非一朝一夕就可以完成。中国国土广袤，各地资源禀赋、发展阶段差异很大，探索需要的时间可能更长。房地产税税率、征收办法等的确定，很难用成文法的方式，通过顶层设计来完成。分散独立的试点,实际上是借鉴了习惯法的一些做法。在习惯法看来,整个立法过程就是一系列试验。这次试点授权使得房地产税的立法过程可以在实践中不断试错,通过判例不断修正,可以极大地降低房地产税带来的风险。

地方竞争

改革开放以来,中国地方政府从高度计划的财政分配体制,转向竞争性的公共服务市场。地方政府间的竞争成为中国经济增长最主要的特色。在中央和地方分权的初期,竞争性公共服务市场还没有形成,为了防止地方政府"乱收费",采用全国统一的税制是完全有必要的。但无差异税制的弊端,也使得地方政府不能根据自身的特点,发现和创造符合自身要素禀赋特征的公共服务定价模式。统一税制的结果就是资源禀赋和地理条件的先天差异,在一开始就决定了经济发展的最终绩效。长期结果必然是区域产业趋同、贫富差距加大,城市之间无法通过差异化竞争形成产业分工。

一个明显的例子,就是海南。海南的资源禀赋使其非常适合发展旅游业,但因为当前主要是对生产环节征税而不是对消费环节征税,这就迫使海南也要发展化工业之类和自己资源禀赋相悖的产业才能维持基本的公共服务支出。反观国际上一些著名的旅游城市,比如迈阿密,就可以通过房地产税,在消费环节为公共服务定价。三亚如果在消费环节有足够的税收,就可以专注于发展符合自己自然生态禀赋的休闲度假产业。中国其他自然生态禀赋优越但不适合发展工业的"落后"地区,实际上都面临同样的问题。从某种意义上讲,正是重生产、轻消费的税制决定了"绿水青山"难以变成"金山银山"。而房地产税可以在一定程度上赋予在消费环节拥有资源禀赋的地区更多的发展机会。

缺少差异化的税种，就不会有差异化的竞争。无论东西南北，都被逼到同一条赛道上。税收在很大程度上决定了地方政府可以选择的商业模式。过去我们的理解是：要发展某个行业，就要给这个行业减税。其实正相反，想发展什么行业就要对什么行业征税。税源不同，不同地区才可以实现差异化的发展，才有可能各擅所长，避免同质化的竞争。此次授权进行试点，更主要的不是设置新税，而是开启了税权下放的进程。在这个意义上，房地产税试点很可能是一项堪比当年央地分权的伟大改革。通过房地产税试点，地方政府第一次获得了创设税制的权力。而差异化的地方公共服务定价模式，将会使原本只有单一项目的地方公共服务竞赛，发展出无数新的项目，不同地区的资源禀赋特征会因此被发现、利用，实现价值最大化。

制度迁移

房地产税还给地方政府提供了一个解决历史遗留问题的工具。国有土地和集体土地两分的制度，对中国土地资本市场的形成和原始资本的获取起到了关键性作用，也是中国和其他发展中国家绩效差异巨大的主要原因所在。但土地双市场结构也导致了中国特有的、介于国有和集体两个市场之间的"小产权"（比如集体土地上的大量"违章"物业）。有了房地产税这个工具，就给"小产权"入市提供了一个可能的渠道——只要交足房地产税（足以支付相关的公共服务成本），就可以通过城市更新给这些"违章"物业颁发"大产权"证书。需要指出的是，这次房地产税试点将集体土地上的物业排除在外，反映出政策设计者还没有意识到房地产税的这一功能。目前，商品房大部分没有达到70年的所有权期限，作为房地产税的征收对象是非常困难的。此次房地产税恰恰应该从实际上已经在享受城市公共服务但却从未缴费的集体土地上的物业开征。以"大产权"换房地产税，可以以较小的阻力，消化已经被城市包裹的非正规物业，并为今后到期物业全面开征房地产税探索经验，创造社会环境。

推进房地产税要注意的问题

资本折损

现代经济增长的最大特征就是不依赖过去的剩余，而是依靠未来收益的贴现完成资本积累。贴现倍数（市盈率、售租比）的高低，取决于资本市场的信用。信用越好，资本估值越高，资本也就越便宜、规模越大。现代经济间的竞争，基本上就体现在资本方面的竞争，比的就是谁能创造更廉价的资本。因此，加/去杠杆、加/降息都必须放到全球竞争的大环境下才能做出正确的选择。纵观世界各国，发展最快的时期基本都是资本充裕的时期。比如，日本是房价高的时候发展快，房价低的时候发展慢。韩国也是如此，日本房地产崩盘、泡沫破裂所导致的"失去的二十年"正是韩国房价飙升的二十年。折旧就意味着韩国的资本比日本的资本充裕。充裕的资本是韩国企业可以承受多年亏损，最后把日本企业拖垮的重要原因。日韩大博弈背后是资本能力的较量。实践表明，资本价格高并不是坏事，崩盘才是坏事。相对而言，资本廉价的经济可以抵抗更强烈的冲击，承受更大的亏损，并在对手资本耗尽后抄底对手的资产和市场。

中美两国之所以是在全球化中受益最多的国家，背后的原因，就在于这两个国家有着世界两个最强大的资本市场：美国股票市场和中国房地产市场。美国股票市场的强大体现在，在泡沫膨胀时，总是超越对手市场，为产业提供最廉价的资本；危机时，又总能晚于对手市场崩盘，成为资本最安全的避险之地。在信用经济时代，谁的资本市场能挺到最后，谁就能笑到最后；反之，谁先崩盘，谁就可能被抄底。而2008年的金融危机显示，中国房地产市场甚至比美国股票市场有更好的信用，中国企业当时抄底了很多国际资产（比如吉利抄底沃尔沃）和市场，逆全球经济趋势助力中国实现了经济的快速升级。房地产对中国经济的正向影响有多大，反向影响就有多大。2021年前三季度经济增速下滑有很多原因，在笔者看来最直接的原因就是多城房价暴跌和土地流拍。当时笔者预计，如果这两项指标持续低迷，不仅是第四季度，2022年上半年增速仍会持续下跌，被增长掩盖的许多社会问题都会凸显。

资本市场体现的是未来收益的贴现，即未来收益和贴现倍数的乘积。对资产加税，本质上就是未来收益资本化的逆过程。征收房地产税意味着提前支取未来现金流，因此，即使贴现倍数不变，资产也会贬值。其他国家也有房地产市场，为什么它们的房地产市场没有成为和中国房地产市场一样强大的资本市场？一个重要原因，就是大部分国家都有房地产税，而中国没有。在这个意义上，房地产税就是土地资本化的逆过程，征收房地产税就相当于把未来资产又还原为现金流。开征房地产税，就会对中国最大的资本来源造成打击。我国的股票市场、债券市场发育尚不成熟，真正强大的资本市场是房地产市场——几乎等于美国股票市场和房地产市场资本的总和。一旦资本市场因开征房地产税受损，将会对政府的很多重资产投资（包括补贴研发、参股创投、国防升级、高等教育、基础设施建设等）造成影响，我国很可能被迫回到传统的劳动密集型产业阶段，中美在高技术领域的竞争也可能随之结束。如果治好高血压的代价是把命丢了，那就应该学会与疾病共存。将住房市场结构解构为像新加坡那样的"双轨制"，是一种可行思路。

货币阻滞

开征房地产税另一个不容易想到的后果，就是会导致货币生成障碍。市场经济和计划经济的最大区别，就是市场经济分工主要依赖于货币分工，因为其效率更高。一旦货币不足，就只能转而依赖效率较低的计划分工。因此，从某种意义上说，计划经济不是由意识形态决定的政治选择，而是货币不足条件下的被迫选择。历史上，中国长期处于货币饥渴状态。改革开放前，在面临外部封锁的情况下，中国被迫执行严格的计划经济。改革开放以来，中国进入国际经济大循环的一个重要目的，就是通过顺差外生货币。直到 2004 年房地产的资本化完成，中国的广义货币才得以通过商业银行贷款内生。可以说，正是因为有了房地产市场，中国才成为发展中国家中少数可依靠自身资本市场内生货币的国家之一。依托房地产市场，中国不仅成功解决了困扰千年的货币不足难题，而且成为全球性的资本输出大国。特别是 2008 年之后，中国在大规模内债的基础上，逆势创造出天量货币，在极短的时间内超越日本，直追世界头号大国美国。可以说，没有房地产市场这一巨大的资本市场的支持，中国根本不可能在短期内内生如此规模的货币，更不可能在互联网经济和移动支付的加持下，实现相较于很多发达国家超前的资本深化。

房地产在我国货币生成中如此重要，以至于我们可以毫不夸张地说人民币就是房地产的本位货币。虽然中国的基础货币在一定程度上仍然是通过与美元挂钩、依赖顺差来生成，但通过银行贷款内生广义货币的机制，中国获得了事实上的货币主权。中国也成为少数几个可以逆美元周期的主要经济体之一。而其中，大量抵押物是不以美元定价的土地和房屋。这是中国货币最主要的信用基础，因为无论政府、企业还是家庭，社会创造货币的最主要抵押物就是房地产。过去20余年，中国房地产价格脱离美元周期逆势飙升，虽然广受诟病，但却支撑了中国经济从大基建到高科技的天量投资。中国第一次有机会跨入"重资产"的赛道，几乎和所有发达国家展开竞争。

在房地产市场中，房价的一项关键功能，就是通过给流通不动产定价来给所有未交易的不动产定价。政府土地使用权出让价格，也是在给未进入流通的土地相关资产定价。如果房价剧烈下跌、土地大量流拍，所有抵押给银行的不动产估值就会大幅缩水，中国经济就会像日本经济泡沫破裂时那样被银行坏账拖下水。这是在计划大规模开征房地产税时必须加以考虑的。

有人认为，面对货币难题，央行可以通过降息、降准等货币政策来恢复市场的流动性。但央行的这些货币政策工具只能用来创造基础货币。不通过银行贷款，基础货币就不能真正进入市场流通。一旦房地产市场萎缩，市场缺少优质的抵押物，贷款生成货币的渠道就会阻塞，基础货币再多也只能堆积在银行系统里。

换句话说,货币政策只能在基础货币供不应求时起作用,一旦市场因缺少抵押物消失而出现货币需求不足,再宽松的货币政策也创造不出足够的货币。美联储面对的就是这样的困局:在逆全球化和新冠肺炎疫情冲击下,美元需求急剧萎缩,美联储大规模扩表与美元需求萎缩同步,美联储不得不通过前所未有的Taper回收滞留在银行系统内的流动性。

在中国,地方政府主导的城市化是货币需求最主要的创造者。而地方政府负债的几乎所有信用,都来自土地而非税收。一旦大规模开征房地产税导致房价剧烈下跌、土地大量流拍,地方政府的融资能力就会急剧萎缩,不仅无法开展新的固定资产投资,为之前的固定资产投资进行的融资也可能变为坏账。一旦社融出现断崖式暴跌,真正进入市场的货币就会大量减少,市场机制就可能衰退,中国经济就可能再次退回低效的计划经济。这是各地推出房地产税时要非常慎重考虑的——局部正确的改革,可能合成整体系统性风险。这是由中国独特的货币生成机制所决定的。发达国家房地产税没有出现问题,不等于中国采取同样的做法就不会有问题,毕竟中国经济的底层逻辑和西方不同。

制度错配

开征房地产税另一个容易被忽略的风险,就是制度错配。熊彼特说过,所有现代国家都是税收国家。税收的本质是公共服务的价格,是政府与社会的交易。现代社会以前,直接税征收是政府单方面强加给社会的。这样的机制无法显示社会对公共服务的真实偏好,因此征收效率极低,征税导致战争(美国独立战争)甚至革命(法国大革命)的案例不胜枚举。西方国家发展起来的宪政体制，实际上就是同直接税的征收相匹配的制度——通过民选的代议制确定公共服务的价格。房地产税是典型的直接税，是西方国家地方政府公共服务支出的主要来源。地方民主自治（类似中国的小区物业管理）是公共服务提供的基础制度。

中国改革与苏联解体后的改革的一大区别，就是维持了历史上传统的中央集权式政府模式。尽管这一模式被西方主流经济学所诟病，但实践却表明这一制度并没有像几乎所有西方主流理论预言的那样走向失败。在全球公共服务市场的竞争中，中国体制不仅可行而且高效。其中一个重要原因，就是中国政府的财政迄今为止主要是建立在间接税基础上的，纳税主体是企业和机构而非个人。在间接税制度下，购买公共服务的纳税者（主要是企业）可以选择用"脚"投票（自由），这使得政府可以在保有非常大的公共权力的条件下，显示消费者的偏好。这种权力在国家竞争（例如抗击新冠肺炎疫情的国家对比）中，显示出所有经典理论都没有预料到的巨大优势。

无论是在税收理论还是在政治理论中，税收和制度的匹配都属于其研究的盲区。在现实中，只要出现制度错配——间接税对民主，直接税对集权——就一定会导致社会运行的低效乃至混乱。新加坡直接税占政府公共服务支出的比例很低，政府在民选国家中保持了罕见的集权。英国最开始对北美征税时，其实税率并不高，但美国人宁愿打仗也不交税。独立战争后，美国实现了税制和体制的匹配，才成功转型为熊彼特所说的现代国家。

脱离税率谈房地产税，就像脱离剂量谈药效。税率高低和居民自治程度是正相关的。小区物业费本质上就是房地产税的一种，收费越高，就必须让渡越多的权力给业主委员会。否则，收取很高的费用,却不让大家决定如何使用,最终物业费根本收不上来。房地产税也是如此。如果税率很低,和电价、水费差不多,那推行起来就很容易,新加坡就有类似税种。但如果指望房地产税像在发达国家那样成为地方政府的主流税种,就必须同步对地方政治制度做出相应的调整。这种调整幅度取决于直接税占总税收的比重。除非是像三亚、迪拜、迈阿密那样本地人资产占比很小、外来人口购买资产占比很大的城市,否则本地人可能倾向于投票推行低税率的房地产税。一般情况下,高税率会遭到制度性抵制。

用地方政府锦标赛来解释中国特色的经济增长是近年来开始流行的一个理论。其实,"中国地方政府热衷于参与这种锦标赛"本身就需要被解释。间接税和中央集权制度的组合,是中国地方政府行为与众不同的根本原因。以真实财富为税基的间接税,决定了中国地方政府可以而且必须开展税收争夺赛。这就是中国地方公共服务市场竞争如此激烈的根本原因。一旦地方政府主要收入来源转向房地产税,中国地方政府的行为也就与其他国家地方政府的行为趋同。这一地方竞争形成的增长发动机也会逐渐熄火。

在更深的层次上,任何税收都是政府和公民之间的契约。新税种一旦建立,就会形成权利与义务的交易。一个例子就是农业税的取消。21世纪初,农业税占税收的比重就已经很低,在有的地方甚至覆盖不了征收成本。于是,国家拿下了这一千百年来加在农民头上的税负。房地产税是税收中少数几项涉及国家与公民之间契约的制度,但相关的理论研究还几乎是空白。

第十三章 房地产税

脱实向虚

税基是以真实财富还是以虚拟财富为基础，对经济是"脱虚向实"还是"脱实向虚"有着隐蔽而深刻的影响。在中国的税收制度里，几乎所有税种都是以社会创造出的真实财富为税基。但房地产税不是。房价体现的不是真实财富，而是和股票价格一样，体现的是这项房产的未来收益。对虚拟财富征税，和透支未来财富没什么两样。在真实财富不变的条件下，增加税收的一个办法，就是提高资本的估值，结果就是房价越高，政府收入就越有保证，一旦资产价格下跌，政府就会入不敷出。如果政府税收的基础"脱实向虚"，其政策和资源就会向虚拟经济倾斜，并最终导致整个经济"脱实向虚"。而房地产税正是这样一种以虚拟财富为征收对象的税种。这是政府在推出这类以资本为税基的税种时必须考虑的。

房地产税之所以有"欺骗性"，就是因为通过会计规则连续计入政府收益，给政府带来现金流的错觉。实际上，房地产税并不是政府通过公共服务带来的真实财富增长，因为房价本身就是虚拟财富的度量。表面上看，房地产税是给政府带来了连续现金流，但由于是对虚拟财富征税，因此，对整个社会而言其实是连续负债。对虚拟财富征税，会让政府不再关心实体经济的好坏，只要政府能放大未来收益，比如降息、发债，就可以从中抽成，增加收入。实际上，这种连续负债乃是一种伪装的"庞氏骗局"。正是因为这种对虚拟财富的依赖，西方国家的地方政府几乎不热心招商引资，它们更关注的是虚拟财富的涨跌。

有人说香港的差饷税类似于房地产税。其实，差饷税与房地产税有本质的不同，最主要的一点就是税基不同。差饷税的税基是房租，是真实财富；而房地产税与房价挂钩，是对房产未来收益的估值，是虚拟财富。前者是对现金流征税，后者是对资本征税。两个税种看似都以房地产为征收对象，但本质完全不同。正因税基不同，两者的剂量不同，差饷税创造的收入在政府税收中几乎可以忽略不计。现在各城市中的小区物业费本质上就是一种房地产税，但剂量不足以对整个房地产市场产生影响。

很多人认为拥有资本的都是富人，对富人征税可以"劫富济贫"，缩小贫富差距。这些都是想当然。把对公共服务的定价建立在虚拟财富的基础上，不仅不会缩小贫富差距，还会诱导政府乃至整个经济"脱实向虚"。希望通过对资本征税实现缩小贫富差距的目标，在西方国家有着广泛的实验，至少皮凯蒂在《21世纪资本论》中的研究表明，没有一个征收财产税的国家能够因此缩小贫富差距。事实上，征收财产税的国家不仅没有缩小贫富差距，反而带来贫富差距不可逆的扩张。表面上看，不对劳动征税、对资本征税是保护劳动、抑制资本，但结果却是整个经济"脱实向虚"，富的越富，穷的更穷。这就跟在中国企业面临的税率高于在美国（也就是所谓的"死亡税率"），企业反而迁往中国是一个道理——你要发展什么，就要对什么征税。仅靠对资本征税来缩小贫富差距，只能是杯水车薪、隔靴搔痒。

结语

尽管开征房地产税有种种好处，世界上几乎所有主要国家都把房地产税作为地方政府的一个主要税种，但将这一税种移植到中国仍然有许多根本性的问题需要解决。中国改革开放成功的一个重要经验,就是不搞休克疗法、不搞"一刀切",而是尊重地方各自的探索。自上而下运动式的改革(比如物价闯关)几乎没有成功的。相反,那些源于各地实践摸索出来的改革(比如土地制度),都获得了出乎意料的成功。

和其他发展中国家一样,中国在发展过程中并没有通过股票、债券、期货这样的金融工具解决资本生成的问题。过去20余年,中国经济史诗般的增长,主要归功于房地产市场带来的资本。房地产资本化在给中国经济带来种种问题的同时,也让中国在全球资本竞争中握有一手好牌。正是在这种背景下,征收房地产税在中国变得和任何其他国家都不一样。一旦房地产行业出现问题,对中国经济的冲击也会远超任何其他国家。鉴于房地产税对中国核心资本市场的影响巨大,攸关全局,它的出台也就需要特别慎重。特别是当前国际局势动荡不安的情况下,更是如此。

Part V
第五篇

理　论

第十四章
范式转变[*]
——从均衡到竞争

将本章放在最后一篇是为了为前文的分析提供全新的理论基础，以替换新古典增长理论的微观基础——价格理论。新古典增长理论从诞生之日起，就面对各种批评，之所以屹立不倒，就在于对新古典增长理论的各种批评是相对孤立的，而新古典增长理论是一个完整的框架，只有框架才能替代框架。在对新古典增长理论的长期批判中，看似无关的竞争性理论——从马克思、熊彼特、科斯到阿尔钦、维克瑞、哈耶克——为构造一个替代新古典增长理论的框架提供了可能。本章就是通过将这些孤立的洞见组合起来，建立一种能映射真实竞争过程的价格理论，并用这种理论替代新古典增长理论构建的、脱离现实的完全竞争和一般均衡范式[①]。

---

* 本章是在笔者提交给英国卡迪夫大学的博士论文中一节的基础上拓展而成。感谢笔者的导师克里斯托弗·韦伯斯特教授以及南加利福尼亚大学匿名审阅教授针对论文内容提出宝贵意见。在撰写论文期间，雷丁大学吴伟科博士多次同笔者讨论。北京大学周其仁教授对原文思路的完善提出过很好的建议。厦门大学经济研究所宋涛副教授参与笔者的课堂讨论，纠正了文中的错讹，并制作了部分图表。在此一并致谢。笔者本人对文中的所有观点负责。

① 与本章相关的系列研究参见：ZHAO Y J. The Market Role of Local Governments in Urbanization (in China). Cardiff University, 2009；赵燕菁. 基于科斯定理的价格理论修正. 厦门大学学报（哲学社会科学版），2007（01）：30－38＋75；赵燕菁. 公共产品价格理论的重建. 厦门大学学报（哲学社会科学版），2010（01）：46－54.

第十四章 范式转变

引言

新古典增长理论诞生伊始,就从理论上假设市场是完全竞争的。与之相对应的,就是所谓的"均衡"。从那时起,对完全竞争的批评就没有停止过。哈耶克在《个人主义与经济秩序》第五章"竞争的含义"中写道:

> 根据广为接受的观点,完全竞争须具备下列先决条件:(1)同种商品由大量较小的销售者供应或购买者需要,其中无人能以其行为对价格施加可感受到的影响。(2)能自由进入市场,并且没有其他限制价格和资源流动的阻碍。(3)所有的市场参与者都完全了解相关因素。①

然后,哈耶克指出:

> 倘若我们探询一下,要是那些条件全部得到满足,通常称为"竞争"的活动还有哪些仍可能存在,那么,作为竞争均衡理论起点的这些假设的奇特性质,就会暴露无遗。在此,也许值得回忆一下约翰逊博士给竞争所下的定义,他说,竞争是"力图获得别人也在力图获得的东西的行为"。这样,在被所谓的"完全竞争"控制的市场上,还有多少在日常生活中适用于这种目的的手段可供销售者利用呢?我相

---

① HAYEK F A. Individualism and Economic Order. Chicago, Illinois: The University of Chicago Press, 1948: 272.

信答案确实是"没有"。根据"完全竞争"的定义,为货物和服务做广告、削价和做出改进("使其拉开差距")等活动全部被排斥在外,所以,"完全"竞争实际上意味着没有一切竞争活动。

尽管从斯拉法、哈耶克到科斯,对新古典增长理论的批判汗牛充栋,也一直未断绝,但新古典增长理论仍然一统经济学天下,萨缪尔森以后的本科经济学教科书基本没有本质的变化。只有范式才能取代范式。按照库恩(Kuhn,1962)的观点:

> 一个科学理论,一旦达到成为范式的地位,要宣布它无效,就必须有另一个合适的候选者取代它的地位才行。[①]

对新古典范式提出的否证,不论多么雄辩,都不足以完成传统范式向新范式的转换。除非我们能找到一种更一般的价格机制描述,否则,制度就无法真正成为经济分析的基础。

多年来,经济学的先驱们从经济学局部提出了修正"完全竞争"的大量洞见。本章的目的,就是将这些分散的洞见——包括阿尔钦竞争基准、马克思生产函数、熊彼特竞争、维克瑞竞争、哈耶克竞争——组合成一个完全取代新古典的范式(赵燕菁,2007,2010;

[①] KUHN T. The Structure of Scientific Knowledge. Chicago,IL:University of Chicago Press,1962:71.

ZHAO，2009)①，从而将基于均衡的经济分析，转向基于竞争的新理论。

范式的转变

新古典微观经济学的产生与局限

用粗略的线条描述前人的研究，总是有极大的风险。但笔者仍然认为布鲁（Brue，2000）在《经济思想史》② 中对古典经济学和边际主义的区分，抓住了经济思想流变的主要线索：

> 古典经济学家强调生产成本（供给）是决定交换价值的主要因素。最早的边际主义者走到了另一个极端，他们强调需求，而将供给完全排除在外……阿尔弗雷德·马歇尔将供给与需求综合起来构成所谓的新古典经济学。这种经济学基本上是边际主义的，同时包括对保存下来的古典学派明智的认可。

在古典经济学所处的时代，物质短缺是社会面临的主要问题，供不应求是市场上的常态。这使得经济学的开拓者们将注意力主要集中在回答如何扩大有效供给上。供给的增加，基本上可

---

① 赵燕菁. 基于科斯定理的价格理论修正. 厦门大学学报（哲学社会科学版），2007（01）：30-38+75；赵燕菁. 公共产品价格理论的重建. 厦门大学学报（哲学社会科学版），2010（01）：46-54；ZHAO Y J. The Market Role of Local Governments in Urbanization (in China). Cardiff University，2009.

② BRUE S L. The Evolution of Economic Thought. 6th, ed. Harcourt Inc.，2000.

以代表社会财富和福利的增加。成本作为生产问题的核心，成为古典经济学中价值理论的基础。

随着经济的增长，生产过剩成为发达国家面临的主要问题。供过于求开始在许多成熟的市场中成为常态。需求成为制约经济发展的主要瓶颈。经济的增长很大程度上取决于市场规模。于是，以边际学派为主的经济学家，开始将注意力从生产一侧转向消费一侧。偏好、效用成为经济学家的分析基础。

马歇尔的新古典综合，通过供给曲线和需求曲线的交点，把古典学派和边际学派结合起来。"马歇尔剪刀"意味着价格必须由消费者和生产者同时决定。这就是所谓的"完全竞争"（perfect competition）范式。

在完全竞争框架里，价格实际上是预先给定的：消费者根据价格和偏好在不同的商品间取舍；生产者则根据价格在不同的生产要素间取舍。一个虚拟的"瓦尔拉斯拍卖者"（Walras auctioneer）假设了价格形成的真正机制。① 很显然，在这种机制里，任何价格在理论上都必定存在着一个最优的消费者解和生产者解。正如萨缪尔森所说：

> 在需求方面，在既定的价格和税收条件下，作为竞买者的每个人都力图达到最高的无差异水平，他们就像被一只看

---

① 瓦尔拉斯为说明每个市场价格是怎样逐渐地调整到使商品或生产要素的需求量和供给量都相等，从而实现一般均衡，提出了一个所谓的"拍卖者假设"。这个虚构的拍卖者，有时被称为"瓦尔拉斯拍卖者"，这是达到瓦尔拉斯一般均衡的摸索过程的一部分。它的作用是在市场上高声喊出某商品或生产要素的不同价格，然后进行交易，不断调整修正，一直达到供给和需求相等的均衡为止。

不见的手引导着，使社会到达到最优的完美状态。[1]

新古典价格理论只是告诉我们，当市场有一个给定的价格时，应该如何配置既有的资源，却没有回答最优的价格是如何获得的。这种范式的假设和前提虽然能够在逻辑上保证新古典理论的自洽，但竞争却从经济分析中消失了。在斯拉法（Sraffa，1926）看来，价格和数量都是生产者竞争的手段，但新古典理论却告诉企业家"生产的限制是来自企业内部的生产条件，在不增加成本的情况下，这种条件不允许一个更大的产量"[2]。长期以来，空间概念一直无法被纳入经济分析主流。空间科学的倡导者艾萨德就曾讥讽现代经济学只存在于"没有空间维度的胜境"（wonderland for no spatial dimensions）[3]。一个重要的原因，就是竞争从空间分析范畴中消失了。

象棋是一个恰当的例子，可以用来比喻价格理论和竞争理论的差异（见图 14-1）——价格理论就像比赛之前的棋局，所有棋子都在最优的位置上；而竞争理论则是比赛中的残局，每一步都意味着一种均衡。我们需要做的不仅是对价格理论进行修补，更要用新的概念群（conceptual net）取代（或重新定义）新古典概念群。唯有如此，才可将基于均衡的理论彻底转变为基于竞争

---

[1] SAMUELSON P A. The Pure Theory of Public Expenditures. Review of Economics and Statistics, 1954, 36 (04): 388.

[2] SRAFFA P. The Laws of Returns under Competitive Conditions. Economic Journal, 1926 (36): 535-550.

[3] KRUGMAN P R. Development, Geography, and Economic Theory. The MIT Press, 1999; FUJITA M, KRUGMAN P R, VENABLES A J. The Spatial Economy: Cities, Regions and International Trade. The MIT Press, 1999.

的理论。

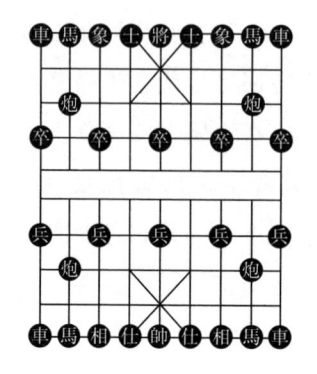

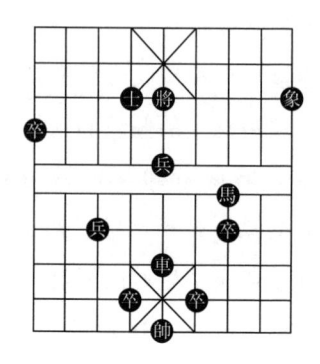

图 14-1 价格理论 vs. 竞争理论

基本概念和假设

（1）阿尔钦规则

放弃"马歇尔剪刀"供给与需求交点自动决定均衡并决定均衡价格的思想，阿尔钦在《大学经济学》中提出命题"竞争从来就不是'买者对卖者'，而总是卖者对其他卖者，买者对其他买者"[①]——笔者将其称为"阿尔钦规则"。按照这个规则，竞争立刻就回到了经济分析的核心。按照阿尔钦规则，笔者（赵燕菁，

---

① ALCHIAN A A, ALLEN W R. University Economics. 3rd ed. Wadsworth Publishing Company, Inc., 1973：40. 原话是："competition is never 'buyer against seller', but always seller against other sellers and buyers against other buyers." 感谢周其仁教授提供了阿尔钦的观点及其出处。

2007，2010；ZHAO，2009)[①] 提出了消费者和生产者分别竞争的定价机制：

•当供给小于需求时，竞争只发生在消费者之间。消费者之间的竞争，最终决定均衡价格。

•当供给大于需求时，竞争只发生在生产者之间。生产者之间的竞争，最终决定均衡价格。

（2）生产函数

放弃新古典理论无差异的生产者假设。亚当·斯密在《国富论》中将投资资本分为流动资本和固定资本。[②]

其一，资本可用来生产、制造或购买物品，然后卖出去以取得利润。这样使用的资本，留在所有者手中或保持原状时，不能提供任何收入或利润。商人的货物，在未卖出换得货币之前，不能提供收入或利润；货币在未重新付出换得货物之前，也是一样。商人的资本不断以一种形态用出，以另一种形态收进；而且也只有依靠这种流通，依靠这种持续的交换，才有利润可图。因此，这样的资本可称为流动资本。

其二，资本又可用来改良土地，购买有用的机器和工具，或用来置备无须易主或无须进一步流通即可提供利润的东西。这样的资本可称为固定资本。

马克思则用固定资本、可变资本和剩余价值构建了完整的生

[①] 赵燕菁.基于科斯定理的价格理论修正.厦门大学学报（哲学社会科学版），2007（01）：30－38＋75；赵燕菁.公共产品价格理论的重建.厦门大学学报（哲学社会科学版），2010（01）：46－54；ZHAO Y J. The Market Role of Local Governments in Urbanization (in China). Cardiff University, 2009.

[②] 斯密.国富论.胡长明，译.重庆：重庆出版社，2009.

产函数。[①] 相对于新古典增长理论的柯布－道格拉斯生产函数，我们将这个生产函数称为斯密－马克思生产函数。在新的生产函数里，劳动不过是另一种形式的资本。按照马克思著名的剩余价值公式 $W=c+v+m$（即：商品价值＝不变资本＋可变资本＋剩余价值），生产函数如下：

$$P=R-C \qquad (14-1)$$

其中，P 为利润（profit），R 为收益（revenue，相当于马克思剩余价值公式中的 W），C 为成本（cost）。将产品价格（p）和数量（Q）的乘积，定义为生产者的收益。假设不存在价格歧视，所有相同的产品价格都是一样的（这意味着收益曲线的斜率是一个常数）：

$$R=p\times Q \qquad (14-2)$$

（3）成本函数

生产所需的代价为生产者的成本（cost，C），包括劳动、资本和技术。其中，固定成本（fixed cost，相当于马克思剩余价值公式中的不变资本 c）为一次性投入，用于生产工具和设备；可变/边际成本（variable/marginal cost，b，相当于马克思剩余价值公式中的可变资本 v）是每一单位新增产出的成本，是产量的函数。成本函数如下：

$$C=f(c,b) \qquad (14-3)$$

利润（surplus，相当于马克思剩余价值公式中的剩余价值 m）是收益 R 减去成本 C 后的剩余。显然，投资成本（C）只能来源于利润（P），则成本函数的约束条件为：

[①] 参见马克思的剩余价值理论：马克思. 剩余价值学说史：《资本论》第四卷（第1册）. 郭大力，译. 上海：上海三联书店，2009。

$$C < P \tag{14-4}$$

根据边际成本曲线的不同,生产函数可以分为报酬递减、报酬恒定和报酬递增三种可能。为方便起见,可以用简化的函数形式表示报酬恒定、报酬递减和报酬递增,例如:$g(Q) = c + bQ$,$g(Q) = c + b\ln Q$ 和 $g(Q) = c + e^{bQ}$,见图 14-2。其中,c 为固定成本,Q 为生产规模。

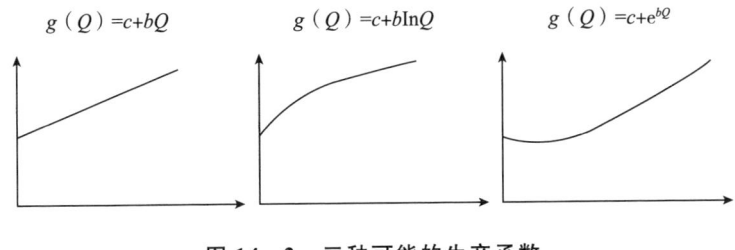

图 14-2 三种可能的生产函数

(4) 理性生产者假设

所有理性生产者 (rational producer) 的行为目标都是利润最大化。

(5) 消费人假设

为了解决经济学中不同个体之间效用的比较和加总的问题,我们用消费人 (consumption agent) 的概念代替新古典模型中的自然人 (nature agent)。自然人的每次消费被记为一个独立的消费人。例如,当一个自然人消费多件相同产品时(比如买 5 个面包),被看作许多不同的消费人(记为 5 个消费人)。消费人相当于"人次"的概念。比如,在统计乘坐飞机、观看电影的数据时,比起多少人乘坐、观看,通常更关心总共有多少"人次"。

(6) 消费函数

消费函数（consumption function）由预算和效用/偏好组成。预算（budget）为消费者在总收入（income）中分配给这一产品（或消费人）的最高数额。效用/偏好为消费者对产品的主观判断，分为需要与不需要两类（正的效用/偏好或负的效用/偏好）。消费者按照偏好的强度分配预算给不同的消费人。当消费者数量极大且偏好不断变化时，消费人集合可近似看作一个连续统。①

(7) 有效需求

针对任意给定的产品，消费人的偏好/效用分为需要（偏好/效用为正）和不需要（偏好/效用为负）两个集合。同样，每个消费人的预算是有限的，也可以被分为有能力购买（预算为正）和无能力购买（预算为负）两个集合。有效需求（effective demand）为有需求和有消费能力两个集合的交集。消费者能够支付的费用和实际支付费用之间的差额，为消费者剩余。消费者是否购买一款产品，取决他能够分配给这款产品的预算和偏好——他必须既喜欢这款产品（效用为正），又有足够的购买能力（预算为正）。

(8) 理性消费者假设

理性消费者（rational consumer）以最小的代价获得喜爱的产品。

根据这一组概念，我们就可以重建生产者和消费者之间的竞争。

---

① 连续统是一个数学概念。当人们笼统地说"在实数集里实数可以连续变动"时，也就是说实数集是个连续统；更严格的描述需要使用序理论、拓扑学等数学工具。

竞争的规则

生产者竞争——供给大于需求时的定价规则

根据阿尔钦规则,当供给大于需求时,竞争只在生产者之间展开。生产者之间的竞争以熊彼特竞争(Schumpeter competition)——市场上最优的生产者同次优生产者之间的竞争——的方式展开。① 最优的价格和规模必须通过生产者之间的竞争——我们称之为生产者竞争——来实现。

在报酬恒定和报酬递增的情形下,熊彼特竞争只发生在生产效率最高的生产者和生产效率次高的生产者之间。由于存在规模经济,市场均衡时的规模就是生产者最大化生产时的规模。最优生产者挤出所有竞争者,攫取全部的市场。根据理性生产者假设(必须获得正的利润),最优的价格就是次优生产者利润刚好为零时的价格。在这个价格下,次优生产者(以及所有其他更次的生产者)会自动退出,最优生产者以最小代价获得全部市场。此时的价格和产量,就是市场上的均衡价格和均衡产量。

图 14-3 描述的是报酬恒定条件下的熊彼特竞争情形。收益曲线的斜率等于均衡时的市场价格,由最优生产者决定。这个结果表明,在报酬递增和报酬恒定的情况下,最终,市场的均衡结果一定是垄断——只有一个生产者。此时,垄断不仅不是没有效

---

① 熊彼特竞争概念参见:STIGLITZ J E. Economics. 2nd ed. W. W. Norton & Company, Inc., 1997:386;斯蒂格利茨. 经济学. 2 版. 梁小民,黄险峰,译. 中国人民大学出版社,2000。这里将其拓展到用于解释具有不同生产函数的生产者多于两个的情形。笔者没有找到熊彼特原文。

率的，反而是最有效率的——只有最优生产者生产规模最大化时，社会才会以最小的成本产生最大的剩余。

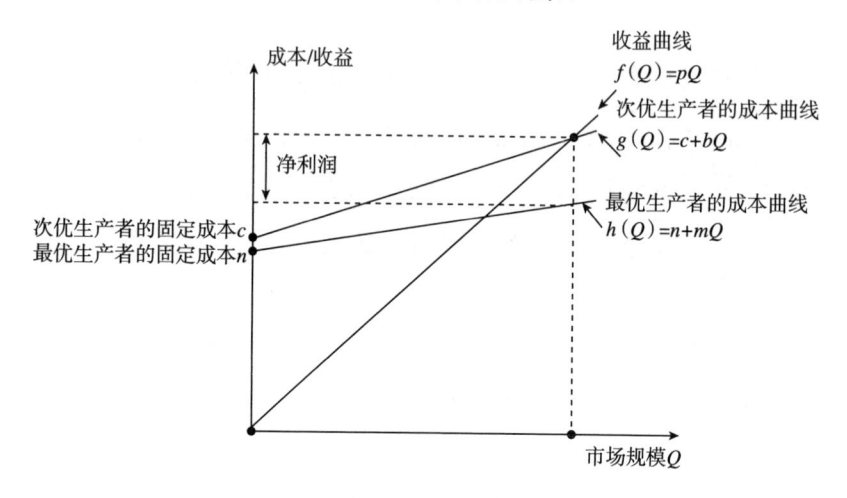

图 14-3　报酬恒定条件下的生产者定价

收益曲线 $f(Q)=pQ$
次优生产者的成本曲线 $g(Q)=c+bQ$
最优生产者的成本曲线 $h(Q)=n+mQ$

成本/收益；净利润；次优生产者的固定成本 c；最优生产者的固定成本 n；市场规模 Q

垄断并不等于垄断竞争。在垄断竞争中，次优生产者（或哈耶克产品生产者）在价格形成机制中扮演着关键的角色。垄断是指在市场上由于种种原因（例如拥有独一无二的资源，没有替代品或指定的专营者），次优竞争者（或替代品生产者）缺位时的状态。因此，打破垄断，保护垄断竞争，最重要的不是限制最优生产者，而是降低市场准入门槛，支持（甚至创造）次优生产者。

由于专门技术或垄断资源，市场上可能出现只有一个"天然垄断的生产者"的情形。即使在这种情况下，生产者也不能任意定价，因为提高价格会导致两个结果：（1）消费者的预算剩余减少；（2）生产者利润增加。在第一种情况下，市场规模会不断缩小。由于固定成本的存在，平均成本会上升，侵蚀生产者的剩余并迫使价格进一步提高。此时必定存在一个价格，使得所有消费者的预算之和刚好小于固定成本——高于这一价格，消费者就会退出市场。如果是第二种结果，当生产者的利润增加到一定数量时，市场就会分裂出新的哈耶克产品，并摊薄原来产品的利润。

报酬递减的情形稍微复杂，生产者利润最大化时的规模可以大于、小于或等于市场有效需求的规模，见图 14-4。当大于或等于市场的有效需求时，均衡结果同报酬递增和报酬恒定时一样，只有一个最优生产者。但如果市场规模可以容纳多于一个生产者，我们就可以把熊彼特竞争稍做拓展。此时，最优生产者不会占领全部市场，而是处于其最优生产规模上。同时，第二、第三个生产者开始加入生产（或最优生产者建设第二、第三个工厂），直到第 $n-1$ 个生产者（或工厂）满足全部有效需求。市场价格是由第 $n-1$ 个生产者决定的。最优价格应当刚好令第 n 个生产者的利润为零。当市场需求极大，报酬递减导致生产者极多时，市场近似新古典模型完全竞争时的情形——大部分生产者都是价格接受者（price taker）而非价格决定者（price maker）。

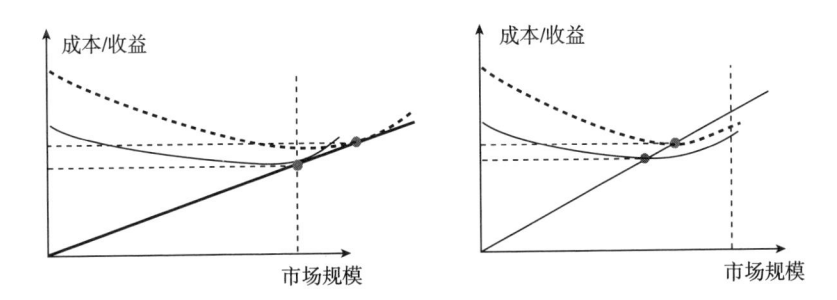

图 14-4 生产者利润最大化时的规模可以大于、
小于或等于市场有效需求的规模

在基于均衡的价格理论中,在报酬无限递增的情形下,规模无法收敛。最后,世界上将会只剩下一个最有效率的生产者。斯拉法在一篇重要的文章中写道:

> 日常经验表明,大批企业和生产支撑性消费品的大部分企业,都是在一种单个成本不断下降的条件下运转的。如果生产者可以依靠它出售自家产品的市场,并且这个市场在现行价格下能够接受任意产量的产品,而它自己除了生产产品以外没有任何困难,那么几乎每一种此类产品的生产者都可以将规模扩大到非常巨大的程度。[①]

但在完全竞争的范式里,报酬无限递增的情形非常难处理。杨小凯和黄有光在《专业化与经济组织》一书中写道:

> 当规模经济普遍存在时,斯密看不见的手与福利极大化不相容。这使很多经济学家烦恼。

在竞争理论中,主观成本和客观成本从不同的维度,独立地影响市场区的规模。当产品市场是由预算约束时,生产者可以通过价格影响消费者的预算(两者负相关),进而间接影响市场(有效需求)的规模。消费者的偏好不受价格变化的影响。

市场的边界由消费函数界定——有效需求的规模,决定了生产规模。有效需求为正效用和正预算消费人的集合。当市场规模是

---

① SRAFFA P. The Laws of Returns under Competitive Conditions. Economic Journal, 1926 (36): 535−550.

由预算限定时（见图 14-5），消费者收入的增加或生产者产品价格的下降，将会引发生产规模的持续扩大，进而导致生产者利润的增加，直至达到由效用约束的市场边界。当市场规模是由效用限定时（见图 14-6），消费者收入的增加或生产者产品价格的下降，不是引发生产规模的持续扩大，而是会导致预算剩余增加。

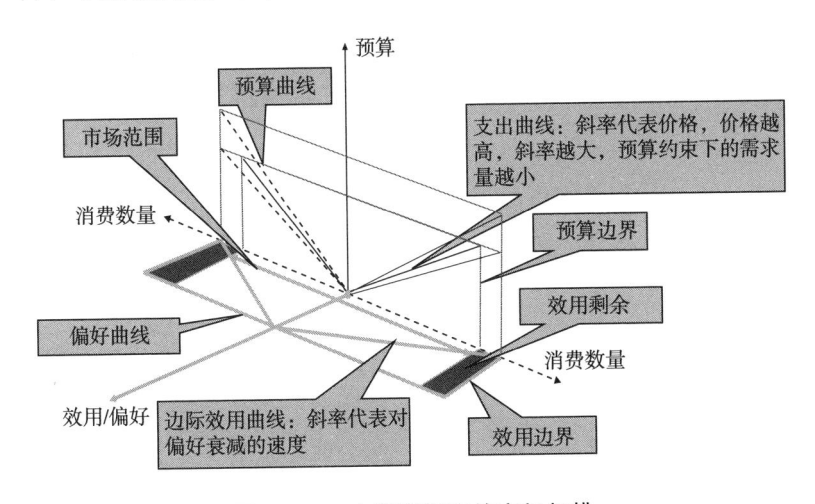

图 14-5　由预算限定的市场规模

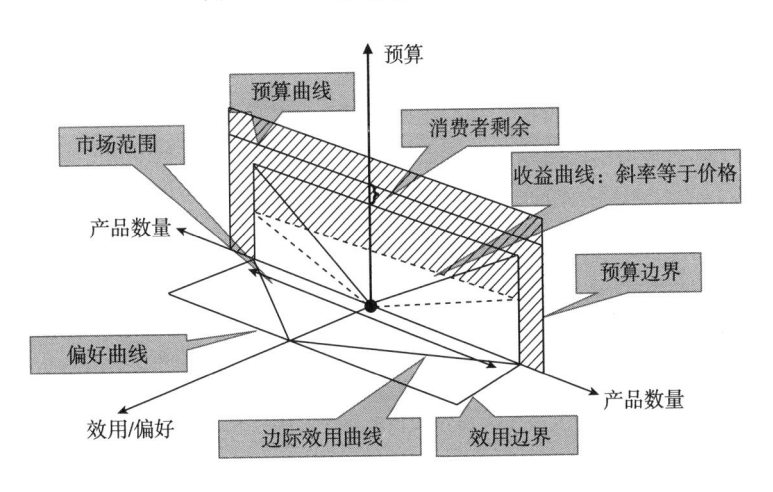

图 14-6　由效用限定的市场规模

消费者竞争——供给小于需求时的定价规则

按照阿尔钦规则,当产品供不应求时,竞争发生在消费者之间。消费者价格是通过消费者之间的竞争——我们称之为消费者竞争——来实现的。

根据维克瑞的拍卖理论(the second-price sealed-bid auction)[①],价格由买方竞争决定:市场价格由出价最高的买方决定,其出价令出价第二高的买方的消费者剩余小于零。在这个机制里,消费者预算是决定谁获得产品的唯一基准[②]。

当我们把只有一个产品、多个竞标人的市场,扩展为有 n 个产品且有效消费人大于 n 这种更一般的情形,此时市场价格就是第 n 个竞标人——市场能满足的最后一个需求者——支付的价格。这个价格应该刚好使得第 $n+1$ 个竞标人的预算剩余等于零。当产品的供给大于效用限定的消费人集合时,最后一个消费人愿意支付的最高价格决定了产品的市场价格——用张五常的话说,此时的"价格是消费者在边际上愿意付出的最高代价"(张五常,1999)[③]。

消费者与生产者的竞争

阿尔钦规则称:"竞争从来就不是'买者对卖者',而总是卖

---

① VICKREY W S. Counterspeculation, Auction and Competitive Sealed Tenders. Journal of Finance, 1961 (16): 1-17.

② 用科斯的话讲就是"是由生产要素在既定活动中的所得与在最佳活动中的所得的差额构成的"。参见:盛洪. 现代制度经济学:上卷. 北京:北京大学出版社, 2003:42.

③ 张五常. 价格理论快要失传了. 亦凡公益图书馆, 1999-10-13.

者对其他卖者，买者对其他买者。"这一规则正确揭示了消费者竞争和生产者竞争是两种分开的定价机制，但同时却错误地排除了消费者和生产者之间的竞争。现实中，这种竞争不仅存在，而且更为激烈。对于市场上的消费者和生产者来说，定价权的争夺主要体现在定价方式的决定上——消费者努力使竞争发生在生产者之间；生产者则努力使竞争发生在消费者之间。手段是通过改变规则，使供求关系向有利于自己的方向转变。

反垄断法的本质，就是通过限制生产者对生产的垄断，防止其有意将供给量限制在供不应求的状态，迫使消费者互相竞争，以获得生产者剩余。而诸如OPEC之类的组织，则通过协调生产者的生产规模，保持市场上供不应求的状态，防止市场竞争由消费者竞争转变为生产者竞争。囚徒困境，也是迫使囚徒相互竞争的一种制度设计。像医生、律师甚至工人，都竭力通过各种职业门槛（资质）和行业协会，设置进入门槛，限制供给，维持其工资的市场价格。国际上各种贸易规则，其核心也是为了争夺定价权。

很显然，供不应求和供过于求的转换点，是决定消费者和生产者哪一方能拥有市场定价权的临界点。市场上产品数量的增加（或减少）会在一个临界点使得市场变为供过于求（或供不应求）。这时，市场竞争会立即切换为生产者（或消费者）之间的竞争。马歇尔新古典综合学派的一个基本假设，就是"自然不能飞跃"[①]——供给曲线和消费曲线都是随着价格的变化而连续变

---

① 在《经济学原理》第八版序言中，马歇尔写道："'自然不能飞跃'这句格言，对于研究经济学的基础之书尤为适合。"参见：马歇尔.经济学原理：上卷.朱志泰，译.北京：商务印书馆，1964.对于边际学派而言，如果价格－产量关系是非线性的，就无法应用当时最时髦的数学工具——微积分。

化的。而消费者竞争和生产者竞争之间的转变,则意味着供给和需求对价格的影响不会是连续的——价格不是连续降低或提高,而是立即跌落(或跳跃)到生产者(或消费者)竞争决定的均衡点上。此时的市场价格变为由生产者的生产函数(或消费者的消费函数)决定——最优生产者(或消费者)将价格定在令次优生产者的利润(或次优消费者的预算剩余)为零的水平上。显然,此时的价格一产量曲线一定是非线性的。

当市场处于消费者竞争时,所有生产者(不论是一个还是多个生产者)都可以获得最大化的利润。利润的多少取决于生产者各自的生产函数(成本的多寡)。最后一个生产者,就是在均衡价格下利润为零的边际生产者。显然,消费者竞争越激烈,价格越高,市场可容纳的生产者(可以获得正的利润)就越多。对所有生产者来说,供不应求的程度越高,消费者被迫支付的价格就越高,对现有的生产者就越有利。

当市场处于生产者竞争时,所有消费者都自动最大化其预算剩余。供过于求的程度越高,生产者竞相降价就越猛烈,消费者节省的预算就越多。因此,对于消费者而言,生产者竞争越激烈越好。在存在规模经济的领域,最有效率的生产者可以通过降价将其他生产者逐出市场。而一旦生产者对供给形成垄断,就存在强烈的动机,将生产规模限制在消费者需求以内,迫使消费者互相竞争,从而获得最大剩余。

迪克西特一斯蒂格利茨模型

1977年迪克西特(A. K. Dixit)和斯蒂格利茨在(Joseph E. Stiglitz)在《垄断竞争和最优产品的多样性》一文中,提出了著名的迪克西特－斯蒂格利茨效用函数（简称 D-S 效用函数，后被引申为 D-S 生产函数）。D-S 模型是新古典理论最接近竞争理论的分析框架，不仅可以兼容报酬递增，而且可以内生产品种类。D-S 模型一经问世，便极大地扩张了经济分析的理论边界。但从本质上讲，D-S 模型仍然是一种非竞争范式——价格、产量和种类并非通过消费者竞争和生产者竞争决定。

D-S 模型假定每个厂商 i 的成本函数为：$C(x_i)=a+cx_i$，其中 a 为固定成本，c 为不变的边际成本［这与生产函数 $C(Q)=a+bQ$ 是等价的。由于存在固定成本 a，必然导致报酬递增］。为了求出市场均衡解，D-S 模型给出了两个条件：第一，每个厂商的边际成本等于边际收益；第二，新厂商自由进入，直至净利润恰好为零。即对第 n 个厂商有 $(P_n-c)x_n=a$。第一个条件就是生产者的边际成本递减，同时市场需求大于一个生产者最优产量时的特例。第二个条件则等价于熊彼特竞争的结果。

至此，竞争范式在 D-S 模型中呼之欲出。为什么 D-S 模型在如此接近范式转变时又回到均衡？问题出在 D-S 模型获得最优规模和最优价格的方式上。D-S 模型为了获得均衡时的规模和价格，首先提出了一个预算约束：

$$x_0+\sum_{k=1}^{n}P_ix_i$$

以及产品数量和价格水平的两个指数：

$$y=\{\sum_{i=1}^{n}x_i^\rho\}^{1/\rho}$$

$$q=\sum_{i=1}^{n}P_i^{-1/\beta}$$

其中 $\beta=(1-\rho)/\rho$ 大于零（因为 $0<\rho<1$）。

据此，通过 D-S 模型可以求出消费者对行业内每种产品的最优消费数量：

$$x_i = y(q/P_i)^{1/(1-\rho)}$$

这也就是每种产品的需求函数。由于效用函数和成本函数是对称的，因此达到市场均衡时，每个厂商具有相同的均衡产量、面对同样的均衡价格。根据需求函数和上述两个生产条件，可以求得均衡价格 $P_e = c(1+\beta) = c/\rho$、均衡产量 $x_e = a/\beta c$ 和产品种类 n。

由于预算和替代弹性可事先获得，每个生产者面对的都是边际成本等于边际收益，自然不必经过竞争就可以获得均衡的价格—产量—种类。但在现实中，恰恰是产品的替代弹性无法获得，而且就算是有这种弹性，也必定来自个人的效用曲线，根本不能用来加总获得对每个消费者都一致的替代弹性（更不要说这种弹性还可以是对称的）。

本章提出的消费函数由预算和效用/偏好两个变量决定。每一种产品的有效需求，都由正的预算和正的效用两个消费人集合的交集确定。由于消费人是人次的概念，无须进行效用比较，替代弹性的概念也就没有任何意义。每个厂商的生产成本不同，产量、价格自然也都是不同的——实际上，所有厂商正是通过改变价格和产量来相互竞争。所有厂商不是面对消费人预算约束就是面对消费人效用约束——如果它面对的是预算约束，就可以通过规模经济降低价格扩大规模；如果它面对的是效用约束，就需要通过产品创新扩大规模。在这个游戏里，均衡的价格、产量和种类都是竞争的结果，每个厂商都不一样。

正因如此，本章提出的生产者竞争，并不需要 D-S 模型的第一个条件——生产者的边际成本等于边际收益。即使边际收益永远大于边际成本，最优的生产者也可以通过熊彼特竞争获得均衡价格。市场价格也不是事先给定的，而是第 $n-1$ 个厂商根据第 n 个厂商的生产函数决定的。厂商更无须知道产品的"替代弹性"。由于利润和预算都会随时间不断变化，稳定的一般均衡（各方最优）状态既没有现实意义，也没有稳定的解。

至于供不应求状态下消费者竞争的价格和产量，在 D-S 模型里则完全无法内生。

哈耶克竞争

相邻产品和多样化

新古典理论隐含的一个假设，就是供给和需求是数量和价格两个变量的权衡。主流经济学派很少讨论多样化的生产和需求。早在 1937 年，科斯在经典文献《企业的性质》中就描述了产品种类的重要性：

> 人们有时假定，如果企业的成本曲线向上倾斜，在完全竞争条件下，企业在规模上会受到限制；而在不完全竞争条件下，企业在规模上受到限制是因为当边际成本等于边际收益时，企业不愿意付出大于产出的生产代价。但显然企业可以生产一种以上的产品，所以，没有显而易见的原因说明为什么在完全竞争的情况下成本曲线向上倾斜，以及在不完全竞争的情况下，边际成本通常不低于边际收益的事实会限制企业的规模。罗宾逊夫人做出了仅生产一种产品的简单假定，但研究企业生产的产品种类如何决定显然是重要的。同

时,没有一种假定实际上只生产一种产品的理论会有非常大的实际意义。①

在这篇著名的文章里,科斯用一个屠能式的图解说明企业(产品)的边界同样可以被另一个企业(另一种产品)所限定。科斯写道:

> 设想一个企业家从 X 点开始控制交易。现在,当他在同一种产品(B)上扩大生产经营活动时,组织成本会增加,直到等于相邻的其他产品的组织成本为止。随着企业的扩张,企业生产由此将从一种产品发展为多种产品(A 和 C)。②

科斯处理这一问题的办法同蒂伯特处理最优社区的规模问题是等价的——都必须假设企业(社区)的成本曲线是凸的——存在极小值(组织成本的增长速度快于规模效益的增长速度)。一旦放松这个假设,允许存在无限的规模经济,均衡的规模-价格就将不复存在。科斯自己也意识到了这一点。他紧接着写道:

> 这样处理问题显然是不全面的,但对于表明仅仅论证成本曲线倾向于向上不能得出企业规模会受到限制的结论,则是必要的。至此,我们只考察了完全竞争的情况,而不完全

---

① 盛洪. 现代制度经济学:上卷. 北京:北京大学出版社,2003:112.
② 同①113.

竞争的情况似乎是显而易见的。[①]

遗憾的是，不完全竞争的情况并非科斯猜测的那样"显而易见"。斯拉法（Sraffa，1926）在一篇著名文章中对不完全竞争条件下的不同产品垄断生产者进行了迄今为止最富有洞察力的描述：

> 当生产一种产品的每一家企业都处于这样一种情况时，这种产品的总市场就会被进一步细分为一系列不同的市场。一方面，任何一个想通过侵入其竞争者的市场而将自己的产品扩展到自己市场之外的企业，为了跨越包围它的各种障碍，必然会引致沉重的市场营销费用；但另一方面，在它自己的市场和它自己的门槛的保护下，它拥有一种享有特权的地位，借此它可以获得各种好处——如果不是在程度上，至少在本质上——与普通垄断者所享有的特权是相等的。

但同科斯一样，斯拉法并没有说明为什么会产生不同种类的产品，更没有说明不同产品的规模和价格是如何决定的、最优的种类是多少。他只是指出，从一种产品的生产进入另一种产品的生产是有代价的。那么，能否抛弃科斯和斯拉法从生产者一侧解释产品种类的做法，而从消费者效用一侧推导产品的种类和规模？显然，这会更加困难，由于所有消费人的偏好不同这一假设，很容易得出蒂伯特式的结论："每个人都成为自己产品的生

[①] 盛洪.现代制度经济学：上卷.北京：北京大学出版社，2003：113.

产者。"①

张伯伦于1933年提出垄断竞争理论，分别用价格弹性大的dd曲线和价格弹性小的DD曲线表示有替代性和无替代性两类产品。dd曲线与平均成本曲线的切点决定了市场竞争的均衡。为了实现均衡，张伯伦要求属于同一竞争群的企业具有相同的平均成本，并面对相同的dd曲线。

显然，这与所有生产者具有不同生产函数的现实相矛盾。

伟大的洞见来自新古典理论的批判者哈耶克。在《个人主义与经济秩序》一书中，哈耶克（Hayek，1948）提出：

> 我们必须处理一个由相近替代品组成的系列，它们中的每一种都不同于其他的，但这种差别又未明显地使替代停止。分析这种情形的竞争所得的结果，在许多方面都比分析生产完全不同于所有其他产品的同类产品的同一工业所得的结果，更符合现实生活的状况。或者说，如果没有两种产品完全相同这一情况被认为过于极端，那我们至少可以看看这种情况，即没有两个生产者生产完全相同的产品，不仅人身服务是这样，许多制造品市场，如书籍、乐器等，也是如此。②

沿着哈耶克的思路，我们继续探索存在多样化竞争时价格—产

---

① TIEBOUT C. A Pure Theory of Local Expenditures. J. P. E.，1956，64（05）：416－424.

② HAYEK F A. Individualism and Economic Order. Chicago，Illinois：The University of Chicago Press，1948：272.

量—种类是怎样决定的。

效用最大化与规模经济

一个消费人决定是否购买一种产品，同时取决于两个条件：其一，是否有足够的预算（同生产者产品价格负相关）；其二，是否有正的效用。消费者剩余有两种：效用剩余和预算剩余。但对于个体消费人来说，只有一种剩余——不是有钱买不到合意的产品，就是有合意的产品却没有足够的预算。当生产效率最大化时，预算剩余为零（所有有正效用的消费人，刚好花完其全部预算）；当消费效率最大化时，效用剩余为零——每个消费人都得到自己合意的产品。鉴于消费人（大于自然人总数）被假设为一个连续统，因此，潜在的产品种类（或者说市场需求）可以被视作是无限的。显然，这两种效率是负相关的，不可能同时满足。

为了处理这个问题，首先要回到基本假设——所有消费人的偏好都是不一样的。根据这一假设，可将消费人的偏好视作一个连续不同的实数集。这就意味着每一种产品最多只能"完全"满足一个消费人的需要。其余的消费人都存在或多或少的损失（尽管效用仍是正的）。没有完全得到满足的部分，被定义为效用耗散（utility dissipative）。同理性生产者追求利润最大化的假设一样，理性消费人追求效用最大化。

这可以用鞋子的需求市场来说明。假设每个人的脚都是不同的，而生产者生产的鞋码则是完全一样的（因为规模经济）。结果必然只有一双脚完全符合这种鞋的尺寸。而其他所有消费者都没有完全得到满足。为了减少消费者的效用耗散，就需要鞋的"种类"越多越好。可选择的尺码越多，脚的满足程度就越高。

当每一双脚都有可满足的一双鞋时,效用最大。换句话说,对于消费者来讲,并不是价格越低越好,在买得起的条件下,种类越多、选择越多,得到满足的概率和程度就越高。

图 14-7 将不同消费人的效用进行排序,只有处于原点的消费人得到满足,离这个消费人越远,效用耗散越严重。

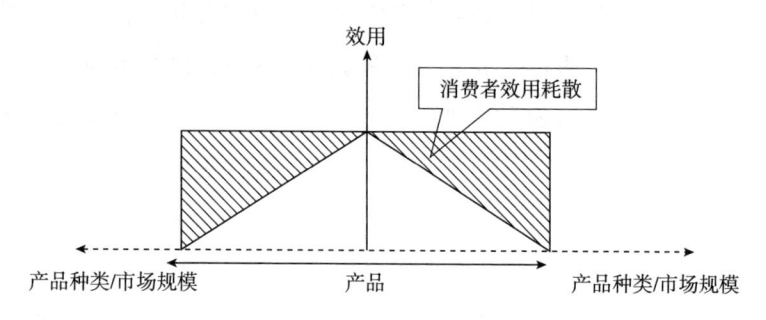

图 14-7 消费人效用耗散与产品种类的关系

在固定成本不变的条件下,报酬递增(或恒定)的生产者,生产规模越大,产品的平均成本就越低。对于这些生产者来讲,大规模生产比专门定做更有效率。这个模型厘清了专业化生产导致的企业规模缩小和多样化消费导致的产品市场细分,这是两种不同的过程:前者是生产一侧追求规模效益导致的。通过专业化生产,在局部环节形成规模经济,结果是最终产品的总成本下降(并间接导致价格下降)。后者是在消费一侧追求效用最大化导致的。市场细分虽然导致产品的平均成本上升(并间接引致价格上升),但却减少了消费人的效用耗散。

只为一个消费人生产是不经济的。然而,对消费者来讲,在价格一定的条件下,则是产品种类越多越好。因为可选择的产品种类越多,消费时的效用耗散就会越少(见图 14-8)。预算剩余和效用剩余意味着相互敌对的效率。

规模经济可以放松消费者预算不足的约束，却导致消费者的效用损失。消费者偏好多样化消费，生产者喜欢专业化生产。这就需要在规模经济和专业化生产之间进行权衡取舍。市场最大化的条件是：当市场边界由预算限定时，首先要满足规模经济以降低成本；在市场边界由效用限定时，就应当优先增加产品种类。

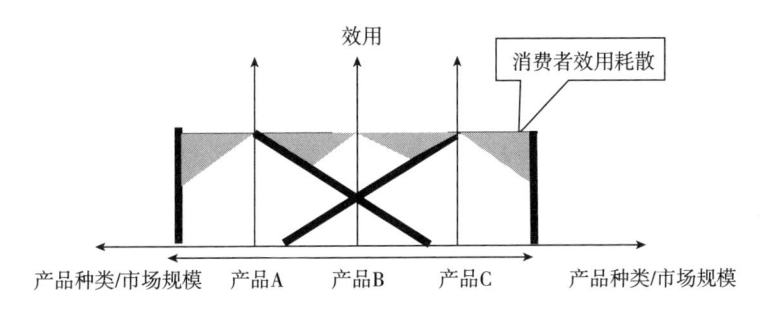

图 14-8　产品种类增加使得消费者的效用耗散减少

效用是边际主义乃至整个新古典微观经济学的核心概念。很多学者因其无法用于人际比较而视其为经济学概念中的"鸡肋"。张五常就认为："'功用'只不过是经济学者想出来的概念，是空中楼阁，在真实世界不存在，所以要推出可以被事实验证的含义不仅困难，而且陷阱太多，以致推出来的很容易是套套逻辑，自欺欺人。""功用的理念可以用，但也可以不用。我不喜欢用功用理念的主要原因，是这一理念增加了一项抽象的不存在之物：功用。既然可以不用，那就不用算了。"[①] 在本书，效用（偏好）同预算共同决定了产品的市场需求并引发产品的多样化。偏好只能

---

① 张五常．经济解释．易宪容，张卫东，译．北京：商务印书馆，2000．

通过限定特定种类产品的规模，间接影响产品的价格。

按照哈耶克的观点，潜在产品种类被认为是一个连续不同的闭联集，相邻的产品可以互相替代。任何一种产品周围都存在由一系列连续不同的产品组成的潜在产品集。[①] 这种相邻的替代品被定义为"哈耶克产品"。近似产品之间的"距离"，表示产品之间的差异（替代）程度。

不失一般地，可以将所有的需求看作连续不同的实数集，使得潜在的消费人与潜在的产品种类一一对应。每个需求意味着一种潜在的"哈耶克产品"。每个消费人对给定的产品具有不同强度的偏好。根据消费人的定义，当不同消费人消费同一种产品时，除了某一消费人，其他的消费人都会面临效用损失（utility loss）。从理论上讲，只有当产品种类至少和消费人数量一致时，消费人的效用损失才有可能为零。

同新古典完全竞争模型不同，由于利润的存在，经济不会达到一个均衡状态，而是会持续增长（或萎缩）。就长期而言，任何产品乃至整个市场，都不存在瓦尔拉斯意义上的稳定均衡。市场必定会随着经济的增长或萎缩而分解或融合。当社会财富增加时，市场规模随之扩大，规模经济使得成本下降，进一步增加消费者预算剩余，消费者预算剩余和生产者利润同时增加。但同时，大规模工业化生产单一产品，使得消费者效用损失越来越严重。消费者收入的增加或生产者产品价格的下降，不是引发生产规模的持续扩大，而是导致预算剩余增加，预算剩余增加到一定程度，消费者就负担得起新的哈耶克产品。这时，原来较大的市场就会

[①] 空间就是这类产品的典型，它是由连续不同的区位组成的，没有任何两个区位具有完全一样的性质。

分解为较小但更加个性化的市场。这意味着产品种类增加。

哈耶克竞争分析

现在，我们描述不同种类产品之间的竞争，也就是所谓的哈耶克竞争。相邻产品的竞争，同样符合阿尔钦规则。

（1）当供不应求时

有效需求大于任何两种产品的数量。两种产品都可实现出清，竞争发生在相邻的消费人之间，两种产品的价格都是边际消费人愿意支付的最高价格。

（2）当供过于求时

竞争发生在两种相邻产品的生产者之间，最优的生产者通过降低价格或提高效用（增加产品种类）来移动市场边界。采用哪一项策略，取决于市场边界是由预算约束还是由效用约束。当市场规模由预算限定时，市场规律服从马歇尔的需求定律：向下的需求曲线——价格下降，需求上升，种类减少。当市场规模由效用限定时，市场规律服从D-S模型：种类增加，需求上升，价格上升。

（3）财富分布

对于一个收入均等的社会（收入在每个自然人间平均分布），两种相邻的替代品：1）如果都是受预算约束，其中任何一种产品涨价，都会导致较便宜的产品需求上升（吉芬产品），较贵的产品需求下降乃至退出市场；2）如果都是受效用约束，价格的任何变化都不会导致需求上升，而是会导致预算剩余增加乃至新的产品出现。对于一个社会收入不均等的社会，就会同时出现分别受预算和效用约束的两种产品，价格变化只影响受预算约束的产品需求，受效用约束的产品需求保持不变。结果不是预算剩余和效用剩余。社会财富的积累不会扩大有效需求，市场潜力因此无法最大化。这一结论可以推广到更多产品的哈耶克竞争。

（4）价格－产量－种类

哈耶克竞争内生了新古典经济学武断假设的需求理论和 D-S 模型——两个假设分别描述的是两种不同约束条件下的市场结果。显然，只有存在生产者竞争且效用边界是对市场规模的约束时，预算剩余增加才会导致新的产品出现（见图 14-6）。市场分解，规模不经济，导致价格上升，却可以降低效用损失。消费者的预算剩余增加，使其负担得起更加个性化的产品。这样，经济增长不仅伴随着生产规模的扩张，同时也必然伴随着产品的多样化。

在哈耶克竞争中，每个厂商都是垄断的生产者。只要存在效用约束，市场就会不断积累预算剩余，从而激励企业家不断研究新的哈耶克产品。同新古典范式相比，科斯框架下的生产者才是真正意义上的熊彼特"企业家"：发现需求，创造产品，制定价格。而完全竞争框架下的生产者，充其量只是计划经济条件下的车间主任。这也就解释了为什么规模经济不会一直持续——当存在哈耶克产品时，即使是具有垄断力量的生产者，其价格和规模也必定受到相邻产品生产者的限制。

在现实中，哈耶克竞争非常普遍，无处不在。如果考虑到产地不同、品牌不同、时间不同，我们甚至可以说，所有的产品都是哈耶克产品，所有厂商是不同程度上的垄断的生产者。生产者的熊彼特竞争和消费者的维克瑞竞争，乃是相邻哈耶克产品在供过于求和供不应求两种市场状态下的近似描述。我们以往所担心的无法被市场约束的垄断行为，都摆脱不了哈耶克竞争的约束。最典型的就是普遍认为无法通过竞争提供的公共服务，在现实中都是通过哈耶克竞争（国家间、城市政府间的竞争）由市场来提供的。

这个模型厘清了专业化生产导致的企业规模缩小和多样化消费导致的产品市场细分，这是两种不同的过程：前者是生产一侧追求规模效益导致的。通过专业化生产，在局部环节形成规模经济，结果是最终产品的总成本下降（并间接导致价格下降）。后者是在消费一侧追求效用最大化导致的。市场细分减少了消费人的效用耗散。但市场缩小则导致产品的平均成本上升（并间接导致价格上升）。至此，我们获得了一个同时包括需求理论和厂商理论的完整的定价规则。根据这个规则，市场的"一般均衡"，乃是"价格—产量—种类"同时竞争的结果。

在古典经济学中，由于缺少效用概念，新产品及多样化的出现无法解释。在新古典理论的框架下，解释产品种类和多样化的效用概念，被误用来解释需求的数量和产品的价格。价格、产量、种类不能在一个统一的框架内描述和解释——马歇尔的价格理论只可以描述价格和产量之间的关系；CES模型只可以解释产量和种类的关系[①]。而在本书的模型中，这三者——最优的价格（price）、产量（quantity）、种类（diversity）——可以同时内生。

[①] DIXIT A K, STIGLITZ J E. Monopolistic Competition and Optimum Goods Diversity. American Economic Review, 1977, 67 (03): 297－308; SPENCE M. Product Selection, Fixed Costs, and Monopolistic Competition. Review of Economics Studies, 1976, 43: 217－235.

应用和拓展

其中一项应用就是处理空间问题。熟悉新古典理论的经济学家都知道报酬递增和规模经济与价格理论不兼容。这种不兼容严重地限制了价格理论对许多经济现象的解释，在处理空间问题时尤其明显。藤田昌久、克鲁格曼和维纳布尔斯在《空间经济学：城市、区域与国际贸易》中指出：

> 从事经济地理的理论研究始终有一个基本问题，那就是区域和城市发展的任何理论都取决于规模报酬递增的作用。[1]

不幸的是，规模报酬递增常常给经济理论家带来麻烦。除个别极其特殊的情况外，规模报酬递增都会导致完全竞争市场的分崩离析；即使这一问题可以通过某种技巧解决，也还是会影响到均衡的存在性和唯一性。

因此，无限的规模经济在完全竞争的范式下被各种假设和前提排除在规范分析之外。在空间地理、公共产品等涉及规模经济的领域，经济学的应用受到极大的限制。为跨越经济学建模技术障碍，空间经济学的研究者们采用迪克西特和斯蒂格利茨（Dixit & Stiglitz, 1977）[2] 发展的不变替代弹性函数来处理棘手的规模报酬递增问题。但是，这些研究者对不变替代弹性函数也并不满

---

[1] FUJITA M, KRUGMAN P R, VENABLES A J. The Spatial Economy: Cities, Regions and International Trade. Cambridge, MA: MIT Press, 1999.

[2] DIXIT A K, STIGLITZ J E. Monopolistic Competition and Optimum Product Diversity, American Economic Review, 1977, 67 (03): 297−308.

意。因为这个函数是建立在非常不现实的假设基础上的。但在新的定价规则下，规模经济可以通过消费一侧的效用、预算以及相邻产品厂商的哈耶克竞争实现收敛。

垄断是新古典范式下又一个难以处理的问题。本章在熊彼特竞争的基础上，重新解释了垄断的竞争意义：垄断是所有生产者竞争的本能追求——只要生产者的成本函数存在差异，垄断就是生产效率提高的必然结果。由于在熊彼特竞争中存在次优竞争者和相邻产品存在哈耶克竞争者，即使市场被一家企业垄断，该企业也无法无限操纵市场价格和规模，价格仍然是通过市场形成的。熊彼特竞争和哈耶克竞争的均衡结果最后还是趋向垄断，但其激烈程度是所谓的完全竞争无法比拟的。

也许，哈耶克关于竞争的观点更好地描述了熊彼特竞争的情形。在《个人主义与经济秩序》一书"竞争的含义"一节里，哈耶克写道：

> 完全竞争理论在这些问题上由于忽略了时间因素，而使自己完全脱离了所有与理解竞争过程有关的东西。如果我们把竞争过程看作一系列事件的连续（我们应该这么看），那我们就更加清楚：在现实生活中，任何时候一般都只有一个生产者能以最低的成本制造某一特定产品，而且他事实上能以低于仅次于他的成功竞争者的成本出售产品。但他在试图扩大其市场占有率时常常被他人赶上，而后来者又会再被其他人赶上而无法占领整个市场……这样一种市场显然绝不会处于完全竞争状态。相反，竞争不但会非常激烈，而且也是使有关产品在任何时候都能以已知的最廉价的方法供应给消

费者的关键因素。①

反垄断制度的本质,乃是消费者与生产者之间的博弈。其目的不是保护其他竞争者,而是最大化消费者剩余。

应用本章提出的分析工具,还可以得出一个重要的发现——公共产品的定价同私人产品的定价没有本质差别。这两种产品都可以依据本章提出的价格机制得到一致的解释。如果我们把政府定义为通过空间收费(征税)提供公共服务的机构,就会发现政府的行为同市场上其他企业没有本质差别。政府间的行为——战争、博弈、谈判,一样可以用追求规模经济和利润最大化来解释。这从而证明了蒂伯特(Tiebout,1956)半个世纪前的天才猜想——公共产品的供给"如同私人空间经济的一般均衡解一样,如果偏好和资源禀赋既定,这个解就是最优的,而且可解"②。

更进一步的研究表明,政府不仅不是市场的对立面,相反,政府行为居于现代市场的核心——所有私人市场行为在某种意义上都是政府设计的市场规则的玩家(game player)。市场制度设计的好坏,规则被执行的效率,决定了私人市场行为。将政府视为市场失灵的补充,将计划视为市场对立面等"经济常识",都是被错误理念误导的结果。

依据本章提出的价格理论,许多分支都可以在一个统一的框

---

① HAYEK F A. Individualism and Economic Order. Chicago, Illinois: The University of Chicago Press, 1948: 272.

② TIEBOUT C. A Pure Theory of Local Expenditures. J. P. E., 1956, 64(05): 416-424.

架下进行描述。例如,拍卖理论实际上是供不应求条件下消费者竞争的一般规则。微观经济学研究的是成本的最优配置问题,只要将其纳入利润最大化的商业模式 $P=R-C$,宏观问题就可以视作微观商业模式的加总。博弈论研究的则是消费者竞争和生产者竞争的一般规则……

结语

1991年,制度经济学的伟大先驱科斯在芝加哥大学做了一场著名的演讲,题为《生产的制度结构》。在这场演讲中,科斯如先知般地预言——"那篇文章(《社会成本问题》)使用的方法,最终将改变微观经济学的结构"。但30余年过去了,均衡范式依旧盘踞在经济学的底层,制度仍然徘徊在经济学理论大厦的边缘。只有竞争范式取代了均衡范式,制度设计才会回到经济学的中心,科斯预言的改变才会真正到来[1]。

---

[1] 科斯1991年在芝加哥大学的演讲《生产的制度结构》,选自:柳适,等. 诺贝尔经济学得主演讲集1969~1997. 呼和浩特:内蒙古人民出版社,1998。

第十五章
双螺旋模型[*]
——现代增长与信用货币

本章通过将会计恒等式 $R-C=S$（斯密—马克思的古典生产函数）展开为一个"双螺旋"增长模型，将资产和负债纳入增长分析。由于会计模型映射的就是真实的经济世界，模型中的每一个变量都可以在现实中寻找到对应的事实。在新古典增长理论中，处于"黑箱"中的"科技进步""全要素增长"之类用于解释增长的变量，被展开为可用于进行"成本—收益"规范分析的变量。资产—负债恒等式的引入，使得金融成为现代增长区别于传统增长最主要的特征。正是这一特征，使得货币成为解释增长的关键一环（而在传统的增长理论中，货币是中性的，对增长而言无关紧要）。由于货币在增长理论中内生，区分微观和宏观的传统经济学范式也就变得没有意义。劳动与资本、金融与财政这些在传统理论中只能被定性描述的概念，在两阶段增长模型中也因此可以得到更严格的定义。

---

[*] 本章原文载于《学术月刊》2020年第8期。笔者与此相关的文章请参阅《货币、信用与房地产：一个基于货币供给的增长假说》(《学术月刊》2018年第9期)，《国家信用与土地财政：面临转型的中国城市化》(《城市发展研究》2016年第12期)，《土地财政与货币假说》(《战略与管理》2016年第4期)。

第十五章 双螺旋模型

引言

在传统经济学中，宏观问题可分别通过增长理论和货币理论独立地加以描述。不同逻辑对现实的重叠刻画，让宏观经济图像变得格外复杂。本章试图将复杂的经济变量投映到一组简单的数学公式上，把宏观经济中三个主要的变量——债务、货币与增长——合并到一个统一的框架中，以简化那些远离日常生活体验的经济变量之间的隐秘关系。缺少货币的增长理论，都不是真正的宏观理论；离开增长理论，货币的诞生和变迁也不可能得到准确的描述。货币与增长在描述宏观现象上的一致性，是制定连续、自洽的宏观政策的基础。

增长：从传统到现代

增长是宏观经济研究的核心问题。现实中，增长模式和阶段的转变，导致经济增长并非总是线性变化。但建立在连续函数基础上的主流增长理论，无法捕捉这类变化。经济学需要一个描述不连续状态的增长模型来解释增长拐点出现的条件。

重新定义增长

按照主流的新古典增长理论，经济增长率由资本和劳动增长率及其边际生产力决定，人们可以通过调整资本—产出比率实现理想的均衡增长。显然这一基于柯布—道格拉斯生产函数的增长模型是一种试图通过追求要素的最优配置进而求取一般均衡的静态增长模型。但由于模型构建存在初始"硬伤"，最终陷入"稳定增长"的困境。经济学界早已认识到这一模型存在的缺陷，并尝试在原有框架内进行修补。① 但长期以来，相关领域的研究进展缓慢、踟蹰不前，说明我们需要的不是修补而是创新——建立一个新的增长模型。

按照熊彼特的观点，经济可被视为一组商业模式的集合。② 每个商业模式都可以用一个会计恒等式表示，即收益（revenue）减去成本（cost）得到的剩余（surplus）不能小于零，公式如下所示：

$$R - C = S \ (S \geqslant 0) \tag{15-1}$$

在供不应求的条件下，生产不足是增长唯一的局限。此时，经济规模就是所有商业模式的加总③，公式如下所示，其中 i 代表不同的商业模式。显然，这里所说的增长不仅包括商业模式在数量上的增长，更包含商业模式在种类上的扩张。

$$\sum_{i=0}^{n} R_i - \sum_{i=0}^{n} C_i = \sum_{i=0}^{n} S_i \ (i = 1, 2, \cdots, n) \tag{15-2}$$

要将这个静态模型进一步扩展为动态模型，就需要把商业模式展开为两个相继的阶段：首先是资本型增长，也可以通俗地称之为"花钱的增长"。④ 这些资本型投入所带来的 GDP 都不是真正的收入，而是为获得收入所需的支出。其次是运营型增长，与

---

① 索洛和米德在原有模型中引入了技术进步和时间因素，试图对该模型进行补充，但由于技术进步外生，因而陷入通过"假定的增长"来解释增长的困境。

② 熊彼特. 经济发展理论. 何畏，等译. 北京：商务印书馆，1990.

③ 在供过于求的条件下，增长取决于消费约束。而消费增长是预算和效用的函数。此时，解除预算和效用的限制，需要一个消费侧的增长模型。

④ 对不同的经济组织来说，资本型增长的表现形式不同。比如对个人来说，先要有资本，才能支持对教育、运动等的人力资本投入；对家庭来说，先要有资本，才能购买住房、家具、汽车等资本品；对企业来说，先要有资本，才能支付土地、厂房、设备等固定资产投资；对政府来说，先要有资本，才能开展"七通一平"、机场、港口等固定资产投资。

前一种增长相对应,也可以将其称为"挣钱的增长"。①

显然,只有两阶段的剩余都不小于零,整个商业模式才算成功,用公式表示就是:

资本型增长阶段:$R_{i0} - C_{i0} = S_{i0}$ ($S_{i0} \geqslant 0$) (15 - 3)

运营型增长阶段:$R_{jk} - C_{jk} = S_{jk}$ ($S_{jk} \geqslant 0$, $k=1, 2, 3, \cdots$)

(15 - 4)

其中,R_{i0}为资本性收入,C_{i0}为资本性支出(CAPEX 或 fixed cost)②,S_{i0}为资本性剩余,这些变量都是存量。相应地,R_{jk}为运营性(现金流性)收入③,C_{jk}为运营性(现金流性)支出

---

① 对不同的经济组织来说,运营型增长有不同的含义:对个人和家庭来说,工资收入要多于在饮食、服饰、水电、煤气等上的一般性支出;对企业来说,营业收入要多于工资、福利、水电费、税费等经常性支出;对政府来说,税收要大于用于维持医疗、教育、交通、治安、消防等的一般性支出。

② 事实上,将成本分为可变成本和固定成本的思想更早可以追溯到古典经济学。亚当·斯密在《国富论》中将投资资本分为流动资本和固定资本:商人的资本不断以一种形态用出,以另一种形态收进……这样的资本可称为流动资本。资本又可用来改良土地,购买有用的机器和工具,或用来置备无须易主或无须进一步流通即可提供利润的东西。这样的资本可称为固定资本。参见:斯密.国富论.胡长明,译.重庆:重庆出版社,2015。但斯密没有对收入和剩余做进一步的划分。

③ "现金流"相当于货币数量理论中的"真实收入"。由于不能区分增长的两个阶段(存量阶段和流量阶段),多数理论经常会犯下将流量财富与存量财富混淆的错误。劳伦斯·哈里斯就注意到弗里德曼货币理论的这一问题:这一点看起来有些令人为难,因为真实收入是流量,而各种资产之间选择的限制是一个存量……这些货币数量论者在他们的模型中对时间概念的限定并不十分严格。常见的情况是,他们的模型似乎是一个名义货币余额存量需求模型,而名义货币余额存量又是由名义收入流量确定的。参见:哈里斯.货币理论.梁小民,译.北京:商务印书馆,2017:147-148。

(OPEX 或 variable cost)，S_{ik} 为运营性（现金流性）剩余①，k 代表运营型增长的不同时期，其中所有变量都是流量。经济增长（或收缩）就是所有商业模式的加总：若新增加的商业模式的总量大于消亡的旧商业模式的总量，经济就增长；反之，经济就收缩。②

理解现代增长

基于以上对增长的理解，所有商业模式启动的前提，就是要获得式（15-3）中的资本性收入 R_{i0}。在所有增长中，R_{i0} 只能来自其他商业模式以往的运营性剩余 S_{ik}③。

如果所有商业模式的剩余刚好为零，经济就既不收缩也不增长。这种增长蕴含着经典增长理论的微观基础之一———"将增长核算指标定义为产出（Y）的增长与投入（X）增长的差值（$\Delta\%A = \Delta\%Y - \Delta\%X$）"④。由此可知，现代增长需要满足的一个必要条件是：

---

① 赵燕菁. 城市化 2.0 与规划转型：一个两阶段模型的解释. 城市规划，2017（03）：84—93+116；赵燕菁. 阶段与转型：走向质量型增长. 城市规划，2018（02）：9—18；赵燕菁，邱爽，宋涛. 城市化转型：从高速度到高质量. 学术月刊，2019，51（06）：32—44.
② 比如某一年对农业灌溉系统的投入取决于上一年农产品生产剩余的积累。
③ 保罗·罗默认为，基德兰德和普利斯科特（Kydland & Prescott，1982）提出的真实经济周期（RBC）模型依赖于两个恒等式：第一个恒等式将通常的增长核算残差定义为产出（Y）的增长率与生产投入指数（X）的增长率之差 $\Delta\%A = \Delta\%Y - \Delta\%X$；第二个恒等式是货币数量方程。参见：罗默. 宏观经济学的困境. 秦蒙，译，齐昊，校. 政治经济学学报，2017（01）：22.
④ 以一个人接受教育为例，在现代经济中其获取教育经费可以不再通过节衣缩食的方式，而是以自己的未来收入做抵押，利用别人的储蓄（助学贷款）来完成学业；如果一个政府要建桥，也可以不再依靠节省财政开支，而是以未来的过桥费做抵押，可以通过借贷来获得融资。

第十五章 双螺旋模型

命题 15-1：获得外源性资本的前提是其他商业模式要有剩余。[①]

显然，在 R_{ik} 既定的情况下，传统的增长必须建立在压缩消费 C_{ik} 的基础上，"最低消费"也就成为增长无法穿透的"天花板"。现代增长与传统增长最大的差别，就在于式（15-3）中资本性收入 R_{i0} 的动员方式。如果能够通过信用抵押自己的未来剩余 S_{ik}，就可以从外部获得启动资本，就无须压缩当前的消费。传统增长也就转变为现代增长。这样，我们就可以得到两阶段增长模型的第三个公式：现代增长的资产－负债恒等式，即：

$$R_{i0} = \sum_{k=1}^{n} \delta^k S_{ik} \tag{15-5}$$

其中，δ 为贴现倍数，是贴现率的倒数，相当于股票市场的市盈率、房地产市场的售租比，k 为贴现的期数。式（15-5）两端分别代表资产和负债，把式（15-3）和式（15-4）所表示的两个增长阶段连接了起来[②]，更为重要的是这个公式给出了现代经济增长模式的约束条件：

命题 15-2：现代商业模式必须满足资产与负债的恒等。

正是由于信用的引入，商业模式发生了"基因突变"[③]——

[①] 这个命题（"贷款源于储蓄"——任何人的融资都来自自己和他人真实财富的剩余）最早是由林毅夫先生在与笔者的讨论中提出的。笔者后来也把这一问题称为"林毅夫之问"。这一命题给出了"现代增长"的边界，解释了"开放"在现代增长模式中的作用。

[②] 式（15-5）等价于费雪方程：财富等于收入除以利率，即 $W=Y/r$。

[③] 所谓"基因突变"，是指在现代经济中，任何新的商业模式的启动都必须依赖外部融资才能获得原始资本，而传统增长则无须建立在这一恒等式之上，因此也不会出现债务危机。

从传统内源式资本—劳动的两阶段增长,演变为现代外源式资本—劳动的"双螺旋"① 增长。增长理论也由此从古典(及新古典)范式转向现代范式。图 15-1 示意了两个增长阶段在信用贴现公式下所形成的互动关系。下面的讨论将主要围绕式(15-5)展开。

资本型增长
$R_{i0}-C_{i0}=S_{i0}$

运营型增长
$R_{ik}-C_{ik}=S_{ik}$

$R_{i0}=\sum_{k=1}^{n}\delta^{k}S_{ik}$
资本

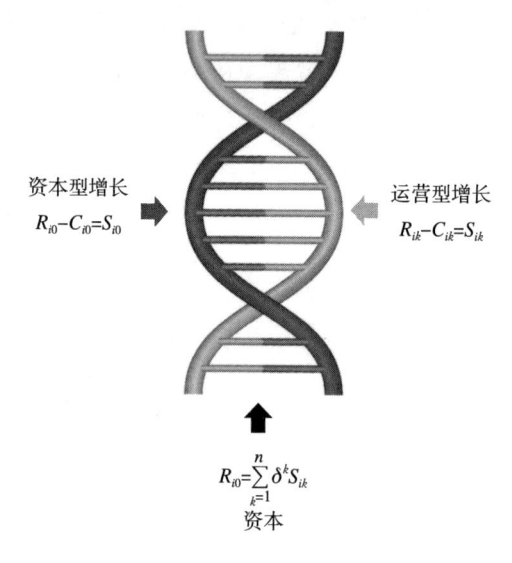

图 15-1 "双螺旋":一个增长的隐喻

这意味着现代经济中的商业模式必定是开放的,开放性和信用(用贴现倍数 δ 表示)共同决定了资本 R_{i0} 的可获得性。由此进一步可得:(1)经济开放的程度决定了可获得外部剩余的空间范围。开放的空间范围越大,所能获得的外部剩余的总量就越大。(2)不同剩余之间必须可以相互比较,一种剩余可以兑换其他剩余。(3)信用的好坏和多寡决定了能够将多长时间和多大范

---

① 所谓"双螺旋",是指资本与现金流的相互创造关系。

围的未来剩余（现金流性剩余 $S_{剩}$）贴现——若信用好（多），则贴现过来的资本就多；若信用差（少），贴现过来的资本就少。而这三点，都需要建立在货币经济的基础上。在某种意义上，货币决定了一种经济能否从传统增长进化为现代增长。

货币：从实物到信用

把未来收益资本化的一个关键工具就是货币。只有通过货币，不同的财富形态才能跨越空间和时间进行比较和交换。货币是"双螺旋"增长的一个核心变量。

现代增长必定伴随着现代货币。[①] 不理解现代货币，就无法解释现代金融及其在增长中的作用。

货币的生成

长期以来，产权作为宏观经济分析之外的一个自主变量，被用来独立解释经济增长。制度经济学家们相信，更多、更明晰、更受保护的私有产权，是增长的基础和动力。[②] 但在更大的货币分析框架下，产权从公有到私有并非无条件地单方向移动。最优的产权结构是货币数量变化的因变量而非独立的自变量。

人类分工的模式有两种：一种是依靠经济组织或称之为制

[①] 另外，长期以来，经济学界都在为无法打通宏观和微观之间的联系而苦恼。在主流经济学中，微观理论和宏观理论均可完全独立于对方而被完整地讲授。尽管宏观经济学一直在寻找其微观基础，但其实这些微观基础基本上与目前微观经济学的框架无关。要想统一宏观与微观，经济学就必须重建货币理论这一连接宏观与微观的桥梁。

[②] 诺斯, 托马斯. 西方世界的兴起. 厉以平, 蔡磊, 译. 北京：华夏出版社, 2009；阿西莫格鲁, 罗宾逊. 国家为什么会失败. 李增刚, 译. 长沙：湖南科学技术出版社, 2015.

度，比如家庭组织、企业组织和政府组织；另一种是依靠市场，比如农贸市场、劳动市场和股票市场。我们所说的计划经济，就是把国家当作一个企业甚至家庭来管理；而所谓市场经济，就是把国家当作一个大的市场来管理。计划和市场是人类分工的两种不同模式。选择哪种模式，取决于哪种模式能够支持并带来更大范围的分工。

早在1937年，科斯就在《企业的性质》一文中提出著名的"科斯之问"——"既然有了市场，我们为什么还需要企业？"[1]如果把市场和企业从分工的角度抽象为货币分工和非货币分工，就可以给出"科斯之问"的答案：采用市场分工还是非市场分工，取决于交易成本，而哪种分工的交易成本更高，取决于交易的工具——货币。若货币少，则分工范围小，此时最优的分工模式就是计划经济；若货币多，则分工范围大，这种情形下最优的分工模式就是市场经济。

改革开放前，中国由于货币不足，只能采用计划经济。国内的劳动、土地等生产要素的价格由于无法在全世界与其他国家进行"比较"，也就不能通过"比较优势"参与全球分工。参与全球分工的前提，就是要使用世界货币。中国进行市场经济改革的前提，是要能创造出足够的货币；中国对外开放的前提，就是要能获得全球的货币。货币被誉为人类伟大的发明，它通过市场机制，为不同商品的价值比较提供了一个统一的量纲。

在一个以物易物的市场中，交换的商品只要超过三种，寻找各交易之间的均衡比例，就会是一项令人生畏的工作（见图15-2）。

---

[1] COASE R H. The Nature of the Firm. Economica, 1937, 4 (16): 386–405.

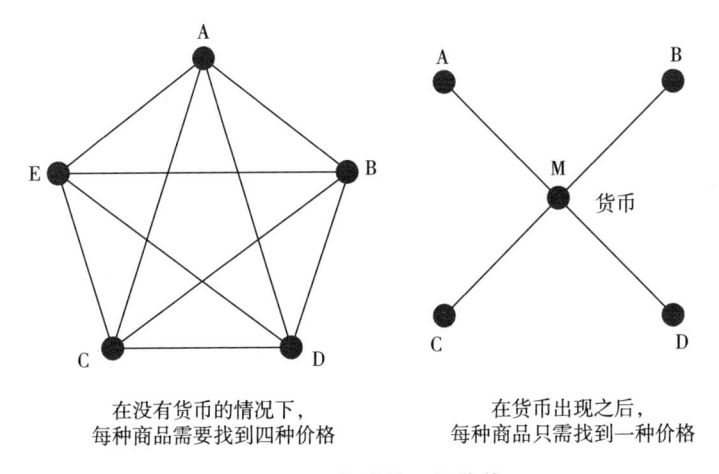

在没有货币的情况下，
每种商品需要找到四种价格

在货币出现之后，
每种商品只需找到一种价格

图 15－2　货币是一组价格

资料来源：赵燕菁．货币、信用与房地产：一个基于货币供给的增长假说．学术月刊，2018，50（09）：56－73．

理论上讲，每一种商品都代表了一组可与其交易的商品的价格，而所有商品都可与之交换的那种商品，就代表了所有商品的价格指数。无论需要交换的商品有多少，只要找到这种商品的价格，也就找到了所有商品之间的交换比例。[①] 该"商品"被人们称为货币，是市场寻找价格的工具。[②]

正是货币的这一功能，使得大范围的社会分工成为可能。一种经济的货币化水平越高，可用货币进行定价的商品种类越多、

[①] 赵燕菁．货币、信用与房地产：一个基于货币供给的增长假说．学术月刊，2018，50（09）：56－73．

[②] 哈里斯在《货币理论》中给"货币"下的定义是，它是一种作为普遍接受的交换媒介而不能带来利率的资产，参见：哈里斯．货币理论．梁小民，译．北京：商务印书馆，2017：210。从这个意义上看，资本的贴现倍数可以被视作流动性损失的补偿——流动性损失越大，所要求的回报就会越高。

范围越大，其"流动性"就越好。① 为降低合作的交易成本，市场上流动性最好的商品通常会被当作交易媒介，用来度量不同形态的财富。② 一旦货币被不同的商品共同锁定，就会像达里奥所说："这种通用的货币，就像世界上的通用语言一样，倾向于被保留下来，因为使用通用货币的习惯所持续的时间要长于促使它成为通用货币的实力所持续的时间。"③

命题 15-3：货币是市场上所有商品交易的价格集。

理论上，作为货币的前提必须是"人人需要"，唯此货币才能包含市场上全部的价格信息。由于只有被普遍需要的东西才具有流动性，这就决定了货币必定是短缺的——若货币供给充分，其流动性也就随即消失。④ 由于货币天生不足，流动性次优的东西（比如铜/人民币）通过与流动性最好的东西（比如黄金/美元）挂钩，将货币的流动性传导出去，起到"放大货币"的作

---

① "流动性"作为一个专有名词，在不同的地方有不同的定义。本章所说的流动性是指一种货币（商品）被市场接受的范围和程度，而不是流动货币与沉淀货币之比等其他含义。

② 这就如同用所有人都有的绳子作为度量工具后，绳子原有的功能会逐渐弱化并演变为专门用于度量的尺子。

③ DALIO R. The Big Cycles Over the Last 500 Years.（2020-05-21）. https://www.linkedin.com/pulse/big-cycles-over-last-500-years-ray-dalio/.

④ 比如在粮食短缺的年代，与粮食挂钩的粮票就是人人都接受的"货币"，而一旦粮食不再短缺，粮票的货币功能也就随之消失了。但货币还必须同时有足够的供给，以满足流通需求，因此无论是古代的盐、丝绸，还是后来的贵金属，其供给都远远低于交易需求，却又不会像钻石那样稀缺。

用，这就导致了货币的"多层结构"①。在现实中，货币不可能包含所有的价格信息，但包含最多的那种货币必定是流动性最大的"根货币"，一旦某商品被其他交易广泛接受，不需要该商品的交易就愿意接受该商品作为媒介。②"根货币"与自身价值脱钩这一特点非常重要。能否同顶层流动性最好的货币挂钩，决定了依托次级货币交易的分工范围。

分工是增长的基础，货币又是分工的基础。我们可以假设一个由三种产品组成的分工经济，生产 A 需要 100 单位的 B 产品，生产 B 需要 100 单位的 C 产品，生产 C 需要 100 单位的 A 产品。在以物易物的情形下，这组分工无法完成。但如果 A 能从 D 处借来 100 单位货币给 B，B 再拿 100 单位货币给 C，C 用 100 单位货币支付给 A，A 最后将 100 单位货币还给 D，这组分工就能完成（见图 15-3）。而在缺少货币的交易环境下，对 A、B、C 三种产品进行比较甚至都是不可能的。在这个循环里，货币 D 纯粹是交易媒介，并不增进或减损 A、B、C 三种产品的价值。③当然，无论是在古典经济学中还是在现代经济学中，货币发挥媒介功能的前提都是必须被三方同时接受。

---

① 商品货币分层结构最早见于明代丘濬在《铜楮之币》中提出的"银与钱钞相权而行"的货币结构说，参见：何平. 白银走上主导货币舞台的步伐与明中期的"邱濬方案". 中国钱币，2020（03）：34－41.

② "根货币"类似语言，一旦一种语言被广泛使用，所有人会通过这种语言沟通，而不在乎这种语言的"好坏"。

③ 这是因为，在古典经济学里，货币本身没有价值，它只不过是一种便利交换的手段，不对经济产生任何实质性影响，货币就像罩在实体经济上的一层面纱。而萨伊、穆勒、卡塞尔等所代表的现代经济学的差别在于加入了时间维度上的跨期交易（债务）。

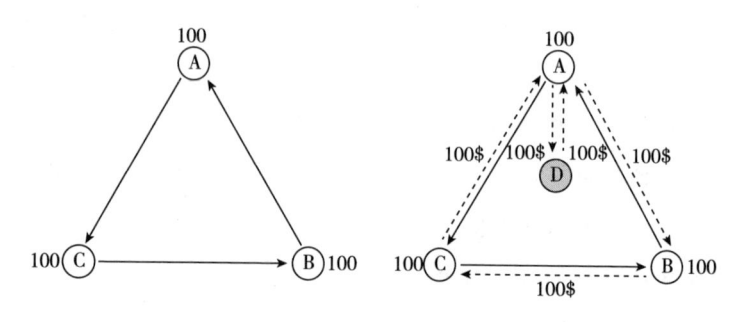

图 15‑3　三种产品的分工

显然，随着分工经济的规模扩大、程度加深，所需的货币数量也随之增加，可以想象：

命题 15‑4：交易范围的算术级数扩张，必带来货币需求几何级数的增长。在货币数量的约束下，规模越大的经济，其分工水平越低。

货币的稀缺性成为制约经济分工的瓶颈。[①] 纵观世界经济史，最先实现高水平分工的都是经济规模（人口、面积）较小的国家。像中国这样一个疆域辽阔、人口众多的大型国家，货币缺口会被人口规模和经济规模放大。中国社会也因此长期被锁定在依靠血缘、家族等非货币手段分工的低水平状态。甚至计划经济本身，就是节省货币的分工制度。城市化和工业化都是高度分工的

---

① 朱嘉明在《从自由到垄断：中国货币经济两千年》中提出："在中国超过两千年的货币史中，'钱荒'不断……'钱荒'是中国传统货币经济时代的一种常态。"

产物。没有货币，经济就只能停留在以物易物的低效率分工状态。①

货币规模对经济增长的制约，使得货币数量的变化会带来一种特殊的增长效应：

命题 15-5：在货币分工不足的经济里，只要改变货币的数量，就可以导致经济增长或衰退。

由于分工范围与货币数量正相关，因此货币与增长间存在"数量增长效应"，这一效应决定了货币在任何时候都不是中性的。由于货币数量决定了一种经济的分工水平，可以说货币影响增长，甚至可以说它就是增长本身。②当所有要素（主要是劳动）都被货币充分动员时，货币与要素的关系就会从供不应求转变为供过于求，"货币的数量增长效应"随之消失。要想继续获取由货币数量增长带来的财富，就必须从货币过剩的发达市场（比如欧美）进入货币不足的发展中市场（比如中国），这也就是经济全球化的动因。

需要指出的是，我们通常所指的财富只是以货币计价的那部分财富，而不包含那些不能用货币计价的财富。所谓非货币财富，是那些由于货币不足而无法计价的财富。货币财富并不是一

---

① 理论上讲，只要有信用，每个人都可以自己创造货币，"问题是能否被别人接受"。所有去中心化的非政府货币都是在创造广泛的流动性这一环节输给了中心化的国家货币。参见：雷. 现代货币理论. 张慧玉，王佳楠，马爽，译. 北京：中信出版社，2017.

② 如果把货币比作贸易的"武器"，在人口无限的条件下，"武器"的数量简单地决定了"军队"（货币贸易）的规模。

个恒量。货币数量可以改变两种财富的比例，从而使用货币计价的财富发生变化。在社会总财富不变的情况下，货币的增加会导致用货币计价的财富增加①，在这种情况下，通过信用抵押，用货币计价的财富就可以被动员为增长的资本。

信用货币的发明

凯恩斯在《就业、利息和货币通论》中给出的现代国家的一个特征便是：征税及具有指定征税货币。在信用货币出现之前，货币主要是由流动性最好的商品充当。② 政府征税指定的都是最具有流动性的商品（或与该商品挂钩的劳务或实物）。尽管宋元短暂与实物（比如贵金属）脱钩的纸币曾播下信用货币的种子，但很快由于政府拒绝接受用纸币纳税而"胎死腹中"。③ 近代的约翰·劳在法国也进行过不成功的信用货币探索④，但真正意义上的信用货币肇始于独立战争后美国汉密尔顿创造的美元。汉密尔顿创造性地将政府债务（未来收益）而不是实物（当时流行的贵金属）指定为纳税货币。这种独特的货币生成机制，让货币的

---

① 这就是为什么市场经济国家（货币多）和计划经济国家（货币少）的真实财富差距，实际上并不像统计数据显示的那样大。就像质量和能量互换后，质量和能量都不再守恒（均衡）一样，一旦货币数量改变，用货币计价的财富和非货币财富的比例就会发生改变。因此，不考虑货币数量变化的均衡模型都是不稳定的。

② 凯恩斯. 就业、利息和货币通论. 高鸿业，译. 北京：商务印书馆，1999.

③ 严格来讲，与金属脱钩后的宋元纸币，也是一种由税收驱动的信用货币。参见：朱嘉明. 从自由到垄断：中国货币经济两千年. 台北：远流出版事业有限公司，2012.

④ 现代货币主义一开始就将货币视为一种债务，并将信用货币的历史追溯到使用泥板记账的西亚古文明，乃是混淆了实物货币和信用货币的历史演进。在信用货币出现之前，货币由流动性最好的商品充当。债务从来不是货币的锚。

生成不再受制于实物的数量。具体做法是，通过提供公共产品以及利用对其收费的税收制度，政府成为所有公民的"债权人"，然后规定只能使用以国家未来收益为信用的"欠条"（法定货币美元）来纳税；由于所有人都要使用公共产品并纳税，用纳税货币定价的交易数量和种类在主权市场内超过贵金属和其他债务凭证，政府"欠条"便具有了独一无二的流动性。[①] 因此，由税收驱动的美元首次将国家债务变成了可流通的货币，基于信用的货币应运而生[②]。

由于国家债务的规模远大于任何实物货币，且可以随着经济增长（税收增加）不断扩大，摆脱了"货币约束"的美国迅速实现工业化。尽管如此，由于世界其他国家货币的发行仍然是基于黄金，而非主权政府的信用，美元仍必须与黄金挂钩才能实现对外贸易的便利。直到布雷顿森林体系瓦解，以未来收益为锚的美元才取代黄金成为世界货币。各国通过将本国货币与美元挂钩，实现了全球货币一体化。基于货币分工的市场经济，彻底压倒了计划经济，催生了人类历史上空前的全球化。

在实物货币时代由于流动性最好的实物数量不足，市场上往往同时流通着多种货币，次级货币通过和上一级货币挂钩获得流动性。黑田明伸在《货币制度的世界史》中描述了多重货币并行的世界。区域内低价值货币（比如铜）通过与跨区域高价值货币

[①] 主权货币和税收的关系使得货币非国家化几乎不可能。例如，除非国家接受用比特币纳税，否则，这类货币的流动性很难与主权货币竞争。
[②] 戈登．伟大的博弈：华尔街金融帝国的崛起（1653—2011）．祁斌，译．北京：中信出版社，2011：15－17．

（比如金）挂钩，来完成跨区域贸易的定价。① 邱濬在《铜楮之币》中提出的"银与钱钞相权而行"的货币结构，是世界上最早的实物（商品）货币分层理论。② 信用货币也存在着类似的结构。雷在《现代货币理论》一书中，针对信用货币提出了一种以央行债务、金融机构债务和家庭借据为基础构成的金字塔式的货币结构（见图15-4）。

首先，金字塔式的等级体系，即负债由处于较高一层的机构发行，通常更容易为人们所接受。从某些方面看，这是由较高的信誉决定的。其次，每一层的负债通常都会利用更高一层的负债作为杠杆。③

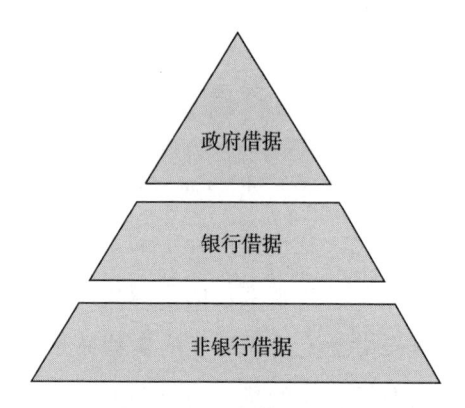

图15-4 负债金字塔

注：根据雷在《现代货币理论》一书中对货币结构的相关阐述绘制，参见：雷. 现代货币理论. 张慧玉, 王佳楠, 马爽, 译. 北京：中信出版社, 2017：103。

---

① 黑田明伸. 货币制度的世界史. 何平, 译. 北京：中国人民大学出版社, 2007.

② 何平. 白银走上主导货币舞台的步伐与明中期的"邱濬方案". 中国钱币, 2020（03）：34—41.

③ 雷. 现代货币理论. 张慧玉, 王佳楠, 马爽, 译. 北京：中信出版社, 2017：104.

主权货币与世界货币

区分主权货币和世界货币对理解国际贸易非常重要。根据现代货币理论，主权货币是由税收驱动的——税收使得所有经济活动都会发生对政府的负债，法定的纳税货币就自然获得货币必需的流动性。但在国际贸易环境下，国家之间不存在税务关系，用哪一种货币结算？这就需要一种超越主权、非税收驱动的"根货币"，所有主权货币按照一定比例与"根货币"挂钩，实现以主权货币定价的商品之间的定价与交易。当这种"根货币"与世界上大部分主权货币挂钩时，它就被称为世界货币。世界货币与主权货币不同，它无须由"锚"资产背书，无须由税收驱动，也不要与特定商品挂钩，驱动它的唯一原因，就是流动性本身（使用范围最大）。多数交易使用世界货币来定价就是其价值所在。货币作为所有交易的价格集，所包含的价格信息本身就是其价值所在。历史上最典型的世界货币就是金本位时代的黄金。[①]

世界货币可以是实物货币，也可以是信用货币。布雷顿森林体系瓦解前的世界货币，在大部分时间都是实物货币。布雷顿森林体系瓦解后，尽管美元已经被广泛用于国际贸易（特别是大宗商品结算），但其信用仍受到税收约束，美债仍要和联邦政府的税收能力挂钩（受赤字上限约束）。因此，美元仍是一种主权货币。从小布什上台开始，美国不断增长的债务使得美元越来越难以同联邦政府的财政收入挂钩。在 2007 年美国发生次贷危机，

---

① 比如，人民币与美元挂钩，始于 1994 年的汇率改革。如果说农村家庭联产承包责任制是"改革"的先声，汇改就是"开放"的原点。但能否维持人民币与美元挂钩，取决于人民币能否通过顺差积累足够的外汇储备。

特别是 2020 年发生的新冠肺炎疫情，美联储无底线放水救市，美元发行开始与联邦政府的现金流脱钩，从而开启了美元的去主权化，这可以被视作布雷顿森林体系瓦解的 2.0 版，意味着美元在逐渐从主权货币（有锚发行）转向世界货币（无锚发行）。今天的美国越来越像当年的西班牙——只要不断发掘白银，就可以源源不断地换取其他国家的财富。①

看上去，通过发行世界货币汲取财富是一个非常吸引人的游戏，但其背后也隐藏着经济脱实向虚的巨大风险。国家要通过发行货币换取真实财富，就必须保持对外贸易逆差——你必须将本国货币兑换成别国的实物。美元转向无锚的世界货币，的确是在剪全世界的"羊毛"。但反过来也可以说，美国是在牺牲本国市场，进而为世界分工提供货币这一公共产品。主权货币使发行世界货币的国家在享受世界货币带来的种种便利的同时，也必须承受国内市场外流、本国制造业式微的副作用。②

一个实力强大的国家是让其货币作为世界货币还是作为主权货币，某种程度上是在发展虚拟经济还是发展实体经济之间做出选择，两者不可兼得。在南美发现巨量白银使西班牙一夜暴富，但并没有使西班牙成为工业化国家，反倒是成全了英国的伟大

---

① 那么，美联储疯狂救市是否会导致美元彻底失去信用？如果会，那么所有以美元计价的资产，就会像当年苏联解体时以卢布计价的资产一样变得一文不值。如果不会，那么其货币与美元脱钩的国家将会无法参与世界分工。布雷顿森林体系瓦解的 2.0 版（相当于美元违约）所产生的实际效果显示，美元扩张不仅不会在疫情之后终结全球化，反而会使全球化进一步加深。美元依然会是未来的世界货币。美元的天量释放相当于大航海时代在南美突然发现的巨量白银，那一次"银货币"的增加不仅没有让白银贬值，反而因为为世界分工提供了巨量货币，开启了全球商品经济的繁荣（也就是所谓的白银时代）。

② 例如，美联储以直升机般撒钱的方式发行的货币如果不想堆积在国内，必然会带来更大规模的贸易逆差，这就为中国深度参与全球化提供了可能。

崛起。

在今天的世界货币体系里，只有美元是真正的"根货币"。其他货币都必须通过与美元挂钩才能实现全球流通。同黄金不同，美元几乎可以无限量发行。在完全自由的市场条件下，理论上所有的真实财富最终都会被美元的制造者"收买"，实体经济的生产活动在无限的货币制造面前会成为没有意义的行为。如果一国的主权货币既想参与世界分工，又想防止本国的真实财富被美国"剪羊毛"，就要设计一套双轨的货币制度：将贸易分为一般贸易（经常项目）和资本贸易（资本项目）两部分——商品市场与世界货币挂钩（世界货币 M_γ 与美元并轨），资本市场与世界货币隔绝（央行货币 M_a 和银行货币 M_β 不能与世界货币 M_γ 自由兑换）。①

汇率与利率

开放经常项目下货币的自由兑换，使本国的要素可以和其他国家的要素相互比较。做到这一点有两个途径：其一，央行货币 M_a 与世界货币 M_γ 挂钩，这需要有足够的世界货币储备。这就相当于央行的"准备金"。因此，挂钩货币保持贸易顺差是必需的（这就是为什么储备货币一定是世界货币）。其二，浮动汇率，这需要放弃汇率决定权。这意味着所有以本币计价的交易，都需要

---

① 一个典型的例子是：一战后，面对崩溃的德国财政，沙赫特决定用德国有生产能力的土地作为抵押，发行了 32 亿土地马克。在开放经常项目兑换、让土地马克与美元按照 4.2 兑 1 挂钩的同时，取消资本项目自由兑换；对那些从海外市场高息借入外币，兑换成旧马克抢购德国资产，再将其国际市场抛售套现的金融家，开展了坚决的打击行动。这一明智的金融政策，帮助德国经济迅速摆脱危机，为随后的德国崛起奠定了货币基础。

根据汇率不断调整，以确定以世界货币计价的盈亏结果。这将给跨主权分工带来极大的不确定性。

在开放经济下，现代货币由根货币 M_γ、央行货币 M_α 和银行货币 M_β 组成。其中，央行货币是依靠税收驱动的法定货币，为所有的经济活动提供统一的记账单位。正因如此，央行发行的货币通常是一国流动性最好的货币，也被称为基础货币或高能货币。央行货币通过买卖外国货币（比如通过固定汇率结汇）与 M_γ 挂钩，汇率也因此决定了各国要素的相对价格和比较优势。

位于表层的是商业银行通过贷款发行的银行货币。商业银行通过承诺其货币与央行货币的可兑换性获得与央行货币同等的流动性。商业银行通过债务生成 M_β，抵押品往往是本地资产，比如土地、房屋等不动产，以及股票、债券等在国际市场没有流动性的资产。换句话说，M_γ 和 M_β 具有不同的国内外流动性。

之所以要把货币分成两个体系，乃是因为在世界货币体系下，除了将世界货币作为本币的国家，所有国家都可以操纵汇率以期在要素价格上获得相对于其他国家的竞争优势。相应地，将世界货币作为本币的国家，虽拥有利率决定权，却失去了汇率决定权。

拥有汇率决定权的国家，最优的选择是开放经常项目下货币的自由兑换；拥有利率决定权的国家，最优的选择是开放资本项目下货币的自由兑换。因此，美国会要求各国开放资本项目下货币的自由兑换，反对其他国家操纵经常项目下的汇率；其他国家则倾向于开放经常项目下货币的自由兑换，管制资本项目下货币的自由兑换——用货币管制对冲美国操纵利率。脱离货币泛泛地谈论"开放"是没有意义的。人民币汇率应当同外汇储备挂钩——外汇储备低于合意规模，降低汇率；外汇储备高于合意规模，提高汇率。最优汇率取决于合意的外汇储备规模。

如果挂钩货币国家完全开放资本项目，流动性低的 M_β 以境外投资的形式套取流动性高的 M_γ，用来支持贸易结算的外汇可能很快就被虚拟财富兑换一空，结果就可能导致实体经济中的全球贸易无法结算。因此，对于本币是非世界货币的国家，资本项目下的外币结算管制，就是在没有利率决定权的情况下，为确保国家金融安全必须设置的防火墙。这不是一个国家开放不开放的问题，而是货币存在根本差异的问题——本币是世界货币，就必须开放；本币是挂钩货币，则必须管制。资本项目开放程度，取决于本币在世界储备货币中的权重。只要美元利率是被操纵的，资本项目下的货币兑换就不应是完全自由的。对于中国来说，开放经常项目下的自由结算，是为了帮助要素在世界分工中寻找价格；而开放资本项目下的自由结算，只能让低成本的美元资产收割中国的真实财富。作为挂钩货币，最优的选择是开放经常项目下货币的自由兑换，管制资本项目下货币的自由兑换。管制的原则是，世界货币可以从资本项目（FDI）进，但只能从经常项目（利润、分红）出。

开放经济下信用货币的层级结构

至此，就可以得到一种开放经济下完整的货币结构：

（1）根货币 M_γ

根货币是具有跨主权流动性的货币，也被称作世界货币。它可以是最有流动性的实物（例如黄金、丝绸或石油），也可以是某一个国家的主权货币。其他国家的主权货币通过与根货币挂钩获得跨主权的流动性。其他国家只能通过贸易顺差获得根货币。根货币储备相当于央行的"准备金",储备规模越大,央行的资本充足率越高。

（2）央行货币 M_α

与封闭经济下由税收驱动的主权货币不同,开放经济下央行通过储备根货币作为"准备金"来为其基础货币贴现背书。

（3）银行货币 M_β

这个层级的货币本质是银行自己的债务。商业银行通过储备央行货币作为"准备金"来为自己的债务背书,使自身能够随时贴现流动性更好的央行货币。

货币体系乃是不同流动性信用的组合,货币总量 $M=f(M_\gamma, M_\alpha, M_\beta)$,不同的信用共同构成了流动性依次递减的货币金字塔。[①]位于较低层级的货币通过储备上一层级货币获得更大范围的流动性。所有社会信用构成的衍生债务,都依附于这三种货币。[②]一旦位于顶端的高流动性货币不再被信任,次级货币也将信用不足,由此导致社会商品分工水平下降。影响货币供给量的首先是用于"投资—储蓄"的真实财富——贸易顺差和预算结余；其次是真实财富的放大倍数——未来财富的贴现倍数。贴现倍数由央行利率 r_α 和银行利率 r_β 共同形成。汇率反映的是央行货币与根货币之间的贴现倍数差额。

图15-5是简化的货币分层,它意味着现代货币理论要从数量论

[①] 货币流动性差异是导致用不同货币计价的财富之间出现套利的重要原因。

[②] 在这种结构下,当前世界上的货币分为美元和其他货币。由于美元既是根货币（世界货币）又是主权货币,美国的货币政策是其他国家所无法仿效的。反倒是本币同为挂钩货币自身又是出口大国的日本可能给中国的货币政策提供更多参考。

转向结构论，不能继续把"货币"大而化之视作一个黑箱。当然，真实世界中的货币生态远比图 15‑5 复杂，根货币有可能是一组（美元/欧元/日元），银行货币下也有各种衍生品和区隔市场货币。[1]

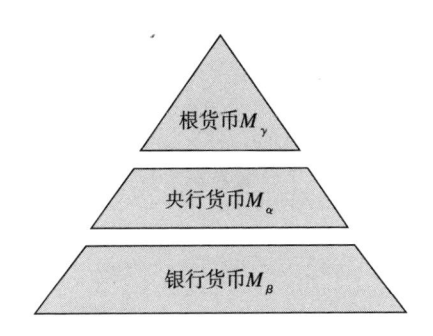

图 15‑5　货币分层结构

（金字塔自上而下：根货币 M_γ；央行货币 M_α；银行货币 M_β）

但真实世界中的货币依托信用网络传递价格信息的基本途径却大同小异。图 15‑6 示意的是不同层级的货币是如何通过上一层级货币获得更大的流动性的。由于货币流动性的提高，一个货币区的市场要素得以参与另一个货币区的市场分工。反过来，切断一种货币同上一层级货币的联系，可以极大地约束该货币区与其他市场的贸易便利，进而抑制该经济的分工水平。这也是上一层级货币由于拥有信用的控制权而得以对下一层级货币实施降维打击的基本原理。[2]

货币与增长

只有理解这些变量之间的深层次互动关系，才能提出相互自

---

[1]　比如，商店购物券、计划经济时代的粮票，都或多或少带有货币的属性。
[2]　这就是美国可以对其他国家进行经济制裁，而其他国家无法对等制裁美国的原因。

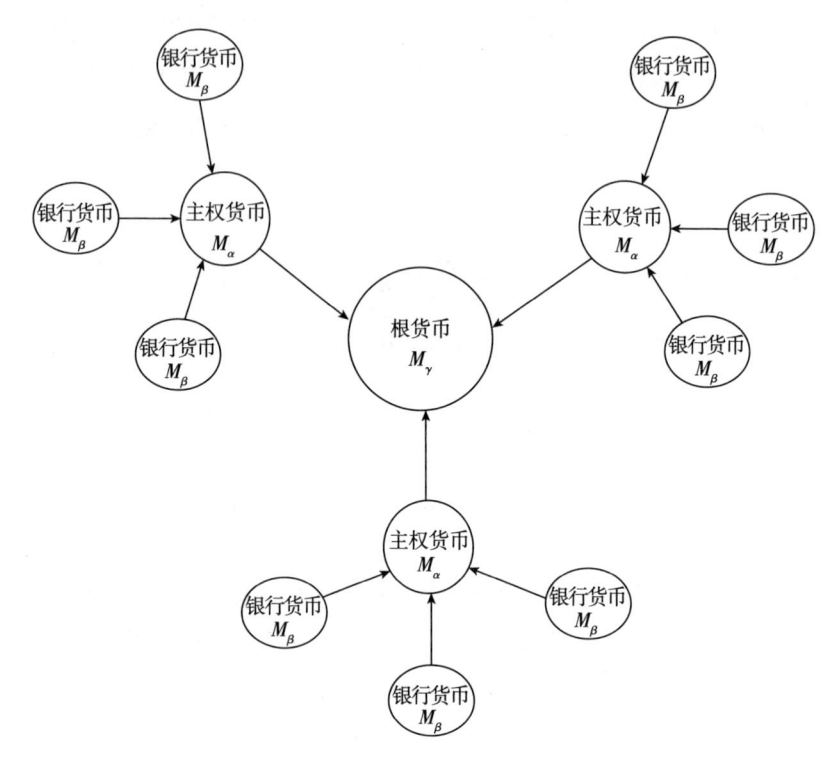

图 15-6　货币信用的传递

洽的货币政策和财政政策。"双螺旋"增长框架下的货币结构，使我们有可能将以往不相干的经济变量放到一个统一的框架下加以考察。

主权货币的扩张

一直被经济界视为旁门左道的现代货币理论（modern monetary theory，MMT），在新冠肺炎疫情期间突然大行其道，被各国央行奉为圭臬。一个重要原因，就在于MMT为主权货币的无锚扩张提供了理论基础。在现代货币理论看来，主权国家发行货币的前提，就是政府部门出现赤字。只有政府部门出现赤字，企业和家庭才可能有盈余。拥有发钞权的政府永远不会缺"钱"，只要通过"敲击键盘"，就可以还清以它自己发行的主权货币记账的任何债务。[①] 而在本章的货币框架下，无论政府部门还是私有部门，只有成功的商业模式（产生净剩余），才能创造出债务；只有创造出债务，才能带来新增货币。

主权政府之所以看上去可以无限量负债，关键在于主权货币发行者总是可以通过提高其未来税收的估值来稀释当前的债务。在现代信用货币的生成机制下，发行主权货币的本质就是政府以税收为标的进行"股权融资"，货币就是政府发行的"股票"。政府可以通过增发货币（稀释股权）向货币持有者（持币者）强行融资，政府赤字货币化其实是通过"增资扩股"由所有持币者（股东）分摊债务。以主权货币记账的债务与以银行货币记账的债务之所以不同，就在于主权货币债务是一种"融资"，这和以非主权货币 M_γ（外债）或 M_β 记账的融资有本质的不同。认为拥有发钞权的政府可以无限开支，就好比认为一个企业可以用增发新股弥补经营亏损一样，这只不过是记账方式带来的错觉。

主权货币的合意规模是多少？换句话说，是否存在一个最优的货币数量？现在不少研究将货币（比如 M2）与经济总量（比如 GDP）的比值作为判断货币是否"超发"的晴雨表。在"双螺旋"增长模型里，式（15-5）已经表明，货币创造只与净剩余多少有关。只要你能够创造出可带来净剩余的商业模式，就可以通过负债

---

① RANDALL W L. Modern Money Theory: A Primer on Macroeconomics for Sovereign Monetary Systems. 2nd ed. Palgrave Macmillan, 2015.

创造货币。反之,不论你的经济规模多大,只要没有商业模式可创造净剩余,你就无法创造出新增货币。在现代经济里:

命题 15 - 6:每个商业模式本身都在创造自己所需的货币。

在信用货币环境下,商业信贷不仅通过贴现未来剩余创造了资本,同时也创造了分工所必需的货币。式(15 - 5)刻画了信用货币的生成——在一笔债务发生的同时也生成了其所需的货币;而当你注销一笔债务时,你同时也消灭掉了等量的货币。假如所有人一起还债,债务消失的同时货币也会一并被消灭。[①] 对债务而言,数量的多少并不重要,重要的是债务去哪里了,能否带来新的现金流[②]。由式(15 - 5)可知:

命题 15 - 7:在一种完全的现代经济里,即所有资本 R_{i0} 都来自未来现金流性剩余贴现的经济,经济的增长必定对应着债务的增长;经济增长越快,债务规模越大;债务规模决定增长速度;主权债务相当于股权融资;债务规模与存量无关,不存在相对于 GDP 增长的最优负债率;一个经济体负债的上限取决于其商业模式未来能获取

---

① 美国出现的第一次大萧条,就起源于总统杰克逊的去债务行动,那是美国历史上第一次、也是唯一一次联邦政府还清全部债务。参见:戈登. 伟大的博弈:华尔街金融帝国的崛起(1653—2011). 祁斌,译. 北京:中信出版社,2011。

② 为了让资本重新与实体经济结合,央行有必要对商业银行进行"窗口指导",甚至直接将资本注入实体经济(例如日本央行绕过国债市场直接入市)。有专家提议央行设立"产业基金",定向投资回报率低、周期超长的"国家资产"。参见:王建,等. 对中国政府实施"MMT"的建议. 中国宏观经济学会内部报告,2020。史正富. 超常增长. 上海:上海人民出版社,2013。央行还可以注资公众基金(养老基金、公积金),通过保荐制在一级市场为全民汲取现金流。参见:赵燕菁,周颖刚. 中国资本市场再设计:基于公平效率、富民强国的思考. 财经智库,2016(02):116-120。

的最大外部现金流和临界贴现倍数 δ（体现投资风险）——显然这两个变量都是动态的；所有债务的"背面"对应的都是资产。

通货紧缩与通货膨胀

现代经济的一个难解之谜，就是从20世纪90年代开始，主要发达经济体的通货膨胀相继消失（见图15-7）。尽管2008年金融危机之后，世界主要央行都大规模向市场注入流动性，但在2016—2017年，发达国家通货膨胀率平均只有1.5%。美联储主席耶伦2017年在一次讲话中说："我们对通货膨胀的机制并不完全了解……今年通货膨胀的低迷多多少少算是个未解之谜。"[①]

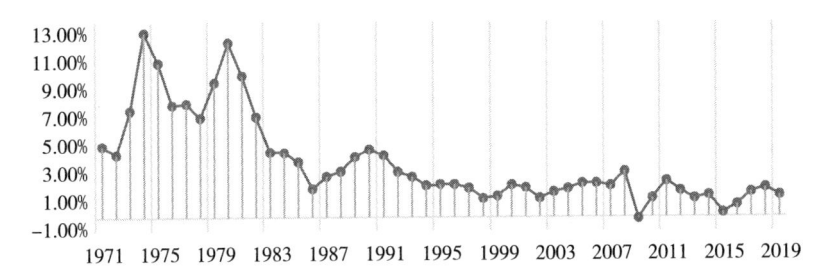

图15-7　1971—2019年七国集团的通货膨胀率（所有项目）
资料来源：CEIC全球数据库。

类似地，中国也出现了货币存量与通货膨胀的分离。在中国，M2与GDP的比值稳步上升，但从1994年开始，货币增发与通货膨胀的正相关性开始消失（见图15-8）。

---

① 原话为：We don't fully understand inflation... Shortfall of inflation this year is more of a mystery. 交易时间网（infointime.net）2017年9月21日讯。

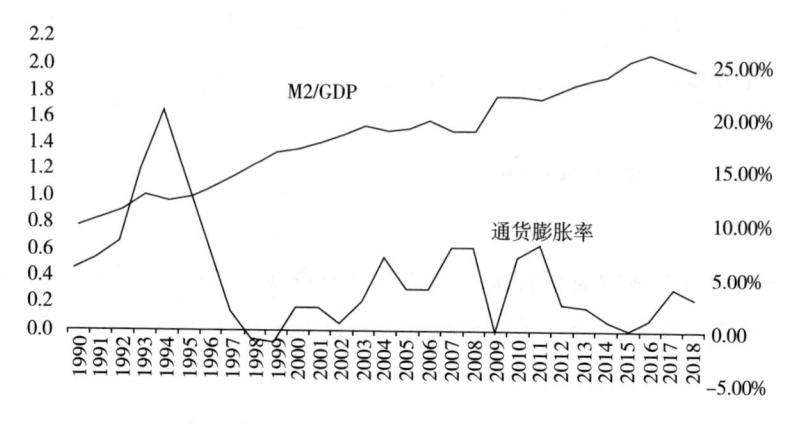

图 15‑8　中国的 M2/GDP 与通货膨胀

注：左轴为 M2/GDP，右轴为通货膨胀率。根据张平在《中国经济演化的逻辑：市场化、货币化与全球化》一文中的相关内容重新绘制。

资料来源：CEIC 全球数据库。

要想理解通货膨胀是怎样消失的，首先要理解通货膨胀是怎样形成的。回到实物货币时代，货币就是所有商品中流动性最好的那种商品，假设这种商品叫黄金。黄金和其他商品的价格关系（交换比例）是由市场决定的——黄金比较多时，货币的相对价格会低一点；黄金比较少时，货币的相对价格会高一些。黄金和其他商品的交换价值既不会收缩也不会膨胀（因为根货币——黄金就是价格指数）。换句话说，在实物货币时代，不存在通货膨胀或通货紧缩。由于黄金稀缺、携带困难，人类发明了由黄金支持的纸币。与黄金不同，纸币是主权政府发行的，其与黄金储备的比例关系是由政府确定的。

假设政府用 1 盎司黄金发行 100 单位的纸币，并接受纸币代替黄金用于纳税，这时纸币就具有了和黄金相同的流动性，黄金就是纸币的根货币。由于纸的成本很低，黄金价值很高，纸币发行者总会有强大的动机多发纸币以弥补预算不足；如果政府改用1盎司黄金发行200单位的纸币，以纸币计价的所有商品的价格也随之上升为原来的两倍，结果就是通货膨胀。换句话说，通货膨胀是用纸币等代用币定价才会出现的特殊货币现象。用黄金之类的实物货币定价的商品交换比例关系并没有变化。通货膨胀区别于物价上涨的主要特征，就是前者不是部分商品的价格上涨，而是所有商品的价格上涨。可以看出：

命题 15-8：导致通货膨胀的原因不是纸币发行太多，而是纸币与根货币的交换比例发生了变化。通货膨胀是货币标度价值超过其真实价值的货币现象。

在实物货币时代，央行纸币发行盯住通货膨胀率是对的。在信用货币时代，央行货币发行要盯住的就不再是商品的价格指数（CPI），而应是资本市场的加权指数。从西格尔制作的美国1802—2001年各类资产总名义收益率指数曲线（见图15-9）可以看出，作为实物代表的黄金的名义收益率曲线，几乎完美地贴合CPI曲线。这意味着在将通货膨胀因素剔除后，实物的价格基本上是恒定的。合意的货币数量意味着所有商品的价格指数变化为零，流动性最好的商品（比如黄金）提供了价格指数的完备信息，但这种货币制度的缺点是能作为根货币的商品往往数量稀缺。①

图15-9直观地揭示了真实财富（以黄金、CPI为代表）和虚拟

---

① 这就是为什么张五常先生提议将主权货币数量近似地锚定一揽子商品。这样的央行货币就相当于根货币。

财富（以股票和债券为代表）在财富结构中的关系，这种关系大体上影射了社会总财富中代表真实财富的根货币 M_γ 和代表虚拟财富的央行货币 M_α 与银行货币 M_β。在计划经济时代，中国只有实物货币，虚拟财富几乎为零，因此财富增长和分工都受到极大的制约。如果用房地产曲线代替西格尔的股票曲线，相信中国改革开放以来的财富增长曲线会呈现出一种与之类似的结构和趋势。需要指出的是，西格尔编制的收益率指数，实际上也从财富的角度揭示了货币的结构。三组收益率指数大体上对应的是三种标价货币对应的财富：真实财富黄金和 CPI 的标价货币是 M_γ，主权财富国债的标价货币是 M_α，银行对应的资本市场股票的标价货币是 M_β。①

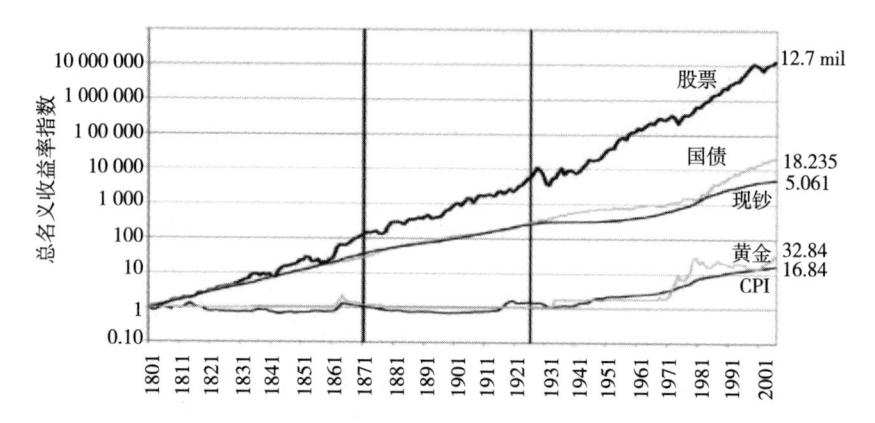

图 15-9 美国 1802—2001 年各类资产的总名义收益率指数曲线
资料来源：西格尔. 投资者的未来. 李月平，等译. 北京：机械工业出版社，2007.

明白了通货膨胀的原理，就可以理解为什么在信用货币机制

---

① 分别接近现实中的货币 M0、M1、M2。

第十五章 双螺旋模型

下通货膨胀会消失。在信用货币的结构里,根货币 M_γ（比如贸易顺差结汇和主权政府税收）和实物货币是一样的,不存在通货膨胀或通货紧缩。同实物货币创造不同的是,主权货币是通过央行货币 M_α 和银行货币 M_β 两次加杠杆形成的。两种杠杆分别是央行利率 r_α 和银行利率 r_β。这两个利率的本质,都是对其抵押资产未来收益的估值。在资产净现金流不变的情况下,利率越低,对未来收益的估值越高,生成的央行货币 M_α 和银行货币 M_β 就越多。和实物货币时代不同,信用货币机制下的真实财富是由根货币计价的,不论央行发行的 M_α 和商业银行发行的 M_β 怎样增加,以根货币计价的商品都不会出现价格上涨,因为央行货币 M_α 和银行货币 M_β 的增加是通过抵押资产价格的上涨实现的。当资产泡沫破裂,商业银行和央行的资产减记只会导致流动性不足,也就是俗称的通货紧缩。因此：

命题 15-9：在信用货币机制下,只可能出现通货紧缩,不可能出现通货膨胀。[1]

---

[1] 货币分层假说可以很好地解释美国两次财政赤字货币化何以有不同的效果。第一次是发生在 1942 年,美联储开始购买国债,为战争进行融资,战争结束后美国出现了高达 20% 的通货膨胀率。第二次是从 2008 年开始,为应对金融危机,美联储将基准利率降为 0,并开启了非常规的货币政策操作,但危机后美国的核心 CPI 一直保持在 3% 以下,并没有出现严重的通货膨胀问题。两次财政赤字货币化之所以效果迥异,就在于 1942 年黄金是根货币,美元是挂钩货币。财政赤字货币化导致黄金和美元的比例关系发生变化,用黄金计价的商品价格没变,用美元计价的商品价格出现膨胀。2008 年财政赤字货币化时,美元取代黄金成为根货币,所有商品相对美元的价格保持稳定。中国如果实行财政赤字货币化,势必会改变美元与人民币的比例关系,结果将导致虽然用美元计价的商品价格不变,但用人民币计价的商品价格上升。如果要避免通货膨胀,人民币就要贬值（用同样的根货币发行更多的主权货币）。

资本与劳动

从古典经济学开始，资本与劳动就是一对形影不离的概念，但实际上，劳动从来就没有被严格地定义过。同任何资产一样，劳动也可以被区分为资本和现金流两种形态。① 本章将后者定义为"劳动"，这样就可以将"劳动"和"现金流"视作可相互替代的概念②，传统增长理论中的资本和劳动就可以在更规范的框架下用于经济分析：

命题 15‑10：现金流是抽象化的劳动；劳动是人格化的现金流。

在柯布－道格拉斯函数 $Y = AK^{\alpha}L^{1-\alpha}(0 < \alpha < 1)$ 里，劳动 L 和资本 K 居于等式同一侧，被定义为相互替代的关系。而在现代"双螺旋"增长模型中，资本 R_{i0} 和劳动（现金流）S_{ik} 分属资产—负债等式 $R_{i0} = \sum_{k=1}^{n} \delta^k S_{ik}$ 的两端。在贴现乘数不变的条件下，若资本增加，为保持等式成立，现金流（劳动）也必须增加，等

---

① 比如，当一个人（劳动力）付费学习或接受教育时，实际上他的投资在形成一种资本，相应地，带来的增长属于资本型增长；而当他应用学会的技能获得收益，进而在餐饮和服饰等方面进行消费时，对应的则是现金流，相应地，带来的增长属于运营型增长。哈里斯就注意到"这个重要的代表反映了个人收入不仅包括金融资产的收益，而且包括物质资产的收益。对于绝大多数人来说，收入来自工作。在弗里德曼的理论结构中，财产 w 不仅包括金融资产与物质资产的收益，还包括人力资产。因此，可以把人力资产作为通过工作所赚到的未来收入资本化的价值（或者贴现值）。这样，人力资产就类似于债券或其他这类财产或资产"。参见：哈里斯. 货币理论. 梁小民, 译. 北京：商务印书馆, 2017：148。

② 这样做是由于在现实经济中，现金流更多地表现为劳动的函数，且劳动已经成为经济学中一个成熟的概念，借用这一概念可以简化范式迁移的成本。

式两端才会恢复平衡；反之，若资本减少，劳动就会过剩，必须有劳动退出市场，等式两端才会再次平衡。任何一种经济都处在"一般非均衡"① 状态：

命题 15-11：不是资本过剩（或短缺）就是劳动过剩（或短缺），二者不可能同时过剩或不足。

这意味着劳动和资本任何一方过剩，都是由另一方的不足定义的，反之亦然，我们将其称为资本—劳动的"镜像"（mirror image）关系。②

在历史上，中国经济之所以会出现周期性的内卷化，根本原因是在资本（主要是土地）的数量短期恒定的情况下，劳动的数量不断增加会导致资本—劳动之间的"镜像"关系被破坏。当人均资本下降到一定程度时，经济就会通过社会动荡强行消灭剩余的劳动，从而使其恢复到与资本均衡的状态。③

---

① 一般非均衡分别由帕廷金（Patinkin，1965）在《货币、利息与价格》、克劳尔（Clower，1965）在《凯恩斯主义者的反革命》、莱荣霍夫德（Leijonhufvud，1968）在《凯恩斯主义经济学与凯恩斯的经济学》中提出，用来分析失业状况。参见：哈里斯. 货币理论. 梁小民，译. 北京：商务印书馆，2017：312-313。
② 这里所说的"镜像"指的是一种完全映射的相反关系。
③ 1982 年中国开始推行的计划生育政策，也是通过采用强制手段压制劳动的过快增长，以使其不超过资本的数量限制。随着中国资本市场（主要是不动产市场）的成熟，经济增长的资本约束逐步解除，中国的人口总量虽然在增长，但劳动力却越发变得不足。排除人口年龄结构因素（人口老龄化）产生的影响，造成这一现象的主要原因是在中国资本的增长速度超过了劳动的增长速度。从 2016 年开始，中国的人口政策从限制生育转变为鼓励生育，政策之所以发生这样的转变，不是因为以前的政策错误，而是因为过去十余年在中国资本出现了爆发式增长，用式（15-5）表示就是左侧资本的值迅速变大，导致右侧的劳动从过剩变为相对短缺。刘易斯拐点的到来意味着中国历史性地从资本短缺经济变为资本过剩经济，相应地，现金流匮乏也成为中国经济的新常态。

资本与劳动的这种"镜像"关系为政策制定提供了一个重要的参照。如果我们面对的是以失业率上升为特征的经济危机,货币政策和财政政策就要双宽松,即使"大水漫灌",也是好的政策(MMT所说的功能性财政只有在此时才有效[①]);但如果我们面对的是充分就业条件下的增长停滞,货币政策和财政政策再怎么宽松也不会有效果,只有创造出能产生更多现金流的商业模式(例如依靠技术进步),才能维持经济的稳定增长。这意味着减税不是供给侧结构性改革的重点,甚至可能是错误的。随着就业率的提高,货币供给增加带来的增长效应逐渐减弱,直到充分就业后完全消失。[②]

命题 15-12:边际剩余劳动为零时,货币数量带来的增长效应随之消失。

财富函数与挤出效应

基于资本与劳动的"镜像"关系,还可以进一步描述"财富"的结构。在传统的两阶段增长模型中,财富就是商业模式带来的现金流性收益 $R_永$,而在现代"双螺旋"增长模型中,财富是由资本和现金流两部分共同构成的:

[①] RANDALL W L. Modern Money Theory: A Primer on Macroeconomics for Sovereign Monetary Systems. 2nd ed. Palgrave Macmillan,2015.

[②] 这也是为什么现代货币理论将就业视作决定最优货币数量的"锚"。参见:雷. 现代货币理论. 张慧玉,王佳楠,马爽,译. 北京:中信出版社,2017。

命题 15-13：财富 W 是现金流性收益 R_{ik}（真实财富）和资本性收益 R_{i0}（虚拟财富）的函数。①

公式如下所示：

$$W = f(R_{i0}, R_{ik}) \text{ 或 } W = f(\delta, R_{ik}) \tag{15-6}$$

由财富函数可知，现代经济中的财富取决于资本和劳动（现金流）两个自变量：前者量值增加带来的是虚拟财富的增加，后者量值增加带来的是真实财富的增加。由于资本项 R_{i0} 等于现金流 R_{ik} 与贴现倍数 δ 的乘积，因此只要现金流项财富出现边际上的增加，就会导致资本项财富的巨大增长。②

财富函数的构成中是否包含资本项是现代增长和传统增长的最大差异所在。西格尔的统计显示（见图15-9），在现代经济的总财富中，资本项（股票与债券）的比重和增速都会远大于劳动项（黄金与CPI）。这种由增长模式所导致的财富差异也体现在过去40余年中国的经济增长上。2002年，中国的GDP刚刚超过意大利，排在世界第六位。中国当时制定的宏伟愿景是：到

---

① 所有经济主体（从个人到国家）的财富都是由存量和流量构成的。家庭的财富是由工资和不动产、证券等资产共同构成的，企业的财富是由营收和厂房、设备、技术等资产共同构成的，政府的财富是由税收和基础设施、土地等资产共同构成的……由于两种财富形态的量纲不同，只有把存量还原为流量或把流量贴现为存量后，两者才能"加总"。

② 由资本与现金流所构成的财富结构，与凯恩斯的货币需求函数中债务与货币的组合是等价的。在凯恩斯的框架里，影响财富组合的唯一条件就是贴现倍数 δ：当贴现倍数大到一定程度时，无论增加多少货币供给，所有人都会将货币转为资产（投资陷阱）；当贴现倍数小到一定程度时，无论增加多少货币供给，所有人都会持有货币而停止投资（流动性陷阱）。所不同的是，在信用货币条件下，货币不是外生的——贴现倍数上升（减息），投资增加，资产负债表扩张，带来货币供给增加；贴现倍数下降（加息），投资减少，资产负债表收缩，带来货币供给减少。

2020年人均GDP要达到1 600美元（大约是2000年的两倍），经济总量达到35万亿元；到2050年超过日本，成为全球第二大经济体。结果，才到2010年，中国的GDP就超过了日本；而到2019年，中国的GDP接近100万亿元，人均GDP超过1万美元[①]！

之所以当时的估计会与后来的发展出现如此大的偏差，很大程度上是因为在2002年对经济进行预测时，中国的财富还是以现金流的增长（传统模式）为主，资本项在财富中的比重微不足道；但在2004年之后，中国以房地产为核心的资本市场基本形成，虚拟经济的贴现倍数δ显著变大。[②] 如此一来，同样的现金流被资本市场成倍放大，社会财富的增长速度自然远超2002年最大胆的预测。[③]

结语

越是面对复杂的问题，越是需要简单的分析框架。

本章的目的是提出一组可以映射经济现实的函数关系，通过尽可能简单的逻辑，把原本孤立的经济现象联系起来。唯有简

[①] 国家统计局：2019年我国人均GDP突破1万美元大关．（2020－01－17）[2022－02－14]．http://news.cnr.cn/dj/20200117/t20200117524941622.shtml．

[②] 经济日报社中国经济趋势研究院家庭财富调研组发布的《中国家庭财富调查报告2019》显示，2018年中国家庭人均财富为208 883元，其中在城镇居民家庭的人均财富中房产净值的占比为71.35%，房产净值增长额占家庭人均财富增长额的91%。

[③] 改革开放以来，尤其是在高速的城市化过程中，工资增长给中国家庭带来的财富增长远远小于不动产升值带来的财富增长，不仅家庭如此，在企业、地方政府和中央政府的财富增长中，资本项带来的财富增长都远大于劳动项带来的财富增长。参见：赵燕菁．货币、信用与房地产：一个基于货币供给的增长假说．学术月刊，2018，50（09）：56－73。

单，才有助于理解错综复杂的问题。正如哈里斯在评价弗里德曼货币需求理论时所言：

> 把理论简化到可以用一些以少数变量抓住理论实质的方程式来表述是有好处的。它的好处就是，这种简化有利于经验研究工作，以及用经验来验证理论。①

既然是对现实的简化，"失真"就是必须付出的代价。

严格地讲，本章提出的不是一个检验过的模型，更不是一种成熟的理论，充其量只是针对传统理论无法解释的经济现象提出的一个猜想或假说。本章专门把假说展开为一系列可以被检验的命题，通过对这些命题的检验，反过来对构建的函数关系进行证伪。

---

① 哈里斯. 货币理论. 梁小民，译. 北京：商务印书馆，2017：155.

参考文献

第一章

[1] 芒福德. 城市发展史：起源、演变和前景. 倪文彦，宋俊岭，译. 北京：中国建筑工业出版社，1989.

[2] 霍兰. 隐秩序：适应性造就复杂性. 周晓牧，韩晖，译. 上海：上海科技教育出版社，2000.

[3] KUPER A, KUPER J. The Social Science Encyclopedia. 2nd ed. London：Routledge，1996.

[4] 山鹿诚次. 城市地理学. 武汉：湖北教育出版社，1996.

[5] 奥沙利文. 城市经济学. 4版. 苏晓燕，等译. 北京：中信出版社，2003.

[6] CHILDE V G. The Urban Revolution. Town Planning Review，1950，21(01)：3－19.

[7] 罗岗. 帝国、都市与现代性（《知识分子论丛》第四辑）. 南京：江苏人民出版社，2006.

[8] JACOBS J. The Economy of Cities. New York：Random House Inc.，1969.

[9] FUJITA M，KRUGMAN P R，VENABLES A J. The Spatial Economy：Cities，Regions and International Trade. Cambridge，MA：MIT Press，1999.

[10] O'FLAHERTY B. City Economics. Cambridge Massachusetts：Harvard University Press，2005.

[11] MENARD C. 制度、契约与组织：从新制度经济学角度的透视. 刘刚，等译. 北京：经济科学出版社，2003.

[12] OLSON M. Directorship, Democracy, and Development. American Political Science Review, 1993, 87 (03): 567—576.

[13] 盛洪. 现代制度经济学：上卷. 北京：北京大学出版社，2003.

[14] 温茨巴奇，迈尔斯，坎农. 现代不动产. 任淮秀，等译. 北京：中国人民大学出版社，2001.

[15] COASE R H. The Nature of Firm. Economica, 1937, 4 (16): 386—405.

[16] COASE R H. The New Institutional Economics. American Economic Review, 1998, 88 (02): 72—74.

[17] ALONSO W. Location and Land Use. Cambridge, MA: Harvard University Press, 1964.

[18] ARMEN A, HAROLD D. Production, Information Cost, and Economic Organization. American Economic Review, 1972, 62.

[19] CHUENG N S. The Contractual Nature of the Firm. Journal of Law and Economics, 1983, XXXVI (April).

[20] CHRISTALLER W. Central Places in Southern Germany. BASKIN C W, tran. NJ: Prentice—Hall, 1966.

[21] DIXIT A K, STIGLITZ J E. Monopolistic Competition and Optimum Goods Diversity. American Economic Review, 1977, 67 (03): 297—308.

[22] GOODALL B. The Penguin Dictionary of Human Geography. London: Penguin, 1987.

[23] HOTELLING H. Stability in Competition. Economics Journal, 1929 (03): 41—57.

[24] KRUGMAN P R. Development, Geography, and Economic Theory. Cambridge Massachusetts: The MIT press, 1999.

[25] LOSCH A. Dei Raumliche Orduung der Wirtschaft//WOGLOM W H. The Economics of Locations. New Haven : Yale University Press, 1954.

[26] MARK K. Capital: A Critique of Political Economy (Vol. I). MOORE S, AVELING E, trans. Chicago: Charles H Kerr and Co., 1867.

［27］STINE J H. Temporal Aspects of Tertiary Production Elements in Korea//Pitts F R. Urban System and Economic Development. University of Oregon，1962.

［28］THUNEN V J H. Isolated State. WARTENBERG C M，tran. Oxford：Pergamon Press，1966.

［29］ZHAO Y J. The Market Role of Local Government in Urbanization in China. Cardiff University，2009.

［30］不列颠简明百科全书．北京：中国大百科全书出版社，2005.

［31］赵燕菁．专业分工与城市化：一个新的分析框架．城市规划，2000 (06)：17－20＋28.

［32］赵燕菁．灾后规划与产权重建．城市发展研究，2008（04）：1－13.

第二章

［1］费孝通．乡土中国．北京：三联书店，1985.

［2］李炜光．论税收的宪政精神．财政研究，2004（05）：2－5.

［3］习近平在新进中央委员会的委员、候补委员学习贯彻党的十八大精神研讨班开班式上的讲话．新华网，2013－01－05.

［4］张千帆．城市土地"国家所有"的困惑与消解．中国法学，2012（03）：178－190.

［5］骆祖春，赵奉军．美国土地财政的背景、经历与治理．学海，2012 (06)：39－45.

［6］王克强，刘红梅，张璇．美国土地财政收入发展演化规律研究．财政研究，2011（02）：4.

［7］赵冈．中国历史上的城市人口．食货月刊复刊，1983，13（3/4）.

［8］梁庚尧．南宋城市的发展（上）．食货月刊，1981，10（10）：4－27.

［9］吴松弟．中国人口史：第三卷：辽宋金元时期．上海：复旦大学出版社，2000.

［10］朱云汉．高思在云：中国兴起与全球秩序重组．北京：中国人民大学出版社，2015.

［11］赵燕菁. 理论与假设：城市化过程中的市场窒息与资源短缺. 城市规划，1999（12）：13－16.

［12］赵燕菁. 国际战略格局中的中国城市化. 城市规划汇刊，2000（01）：6－12＋79.

［13］吴伟科，赵燕菁. 高覆盖率保障房建设的融资方式. 城市发展研究，2012（10）：7.

［14］赵燕菁，吴伟科. 住宅供给模式与社会财富分配. 城市发展研究，2007，14（5）：1－8.

［15］赵燕菁. 保障房须广覆盖. 北京规划建设，2011（06）：160－162.

［16］HIBBARD B H. A History of the Public Land Policies. New York：MacMillan，1924.

第三章

［1］路乾. "土地财政"是中国伟大的制度创新吗？兼与赵燕菁商榷. 中国改革，2017（06）：10.

［2］赵燕菁. 土地财政：历史、逻辑与抉择. 城市发展研究，2014，21（01）：1－13.

［3］凯恩斯. 就业、利息和货币通论. 高鸿业，译. 北京：商务印书馆，1999.

［4］李晓鹏. 这个国家会好吗？中国崛起的经济学分析. 北京：中国发展出版社，2012.

［5］奥尔森. 独裁、民主和发展//盛洪. 现代制度经济学：上卷. 北京：北京大学出版社，2003.

［6］藤田昌久，克鲁格曼，维纳布尔斯. 空间经济学：城市、区域与国际贸易. 梁琦，主译. 北京：中国人民大学出版社，2005.

［7］赵燕菁. 范式转变：从均衡到竞争. 学术月刊，2016（09）：59－72.

［8］TIEBOUT C M. A Pure Theory of Local Expenditures. Journal of Political Economy，1956，64（05）：416－424.

［9］张五常．中国的经济制度．北京：中信出版社，2009．

［10］赵燕菁．对地方政府行为的另一种解释．学习时报，2007－02－12．

［11］厉有为．深圳的实践说明了什么：深圳市委书记厉有为访谈录．深圳特区报，1995－08－07．

［12］百位深圳改革人物骆锦星：竞得中国土地使用权"第一拍"的吃螃蟹者．搜狐财经，2018－01－17．

［13］赵燕菁．再为土地财政说几句话：与马光远博士商榷．第一财经日报，2010－12－10．

［14］马光远．依赖土地财政属无奈，鼓吹则是无德．南方都市报，2010－09－04．

［15］陈志武．金融的逻辑．北京：国际文化出版公司，2009．

［16］刘易斯．国际经济秩序的演变．乔依德，译．北京：商务印书馆，1984．

［17］奥尔森．集体行动的逻辑．上海：三联书店，2006．

［18］严崇涛．新加坡发展的经验与教训：一位老常任秘书的回顾和反思．南京：江苏人民出版社，2014．

［19］文车．美国严管国有土地．环球时报，2003－08－27．

［20］孙国峰．信用货币制度下的货币创造和银行运行．经济研究，2001（02）：29－27＋85．

［21］ROMER P. The Trouble with Macroeconomics. https：//paulromer. net/the－trouble－with－macro/．

［22］阿塔克，帕塞尔．新美国经济史：从殖民地到1940年．罗涛，等译．北京：中国社会科学出版社，2009．

［23］戈登．伟大的博弈：华尔街金融帝国的崛起（1653—2011）．祁斌，译．北京：中信出版，2011．

［24］WALLIS J J. Constitutions, Corporations, and Corruption：American States and Constitutional Change, 1842 to 1852. The Journal of Economic History, 2005, 65（01）：211－256．

[25] 樊正伟，赵准．以色列城市公有土地租赁制度//蔡继明．论中国土地制度改革：中国土地制度改革国际研讨会论文集．北京：中国财政经济出版社，2009．

[26] WALLIS J J. The Property Tax as a Coordinating Device：Financing Indiana's Mammoth Internal Improvement System，1835 to 1842. Explorations in Economic History，2003，40（03）：223－250．

[27] 李光耀．风雨独立路：李光耀回忆录（1923—1965）．北京：外文出版社，1998．

[28] 朱云汉．中国大陆兴起与全球政治经济秩序重组．观察者网，https：//www.guancha.cn/ZhuYunHan/2013_01_21_122289.shtml．

[29] 刘守英．跑不完的真实世界//中国土地问题调查：土地权利的底层视角．北京：北京大学出版社，2017．

[30] 赵燕菁．国盛证券年度策略会演讲：过去40年是土地金融，未来40年才是土地财政！．微信公众号"Global Macro Strategy"，2019－01－14．

[31] HAYEK F A. Individualism and Economic Order. Chicago：University of Chicago Press，1996．

[32] 诺思．经济史中的结构与变迁．陈郁，等译．上海：三联书店，1991．

[33] 汤林闽．中国土地出让金收支状况：2007—2014年．财经智库，2016，（01）：83－100＋142．

第四章

[1] 赵燕菁．货币、信用与房地产：一个基于货币供给的增长假说．学术月刊，2018，50（9）：56－73．

[2] 赵燕菁．阶段与转型：走向质量型增长．城市规划，2018（02）：9－18．

[3] 罗默．宏观经济学的困境．秦蒙，译，齐昊，校．政治经济学报，2017，8（01）：157－158．

[4] 赵燕菁．城市的制度原型．城市规划，2009，33（10）：9－18．

[5] 张军,吴桂英,张吉鹏. 中国省际物质资本存量估算:1952—2000. 经济研究,2004(10):35-44.

[6] 马克思. 剩余价值理论. 郭大力,译. 北京:人民日报出版社,2010.

[7] 李嘉图. 政治经济学及赋税原理. 丰俊功,译. 北京:光明日报出版社,2009.

[8] 熊彼特. 经济发展理论. 何畏,等译. 北京:商务印书馆,1990.

[9] HANSEN B E. Threshold Effects in Non-dynamic Panels: Estimation, Testing, and Inference. Journal of Econometrics,1999,93(02).

[10] COBB C W, DOUGLAS P H. A Theory of Production. The American Economic Review,1928,18(01):139-165.

第六章

[1] 赵燕菁. 阶段与转型:走向质量型增长. 城市规划,2018,42(02):9-18.

[2] 赵燕菁. 城市化 2.0 与规划转型:一个两阶段模型的解释. 城市规划,2017(03):84-93+166.

[3] 赵燕菁. 基于科斯定理的价格理论修正. 厦门大学学报(哲学社会科学版),2007(01):30-38+75.

[4] 赵燕菁. 范式转变:从均衡到竞争. 学术月刊,2016(09):59-72.

[5] 马尔萨斯. 人口原理. 朱泱,胡企林,朱和中,译. 北京:商务印书馆,1992.

[6] 洪亮吉. 卷施阁集. 古籍刻本.

[7] 王建. 什么是国际经济大循环. 四川建材学院学报,1988(03):24.

[8] STOLPER W F, SAMUELSON P A. Protection and Real Wages. Review of Economic Studies,1941,9(01):58-73.

[9] 马克思. 资本论. 北京:人民出版社,1975.

[10] 皮凯蒂. 21 世纪资本论. 巴曙松,等译. 北京:中信出版社,2014.

[11] 赵燕菁. 危机与出路:跨越"中等收入陷阱"//中国战略与管理研究

会. 战略与管理. 海口：海南出版社，2015.

第九章

[1] 王永钦，刘红劭. 国债：现代金融体系的基石. 债券，2021（09）：13－18.

[2] 赵燕菁. 城市化动力转型：内循环与货币. 城市规划，2021，45（02）：49－57＋116.

[3] 赵燕菁. 现代增长与信用货币：一个"双螺旋"增长假说. 学术月刊，2020，52（08）：83－98.

[4] 赵燕菁，宋涛. "百年未有之大变局"的历史逻辑：基于资本－劳动两阶段增长模型的分析. 厦门大学学报（哲学社会科学版），2020（03）：30－39.

[5] 宋涛，赵燕菁. 供给侧结构性改革：研究范式及政策选择. 社会科学战线，2020（05）：75－84.

[6] 赵燕菁，邱爽，宋涛. 城市化转型：从高速度到高质量. 学术月刊，2019，51（06）：32－44.

[7] 赵燕菁. 为什么说"土地财政"是"伟大的制度创新"？. 城市发展研究，2019，20（04）：6－16.

[8] 赵燕菁. 是"土地金融"还是"土地财政"？：改革的增长逻辑与新时期的转型风险. 文化纵横，2019（02）：68－79＋144.

[9] 赵燕菁. 货币、信用与房地产：一个基于货币供给的增长假说. 学术月刊，2018，50（09）：56－73.

[10] 赵燕菁. 阶段与转型：走向质量型增长. 城市规划，2018，42（02）：9－18.

[11] 赵燕菁. 国家信用与土地财政：面临转型的中国城市化. 城市发展研究，2016，23（12）：1－21.

[12] 赵燕菁. 土地财政：历史、逻辑与抉择. 城市发展研究，2014，21（01）：1－13.

[13] 赵燕菁. 城市的制度原型. 城市规划，2009，33（10）：9－18.

第十章

[1] 蔡浩. 万宝之争：资本为王还是实体为先.《金融时报》中文网，2015-12-23.

[2] 胡汝银. 未来中国资本市场发展的战略目标是"富民强国". 第十一届中国证券市场年会的讲话，2015-11-20.

[3] 布莱尔. 所有权与控制权：面向21世纪的公司治理探索. 张荣刚，译. 北京：中国社会科学出版社，1999.

[4] 李建新，等. 中国民生发展报告2015. 北京：北京大学出版社，2015.

[5] 李录. 价值投资在中国的展望. 2015年10月23日于北京大学光华管理学院.

[6] 皮凯蒂. 21世纪资本论. 巴曙松，等译. 北京：中信出版社，2014.

[7] 沈凌. 股灾2.0：是谁惹的祸？.《金融时报》中文网，2016-01-20.

[8] 罗奇. 美联储犯了一个"致命的错误". 华尔街见闻，2015-12-26.

[9] 习近平. 谋求持久发展 共筑亚太梦想. 2014年亚太经合组织工商领导人峰会开幕式上的演讲，2014-11-9.

[10] JEREMY S. Stocks for the Long Run. 2nd ed. McGraw-Hill, 1998.

[11] ROBERT S. Irrational Exuberance. Princeton University Press, 2000.

[12] 雷. 现代货币理论. 张慧玉，王佳楠，马爽，译. 北京：中信出版社，2017.

[13] 弗格森. 不是两个国家，而是一个：中美国. 星期日电讯报，2007-03-04.

[14] 合作不等于G2 "中美二重奏"需慎谈·中国日报网站特约评论员文章，2009-02-27.

第十一章

[1] 赵燕菁. 论国土空间规划的基本架构. 城市规划，2019，43（12）：17-26+36.

［2］管珊．日本农协的发展及其对中国的经验启示．当代经济管理，2014，36（06）：27－31．

［3］赵燕菁．城市增长模式与经济学理论．城市规划学刊，2011（06）：12－19．

［4］赵燕菁．价格理论与空间分析．城市发展研究，2011，18（05）：90－101．

［5］陈柳钦．日本农协的发展历程、组织、功能及经验．郑州航空工业管理学院学报，2010，28（01）：84－91．

［6］赵燕菁．基于科斯定理的价格理论修正．厦门大学学报（哲学社会科学版），2007（01）：30－38＋75．

［7］吴荣曾．战国授田制研究．思想战线，1989（03）：73－80．

［8］马祖卡托．增长的悖论：全球经济中的创造者与攫取者．何文忠，周璐莹，李宇鑫，译．北京：中信出版集团股份有限公司，2020．

［9］班纳吉，迪弗洛．贫穷的本质：我们为什么摆脱不了贫穷．景芳，译．北京：中信出版社，2018．

［10］张维迎，等．政府的边界：张维迎、林毅夫聚焦中国经济改革核心问题．北京：民主与建设出版社，2017．

［11］文一．伟大的中国工业革命："发展政治经济学"一般原理批判纲要．北京：清华大学出版社，2016．

［12］黄宗智．长江三角洲小农家庭与乡村发展．北京：中华书局，2000．

［13］赫特杰．政府为什么干预经济．北京：中国物资出版社，1998．

［14］费孝通．乡土中国．北京：三联书店，1985．

［15］马克思．资本论（节选本）．北京：中共中央党校出版社，1983．

第十三章

［1］COBB C W, DOUGLAS P H. A Theory of Production. American Economic Review，1928，18（01）：139－165．

［2］ROMER P. The Trouble with Macroeconomics. （2016－09－14）［2017－

11—10]. https：//paulromer.net/wp—content/uploads/2016/09/WP—Trouble.pdf.

［3］SOLOW R M. Investment and Technical Progress//ARROW K J，et al. Mathematical Models in the Social Sciences：Proceedings of the First Stanford Symposium，Stanford Mathematical Studies in the Social Sciences，IV. Stanford，California：Stanford University Press，1959.

［4］刘易斯.国际经济秩序的演进.北京：商务印书馆，1984.

［5］李嘉图.政治经济学及赋税原理.丰俊功，译.北京：光明日报出版社，2009.

［6］马克思.剩余价值理论.郭大力，译.北京：人民日报出版社，2010.

［7］斯拉法.大卫·李嘉图全集（第1卷）.郭大力，王亚南，译.北京：商务印书馆，2013.

［8］熊彼特.经济发展理论.何畏，等译.北京：商务印书馆，1990.

［9］张维迎.经济学原理.南宁：广西师范大学出版社，2015.

［10］赵燕菁.城市的制度原型.城市规划，2009，33（10）：9－18.

［11］赵冈.中国城市史论集.北京：新星出版社，2006.

［12］陈元.货币与去杠杆及国际化：伯南克的启示.中国经济周刊，2019（04）：104－106.

［13］方宝璋.两宋纸币发行的得与失.学习时报，2018－06－27.

［14］博尔顿，黄海洲.国家资本结构：理论创新与国际比较.比较，2017（92）.

［15］VON GLAHN R. Fountain of Fortune：Money and Monetary Policy in China，1000－1700. University of California Press，1996.

［16］杨德华，杨永平.元朝的货币政策和通货膨胀.云南民族学院学报（哲学社会科学版），2001（05）：117－121.

［17］赵燕菁.中美贸易战背景下的房地产调控：基于货币史学的视角.微信公众号"Global Macro Strategy"，2018－07－10.

［18］朱嘉明.从自由到垄断：中国货币经济两千年.台北：远流出版事业

股份有限公司，2012.

第十四章

［1］赵燕菁．公共产品价格理论的重建．厦门大学学报（哲学社会科学版），2010（01）：46－54.

［2］藤田昌久，克鲁格曼，维纳布尔斯．空间经济学：城市、区域与国际贸易．梁琦，主译．北京：中国人民大学出版社，2005.

［3］盛洪．现代制度经济学：上卷．北京：北京大学出版社，2003.

［4］张五常．经济解释．北京：商务印书馆，2000.

［5］杨小凯，黄有光．专业化与经济组织．北京：经济科学出版社，1999.

［6］柳适，等．诺贝尔经济学奖得主演讲集．呼和浩特：内蒙古人民出版社，1998.

［7］马克思．资本论．北京：人民出版社，1975.

［8］DIXIT A K，STIGLITZ J E. Monopolistic Competition and Optimum Product Diversity. The American Economic Review，1977，67（03）：297－308.

［9］TIEBOUT C. The Pure Theory of Public Expenditure. J. P. E.，1956，64（05）：416－424.

［10］KUHN T. The Structure of Scientific Knowledge. Chicago，IL.：University of Chicago Press，1962.

第十五章

［1］赵燕菁，邱爽，宋涛．城市化转型：从高速度到高质量．学术月刊，2019，51（06）：32－44.

［2］赵燕菁．货币、信用与房地产：一个基于货币供给的增长假说．学术月刊，2018，50（09）：56－73.

［3］赵燕菁．阶段与转型：走向质量型增长．城市规划，2018，42（02）：9－18.

［4］罗默．宏观经济学的困境．秦蒙，译，齐昊，校．政治经济学报，

2017, 8 (01): 157-178.

[5] 赵燕菁. 城市化 2.0 与规划转型：一个两阶段模型的解释. 城市规划, 2017 (03): 84-93+116.

[6] 赵燕菁, 周颖刚. 中国资本市场再设计：基于公平效率、富民强国的思考. 财经智库, 2016 (02): 116-120.

[7] 赵燕菁, 吴伟科. 住宅供给模式与社会财富分配. 城市发展研究, 2007, 14 (05): 1-8.

[8] 孙国峰. 信用货币制度下的货币创造和银行运行. 经济研究, 2001 (02): 29-37+85.

[9] 哈里斯. 货币理论. 梁小民, 译. 北京：商务印书馆, 2017.

[10] 雷. 现代货币理论. 张慧玉, 王佳楠, 马爽, 译. 北京：中信出版社, 2017.

[11] 斯密. 国富论. 胡长明, 译. 重庆：重庆出版社, 2015.

[12] 阿西莫格鲁, 罗宾逊. 国家为什么会失败. 李增刚, 译. 长沙：湖南科学技术出版社, 2015.

[13] 史正富. 超常增长. 上海：上海人民出版社, 2013.

[14] 黑田明伸. 货币制度的世界史. 何平, 译. 北京：中国人民大学出版社, 2007.

[15] 西格尔. 投资者的未来. 李月平, 等译. 北京：机械工业出版社, 2007.

[16] 凯恩斯. 就业、利息和货币通论. 高鸿业, 译. 北京：商务印书馆, 1999.

[17] 熊彼特. 经济发展理论. 何畏, 等译. 北京：商务印书馆, 1990.

致　谢

20年前,我的专业技术职称就达到了最高级别。没有了为评职称而发表作品的压力,写作就纯属个人兴趣。至于发表在哪些期刊、发表了多少篇,我自己也常常搞不清楚。网络媒体兴起后,我的文章经常会被人反复翻出来,很多人也问我有没有出书,甚至有人干脆直接把我以前发表的文章打印出来合编成册(有的还会寄给我),我才意识到,也许这些被我"丢掉"的文章还是有价值的。因此,我首先要感谢的是那些我认识和不认识的读者,没有你们的支持就不会有这本书。

然后还要感谢我的合作者。书中有几篇文章是我与厦门大学经济学院的同事周颖刚教授、宋涛副教授合作的,有一些文章虽然没有署名,但也经过了宋涛老师的完善、补充甚至纠错。我的助手沈洁承担了文章的整理、编排和校对以及与出版社的联络等工作,节省了我大量的精力。我的博士生邱爽也在会计学方面给我提出了很好的建议。此外,还要特别感谢中国人民大学出版社的曹沁颖女士,她不仅帮我重新组织了各章节的排序,而且在书名、排版乃至文中专业词汇推敲方面,都提出了非常宝贵的意见。

此外还要特别感谢对本书思想产生直接影响的几位学者。林毅夫先生,其1994年出版的《中国的奇迹》,如今再回看,简直就是神作。王建先生,他的成名学术成果是20世纪80年代提出的国际经济大循环理论,他对本书的直接影响是竞争性货币思想。华生先生、周其仁先生,他们对"土地财政"各执一词,但无论他们是赞同还是反对,都让我获益良多。何立峰先生,其在博士论文中提出的"四大平衡"理论,对本书两阶段增长模型的提出有着重要的启发。余永定先生,他和我多次讨论货币、增长、生产函数等理论问题,他的很多观点直到今天还在激发我的思考。特别是林毅夫先生、王建先生、余永定先生、华生先生专门为本书撰写了推荐语,令我感激不尽!

在本书形成的十几年里,我有幸遇到的都是非常支持我的领导。其中要特别感谢以下几位。一位是中国城市规划设计研究院的王静霞院长。没有中国城市规划设计研究院的赞助,我很难在职完成在卡迪夫大学的博士学习。还要感谢时任厦门市委书记的于伟国先生以及市长刘赐贵先生,在我卷入"土地财政"的争论时,给予了我体制内最大的宽容。特别要感谢的还有厦门大学朱崇实校长,为我从政府官员到大学教授的角色转变提供了非常宝贵的支持。没有你们的支持,本书的很多内容都不会出现。

最后,我要感谢我的家人。首先是我的父母赵珂经和王淑筠。我知道,一辈子从事水电事业的老人不一定会看我的这些文章,但在我写作时他们永远是我心中的第一读者。然后是我的太太周丹蓉,过去十几年,我的工作变动很大,但无论是从北京到厦门,还是从政府部门到学校,她都给予了我无条件的支持。还有我的姐姐赵燕玲和姐夫刘顺达,他们虽然都很忙,但多年来一直无微不至地照顾两位老人,心中感激,无以言表。